“亚东教育基金”资助项目　　策划人：许嘉

2015年世界形势评估

唐笑虹◎主　编

时 事 出 版 社

目　录

全球治理与国际公共问题

一、形势综述

2015 年国际公共问题中比较突出的领域分别是：世界经济发展、恐怖主义、移民问题。

（一）世界经济发展不容乐观

1. 全球经济增长复苏缓慢

2015 年全球经济预计增长 3.1%，比 2014 年低 0.3 个百分点。[①] 总的来说，美国经济发展较好，欧盟低速增长，日本经济波动加大，新兴经济体处于调整中。美国第一季度国内生产总值按年率计算增长 0.6%，[②] 第二、第三季度国内生产总值按年率计算分别增长 3.9%、2.1%。[③] 美国经济之所以能稳步复苏的原因有三个。第一，消费支出保持强劲。占美国经济总量 70% 的个人消费前三季度增长分别为一季度增长 1.9%[④]、2.9%[⑤]、

① 国际货币基金组织网：2015 年 10 月《世界经济展望》，http://www.imf.org/external/chinese/pubs/ft/weo/2015/02/pdf/textc.pdf。

② 郑启航：《2015 年美国经济稳步复苏》，http://www.cs.com.cn/xwzx/cj/201512/t20151226_4871560.html。

③ 郑启航：《2015 年美国经济稳步复苏》，http://www.cs.com.cn/xwzx/cj/201512/t20151226_4871560.html。

④ 环球网：《美国 2015 一季度经济增长几乎停滞》，http://china.huanqiu.com/News/mofcom/2015-04/6314356.html。

⑤ 新华网：《美国第二季度经济增长 2.3%》，http://news.xinhuanet.com/fortune/2015-07/30/c_1116096022.htm。

3%[①]。最新公布的12月密歇根大学消费者信心指数升至92.6，而该指数的全年月度平均值也达到2004年以来最高水平。[②] 第二，财政政策实施空间增大。2015年年初美国国会通过了总统关于2017年3月16日前可无条件提高联邦政府债务上限的法案，降低类似“财政悬崖”、“政府关门”等财政债务技术性风险，增大财政政策空间。第三，出口前景向好。美国主导的“跨太平洋战略经济伙伴协定”（TPP）在经历长达五年的谈判拉锯后在2015年10月达成。据美国政府估算，该贸易协定将消除美国1.8万种出口商品的关税，极大推动美国对外贸易和经济增长。[③]

尽管遭遇了移民危机、希腊债务危机，2015年欧洲经济仍小幅回升。欧元区第一季度GDP初值环比上涨1.3%，第二、第三季度欧盟和欧元区GDP环比分别增长1.6%。[④] 支撑欧元区经济小幅回升有以下两个因素：一是欧洲央行2015年1月22日宣布，将从3月起每月购买600亿欧元政府与私人债券，预计将持续至2016年9月底。[⑤] 二是国际油价处于相对低位，一方面减轻了消费者的能源支出，间接增加了消费者的可支配收入；另一方面会降低生产者的成本，拉低产品价格，因此可以起到刺激国内消费的作用。而家庭消费在欧洲国家GDP的比重约为60%，对拉动经济具有重要作用。

---

① 国研网：《美国2015年第三季度经济增长2.1%》，http://www.dss.gov.cn/News_wenzhang.asp? ArticleID = 377833。

② 郑启航：《2015年美国经济稳步复苏》，http://www.cs.com.cn/xwzx/cj/201512/t20151226_4871560.html。

③ 郑启航：《2015年美国经济稳步复苏》，http://www.cs.com.cn/xwzx/cj/201512/t20151226_4871560.html。

④ 熊宗爱：《崎岖的复苏之路——2015年全球经济回顾》，http://www.cfen.com.cn/zyxw/gc/201601/t20160111_1646675.html。

⑤ 新华网：《欧洲央行全面开启量化宽松货币政策》，http://news.xinhuanet.com/fortune/2015-03/09/c_1114577914.htm。

日本经济复苏乏力，2014 年日本经济出现负增长，2015 年经济走势并没有明显好转。日本经济 2015 年走势呈现明显的前高后低态势。第一季度日本国内生产总值年化增长率为 4.4%，[①] 第二季度换算成年率，其降幅达到 0.5%。[②] 第三季度国内生产总值换算成年率为增长 1.0%。[③] 日本经济复苏乏力主要在于个人消费低于预期以及出口增速放缓。

新兴经济体集体进入调整期。2015 年，新兴市场与发展中经济体经济增速为 4.0%，比 2014 年下降 0.6 个百分点。[④] 以金砖四国为代表的新兴经济体对于全球经济增长的贡献超过 2/3，但增长势头弱于发达经济体。新兴市场增长放缓的主要原因为：一是外部环境大不如前，美联储加息预期使得新兴市场普遍面临国际资本外流、货币贬值、金融市场动荡加剧等多重风险；二是国际大宗商品价格特别是原油价格持续走低，导致依赖大宗商品出口的新兴经济体国家经济增长不断下滑。

2. 债务危机再起波澜

2015 年希腊再次发生债务危机。希腊外债总计 3150 亿欧元，[⑤] 2015 年需偿还 190 亿左右。债务偿还高峰期是 7 月和 8 月，需偿还约 90 亿欧元。希腊债务危机的发展可以分为三个阶段。第一阶段从 1 月 1 日到 2 月底。希腊激进左翼联盟党 1 月在大选中胜出，主张结

---

① 熊宗爱：《崎岖的复苏之路——2015 年全球经济回顾》，http://www.cfen.com.cn/zyxw/gc/201601/t20160111_1646675.html。

② 熊宗爱：《崎岖的复苏之路——2015 年全球经济回顾》，http://www.cfen.com.cn/zyxw/gc/201601/t20160111_1646675.html。

③ 环球网：《日本第三季度 GDP 修订值为年率增长 1%》http://finance.huanqiu.com/cjrd/2015-12/8127614.html。

④ 新华网：《2015—2016 年世界经济形势分析与展望》，http://news.xinhuanet.com/politics/2016-01/20/c_128646984.htm。

⑤ 此统计数据截止时间为 2015 年 2 月份。

束紧缩措施，对严苛的救助协议进行重新谈判，并表示国库空虚，无力偿还2、3月份即将到期的外债，危机拉开序幕。第二阶段从3月到6月底。为避免希腊脱离欧元区，欧洲联盟、欧洲央行和国际货币基金组同意把偿还债务期限延长到6月底，同时开始制订第三轮救助的方案。[①] 但希腊并不接受新方案致使谈判破裂，于是债务危机发展到高峰。6月29日，希腊开始资本管制，国内经济陷入混乱。6月30日，希腊仍然未能向国际货币基金组织偿还到期的17亿欧元，成为IMF历史上首个违约的发达国家。[②] 第三阶段从7月份至今。7月5日，希腊对新的救助方案进行了全民公投。7月11日，希腊议会以压倒性多数授权希腊政府根据其提交的新协议草案与债权人进行谈判。为避免希腊退出欧元区，最后欧元区国家与希腊达成第三轮救助协议，协议规定欧元区国家对希腊提供一笔为期三年、总额860亿欧元的救助计划。[③] 而希腊在接下来的三年里要通过提高增值税、调高公司税、取消给予海运业的税收优惠等措施，加快私有化改革。希腊还将创立规模达500亿欧元（合560亿美元）的私有化专门基金，该基金将用来重组希腊现金出现枯竭的各大银行。[④]

① 希腊债务危机爆发以来，欧盟委员会、欧洲中央银行和国际货币基金组织向其提供了两轮共2400亿欧元的救助贷款。希腊于2010年5月获得第一轮援助，总额为1100亿欧元。2012年2月，国际援助方“三驾马车”，即欧盟委员会、欧洲央行和国际货币基金组织同意对希腊实施第二轮救助，规模为1300亿欧元。这些贷款中，仅有不到10%由希腊政府掌控，用于提振经济、发展改革项目以及保障低收入家庭，而绝大部分则被用于还债和救助银行。

② 中新网：《关注希腊债务危机：希腊违约后，会发生什么》，http://www.chinanews.com/gj/2015/07-01/。

③ 环球网：《希腊与欧元区国家达成新的协议》，http://world.huanqiu.com/hot/2015-07/6997210.html。

④ 环球网：《希腊与欧元区国家达成新的协议》，http://world.huanqiu.com/hot/2015-07/6997210.html。

此次发生债务危机的主要原因有两个：第一，经济原因。2010年，希腊主权债务危机爆发，这期间。欧盟对希腊实行了两轮共计2000多亿欧元的救助，但这非但没能给希腊带来复苏，相反使其经济又萎缩了25%，债务也增长了50%。[①] 之所以如此，主要在于希腊经济结构比较单一，以旅游业和轻工业为主，重工业比较薄弱，而金融危机对旅游业冲击极大。第二，政治原因。五年紧缩后，希腊工资水平下降，2013年环比下降近12%，希腊人的退休年龄从2010年的61岁延长到65岁。[②] 希腊国内掀起“反紧缩潮”。在这种背景下，希腊激进左翼联盟党左翼政党“顺应民意”主张结束紧缩措施，对救助协议进行重新谈判，引发债务危机。

尽管危机再一次化解，但是却敲响了警钟。对于主权国家而言，这样的措施只能治标不能治本。希腊债务危机的背后，隐藏的是欧元区的经济失衡，这种失衡是德国这样的强势国家与希腊这样的弱势国家之间的矛盾。德国作为欧元区最大的出口国，和希腊、葡萄牙、意大利等贸易伙伴之间产生了巨大的贸易盈余。德国就如同一个“制造国”与“出口国”，希腊等国则处于“消费国”的地位。事实上，德国通过购买国债等方式，也助长了这些友邦的无度消费与借贷。

3. 油价下跌影响全球经济运行

2015年，在美元升值的强大力量助推之下，作为最上游的原油产品价格跌破40美元/桶这一近六年的最低关口后选择继续向下，全年以30%以上的跌幅惨淡报收。无论是布伦特原油还是纽约原油

---

① 刘怡然：《欧盟正在被希腊债务危机撕裂》，新华网，http://news.xinhuanet.com/world/2015-07/24/c_128052135.htm。

② 光明网：《希腊为何发生债务危机》，http://difang.gmw.cn/newspaper/2015-07/05/content_107678744.htm。

期价都创至10年来的最低水平。[①] 油价的持续大幅跳水引发了其他大宗商品价格的纷纷下挫。[②]

油价之所以继续出现大幅下挫，主要由于三个原因：第一，全球经济增长乏力，由于经济增长少，对石油的需求继续下降。第二，美元升值。由于美国经济自金融危机后逐步恢复，就业率高企，所以美国自2015年12月15日起加息，结束了实施了六年的货币量化宽松政策。由于美联储的加息，美元汇率高企。由于当前全球美元市场以美元为标价货币，美元升值，油价会相对下跌；美元贬值，油价则上涨。第三，美国解除原油出口禁令。2015年，美国解除了实施40多年的原油出口禁令，这将在一定程度上增加全球原油供应，一定程度上会加大油下行压力。

石油价格的巨幅下跌，对于全球经济发展有利有弊：一是促进世界经济增长，据世界银行测算，油价每下跌30%，将拉动全球经济增长0.5%。[③] 二是对石油出口国造成负面影响。油价的下跌也给全球经济带来了风险，油价的持续走低对伊拉克、阿尔及利亚、俄罗斯和委内瑞拉等严重依赖石油收入的主要出口国造成打击。尤其是俄罗斯，由于油价下滑、储备下降、国际收支状况恶化，使得俄罗斯发生债务危机的可能性逐渐增大。三是加大部分经济体通缩风

---

① 中金在线网：《国际油价再现崩塌式下跌》，http://news.cnfol.com/guojicaijing/20151212/21933489.shtml。

② 过去一年中，伦铜价格跌破4500美元/吨，全年跌幅达30%；镍价重挫至8170美元/吨附近，创下12年的价格新低；铅、铝跌至5年来最低水平。尤其是铁矿石价格全年从70美元/吨的关口开始一路狂泻至40美元/吨附近，价格创出历史新低。另外，虽然黄金、白银等贵金属因具有一定避险功能并受到市场青睐，但同样没有逃脱下跌的命运，全年金价与银价的跌幅约为12%，并且双双跌至5年半的价格新低。

③ 中金在线网：《国际油价再现崩塌式下跌》，http://news.cnfol.com/guojicaijing/20151212/21933489.shtml。

险。据分析，油价每下降30%，全球CPI将回落0.4—0.9个百分点。[①]

(二) 恐怖主义形势异常严峻

1. 恐怖主义活动更加猖獗

2015年，恐怖主义成为贯穿全年的关键词。1月巴黎《查理周刊》事件，4月肯尼亚大学被“血洗”，6月突尼斯酒店遇袭，10月俄客机遭恐袭坠毁、俄土关系陷入冰点，11月巴黎遭遇系列恐袭，12月美国加州发生恐怖枪击案……从中东到欧美，从亚洲到非洲，恐怖主义加速蔓延。

2015年的恐怖主义活动有以下几个特点：第一，恐怖主义活动范围扩大。经过美国对恐怖主义的打击，很长一段时间，恐怖活动都局限在尼日利亚、阿富汗、伊拉克和叙利亚等地。而2015年不仅上述地区的恐怖活动仍然活跃，法国、美国等地也出现严重恐怖袭击活动，1月、11月法国发生严重恐怖袭击事件；12月2日，美国加州圣贝纳迪诺发生枪击事件，导致14人死亡。[②] 第二，恐怖活动的组织、领导和实施者众多，“伊斯兰国”逐步取代“基地”组织成为恐怖活动的主要领导者。“基地”组织阿拉伯半岛分支制造了《查理周刊》恐怖袭击事件，一个名为“真主旅”的逊尼派基金组织策划了巴基斯坦清真寺爆炸事件，索马里极端宗教组织血洗肯尼亚莫伊大学，塔利班策划了阿富汗首都爆炸事件，“伊斯兰国”及其分支组织实施了法国巴黎恐怖袭击事件、俄罗斯客机坠毁事件。另外，一些个人也参与其中，例如美国加尼福利亚枪击事件、泰国爆

① 中金在线网：《国际油价再现崩塌式下跌》，http://news.cnfol.com/guojicaijing/20151212/21933489.shtml。

② 刘婧：《巴黎只是冰山一角，盘点2015全球十大骇人听闻的恐怖袭击》，http://world.chinadaily.com.cn/2015－11/17/content_22478067.htm。

炸事件。总的来说参与者既有“基地”组织、塔利班等老牌恐怖主义组织，也有“青年党”、“真主旅”、“伊斯兰国”等恐怖主义“新秀”，还有一些宗教极端组织和受极端思想影响的个人。其中“伊斯兰国”组织表现尤为突出，它正在逐步取代“基地”组织成为恐怖活动的主要领导者。第三，恐怖活动手段多样化，恐怖活动危害大。与以往自杀式恐怖袭击相比，2015年的恐怖手段多样化，且多针对平民，伤亡较为惨重。4月肯尼亚东北部的恐袭导致148人死亡；10月俄罗斯民航客机被炸，224人不幸遇难；11月法国巴黎系列恐袭中有29人丧生。

2. 三因素导致恐怖主义活动猖獗

恐怖主义之所以能尘嚣日上，主要有以下三方面原因：

第一，对恐怖组织打击不力。尽管美国自2014年9月就组织对“伊斯兰国”进行打击，但由于各国在打击“伊斯兰国”时各怀心事，效果一直不明显。打击“伊斯兰国”的各国在叙利亚有不同的代理人，彼此水火不容。法国从2014年9月中旬开始参加针对伊拉克境内该组织目标的空中军事行动，但一直拒绝加入在叙利亚境内的空袭行动。叙利亚爆发内战后，法国政府支持叙利亚反对派，一直主张叙利亚总统巴沙尔·阿萨德下台。法国认为，参加打击叙利亚境内的“伊斯兰国”组织的军事行动客观上对叙利亚现政府有利。2015年9月，俄罗斯开始在叙利亚境内展开针对“伊斯兰国”的军事行动，但是美国批评俄罗斯空袭没有“伊斯兰国”的区域，实为打击叙利亚反对派，支持阿萨德政权。而美国一直支持叙利亚反对派，借着打击“伊斯兰国”的机会，扶植叙利亚反对派。由于北非发生“阿拉伯之春”，政府掌控能力减弱，使得恐怖势力活动猖獗。

第二，文化冲突。穆斯林等外来移民在一些西方国家没有文化归属感。而这些国家右翼组织和团体反对外来移民，认为伊斯兰是欧洲世界最大的威胁。在这样的背景下，一些极端分子往往会利用个别事件发动恐怖袭击。例如，巴黎的《查理周刊》刊登隐喻讽刺伊斯兰先知穆罕默德的漫画，恐怖分子在1月份以此为借口发动了一系列袭击事件。

第三，安保监管不力。在上述重大空袭事件中，恐怖分子都能携带炸弹、枪械自由出入，充分暴露了安保措施的缺乏，在对恐怖分子的重点监控和识别以及对于枪支管理存在技术上的缺陷，尤其是重要地点、重点部位缺少必要的安保设施，使得恐怖分子有机可乘。尤其是法国，“9·11”事件后曾计划在全国大小车站普遍设立安检门等设施，然而被认为太过浪费而放弃。

3. 恐怖主义治理任重道远

从2014年以来，多起恐怖事件已充分表明“伊斯兰国”如今已替代“基地”组织成为恐怖活动的领导者。当前“伊斯兰国”及其支持者已对世界各大国和不同文化背景、政治制度的国家民族宣战，构成了对全球安全的威胁，因此打击恐怖主义就需要从其发源地叙利亚和伊拉克入手。2月12日，联合国安理会一致通过第2199号决议，决定就有关恐怖组织从事非法石油贸易、文物和武器走私、金融交易及利用互联网进行恐怖活动等加强制裁措施。9月，俄罗斯开始武力打击“伊斯兰国”。12月15日，沙特第二王储兼国防大臣默罕默德·本·萨勒曼凌晨召开新闻发布会，宣布组建伊斯兰反恐军事联盟，联盟以沙特为首包含34个国家，联合行动中心设在沙特首都利雅得，协调和支持加入联盟的包括埃及、卡塔尔、阿联酋、土耳其、马来西亚和巴基斯坦等穆斯林人口比重较高国家的军事行动。就目前来看，短期内很难根除恐怖主义。第一，联合国的决议执行力度不够。例如，俄罗斯指责土耳其帮“伊斯兰国”走私石油，但却没有制裁措施。第二，武力打击难以形成合力。现在中东已经形成三个反恐联盟，分别以美国、俄罗斯和沙特为代表，但这三个联盟打击恐怖主义的根本利益不一致，很难形成合力。第三，上述做法不足以彻底消除恐怖主义滋生的温床。宗教仇恨及贫困是产生恐怖主义的一个重要原因，而仅仅是制裁和军事行动无法消除仇恨与贫困。

（三）“移民潮”席卷欧洲

1. 欧洲遭遇移民潮

2015年，来自叙利亚、利比亚和伊拉克等国家的100多万移民从陆上和海上来到欧盟国家，其中3600余人死亡或失踪。[①] 从马其顿到匈牙利再到英法隧道，移民与警察冲突、对峙的事情每天都在上演。欧洲遭遇自二战以来最大的一次移民潮。[②]

与欧洲前几次移民潮相对比，本次移民潮具有以下一些特点：

第一，移民主要来源于中东和北非。前四次移民大都来自于原殖民地、原社会主义国家以及第三世界国家。而这一次前往欧洲的移民主要来自中东和北非，其中以叙利亚、阿富汗、利比亚和伊拉克的最多。由于他们大都属于穆斯林，又由于历史原因以及当前的恐怖袭击事件，欧州民众对移民的抵触情绪偏大。

第二，移民成分以战争难民为主。移民包括难民，而难民又可以分为经济难民、战争难民、种族和宗教难民、政治难民以及自然灾害难民等。本次移民大多数是因为叙利亚内战流离失所而来到欧

---

① 王义桅：《欧洲遭遇难民潮危机，如不解决欧盟面临死亡》，http://www.cankaoxiaoxi.com/world/2016/0105/1045536.shtml。

② 二战后，欧洲曾先后经历四次移民潮。第一次发生在20世纪40年代中期到60年代，移民主要是原宗主国在殖民地的外迁民及其后裔以及原殖民地部分居民。第二次发生在20世纪50年代初到1973年，由于国家经济和社会重建的需要，欧洲与其他国家签订协议，引进大量劳工。第三次发生在20世纪50年代到90年代，受冷战影响，原社会主义国家和第三世界的移民涌入欧洲。第四次移民高峰发生在冷战后，进入欧洲的移民有三类：来源于原东欧国家的移民、来源于南欧战争国家的移民以及来自第三世界的非法移民。

洲的，属于战争难民。而战争难民只有在来源国彻底稳定后，才能主动返回家园。由此可以看出只有解决叙利亚问题，使得移民来源国局势稳定，移民问题才会告一段落。

第三，欧洲没有主动参与“移民潮”。二战后前三次移民潮分别是宗主国移除居民的反迁以及殖民地部分居民的迁入、为解决劳工缺乏而主动引进、为了和原社会主义国家对抗而主动吸引，在移民潮中欧洲国家都主动参与其中。即使第四次欧洲国家并没有主动招揽移民，但移民主要是欧洲内部人员的流动。主动参与移民潮可以提前了解移民的大致人数，做好安置计划，减少灾难的发生。而本次移民危机发生之前，欧洲几乎没有主动参与，因此也导致移民过程中灾难频发，本地居民对移民排斥事件较多。

2. 三原因造就移民潮

导致此次移民现象出现的原因有很多，但主要原因有以下三个：

第一，叙利亚冲突与北非动荡。2011 年初，叙利亚政府与叙利亚反对派之间开始激烈对抗，随后演变成了内战。为了躲避内战，从 2011 年 4 月起，就有大量人开始越过边境逃往黎巴嫩和土耳其，随着美俄对 IS 打击的升级，越来越多的人逃到邻国寻求庇护。在卡扎菲政权被推翻后，利比亚各地武装组织林立，形成亲伊斯兰和亲世俗派的武装力量。2014 年 7 月以来，利比亚世俗势力和宗教势力冲突加剧，“伊斯兰国”等极端组织趁机扩展势力，利比亚逐渐成为“伊斯兰国”的新据点。频繁发生的恐怖袭击和宗教屠杀使得利比亚人大量出逃。另外，撒哈拉以南非洲以及叙利亚等西亚国家偷渡者趁着利比亚管理混乱的机会，由利比亚赴欧。

第二是邻国的拒绝。从地理因素上来说，大多数难民的首选避难所并不是欧洲，而是他们的邻国。就叙利亚来看，其邻国土耳其政府早在 2014 年就采取了措施，在边境部署了防爆军队，甚至让士兵用高压水枪来阻止难民入境。而 2015 年 1 月，黎巴嫩也实行了新的入境政策，原本只需要出示身份证就可以入境的叙利亚人被要求实行签证入境。邻国的不堪重负和政策限制，让难民不得不把目光转向附近的欧洲。

第三是欧洲的吸引。相对于贫穷落后或者经济被战争击垮的国家，欧洲拥有较好的工作机会和经济收入，给予难民的福利也很诱人。首先，一旦获得工作，欧洲的平均工资水平远远高于叙利亚和非洲几乎全部国家。其次，在没有得到工作机会前，难民可以取得基本生活费。比如在法国的难民每人每星期可以得到 56.62 欧元的生活费，而德国、瑞典和英国的待遇则是 35.21 欧元、36.84 欧元和 36.95 欧元，[①] 这对当前流离失所的难民来说无疑是极大的吸引。最后，《申根协定》对难民而言是很好的避难政策条件。《申根协定》规定，申请人获得协议国任一成员国的签证便可在所有申根国自由旅行，同时相互开放边境，不再对协议国公民进行边境检查等。目前，申根区已囊括 26 个国家。对难民而言，意味着一旦成功获得任何一个申根国家的签证，就可以在“申根领土”内自由通行，在更大范围内寻找合适的避难所。

3. 针对此次迅猛的移民潮，欧盟采取了“疏”与“堵”结合的措施

首先对难民身份进行确认，加快处理速度，并把不符合身份的移民遣返原地。2015 年 6 月，欧盟议会要求欧盟委员会提供“欧盟遣派手册和行动方案”，旨在提高欧盟处理避难申请的速度。同时欧盟建立了“安全来源国清单”，防止非战乱国家的人滥用难民政策，使成员国能集中资源，向有避难需求的人们提供庇护，对那些无权居留者进行系统性遣返，确保庇护资源不被浪费。其次，通过“摊派”方案对难民进行分流。由于难民大多集中在匈牙利、意大利、

① 王义桅：《欧洲将如何解决难民危机》，http://www.cankaoxiaoxi.com/world/2016/0105/1045536.shtml。

希腊，欧盟于2015年5月和9月，先后两次把匈牙利、意大利和希腊境内的16万难民，[①] 分摊到其他成员国。摊派方案使得难民集中国家压力减轻，但同时也为安置难民设置了上限，意味着超过上限的难民可能得不到安置。第三，加强欧盟边防局的角色，负责欧洲边境和海岸防卫的全面运作，在边境“堵住”难民。欧盟允许管理局边防人员查看指纹库、国际刑警组织以及成员国相关数据库，提高管理效率；并建议欧盟边境管理局配备独立反应部队，以遏制难民数量攀升。第四，加强对中东、非洲地区经济援助，从源头“堵住”难民。欧盟为非洲国家建立18亿美元紧急信托基金，以其为撒哈拉以南地区和北非国家提供经济援助，并改善移民管理效率。援助资金来自欧盟预算和其他国家的自愿捐款。欧盟向土耳其提供30亿欧元援助，帮助其妥善安置境内的220万叙利亚难民，防止其进入欧盟国家。[②] 2015年8月，欧盟发表声明向叙利亚境内的难民再提供6400万欧元援助，其中向在黎巴嫩的叙利亚难民提供1700万欧元援助。但从长远看来，由于此次移民大多是战争难民，只有解决叙利亚内战并使利比亚等地局势安定，才能从根本上解决移民问题。

展望2016年，公共问题及全球治理领域可能存在以下几个发展趋势：一是全球经济增长面临不确定性。主要原因在于美国加息可能会抑制其经济增长，进而拖累全球经济。另外，大宗商品价格尤其是石油价格持续下降恐将使相关国家面临经济危机。二是欧洲移民危机仍会延续。三是由于各国根本目标不同，合作打击恐怖主义困难重重。

---

① 方华：《难民保护与欧洲治理难民潮的困境》，http://www.cssn.cn/zzx/201512/t20151221_2790627.shtml。

② 王义桅：《欧洲将如何解决难民危机》，http://www.cankaoxiaoxi.com/world/2016/0105/1045536.shtml。

二、重大事件词条

“11·13”巴黎恐怖袭击事件

11月13日晚，法国首都巴黎遭遇枪击、爆炸和人质劫持系列恐怖袭击事件，造成132人死亡，300多人受伤，其中99人伤势危重。世界各国纷纷谴责恐怖袭击，向法国和法国人民表示支持和慰问。系列恐怖袭击发生后，法国总统奥朗德发表电视讲话，取消前往土耳其参加G20峰会计划，宣布实施一系列紧急措施。法国全境进入紧急状态，并关闭边境，这是法国自20世纪阿尔及利亚战争以来首次进入国家紧急状态。14日上午，法国召开紧急国防会议，奥朗德宣布法国举行3天的全国哀悼。不久，“伊斯兰国”正式宣布对巴黎发生的恐怖袭击负责。此次巴黎恐怖袭击是欧洲近10年来遭遇的最大规模的恐怖袭击，也是巴黎在2015年遭受的第二起恐怖袭击。巴黎恐怖袭击对俄欧关系和俄美关系一定程度的缓和提供了重要契机。面对“伊斯兰国”的恐怖威胁，俄欧、俄美关系有了更大的改善空间，在反恐方面开展一定程度的合作、沟通、对话，以打击双方共同的敌人。

ITA扩围谈判

作为世贸组织（WTO）自成立以来为数不多的扩大市场开放的协议成果之一，跟随《贸易便利化协议》的步伐，7月24日，《信息技术产品协议》（ITA）扩围谈判的参加方宣布就产品范围达成一致。ITA保持了18年不变的产品目录得以更新，新增的201项扩围产品使得全球97%的信息通信技术产品以更低成本自由流动。ITA是WTO多边框架下的诸边协议，由WTO成员自愿加入，各参与方通过谈判协调彼此关切，确定纳入扩围目录的商品类别，以及相关商品减税的时间节点。从各方协商一致的产品范围来看，扩围目录主要包括的商品集中于HS编码的84、85和90三大类，分别是机械、电机电器设备和光学与医疗仪器，以及包括触摸屏生产所需材料、255毫米以上胶片、游戏机等类别的商品。总体而言，ITA扩围符合各主要经济体的利益。与传统商品相比，ITA所涉及商品相对高端，不但对协同生产、满足消费者需求升级十分重要，而且为其他不少类别商品或服务更好地提供必要支持。此外，ITA扩围还可降低相关商品的关税，促进信息技术商品的流动，为技术促进经济发展提供更好的支持。

巴格达连环爆炸事件

2月7日，巴格达遭遇连环爆炸袭击，造成重大人员伤亡。7日早晨，一名自杀式袭击者闯入巴格达东南新城区的一家餐馆，随后引爆身上的爆炸物，致使22人死亡，至少45人受伤。第二起袭击不久后发生在巴格达市中心一处热闹的集市。两个相距25米左右的爆炸装置爆炸，造成至少11人死亡、26人受伤。随后，在巴格达西南部一处什叶派聚集区，炸弹在一个露天食品市场外爆炸，造成至少4人死亡、15人受伤。由于连环爆炸发生的地点人流密集，袭击造成重大人员伤亡。现阶段尚无组织宣称对袭击负责。此前伊拉克政府于2月5日发布公告，鉴于巴格达安全形势好转，决定于2月7日开始解除巴格达长达数年的宵禁，同时解除包括卡拉达、卡济米耶和曼苏尔等街区的武装。

巴黎气候大会

11月30日至12月11日，巴黎气候大会在巴黎北郊的布尔歇展览中心举行。来自195个国家以及欧盟的代表出席此次大会，各方的代表团人数总计达到1万人，全球近2000个非政府组织的代表人数达1.4万人。在延长会期一天后，《联合国气候变化框架公约》近200个缔约方于当地时间12日晚间顺利达成全球气候变化新协议《巴黎协定》。协定共29条，包括目标、减缓、适应、损失损害、资金、技术、能力建设、透明度、全球盘点等内容。《巴黎协定》指出，各方将加强对气候变化威胁的全球应对，把全球平均气温较工业化前水平升幅控制在2摄氏度之内，并为把升温控制在1.5摄氏度之内而努力。根据协定，各方将以“自主贡献”的方式参与全球应对气候变化行动。各缔约国同意“尽快”限制温室气体的排放，以期在21世纪下半叶，人为排放的温室气体能自然地被森林和海洋所吸收。从2023年开始，每5年对全球行动总体进展进行一次盘点，以帮助各国提高力度、加强国际合作，实现全球应对气候变化长期目标。在争议最为激烈的资金问题上，《巴黎协议》再次明确，发达国家缔约方应为协助发展中国家缔约方减缓和适应两方面提供资金资源，继续履行在《公约》下的现有义务。但资金数量方面的内容并未出现在具有法律约束力的“协议”中。《巴黎协议》还重申，要遵循《联合国气候变化框架公约》的原则，包括以公平为基础并体现共同但有区别的责任和各自能力的原则，同时还应该考虑到各国不同的国情。巴黎气候变化大会当天还通过了相关决议，就《巴黎协定》的具体落实和一些细节问题作出安排。按照气候谈判的计划，此次巴黎气候大会是继2009年后又一重要时间节点，完成了2020年后国际气候机制的谈判以确保强有力的全球减排行动。

德国之翼航班空难

3月24日，德国之翼航空4U9525航班由西班牙巴塞罗那飞往德国杜塞尔多夫，途经法国南部上普罗旺斯阿尔卑斯省上空时失事，在法国境内阿尔卑斯山海拔2700米地区坠毁。飞机上载有150人，包括144名乘客和6名机组成员，皆当场罹难。失事客机隶属德国之翼，为汉莎航空全资子公司。经过德法联合调查，初步认定事故是由副驾驶卢比茨蓄意造成的。卢比茨现年27岁，德国公民，患有抑郁症和眼疾，2013年加入德国之翼，总飞行时长630小时。空难当天，卢比茨故意将机长锁在驾驶舱外，其后连续8分钟降低飞行高度，最终使飞机以时速700公里的速度撞山坠毁。对此次事故，德国内政部表示，所有联邦政府部门 25 日至 27 日降半旗志哀，许多城市 25 日开始为空难遇难者举行悼念活动。正在巴黎进行国事访问的西班牙国王菲利普六世也表示，经过与法国总统奥朗德和西班牙首相拉霍伊的沟通后，决定推迟国事访问，并对遇难者家庭表示哀悼。

地中海特大沉船事故

4 月 18 日晚，一艘载有非法移民的船只在意大利兰佩杜萨岛以南约 200 公里的利比亚附近海域倾覆。联合国难民署 21 日的统计显示，翻船事故造成的死亡人数已经超过 800 人，这是地中海偷渡事件中最为严重的一次船难，成为欧洲移民危机中的又一场悲剧。意大利检方 21 日说，检方已逮捕突尼斯籍船长和一名叙利亚籍船员，其中船长面临谋杀、造成海难及协助非法移民等多项罪名指控。船难发生后，欧盟宣布召集各成员国的外长与内政部长举行紧急会议，商讨对策。意大利总理伦齐也和处理非法移民问题的相关内阁部长举行紧急会议。

第 51 届慕尼黑安全会议

2 月 6 日到 8 日，第 51 届慕尼黑安全会议在德国巴伐利亚州首府慕尼黑召开。本次会议的核心议题为“国际秩序的崩塌”，会议聚焦三大热点：第一是乌克兰问题。围绕乌克兰危机展开的讨论成为本次会议的重头戏，这涉及欧洲本土安全形势，也关系到俄罗斯与西方国家的关系走势。德国总理默克尔和外长施泰因迈尔、乌克兰总统波罗申科、俄罗斯外长拉夫罗夫、美国国务卿克里、法国外长法比尤斯及欧盟外交和安全政策高级代表莫盖里尼等乌克兰问题有关各方政要就如何全面履行乌克兰问题三方联络小组同乌东部民间武装签订的停火协议进行探讨。第二是打击恐怖主义。“伊斯兰国”、“博科圣地”与“基地”等极端组织仍是中东和非洲等地面临的主要安全威胁，2015 年年初发生在法国巴黎的恐怖袭击事件则将欧洲大陆推向反恐前沿。国际社会携手打击恐怖主义刻不容缓，本届会议各方就此展开讨论。第三是欧洲本土安全问题。受乌克兰危机持续升级、极端组织和恐怖主义势力抬头、难民和移民大量涌入、经济增长乏力等内外因素影响，欧洲安全形势面临严峻挑战。在为期三天的会议中，多场讨论围绕欧洲安全局势展开，其中围绕“乌克兰危机与欧洲安全”举行了两场讨论会。慕尼黑安全会议，简称“慕安会”，由德国人埃瓦尔德·冯克莱斯特在1962年创办，其前身是以跨大西洋伙伴关系为重点议题的“国际防务大会”，首届会议于1963年举行。随着论坛影响力的不断扩大以及国际形势的变化，慕安会关注的重点已不仅仅局限于跨大西洋关系，而是更多地关注全球安全问题，其中包括打击恐怖主义、防止核扩散、维护地区稳定、新能源发展、网络信息安全等。慕安会如今已发展成为全球高规格安全政策论坛，是各国高级防务问题官员及专家就国际重大安全问题阐述立场、交换意见的重要平台。

第25届全球妇女峰会

5月14日，第25届全球妇女峰会在巴西最大城市圣保罗拉开帷幕，来自63个国家和地区的超过1000名女性政治家和企业家参加会议。本届峰会的主题是“创造性的妇女，创造性的经济”，主要体现妇女给全球市场带来的创新。峰会也为女企业家展示自己的成果并交流经验提供平台。妇女峰会主席艾琳·娜提维达在致辞中说：“峰会是在公共领域和私营部门有突出成绩的女性进行交流的论坛。峰会今年在巴西召开，让她们有机会了解巴西的市场，在这里寻求自己的合作伙伴。妇女峰会与众不同的一点就是让全球各国的妇女有一个讨论共同战略的机会，让女性不仅可以互相学习，更能够学会在全球范围内怎样用女性的方式相互理解、共同进步。”与会的中国女企业家协会代表团团长、协会副会长龙江文介绍说，本次峰会中国派出了由51名女企业家组成的代表团，她们将在经济、教育、妇女权益等领域与其他代表交流并寻求合作。

俄罗斯申请扩大北极大陆架

8月4日，俄罗斯向联合国递交扩大北极大陆架申请，基于北极地区罗蒙诺索夫海岭和门捷列夫海岭等具有大陆构造性质，要求将120万平方公里的大陆架划入俄罗斯。如果申请获得批准，俄将新增120万平方公里的大陆架，并拥有优先开采权，俄自然资源部估计这片海域蕴含达50亿吨的油气资源。2001年，俄罗斯首次向联合国递交扩大北极地区大陆架申请，当时由于没有足够证据做支撑，申请被搁置。除俄罗斯外，美国、加拿大、丹麦等也在北极提出领土主张。北极地区蕴藏着占全世界储量约40%的石油和天然气，由于全球气候变暖，冰层的融化也将导致新的国际航线被打通。随着北极地区海洋变暖带来新的机遇，各国对北极的争夺愈演愈烈。

二十国集团安塔利亚峰会

11月15日至16日，二十国集团（G20）领导人第十次峰会在土耳其安塔利亚举行。此次峰会的召开适逢世界经济深度调整时期，各国经济复苏进程反复曲折，地区之间冲突不断。峰会以“共同行动以实现包容和稳健增长”为主题，围绕“包容、落实、投资”三大要素，将这三个要素作为实现峰会目标的支柱，具体讨论世界经济形势、包容性增长、国际金融货币体系改革、贸易、能源、发展、反恐、反腐败等全球性议题。与会各国发表了《二十国集团安塔利亚峰会公报》。公报强调，与会各方将从加强经济复苏和提升潜力、增强抗风险能力、支持可持续性三方面着手为世界经济的稳步增长开具药方。在加强经济复苏方面，峰会公报指出各方将以合作的方式实施稳健的宏观经济政策，谨慎调整各项政策行动并保持沟通，特别是在主要货币政策和其他政策决定等方面。在增加抗风险能力方面，与会各方敲定了全球系统重要性银行总损失吸收能力的共同国际标准，核准了《二十国集团/经合组织税基侵蚀和利润转移项目行动计划》，以打击跨境逃避税，并在全球范围内实现公平、现代化的国际税收体系。在支持可持续方面，各方一致同意G20应在落实联合国《2030年可持续发展议程》方面发挥领导作用，并在粮食安全、清洁能源等领域开展合作。由于11月13日巴黎系列恐怖袭击的发生，反恐话题备受瞩目，主办国土耳其将反恐和难民问题列入了本次峰会的议程，这是G20峰会首次讨论政治议题。会后发表了《二十国集团安塔利亚峰会关于反恐问题的声明》，各方重申"将团结一致果断地与各种形式恐怖主义进行斗争"。

法国《查理周刊》恐怖袭击事件

1月7日，三名恐怖分子袭击了位于法国首都巴黎的《查理周刊》总部，导致包括警察与记者在内的12人当场死亡，10人重伤。负责袭击的两名恐怖分子在逃逸多日后最终被警方包围并击毙。暴恐事件发生后，法国总统奥朗德赶往事发现场，并宣布召开紧急内阁会议。奥朗德8日晚发表电视讲话宣布8日为全国哀悼日，呼吁全法民众在中午时分为枪击案遇害者默哀追思，并要求全国连续三天降半旗志哀。法国关闭了驻20多个伊斯兰国家的大使馆、领事馆以及文化中心和学校，以防不测。法国恐怖袭击事件发生后，多国政要纷纷发声谴责此恐怖行径，全球范围内的伊斯兰组织也进行了强烈谴责。联合国秘书长潘基文、安理会、教科文组织等在当天对施暴者予以强烈谴责，联合国科教文组织降半旗志哀。这次袭击是"法国50年来遭遇的最严重袭击事件"，再度折射出法国和全球反恐面临的严峻形势以及在国际社会积极推动反恐合作的必要性。

《跨太平洋伙伴关系协定》签订

10月5日，《跨太平洋伙伴关系协定》（TPP）在美国亚特兰大举行的部长级会议中取得实质性突破，参加谈判的12个国家在谈判会议后召开共同记者发布会，表示就TPP达成一致，这12个国家分别是美国、澳大利亚、文莱、加拿大、智利、日本、马来西亚、墨西哥、新西兰、秘鲁、新加坡和越南。经过五年半的交涉，一个涵盖约八亿人口、占世界 GDP 总值比重约四成的全球最大自由贸易区诞生。TPP 宗旨是在缔约国促进经济增长，支持工作岗位的创造和维持，增进创新、生产力和竞争力，提高生活水平，减少贫困，进而促进透明度、良好治理以及劳动和环境保护。根据协议，TPP 成员国家的政治体制必须尊重自由、民主、法制、人权、普世价值观。TPP 统一监管标准包括：贸易和服务自由、货币自由兑换、税制公平、国企私有化、保护劳工权益、保护知识产权、保护环境资源、信息自由（包括新闻自由、互联网自由等等）。TPP 共有 30 个章节，覆盖范围广泛的贸易和贸易相关问题，包括货物贸易、海关和贸易设施、卫生检疫措施、贸易的技术壁垒、贸易救济、投资、服务、电子商务、政府采购、知识产权、劳动、环境等，旨在确保 TPP 既能增进竞争力和包容性，又能裁决争端。中国加入 TPP 的主要障碍包括货币自由兑换、国企私有化、环境保护、劳工权益、知识产权等。而美国通过主导 TPP 谈判进程全面介入亚太区域经济整合进程，可以对中国—东盟自贸区起到制衡作用，削弱中国经济在该区域的影响力，确保其东亚地缘政治、经济和安全利益。

国际反恐峰会部长级会议

2 月 17 日至 19 日，美国举行国际反恐峰会部长级会议，60 多个国家和国际组织派代表出席，讨论如何在新形势下在全世界范围内协同打击和防范暴力极端主义。此前 1 月法国巴黎《查理周刊》遭遇的恐怖袭击令西方措手不及，也促使美国总统奥巴马召开了这次推迟已久的国际反恐峰会。此次国际反恐峰会为期三天，在此前两天的会议中，白宫、国土安全部、地方政府以及民间团体就如何在美国本土防范暴力极端主义扩散进行讨论。美国总统奥巴马 18 日在白宫发表演讲，演讲中称打击暴力极端主义并非是要向伊斯兰教宣战，没有任何宗教应该为恐怖主义负责，并表示美国将与伙伴国一道继续开展反恐行动，防范极端主义思想的扩散，阻断恐怖组织的资金以及人员流入。他认为，政府应加大投入，改善民众生活，提高政治参与，尊重不同宗教信仰，从根本上阻止暴力极端主义的滋生。联合国秘书长潘基文在发言中呼吁，国际社会要团结一致，形成合力，根据联合国安理会2014年9月通过的2178号决议共同打击暴力极端主义。峰会结束后发表的声明称，与会各国将于9月在纽约联合国大会上重新聚首，进一步商讨如何应对暴力极端主义。

韩国MERS疫情

5月30日，韩国确诊首例中东呼吸综合征（MERS）病患，MERS疫情发展迅速，韩国随即对疫情展开大规模隔离。6月17日，世界卫生组织经调查称，在韩国蔓延的MERS疫情显示了传染病的致命性。截至7月27日零时，韩国MERS最后一名隔离对象解除隔离。其间，韩国因MERS被隔离的人员累计达16693人，MERS确诊病例维持在186例，死亡病例维持在36例。7月28日，韩国宣布MERS疫情基本结束，呼吁韩国民众摆脱不安心理，安心返回日常生活。韩国已是世界上MERS感染人数第二多的国家，仅次于沙特阿拉伯。MERS疫情对韩国社会造成重大影响，韩国旅游业遭到重创，入境人数同比大幅度下降。MERS疫情爆发对正处于疲软状态的韩国经济造成冲击和影响。MERS病毒是一种新型的冠状病毒，被命名为中东呼吸综合征冠状病毒。MERS病毒最早于2012年9月在沙特被发现，早期因与SARS临床症状相似得名“类SARS病毒”。

伦敦打击“伊斯兰国”国际联盟外长会议

1月22日，打击“伊斯兰国”恐怖组织的国际联盟于英国伦敦举行会议，包括美国国务卿克里和法国外长法比尤斯在内的20多国外长与会。与会国家包括美国、英国、法国等西方国家以及阿联酋、沙特、巴林、和约旦等阿拉伯国家。22日的伦敦会议对这一国际联盟打击“伊斯兰国”恐怖组织的空袭行动进行了总结，并讨论如何打击从国外进入伊拉克和叙利亚的“圣战”分子，如何切断“伊斯兰国”恐怖组织的资金来源，如何帮助因暴力而逃亡的当地民众。对于以上议题，国际联盟国家对外表现出一致立场，但也有不同观点。截止到会议召开时，只有美国和阿拉伯国家将空袭行动从伊拉克扩展到了叙利亚，其他国家的空袭都限于伊拉克境内，法国就是其中之一。法国国际广播电台称，法国担心这一空袭有利于叙利亚的巴沙尔政权。这一国际联盟从2014 年8 月起开始空袭伊拉克，一个月后又将空袭扩展到叙利亚。据美国国防部透露的消息和数字，国际联盟在伊拉克和叙利亚境内空袭行动中投下的炸弹已经超过5000 颗。

马里酒店袭击事件

11 月20 日，马里首都巴马科中心西部的丽笙酒店遭枪手袭击，袭击者持AK－47 步枪在酒店内开火，酒店内140 名住客和30 名酒店员工被扣为人质。袭击发生后，马里安全部队在第一时间赶赴现场并展开营救行动，特种部队对酒店发起强攻，联合国部队也在现场协助，3 名袭击者被当场击毙。在袭击中遇难平民共达19 人，包括6 名俄罗斯人、5 名马里人、3 名中国人、2 名比利时人、1 名美国人和1 名塞内加尔人，受伤人数至少为20 人。袭击事件发生后，马里总统中断在乍得的出访，紧急返回巴马科。法国总统奥朗德20 日就马里袭击事件发表谈话，重申法国随时可以为马里方面提供一切必要的协助。同时，40 多名法国国家宪兵特勤队成员和10 多名法国国家宪兵犯罪研究所专家赶赴马里，为在现场的马里安全部队提供支援。美国总统奥巴马也表示，他关注马里首都丽笙酒店被袭事件动态。袭击事件发生后，恐怖组织“纳赛尔主义独立运动”在推特上发布消息宣称制造了这起袭击事件。“纳赛尔主义独立运动”曾在马里多次发动恐怖袭击。此次恐怖袭击再次提醒马里及地区国家，反恐形势依然不容乐观。

美法“监听门”事件

6月23日，维基解密网站公布了一批机密文件，表明美国国家安全局曾在2006年至2012年间对希拉克、萨科齐和奥朗德三任法国总统实施窃听。据维基解秘网公开文件显示，美国国家安全局除了监听三任法国总统，还“偷窥”包括两任财政部长在内的多名法国政要以及大型法国公司，所涉情报从法国经济政策到对外贸易等方方面面。作为继德国、英国、巴西、墨西哥之后又一被卷入“监听门”的国家，法国反应强烈。法国政府发表公报指责美方的做法“不可接受”，法国外交部召见美驻法大使，法国总统奥朗德连夜致电美国总统奥巴马，阐明自己“强烈批评”的立场。法国总理埃罗也做出强硬表态，要求“美国必须做出回应”。对此，美国方面展开“灭火行动”，试图降温处理此事件对美法双边关系的影响。自二战后，美法两国一直以“盟友”相称，拥有长期的合作基础，经济、政治以及对外战略上的多种利益重合，使得两国成为国际舞台上最活跃的双边关系之一。因此，尽管“监听门”会使法美在一定程度上陷入尴尬，但对两国实质关系影响有限。美法两国总统针对监听事件达成的共识也趋于温和化，再次强调在双边框架内解决问题。美法双方同意协作查明事实真相，规范在情报搜集方面的合作，以便有效地为反恐斗争服务。

美国加州圣贝纳迪诺市枪击案

12月2日，美国加利福尼亚州洛杉矶市以东约90公里的一家名为“内陆地区中心”的残障康复中心遭到一男一女两名枪手袭击，枪击事件造成14人死亡、21人受伤。大约四小时后，一男一女两名嫌犯在逃跑过程中与警方交火，并被当场击毙，另有一名可疑相关人员被拘捕。经过一番调查，圣贝纳迪诺市警察局局长杰罗德·伯关召开现场记者会，通报嫌犯身份。他们分别是28岁的赛义德·里兹万·法鲁克和他27岁的妻子塔什芬·马利克。法鲁克出生于伊利诺伊州，马利克则来自巴基斯坦。圣贝纳迪诺市当局称不排除此次枪击事件为恐怖袭击的可能性，当局之所以迟迟未能将事件定性，主要有以下两方面考虑：一是避免引发民众恐慌；二是担心加剧两党争议。枪击案发生后，奥巴马第一时间呼吁美国完善控枪立法，实施更严格的背景审查，遏制枪支暴力；并于次日要求包括白宫在内的全美所有公共建筑、军事设施和海外使领馆降半旗，为加州枪击案14名遇难者致哀。加州圣贝纳迪诺市的枪击案是美国2015年以来第355起大规模枪击事件，是美国现代历史上死伤最严重的大规模枪击案之一，更是自2012年康涅狄格州纽敦市枪击案之后最严重的一次枪击事件。

南非排外骚乱事件

2015年4月，南非多地爆发大规模排外骚乱事件，15日，暴力袭击蔓延至最大城市约翰内斯堡。此后，排外骚乱愈演愈烈，已造成6人死亡，数十人受伤，数百家外国人开的商店被打砸哄抢，数千名外国人流离失所，多国实行撤侨行动。受此次排外风潮波及的外国人主要来自索马里、马拉维、莫桑比克、津巴布韦、尼日利亚和埃塞俄比亚等非洲国家。这是2008年以来南非境内发生的最严重的一波排外事件。15日，南非总统祖马通过电台发表讲话，呼吁民众停止对外国人的攻击。16日，祖马在南非国民议会上发表声明，对排外骚乱事件表示最强烈的谴责。同日，非盟主席德拉米妮·祖马也发表声明，谴责发生在南非的排外袭击事件。她认为，这些做法是“不可接受的，应该立即停止”，要求各方保持冷静和克制。排外骚乱事件爆发的直接原因是南非人口最多的祖鲁部落的国王古德维尔的一些不恰当言论，古德维尔宣称“外国移民应该卷铺盖滚回去”，此后部分民众排外情绪上升，排外骚乱从德班市开始，逐渐蔓延到南非的其他省市。而此次骚乱更深层的原因是南非民众对政府和社会现状的不满。此外，南非一些政治人物为了捞取选票，纵容排外情绪，执法部门对排外暴力行为打击力度不大，也无疑使排外分子更加有恃无恐。

尼泊尔 8.1 级地震

4 月 25 日 14 时 11 分，尼泊尔（北纬 28.2 度，东经 84.7 度）发生 8.1 级地震，震源深度 20 千米。地震至少造成 8786 人死亡，22303 人受伤，中国西藏、印度、孟加拉国、不丹等地均出现人员伤亡。当地时间 28 日，尼泊尔宣布将为在地震中遇难和受伤的人员设立为期三天的国家哀悼日。地震震中位于博克拉，该城市是尼泊尔第二大城市、著名旅游胜地。地震致使尼泊尔约 51.7 万座建筑物部分损毁，另有 51.34 万座建筑物完全损毁，1.6 万所学校遭破坏，4 个地区 90% 的医疗设施受到严重损毁，文化古迹损毁情况也较为严重，经济损失超过 50 亿美元。交通方面，尼泊尔加德满都特里布万国际机场跑道、导航系统因地震损坏，需要进行检修，所有起降国际航班取消，大量旅客滞留。农业方面，尼泊尔受灾家庭的牲畜、作物、粮食储备和其他农业投入基本全部丧失，粮食库存减少使农业生产受到严重影响。联合国尼泊尔驻地协调员办公室报告说，占全国有 1/4 的人口（即 800 万人）受灾，其中 140 万人急需粮食援助。旅游业方面，地震发生后，珠穆朗玛峰北坡海拔约 7000 米处发生雪崩，南坡的雪崩致使两个登山者营地被雪覆盖，多名登山者伤亡，对尼泊尔的登山业造成强烈冲击。

人民币加入 SDR 货币篮子

11 月 30 日，国际货币基金组织（IMF）执行董事会批准人民币加入特别提款权（SDR）货币篮子，人民币被认定为可自由使用货币，并将与美元、欧元、日元和英镑一道构成 SDR 货币篮子。IMF 将篮子货币的权重调整为：美元占 41.73%，欧元占 30.93%，人民币占 10.92%，日元占 8.33%，英镑占 8.09%，新的 SDR 篮子将于 2016 年 10 月 1 日生效。SDR 是 IMF 于 1969 年创设的一种国际储备资产，用以弥补成员国官方储备不足。早在 2010 年，国际货币基金组织就曾对人民币“入篮”的可行性进行评估。自那以后，中国采取了一系列措施加快人民币国际化进程。2015 年以来，中国出台一系列措施加快人民币市场化进程，其中包括公布外汇储备货币构成、向外国央行等开放银行间债券市场和外汇市场、完善人民币汇率中间价报价机制、采纳 IMF 数据公布特殊标准等。这些举措不仅为人民币“入篮”扫除了技术性障碍，也向国际社会释放了中国坚定金融改革、开放资本市场的积极信号，得到国际机构和投资者的赞许。国际货币基金组织工作人员在 11 月初向执行董事会提交的 SDR 审议文件中指出，人民币已符合“可自由使用”货币的要求，建议执董会将人民币作为除美元、欧元、日元和英镑之外的第五种货币纳入 SDR 篮子。人民币“入篮”是中国经济融入全球金融体系的重要里程碑，也是 IMF 对中国过去几年改革货币和金融体系取得进展的认可。对国际经济格局来说，人民币“入篮”让人民币成为首个被纳入 SDR 货币篮子的新兴经济体货币，打破了发达国家统揽国际货币的格局，反映了全球经济格局的变化，体现了崛起的新兴经济体在国际货币体系中话语权的上升，是对国际社会要求改革国际货币体系的回应。

世界经济论坛第九届新领军者年会

9 月 9 日至 11 日，世界经济论坛第九届新领军者（夏季达沃斯论坛）在中国大连开幕，来自 90 多个国家和地区的 1700 多位政治人物和企业家出席会议。在全球经济增长不及预期的背景下，本届年会围绕“描绘增长新蓝图”的主题，主要讨论了包括全球金融体系和国际贸易投资的未来、推进国际产能合作、互联网发展、粮食安全、环境问题、自然资源的匮乏等议题。李克强第三次以国务院总理的身份出席会议，他的演讲成为此次达沃斯论坛的焦点。李克强总理表示，中国经济运行缓中趋稳，将适时适度预调微调，加大定向调控的力度，保持经济中高速增长，并继续坚持市场化改革方向。对于人民币贬值引发汇率担忧，李克强重申人民币不存在贬值的基础，人民币汇率小幅回调以后，目前已基本保持稳定，中国政府有能力把握定向调控的力度。每年 9 月召开的达沃斯论坛，是中国官方向世界介绍中国经济形势和未来调控政策思路的重要窗口，是研究和探讨世界经济领域存在的问题、促进国际经济合作与交流的非官方的重要平台。

土耳其二十国集团财长和央行行长会议

在世界各主要新兴市场经济体受挫以及全球股市动荡的压力下，9 月 4 日至 5 日，二十国集团财长和央行行长在土耳其安卡拉召开会议，共商应对之策。会议主要讨论了当前全球经济形势、增长框架、投资和基础设施、国际金融架构、金融部门改革以及国际税收合作等议题，经济的包容性发展是此次 G20 土耳其峰会的重点议题。此外，作为世界最大发展中经济体和发达经济体，中美两国的经济形势在会议上备受关注。中国人民银行行长周小川、财政部部长楼继伟率中国代表团出席了会议，介绍了近期中国金融市场情况和中国经济状况。楼继伟指出，中国将保持宏观经济政策的“定力”，并按照既定部署，坚定不移地推进改革和开放。国际货币基金组织总裁拉加德出席会议并表示，全球经济面临的主要挑战是经济增长的乏力和不均衡，呼吁二十国集团通过协调一致的政策努力来应对挑战，包括发达经济体持续宽松的货币政策，出台促进增长的财政政策，实施结构性改革以提高潜在产出和生产率。与会首脑承诺将采取果断行动推动全球经济步入正轨，并对全球经济加快复苏抱有信心。会议重申，要防止出现货币竞争性贬值，抵制一切形式的贸易保护主义，这是 2013 年以来 G20 首提这一措辞。会议发布的联合公报指出，当前一些国家经济走强，但全球经济增长仍低于预期，要求各国谨慎调整政策行动并开展清晰沟通，使负面溢出效应降至最低，减少不确定性并提高透明度。公报说，会议承诺建立一个全球性的公平且现代化的国际税收体系，继续及时、高效地落实 G20 全面增长战略，以扩大需求、提高潜在增长率和增强包容性。

亚投行成立

12 月 25 日，由中国倡议成立、57 国共同筹建的多边金融机构亚洲基础设施投资银行（AIIB）正式成立。根据 6 月 29 日签署的《亚洲基础设施投资银行协定》，至少有 10 个意向创始成员国已交存批准书，且其初始认缴股本的加总数额不低于认缴股本总额的 50%，协定即告生效。截至 12 月 25 日，新加坡、澳大利亚、英国、新西兰、韩国、德国等 17 个成员国已提交批准书，股份总和占比达到 50.1%。中国财政部部长楼继伟表示，“亚投行正式宣告成立，是国际经济治理体系改革进程中具有里程碑意义的重大事件，标志着亚投行作为一个多边开发银行的法人地位正式确立。”亚投行开业仪式暨理事会和董事会成立大会于 2016 年 1 月 16 日至 18 日在北京举行。其初期投资的重点领域主要包括能源、交通、农村发展、城市发展和物流五大方向。

也门严重人道主义危机

也门局势自年初以来迅速恶化，1 月下旬，胡塞武装在萨那与总统卫队发生冲突并交火。3 月，沙特率先对也门境内胡塞武装控制的目标发动空袭，也门局势急转直下。为打击胡塞武装组织，以沙特为首的多国联军在也门境内设置禁飞区，并封锁了所有出海港口，也门国内基本生活物资出现短缺，人道主义危机已经初步显现。自 3 月下旬以来，随着也门冲突持续加剧，人道主义危机不断恶化。据统计，也门内战爆发后，已有 130 多万人被迫逃离家园，伤亡人数已达 3.2 万人，其中大部分是平民。4 月 14 日，联合国安理会举行公开会议，以 14 票赞成、1 票弃权通过了关于也门问题的第 2216 号决议。决议重申支持也门统一、主权、独立和领土完整，呼吁有关各方尽快就停火达成一致，明确要求也门各方通过协商对话和平解决分歧等。7 月 11 日，联合国人权理事会任命的食物权问题特别报告员发表声明称，深陷暴力冲突之中的也门目前正在面临一场严峻的粮食危机，超过1290万人目前无法获得充足的基本粮食供应，其中约有600万人处于“严重粮食不安全状态”，也门现有85万儿童面临严重营养不良问题。11月24日，联合国人道援助协调厅发布关于也门人道主义需求的最新报告，报告表示，也门目前共有超过2100万人需要获得不同形式的人道援助，以满足最基本的生活需要和保护自己的权利，这个数字相当于该国总人口的82%。秘书长发言人杜加里克24日在例行记者会上表示，也门持续6个月的冲突对该国人民的生计和基本人权造成严重破坏。联合国人权高专办公室核实了近9000起违反人权案例的报告。联合国已把也门列入世界人道主义危机最严重的地区之一，宣布为“三级危机”。

伊朗核问题达成全面协议

7月14日，在奥地利首都维也纳联合国中心，美国、英国、法国、俄罗斯、中国和德国与伊朗正式宣布就解决伊核问题达成协议，延续了12年的伊核问题谈判实现实质性突破。协议由正文及五个技术附件组成，主要包括解除对伊朗制裁及其行动计划、核技术合作、对协议实施的监控、对伊朗核能力的设限以及联合国安理会决议的草案等关键方面的内容。根据协议，伊朗将确保核项目用于和平目的，绝不寻求发展或获取任何核武器。伊朗将确保铀浓缩提取在300公斤以内，提取浓度在3.67%以内。该协议还包括取消联合国安理会、各国因伊朗核问题而提出的多边及单边制裁措施；国际核查人员不能随意获得授权核查伊朗敏感设施，包括军事基地；伊朗有权对国际核查人员的核查要求提出异议，一个由伊朗和六国人员组成的仲裁机构将对有关争议作出裁决。伊核协议的正式签署为伊核问题的政治外交解决、加速美伊关系缓和进程奠定了坚实的基础，为国际社会以谈判方式解决热点问题提供了成功经验。

“伊斯兰国”制造也门袭击事件

3月20日，极端组织“伊斯兰国”在也门的分支派遣五名武装人员袭击了什叶派胡塞武装组织。四名武装人员在也门首都萨那的两座清真寺实施自杀式爆炸袭击，这两座清真寺几乎同时遭到袭击，死伤者多为胡塞武装组织的支持者。一名武装人员在胡塞武装组织大本营萨达省省会萨达市实施两起自杀式爆炸袭击，一起针对政府机构，另一起发生在清真寺。在萨那和萨达发生的爆炸案袭击已经造成至少 137 人死亡、350 人受伤。长期盘踞在也门南部地区的“基地”组织阿拉伯半岛分支的一个分支于 2014 年 12 月宣布加入“伊斯兰国”。“伊斯兰国”在声明中宣称是这个分支实施了此次也门袭击，并宣称还将继续对胡塞武装组织发动袭击。

印度特大洪灾

12 月 4 日，印度南部泰米尔纳德邦首府金奈遭遇百年来最强降水引发的特大洪灾，造成至少 325 人死亡、数万人受灾，超过 20 万居民流离失所，许多地区停电停工、学校关闭、交通严重受阻。连续多日的大雨给金奈、库达罗尔及泰米尔纳德邦邻近地区造成严重损失。印度总理莫迪 3 日奔赴金奈并宣布，向泰米尔纳德邦及其周边受灾地区出资 100 亿卢比（约合 1.5 亿美元）用于救灾和灾后重建。在洪灾中遭到破坏的金奈机场及当地铁路运输于 5 日逐步恢复运营。印度当局已派出包括陆、海、空军在内的上千人展开搜救工作，印度国家救灾部队也派出 20 多支救灾队伍在重灾区开展救援，为受灾群众提供包括饮用水、食品、毛毯、基础药品等救援物资，许多社会人士和志愿者也纷纷加入救援队伍，万余名灾民获救。

亚非峰会

4 月 19 日至 24 日，亚非领导人会议和万隆会议 60 周年纪念活动在印度尼西亚雅加达和万隆举行。此次亚非峰会的主题是“加强南南合作，促进世界和平与繁荣”，具体包括 19 日在雅加达举行亚非高官会议、20 日举行部长级会议和领导人非正式会议、21 日举行亚非商务峰会，以及 24 日在万隆举行“亚非国家领导人漫步重温 1955 年亚非会议足迹”活动等。会议期间，与会各国领导人通过《2015万隆公报》、《重振亚非新型战略伙伴关系宣言》、《巴勒斯坦问题宣言》三份成果文件，并就在亚非两地区成立维和中心网络、共同谴责打着宗教旗号的极端主义和恐怖主义、大力培育贸易和投资作为增长引擎、完善多边贸易体系、承认海洋问题的重要性和印度洋战略地位对推进亚非经济发展的重要性、帮助巴勒斯坦加强人力资源和机构建设等方面达成共识。各界人士一致认为，万隆精神将继续推动新时代亚非国家的合作，并期待中国将南南合作推向新阶段。

中国接受《贸易便利化协定》议定书

8月23日，中国商务部部长高虎在出席东南亚经贸部长系列会议时对外宣布，中国国务院决定接受世界贸易组织《贸易便利化协定》议定书。9月4日，中国驻世界贸易组织特命全权大使俞建华向世界贸易组织总干事罗伯特·阿泽维多递交接受书，标志着中国已完成接受《贸易便利化协定》议定书的国内核准程序，成为第16个接受议定书的成员。根据世界贸易组织规定，《贸易便利化协定》将在2/3以上世界贸易成员国接受后生效。《贸易便利化协定》是中国加入世界贸易组织后参与并达成的首个多边货物贸易协定。中国作为全球第一大货物贸易国，《贸易便利化协定》的生效和实施不仅将有利于中国口岸综合治理体系现代化，还将普遍提高中国主要贸易伙伴的贸易便利化水平，促进中国产品出口并营造便捷的通关环境。从全球来看，《贸易便利化协定》的生效和实施将便利各国贸易，降低交易成本，推动世界贸易和全球经济的增长。中国呼吁其他世贸成员国加速国内程序，尽快接受《贸易便利化协定》议定书，以使《世界贸易便利化》能够早日达到生效条件。

（本章综述撰稿：巩新红；词条编撰：赖雨琪）

大国关系

一、形势综述

2015 年，国际秩序进入新一轮的调整重构期，国际规则与国际制度成为大国博弈的焦点。俄罗斯与欧美在乌克兰、叙利亚问题上的结构性矛盾难以消除，双方在对峙的同时积极寻求对话、妥协与合作。为维护在全球享有的主导权，美国在维系美欧关系的同时，重点加强美日同盟关系，试图让日本为其分担全球安全责任。在世界格局深入调整的背景下，中国实施积极的大国外交战略，为国际格局的稳定做出了贡献。

（一）国际经济秩序持续调整变革，大国围绕国际规则的博弈加剧

2015 年，国际经济规则成为大国博弈的“角力点”，国际金融治理规则、货物贸易规则、服务贸易规则和投资自由化规则都进入调整重构期，世界经济秩序酝酿新一轮的大调整、大变革。

发达国家力推高级别的规则体系，试图继续主导全球机制主导权。美国等发达国家通过主导跨太平洋伙伴关系协定（TPP）、跨大西洋贸易与投资伙伴关系协议（TTIP）、诸（多）边服务业协议（TISA）等贸易投资协定谈判，力图推行代表发达国家利益的高标准贸易投资规则。① 年内，欧美重启跨大西洋贸易与投资伙伴关系协议（TTIP）谈判，双方在进行的第八至十一轮谈判中取得进展。欧洲目前已经通过决议案的形式统一了对美谈判立场，可能加速欧美

① 中国发展门户网：《国际贸易“规则之争”已成为新一轮全球化博弈角力点》，http://cn.chinagate.cn/news/2015-04/24/content_35407755.htm。

之间的谈判。10月，经过历时五年的谈判，美日主导的TPP谈判完成。TPP设立了高标准的贸易条款，还引入了政府采购、电子商务、知识产权等贸易条款，有利于美日主导亚太地区的贸易规则。作为目前全球最大的区域贸易架构体系，TPP将中国排除在外，而且与中国参与构建的亚太自贸区、东盟“10+3”、中日韩自贸区等机制高度重叠。TPP率先达成后，极有可能削弱区域全面经济伙伴关系协定（RCEP）以及中日韩FTA两个机制的吸引力和竞争力，使美日在亚太贸易问题上的机制偏好占上风。美日两国的目标是为国际经贸规则树立“新标杆”，巩固国际规则的主导权。美国总统奥巴马在接受《华尔街日报》采访时称，如果美国不在亚洲制定贸易规则，那么中国就会制定，届时美国将被拒之门外。[①]

新兴国家积极参与国际规则构建，对此，发达国家之间的态度发生分化。目前，上海合作组织和金砖国家有效汇集了发展中国家的诉求，已经成为制定全球政治、经济规则的参与者以及抵御全球性政治、经济风险的重要力量。[②] 随着经济实力的不断上升，中国、巴西等经济体要求重新安排国际货币基金组织（IMF）的表决权，国际社会也呼吁加快全球金融治理机制的改革。中国倡议建设的亚洲基础设施投资银行也于2015年年内正式成立，成为国际经济治理体系改革进程中具有里程碑意义的重大事件，将有效推动地区合作，促进国际经济发展。就新兴国家在国际规则构建中的地位作用问题，美国、日本的态度、立场与其他大多数发达国家相去甚远。如IMF表决权改革问题，由于美国一直持消极态度，该项改革举步维艰。对于美国的态度，包括英国在内的许多国家都表示批评。在国际社

① 环球网：《奥巴马：若美不在亚洲制定贸易规则，中国就会制定》，http://world.huanqiu.com/hot/2015-05/6385756.html。

② 海外网：《人民日报：上合金砖已成为制定全球规则重要参与者》，http://world.haiwainet.cn/n/2015/0706/c345793-28902613.html。

会的不断努力下，11 月 30 日，IMF 执董会批准人民币加入特别提款权（SDR）货币篮子，标志着国际金融治理机制改革取得一定进展。针对中国倡议建设的亚洲基础设施投资银行，美、日担心会对世界银行和亚洲开发银行形成挑战，在拒绝加入的同时还曾呼吁其他国家不要加入。为了同亚投行竞争，日本推出新的援助战略，提出要“在亚洲推进高质量基础设施投资”，将在 2016—2020 年增加亚洲基础设施投资到 1100 亿美元，比过去五年增加 30%。[①] 可见，美日等国以戒备的心理来看待新的地区架构体制，试图采取竞争性的手段来维护其国际规则主导权。然而，英国、法国、德国和澳大利亚等其他发达国家纷纷表示加入亚投行，以推动地区新的机制建设发展。

（二）俄美接触合作的意愿增强，两国在地缘上的对抗升级

2015 年，美俄的矛盾依旧，但双方均表现出进行接触与合作的意愿。首先，俄美两国元首保持着频繁的接触。1 月，俄罗斯总统普京向美国总统奥巴马发去新年贺词，称“虽然俄美关系因乌克兰危机紧张，但俄美伙伴关系能够成功发展”。[②] 6 月，普京在时隔四个月后与奥巴马通电话，双方讨论了乌克兰问题。在美国的国庆日当天，普京向奥巴马致贺电呼吁：“尽管两国关系存在困难，俄美关系依旧是确保国际稳定和安全方面最关键的因素之一。”[③] 8 月，普京向奥巴马发去电报，祝贺其生日。9 月，俄美两国总统在出席联合国大会期间进行大约一个半小时的会谈。其次，俄美两国外长展

---

① 凤凰网：《日本解禁投资亚洲高风险项目，侧面与亚投行竞争》，http://finomce. ifeng. com/a/20150707/1382279_0. shtml。

② 中国新闻网：《普京向奥巴马贺新年：俄美共担维护世界和平责任》，http://www. chinanews. com/gj/2014/12 – 31/6929055. shtml。

③ 天津网：《普京给奥巴马的国庆贺电写了啥》，http://www. tianjinwe. com/rollnews/201507/t20150706_1579294. html。

开了密集的接触磋商。8 月，美国国务卿克里与俄罗斯外长拉夫罗夫通电话商谈乌克兰问题。9 月，美俄外长就如何打击叙利亚的“伊斯兰国”恐怖组织两次通电话。10 月，美俄外长在电话会议中提出，应通过在叙利亚政府和反对派之间建立对话的途径解决这一冲突。再次，美俄防长也进行了接触。9 月，美国国防部长卡特与俄罗斯国防部长绍伊古通过电话进行了大约 50 分钟的会谈，双方认为有必要恢复“战术性务实合作”，并约定继续进行磋商。美俄保持接触合作是两方面因素促成的结果。一方面，由于乌克兰问题陷入僵局，加上欧洲国家对美国制裁俄罗斯的政策越来越不满，美俄需要通过相互妥协来寻找出路。在此背景下，美国国务卿克里在 5 月份访问俄罗斯，同普京总统进行了长达四个小时的会晤。虽然会谈并没有取得进展，但为接下来的美俄妥协奠定了基础。另一方面，叙利亚局势持续恶化，大批难民涌向欧洲，给欧洲带来巨大的安全压力。美国通过支持叙利亚反对派的行动并未取得明显效果，叙利亚境内的恐怖主义威胁有“外溢”和向全球蔓延的趋势，美国不得不选择与俄罗斯合作。2015 年，美俄在两大领域的合作取得了进展。一是促成了伊核问题达成协议。美国高度肯定了俄罗斯发挥的作用。克里表示：“没有俄罗斯的支持，我们不可能达成协议。”①二是打击叙利亚境内的恐怖主义。美俄元首会晤期间在叙利亚反恐问题上达成共识，双方正考虑建立相应的合作机制。

尽管美俄进行了接触与合作，但两国在地缘政治上的矛盾依然尖锐。在乌克兰问题上，美国持续对俄罗斯施加压力，除了继续对俄进行制裁之外，还要求欧洲盟友增加防务开支。在叙利亚问题上，奥巴马和普京在阿萨德的政治前途问题上存在“根本性分歧”。美俄两国领导人在不同场合展开激烈交锋。俄罗斯出兵叙利亚之后，美

① 凤凰网：《点赞普京？奥巴马其实是在唱红脸》，http://news.ifeng.com/a/20150719/44198200_0.shtml。

俄的地缘争夺从中东拓展到巴尔干地区。12 月，克里在塞尔维亚首都贝尔格莱德表示，美国完全支持塞尔维亚加入欧盟，试图继续压缩俄罗斯的地缘政治空间。为此，美俄双方在军事层面继续展开威慑与反威慑的对抗。年内，美国决定在波罗的海和东欧盟国部署 250 辆坦克以及布雷德利装甲战车和自行榴弹炮等武器。在克里访俄前，美国先后在立陶宛举行了“波罗的海堡垒 2015”军演，在爱沙尼亚举行了“刺猬 2015”军演，在格鲁吉亚开展“崇高伙伴”军演。目前，美国国防部已经在欧洲换防了 B－2、B－52 战略轰炸机，并准备派出 F－22 战斗机参加军演。对此，俄罗斯立即做出反应。俄国防部高级官员尤里·雅库博夫说，俄方将不得不在西部边境地区增强军事力量，可能在位于立陶宛和波兰之间的俄罗斯“飞地”加里宁格勒立即部署“伊斯坎德尔”式战术弹道导弹并增强在白俄罗斯的军力。[①]

（三）俄欧关系发展继续陷入困局，欧洲内部对俄政策的分歧扩大

受乌克兰危机和叙利亚问题的影响，2015 年的俄欧关系并没有取得显著改善，俄欧之间的分歧和对抗依然明显。一是普京仍未获受邀参加 G7 峰会，西方国家声称是为了制裁俄罗斯“在乌克兰的侵略行动”。二是俄欧继续展开制裁与反制裁。6 月，欧盟成员国外长会决定将欧盟对俄罗斯实施的经济制裁延长至 2016 年 1 月 31 日。欧盟对此的解释是，俄罗斯在乌克兰东部局势中起到“不稳定”的作用。[②] 两天后，俄罗斯“以牙还牙”地宣布将对欧盟的反制裁措施从即日起延长一年。三是俄英之间的安全矛盾凸显。1 月，俄罗

---

① 新华网：《普京为何与奥巴马通“友爱电话”?》，http://news.xinhuanet.com/world/2015－06/29/c_127957666.htm。

② 《普京签署命令对欧盟“以牙还牙”》，《解放日报》，2015 年 6 月 25 日。

斯轰炸机飞越英吉利海峡，英国曾派战机升空并传召俄大使，认为俄此举“干扰了英吉利海峡上空的民用航空交通”，是对英国的“挑衅和恐吓”。[①] 3月，英国派出35名军事人员前往乌克兰，这是自2014年乌克兰危机爆发以来，首次有西方国家在乌克兰展开长期军事培训计划。此外，英国政府宣布成立一个2000万英镑（约合3000万美元）的基金来支持东欧国家抵御来自俄罗斯的影响力。4月，俄罗斯两架图－95战略轰炸机在米格－31战机的护送下在巴伦支海、挪威海和大西洋海域进行巡航。英国认为俄方这是在“秀肌肉”，随即派出了“台风”战机进行拦截。6月，英国外长哈蒙德表示，面对俄罗斯与日俱增的安全威胁，英国考虑在境内部署美国制造的核子中程导弹，这引起外界担心冷战时期的军备竞赛是否可能再次出现。[②] 四是俄法合作搁浅。受到乌克兰问题的影响，俄法在年内废除了2011年6月签署的“西北风”级两栖攻击舰合同，法方已向俄方退还相关资金，两艘军舰归法国所有。8月，俄罗斯对法国欧尚超市进行“系统性”检查，反制法国废除造舰合同的做法，俄法关系陷入新一轮紧张。俄欧的对抗不仅使双边关系陷入困境，同时还导致双方的经济利益受损。俄罗斯企业因欧洲的制裁得不到有效投资，对外出口无法获得相应市场和订单，俄罗斯不得不选择出口替代战略来应对这一挑战。据欧盟委员会预计，由于对俄制裁，欧盟2015年将减少500亿欧元收入，分别占欧盟国内生产总值的0.4%，给欧洲就业带来不小的压力。[③]

---

① 环球网：《拦截军机引发英俄口水战 英国称俄对英挑衅恐吓》，http://mil.huanqiu.com/world/2015－04/6201558.html。

② 中国科技网：《英欲部署核导弹应对俄威胁 英俄关系或陷新冷战》，http://www.wokeji.com/military/ltbl/201506/t20150609_1268639.shtml。

③ 凤凰网：《欧盟禁止向克里米亚投资》，http://news.ifeng.com/a/20141220/42758245_0.shtml。

为缓解外交压力，俄罗斯积极发展对欧关系，欧洲内部的对俄政策出现分化。俄罗斯总理梅德韦杰夫表示："从经济上、政治上和情感上，俄都不准备同欧洲大陆断绝关系。任何人也休想把俄同欧洲文明割裂，俄与欧洲的关系可能会发生变化，但俄与欧洲的战略合作关系是不可避免的。"[①] 2015 年召开的七国峰会进一步提高了对俄制裁的调门，会后发布的联合声明称："我们准备采取进一步限制措施，以便万一因为俄罗斯的作为而必须这么做时，能增加他们付出的代价。"[②] 然而，普京两天后就通过访问意大利展开反击。意大利总理伦齐表示，意俄两国不仅要借世博会加深关系，还要重塑意俄传统友好关系，共同面对观点上的分歧。[③] 在俄欧陷入对峙状态后，希腊总理齐普拉斯表示，希腊"能够成为西方与俄罗斯之间的桥梁"。希腊甚至对欧盟发出抗议，认为"欧盟对俄罗斯实施新制裁的声明事前未征得希腊同意，这违反了正常程序"。俄方有意把希腊纳入俄罗斯—土耳其天然气项目，使希腊成为欧洲重要的中转站。俄罗斯还决定向匈牙利贷款建设帕克什核电站两台新机组，并与匈牙利达成天然气供应协议。随着俄意、俄希、俄匈关系的逐步密切，欧盟内部的对俄政策出现了分歧，甚至有人担心这可能掣肘欧盟的对俄制裁政策。实际上，在制裁问题上，欧洲国家已经分裂成为两大阵营：英国、波罗的海国家主张对俄强硬制裁，德国、意大利、匈牙利则反对采取过激手段。德国外长针对欧盟对俄罗斯制裁措施

---

① 新浪网：《俄总理表示俄与西方合作是不可避免的》，http://news.sina.com.cn/o/2015-09-25/doc-ifxieynu2265160.shtml。

② 程君秋：《普京访问意大利，或就欧盟对俄制裁寻求不同意见》，《环球时报》，2015 年 6 月 10 日。

③ 程君秋：《普京访问意大利，或就欧盟对俄制裁寻求不同意见》，《环球时报》，2015 年 6 月 10 日。

直接表示："如果危机完全失控，这不符合我们的利益。"[1] 在俄罗斯阅兵的第二天，德国总理默克尔就访问俄罗斯，尽管她指责俄罗斯吞并克里米亚的行为"违反了国际法"，导致德国和俄罗斯的合作也因此"严重受挫"，但她依然表示："访问是想要表示出我们将与俄罗斯并肩协作的意愿，而不是反对俄罗斯。"[2]

（四）美欧同盟关系并未发生实质变化，在安全问题上的分歧有所显现

2015年，美欧自贸区谈判取得进展，欧盟与美国签署了一项包含抵制犯罪及恐怖主义的数据传输内容的隐私协定，修补了美欧因数据监控问题而产生的裂痕。总体来看，美欧依然在同盟框架体系内围绕多个问题展开了合作，双边关系保持总体稳定。然而，因具体利益不同，美欧在部分安全问题的分歧有所显现：

一是在解决乌克兰问题的具体策略上存在分歧。在乌克兰问题上，美国对俄、德、乌、法创造的"诺曼底模式"保持距离，厌倦欧洲人仍在听"莫斯科的废话"。美国认为欧洲在对俄政策上表现得不够强硬，而欧盟担心过于刺激俄罗斯会引发新的冲突，主张通过外交手段解决问题。当美国号召欧洲国家要军事援助乌克兰，给乌克兰援助致命性武器时，德法两国竟然公开反对，其领导人还结伴亲自前往俄罗斯与普京商谈乌克兰停火事宜，这引发美国不满。美国之所以采取强硬的对俄政策，是希望利用乌克兰问题继续对俄罗斯形成强大的压力，同时借此有效制衡欧盟的经济竞争力。如果俄欧陷入全面对抗，必然导致大量欧洲资本向美国境内"避险"。同

---

① 搜狐网：《欧盟砸血本反俄现裂痕 普京变招德总理公开挺俄》，http://mil.sohu.com/20141223/n407215139.shtml。

② 新华网：《默克尔访俄：诚恳反思历史为欧俄关系破冰》，http://news.xinhuanet.com/world/2015-05/12/c_127792932.htm。

时，如果俄罗斯资本从欧洲撤离，那么美国企业就可迅速占领欧洲市场。对于欧盟特别是德法等国来说，俄欧对抗首先受损的是欧洲而非美国，因此对美国的强硬态度并不积极。

二是在叙利亚问题上存在不同做法。叙利亚问题产生的“溢出效应”越发明显，在难民问题、恐怖主义和中东地缘政治上，欧洲比美国面临着更大的压力。在俄罗斯出兵叙利亚和巴黎发生恐怖袭击以后，欧美并没有启动统一的北约指挥体制，而是各自采取了不同的行动。受制于最迫切的恐怖主义压力，法国总统访问俄罗斯，与美国、英国和德国高层联系，争取与俄罗斯建立反恐统一合作机制。在推动欧盟一体化建设的考虑下，德国援引欧盟相关条约，称出兵叙利亚是对于法国政府要求援助的一种回应。因为受到的压力较小，英国政府采取模糊的态度，虽然也提出要出兵，不过与德法拉开距离，单独对叙利亚境内的目标发动空袭，以便灵活地获取地缘政治利益。美国则在叙利亚问题上陷入纠结，既不想过度卷入，又担心俄罗斯的影响扩大，在欧洲出兵叙利亚的问题上表示支持，但又不愿主导西方阵营的军事行动，所以只得在与俄罗斯签署了避免军事冲突的军事备忘录后，采取了相应调整中东政策的策略。

三是在欧洲防务问题上的分歧。2015 年，欧盟成员国防开支维持在 GDP 的 1.5% 左右，法国大约 1.8%，只有英国、波兰、希腊和爱沙尼亚达到了国防投入占 GDP 的两个百分点的目标。美国的国防预算占北约全部防御开支的 75%，英国、法国、德国则分担了剩下的预算大头。因此，四个北约成员国几乎负担了全部 24 个北约盟友的防务开支。在美国防务开支逐渐下滑的背景下，美国不断要求欧盟国家将国防开支提升至 2%。[①] 然而，随着经济增长不断放缓，许多国家并没有大幅增加防务预算，导致美国对欧洲国家这种在国防

① 和讯网：《当下欧洲防务有哪些热点问题?》，http://opinion.hexun.com/2015-08-07/178150101.html。

和安全问题上“搭顺风车”的行为非常不满。

四是对南海问题的态度有所差异。随着美国“亚太再平衡”战略的推进，美国希望欧洲能够支持其在南海问题上的政策。美国五角大楼负责南亚及东南亚事务的副助理部长西赖特认为，美国与欧盟在亚太地区的政策可以互补，要求欧盟能够进一步清楚地表明对美国南海政策的支持。[①] 同时，美国负责东亚事务的助理国务卿帮办富克斯罕见地敦促欧盟“应在美国与中国围绕中国在南中国海进行人造前哨建设和军事化的争议中更强有力地支持华盛顿”。[②] 不过，欧盟当面拒绝了美国的要求。欧盟驻美国大使戴维·奥沙利文表示：“欧盟和美国的目标是相似的，但是美国的表态是过于主观的判断。”“完全统一的口径有时十分有效，但是有时也会起反作用。”[③]

（五）美国继续强化亚太同盟伙伴关系，制衡中国的意图更加明显

2015年，美国通过经济与安全议题并重方式，以深化美日同盟为核心，强化在亚太地区的同盟伙伴关系，以此制衡中国的地区影响力，从而巩固在地区问题上的主导地位。

首先，美日同盟关系得以强化。经济上，美日主导的跨太平洋伙伴关系协定谈判基本完成，使美日在新一轮的地区经贸规则制定浪潮中占据主动。更值得注意的是，美日两国的防务关系更加紧密，新修改的《日美防卫合作新指针》提出了打造“无缝”全球安保同

---

① 凤凰网：《美欧南海政策现分歧，美欲拉拢欧盟》，http://phtv.ifeng.com/a/20150731/41407690_0.shtml。

② 参考消息网：《外媒：美国罕见敦促欧盟就南海争端“选边站”》，http://www.cankaoxiaoxi.com/world/20150731/872883.shtml?fr=pc。

③ 环球网：《美国欲拉欧盟介入南海争端，欧盟婉拒：恐会起反作用》，http://world.huanqiu.com/exclusive/2015-07/7145097.html。

盟的目标。美日提出未来双方要实现防务上的“无缝连接”，尤其是对外国非法占据离岛等并未受到他国武力攻击的“灰色地带事态”做出安排，日美防卫合作的同盟范围将从“周边有事”调整为“重要影响事态”，使美日可以干涉全球事务。美国有意在防务问题上对日本进行“松绑”，使日本承担更大的防务责任来纾解自身实力下降带来的压力。[①] 美日关系的强化在很大程度上有制衡中国的考虑。在日本首相安倍访问美国期间，美日两国首脑仅在联合记者会上就提到中国 20 多次，美国不仅明确表态支持日本成为联合国常任理事国，奥巴马政府还明确表示：“美日安保条约第五条涵盖日本所管辖领土，包括钓鱼岛。”[②] 此外，美国国防部长卡特在访日期间提出了希望日本分担南海地区警戒任务的想法，借此对中国形成牵制。随后在美日首脑菲律宾会晤期间，日本方面称正在研究南海巡逻的问题。美日此举无非是想通过军事上的联合来进一步牵制中国。

其次，强化美韩同盟关系。2015 年，应对朝鲜问题依然是美韩同盟的主轴，双方在《韩美原子能协定》、战时作战指挥权、打击极端组织“伊斯兰国”问题、叙利亚问题和防控“埃博拉”等多方面开展合作。此外，美国在美韩同盟上还有如下考虑。一是试图修复日韩关系，在东北亚打造美日韩三边同盟体系。上半年，美国接连与日本首相安倍和韩国总统朴槿惠沟通，试图为修复两国关系提供积极“仲裁”。在美国的协调下，美日韩签署了军事情报合作协定。不过，新的《美日防卫合作指针》引起了韩国的担忧，韩国担心日本可能在未来涉入半岛事务。美国极力淡化韩国方面的顾虑，美国

① 人民网：《“孤独的同盟”：从安倍访美看美日协调》，http://world.people.com.cn/n/2015/0609/c187656-27127559.html。

② 西陆网：《安倍会见奥巴马谈 6 大议题全部针对中国》，http://www.xilu.com/news/anbeiaobama987.html。

国务卿克里表示，在任何情况下，韩国的主权将会受到尊重。[①] 二是借朝核威胁继续在东亚部署导弹防御系统。克里首次以官方的形式向韩国提出在其境内部署萨德系统，而且美国专家此前已经在驻韩美军基地内进行了实地调查。如果美国在朝鲜半岛成功部署萨德系统，其对中俄两国境内的远程探测能力将得以大幅提升，在东北亚地区部署的导弹防御系统将大幅提升实战效能。三是要求韩国涉入南海问题。6月，分管东亚和太平洋事务的美国助理国务卿拉塞尔表示，韩国“应发挥国际秩序中主要利益相关方的作用”。美国和韩国在南海问题上都不是主权声索方，从而“更有理由发声”。[②]

再次，继续密切在亚太地区的三边合作机制。9月，美日印三国外长举行首次会谈，谈及南海等议题。同时，美国、日本和澳大利亚举行副外长级磋商，提出“鉴于中国正在加强对南海的实际控制，三国确认将在海洋安全领域开展密切的合作”。[③] 可以看出，美国依然有通过加强亚太地区多边合作机制来制衡中国、维持地区主导权的考虑。

（六）中国进一步深化与各方向的国家关系，国际影响力大幅提升

2015年，中国进一步深化与各方向国家的关系，全面推进中国特色大国外交，取得了丰硕成果，对国际关系产生了深远的影响。

---

① 大公网：《美韩外长会主谈朝鲜 美高官首提在韩部署反导系统》，http://news.takungpao.com/world/exclusive/2015-05/3003767.html。

② 人民网：《南海问题，美要拉韩国下水》，http://world.people.com.cn/n/2015/0605/c157278-27110734.html。

③ 环球网：《外媒：美日澳开展安全合作 针对中国南海活动》，http://mil.huanqiu.com/observation/2015-09/7673528.html。

其一，继续推进构建中美新型大国关系。2015年，中国国家主席习近平对美国成功进行历史性访问，双方再度确认构建中美新型大国关系的重要共识。双方同意继续努力构建基于相互尊重、合作共赢的中美新型大国关系，保持密切的高层及各级别交往，进一步拓展务实合作，建设性管控分歧，使中美关系不断取得新的具体成果。[①] 年内，双方继续深化合作对话，加强机制建设，有效管控分歧，在网络安全、双边投资协定、多边经济合作、人民币交易和结算机制、气候变化、关键贸易和技术领域合作、反恐、反腐、人文等重要领域达成了一系列共识，推动中美关系深入发展。

其二，中俄关系稳步向前发展。中俄进一步巩固政治互信，保持密切高层交往。2015年，两国元首先后五次举行会谈，签署了《中俄关于深化全面战略协作伙伴关系、倡导合作共赢的联合声明》和《中俄关于丝绸之路经济带建设和欧亚经济联盟建设对接合作的联合声明》等重要文件，推动双边关系深入发展。中俄在能源、航空、航天等领域大项目合作稳步推进，成功签署莫斯科—喀山高铁合作协议，远东开发合作进入新阶段。有观点指出：中俄已经建立起了历史上从来没有出现过的新型伙伴关系，这种关系的特征是：并不针对第三国，以一种平等的方式寻找双边关系平衡，实现互利共盈，灵活多元，层次多样，参与面广，对于国际秩序、国际体系的建设会产生深远的影响。[②]

其三，中欧关系进一步密切。2015年，中国与欧洲大国的关系得到巩固和深化。首先，中英关系迈向“黄金时代”。5月，英国首相卡梅伦在竞选连任后表示，期待未来五年打造中英关系的

---

① 张弛：《领袖外交与中美新型大国关系》，《光明日报》，2015年10月27日。

② 凤凰网：《俄前外长：中俄新型伙伴关系具四方面鲜明特征》，http://news.ifeng.com/a/20150628/44059950_0.shtml。

"黄金时代"。卡梅伦和财政大臣奥斯本多次提出，英国要做中国在西方"最有力的支持者"和"最好伙伴"。[①] 在习主席对英国进行"超级国事访问"后，双方同意建立面向21世纪全球全面战略伙伴关系，开启中英关系"黄金时代"，为新兴大国与传统大国深化互信与合作树立了标杆。[②] 其次，中德合作全面升级。年内，中德两国政府就打造中德合作"全面升级版"、共同应对全球性挑战、维护世界和地区和平稳定达成诸多共识和成果。目前，中德之间的贸易额已超过中欧贸易的1/3，德国在华企业超过8200家，中国在德企业也有2000多家，[③] 两国合作前景广泛。再次，中法关系不断升温。年内，中法两国元首两度会晤，双方在核能、航空、金融、农业、医疗卫生等领域的合作不断加强，表明双边战略关系不断深化。

展望2016年，大国关系将主要受到如下因素的影响。一是国际规则仍将是大国的关注重点。无论是全球规则还是地区规则，大国都将积极推动其反映自身的偏好，这将进一步促进国际规则深入变化调整。二是地缘政治矛盾仍将影响大国关系的走向。乌克兰问题尚未解决，叙利亚危机不断发酵，亚太海洋争端仍将牵动大国神经，这些问题可能成为未来影响大国关系的主要变量。尽管存在诸多分歧，但世界主要趋势仍将是合作与发展，大国依然会在具体的问题上进行妥协、对话与合作。

---

① 王展鹏：《英国卡梅伦政府对外政策与中英关系发展》，《学习时报》，2015年10月9日。

② 中华人民共和国外交部网站：《2015，中国特色大国外交的全面推进之年》，http://www.fmprc.gov.cn/web/wjbz.673089/zyjh_673099/t1323795.shtml。

③ 中国科技网：《我驻德使馆举行留德学生会年会 史明德大使介绍中德关系》，http://www.wokeji.com/kbjh/zxbd_10031/201511/t20151123_1941907.shtml。

二、重大事件词条

安倍晋三访问美国

4月26日—5月3日，日本首相安倍晋三对美国进行长达八天的访问，这是2006年以来日本首相首次正式访美，旨在敲定日美防卫合作指针、推进跨太平洋伙伴关系协定谈判，并借此彰显日美同盟的牢固。此次安倍访美行程覆盖美国波士顿、华盛顿、旧金山、洛杉矶四个城市，具体包括在波士顿与美国国务卿克里会谈、在波士顿爆炸案现场献花、赴哈佛与学生交流、在白宫同奥巴马举行会谈、在国会发表演说等。值得注意的是，安倍在国会山的演讲中除了谦卑地对美国二战身亡者表示哀悼之外，对世界其他地区的关切故意无视、拒不道歉，此举招致了世界各大媒体的批判。《日本经济新闻》评论道："虽然在安保问题等方面的认识得到美方一定评价，安倍今后对执政更有自信，但安倍在战后70周年讲话等问题上的表现给日中、日韩关系埋下隐患。"

安理会举行应对中东北非问题部长级会议

9月30日，在俄罗斯的倡议下，联合国安理会召开解决中东北非冲突及应对该地区恐怖主义威胁的部长级会议，俄罗斯外长拉夫罗夫、中国外长王毅、美国国务卿克里等多国外长及国际组织代表出席并发言。联合国秘书长潘基文呼吁安理会支持其叙利亚问题特使德米斯图拉的努力，以便在日内瓦公报的基础上达成全面可信的政治过渡。俄罗斯外长拉夫罗夫表示，事实证明，不考虑历史渊源或企图单独解决中东北非地区的冲突是不可能的，而只想着推翻政府也不可能解决问题。拉夫罗夫还呼吁商定一个由安理会主导的集体行动方案。美国国务卿克里则表示，美国支持任何打击"伊斯兰国"的努力。不过克里对俄罗斯的军事行动到底是打击"伊斯兰国"还是保护阿萨德政府表示质疑，并说不同意俄罗斯所述支持阿萨德政府才能打败“伊斯兰国”的说法。中国外长王毅在会上表示，中国希望本次安理会会议成为新起点，国际社会作出新努力，打开中东和平与安全的新局面。

奥朗德访问俄罗斯

11月26日，法国总统奥朗德到访莫斯科并与俄总统普京举行会晤。双方“在会谈期间对双边关系中的所有领域交换意见”，提出未来俄法将交换反恐情报，协调两国军事专家工作，加强打击恐怖主义力度。奥朗德表示，他此次访问莫斯科的目的是“协调俄法两国的行动，以便有效地打击恐怖主义”。为此，“俄法双方未来将进行情报交换，以便区分叙境内的恐怖分子与反对派”。奥朗德还说，目前还需要进一步证实哪些国家购买了恐怖分子的石油或给予恐怖组织资金支持。法方与俄方已达成一致，将坚决打击恐怖分子用于开采石油的基础设备以及运油车队。普京称，目前俄法双方已在加强反恐行动、交换反恐情报以及协调两国军事专家的工作等方面达成一致，目的在于“避免悲剧重复发生”。在叙利亚危机问题上，奥朗德称叙利亚危机应通过政治途径解决，“叙利亚现任总统阿萨德不能在叙利亚的未来中起任何作用”。普京则表示，叙利亚总统阿萨德的命运应“完全掌握在叙利亚人民的手中”。

德国副总理访问俄罗斯

10月29日，德国分管能源的副总理加布里尔到访俄罗斯，与普京进行了近两个小时的会谈。近几个月以来，加布里尔清晰地表达了在对俄问题上与默克尔的不同立场，他表示更愿意向俄方妥协。不过，加布里尔明确称“必须同普京一起寻找巩固俄德关系的新方式”只是他的“个人态度”。在与普京的会谈中，加布里尔再次表达了对俄制裁的个人观点。他说，“如果明斯克停火协议的实质性条款得到实施，那就应取消第一轮的制裁措施。”

俄德法领导人闭门会议

2月6日，俄罗斯总统普京、德国总理默克尔和法国总统奥朗德在莫斯科举行会晤，商讨乌克兰危机解决方案。会议持续了大约五小时。俄总统新闻秘书佩斯科夫表示，与会各方进行了“建设性、内容丰富的实质性会谈”，会议根据德法两国领导人提出的建议起草了一份关于实施明斯克协议的文件。此外，四国领导人同意以“诺曼底模式”继续就乌克兰问题进行磋商。

俄法废除“西北风”合同协议

8 月 5 日，俄罗斯和法国达成协议，同意废除“西北风”级两栖攻击舰合同。根据协议，法方赔付俄方根据合同支付的全部资金，而两艘军舰的所有权和支配权将归法方所有。2011 年，俄法两国签署了法为俄建造两艘“西北风”级两栖攻击舰的合同，合同总金额约 12 亿欧元。根据合同，法国应在 2014 年和 2015 年分别向俄海军交付一艘两栖攻击舰。不过，法方多次以乌克兰危机为理由推迟向俄方交付。协议达成后，法国政府可能考虑把这两艘军舰转售其他国家。

俄日领导人联合国会谈

9 月 28 日下午，日本首相安倍晋三在纽约联合国总部与俄罗斯总统普京举行了长约 40 分钟的会谈。这是两国首脑自 2014 年 11 月以来时隔 10 个月再次举行会谈。普京表示：“俄日间各个方面的接触都日趋活跃，但令人遗憾的是双边贸易额稍稍下降。我相信俄日之间的经济合作拥有巨大潜力。”安倍呼吁推动包括北方四岛问题在内的和平条约谈判取得进展，并提出：“进一步静下心来推进和平条约谈判的条件已经具备，希望进一步发展双边关系。”此外，安倍还希望普京“在最佳时机实现”访问日本。

俄外长与德乌美三国外长通电话

7 月 18 日，俄罗斯外长拉夫罗夫与德国外长施泰因迈尔、乌克兰外长克利姆金和美国国务卿克里通电话。会谈主要围绕乌克兰问题展开。拉夫罗夫与施泰因迈尔认为，乌克兰当局应就宪法改革和东南部地方选举与顿涅茨克州和卢甘斯克州直接对话。拉夫罗夫和克利姆金讨论了新明斯克协议的落实情况，约定共同推动在联络小组会晤框架内采取具体措施缓解乌东南部紧张局势。拉夫罗夫与克里通电话时也讨论了新明斯克协议的落实情况。拉夫罗夫强调，积极推动履行新明斯克协议进程、保证乌克兰当局与乌东南部直接对话具有重要意义。

法德俄乌四国峰会

10月2日，被称为“诺曼底模式”的法国、德国、俄罗斯、乌克兰四国峰会在法国总统府爱丽舍宫举行。会谈之前，法国总统奥朗德和俄罗斯总统普京举行了75分钟的双边会谈，试图就叙利亚政治过渡等问题协调立场，缩小分歧。随后，德国总理默克尔与普京也举行了双边会谈。四国峰会持续了近五个小时，各方围绕乌克兰东部局势和叙利亚问题等进行了讨论。会上，各方就乌克兰东部地方选举时间问题达成妥协。法国总统奥朗德表示，需要更多时间在乌克兰组织符合国际规范的选举，组织的选举必须遵守明斯克协议的条款。乌克兰总统波罗申科声称，如果乌克兰东部地方选举不推迟，对俄罗斯的制裁将加强。俄总统新闻秘书发言人佩斯科夫表示，当天的巴黎会谈效率颇高。四国领导人的外交顾问每天都在进行接触和交流，今后这种对话将继续并得到强化。

法美总统电话会议

6月24日，法国总统奥朗和美国总统奥巴马通电话，讨论监听事件的解决方案。法国官员表示，奥朗德与奥巴马在电话中就监听事件进行了交流，并讨论了盟国间在情报活动方面应遵循的原则。奥朗德还提及了美国政府遵守承诺的必要性。法国总统府随后发表新闻公报，强调“法国绝不容忍威胁其国家安全和利益的行为”。然而，法国政府发言人斯特凡说：“美国的所作所为的确让人难以接受，但这并不意味着我们会陷入危机。”与此同时，美国白宫表示，美国并未窃听奥朗德的通信内容，在世界冲突和危机频发的局势下，美国不可能破坏美法友好国家的关系。

克里访问俄罗斯

5 月 12 日，美国国务卿克里访问俄罗斯。访问期间，克里同俄外长拉夫罗夫举行了俄美外长级公开会晤，并在索契同普京总统进行了长达四个小时的会晤。访问前一天，俄罗斯发表一份声明称，“在很大程度上，乌克兰危机是由美国自己挑起的”。俄罗斯方面直言俄美关系的肇因在于美方的“不友善举措”。不过，俄罗斯也表示，全球稳定在很大程度上取决于俄美关系正常化，并“期待克里国务卿对俄罗斯的访问能够为此做出努力”。会谈前，克里向索契的卫国战争烈士纪念碑敬献了花圈。美俄外长会谈的议题包括俄美关系、叙利亚局势、乌克兰局势和伊朗核问题，会谈的气氛“友好”，但并未取得“突破”。会谈结束后，拉夫罗夫表示克里的到访能使双方“增进了解”。克里则表示他与普京进行了“坦率”并“有建设性”的会谈。美俄双方在乌克兰问题爆发的原因上存在分歧，但都表示乌克兰双方均必须恪守新《明斯克协议》。克里还表示美俄应在销毁叙利亚武器等“急需”问题和其他类似共同挑战问题上展开合作，需在多方面避免导致双边关系长期受损的行动。

美俄避免军事冲突谅解备忘录

10 月 20 日，为避免在叙利亚境内打击极端组织时发生军事冲突，美俄签署谅解备忘录。谅解备忘录涉及具体安全飞行措施等内容，包括安全飞行距离、在发生空中近距离接触时特定无线电通信频率的使用以及开通双方地面通信线路等事宜。备忘录还涉及双方在叙军事合作的可能性、情报分享和军事打击目标等相关信息。美国国防部发言人表示，美俄每次执行飞行任务前不会提前沟通，此举只是为了应对可能发生的冲突事件。在发生冲突的情况下，美军飞行员将有权采取行动自卫。俄国防部发言人科纳申科夫表示，签署这种文件具有实际意义。此前，美俄国防部代表围绕叙局势以视频会议形式举行了三次磋商。

美俄防长电话会谈

9月18日，美国国防部长卡特与俄罗斯国防部长绍伊古进行了大约50分钟的电话会谈。这是美俄自2014年3月因乌克兰危机暂停军事合作一年多来的首次防长对话。会后，美国国防部指出，两位防长的对话表明，双方在多数问题上的意见是相近或一致的。俄国防部发言人也对此认可，并表示双方认为有必要恢复两国国防部门交流，约定继续进行磋商。同日，美国白宫新闻发言人欧内斯特表示，美国希望与俄罗斯恢复军事上的“战术性务实合作”，但强调说，这并不意味着重返乌克兰危机前的合作水平。而在此次对话前，美国国务卿克里曾表示，奥巴马总统认为，针对叙利亚目前局势，美俄双方有必要开展谈判。

美俄外长电话会议

8月13日，美国国务卿克里与俄罗斯外长拉夫罗夫通电话。美国国务院在其声明中表示，“国务卿对乌克兰东部袭击活动急剧上升表示严重关切，敦促立即停火并全面执行明斯克协议的条款。”俄罗斯外交部在通话后发表声明称，拉夫罗夫强调基辅必须遵守明斯克协议并“停止武装挑衅”。9月5日，美俄外长就如何打击叙利亚的“伊斯兰国”恐怖组织通电话。克里向拉夫罗夫表示，如果俄罗斯军事介入叙利亚，美国对此表示担忧。俄方在一份声明中称，美俄外长电话会谈的主要目的是评估叙利亚各方的局势以及与“伊斯兰国”恐怖组织和其他恐怖组织斗争的目标。双方还希望支持联合国在叙利亚启动政治程序的努力。拉夫罗夫和克里还表示，为解决叙利亚冲突，俄美将保持密切合作。9月9日，美俄外长再次就叙利亚等问题举行会谈。俄罗斯方面称：“双方关注的焦点问题是解决叙利亚境内的冲突，根据2012年6月30日签署的日内瓦公约，应通过在叙利亚政府和反对派之间建立对话的途径解决这一冲突。”

美俄总统巴黎会谈

11 月 30 日，美国总统奥巴马和俄罗斯总统普京在参加巴黎气候峰会期间举行了 30 分钟的交谈。双方探讨了编列一个极端组织清单以及合法反对派组织清单的事情。奥巴马表示，作为叙利亚政治过渡的一部分，巴沙尔必须下台。他敦促俄罗斯将空袭重点放在“伊斯兰国”组织而不是“温和”叛军上面，并称只有在俄罗斯支持的乌克兰东部叛军全面遵守明斯克协议后，西方对俄制裁才能解除。普京则说，叙利亚问题的解决只能通过支持巴沙尔来实现，俄罗斯战机遭土耳其击落的事件阻碍了打击极端主义的更广泛合作。普京还表示：“我们对于该如何推进政治解决的问题达成了谅解。我们必须着手解决制定（叙利亚）新宪法、举行新选举和控制选举结果等问题。”

美俄总统电话会谈

6 月 25 日，俄罗斯总统普京与美国总统奥巴马通电话，这是双方时隔四个月后的首次交谈。在美俄围绕乌克兰问题展开对峙时，两国总统通话表明，双方释放出在元首层面打破敌对僵局的信号。美国白宫表示，电话交谈重点是乌克兰问题，奥巴马敦促普京履行明斯克协议，从乌克兰撤出俄方军事人员和装备。俄罗斯方面称，两国总统就极端组织“伊斯兰国”问题交换了意见，并达成协议，同意俄罗斯外长拉夫罗夫和美国国务卿克里就此举行会谈。会后，奥巴马表示，对和普京讨论叙利亚问题“印象深刻”。7 月 14 日，伊核问题六国与伊朗在维也纳达成了历史性的伊朗核问题全面协议。次日，美俄总统再次通电话。俄罗斯总统新闻处发布的通报称，双方高度评价在维也纳结束的伊朗核问题谈判结果。奥巴马表示，伊朗核问题全面协议符合整个国际社会的利益，有助于巩固核不扩散机制，缓和中东地区紧张局势。两位总统表示，愿继续共同努力以落实伊核全面协议，打击国际恐怖主义。

美俄总统联合国会晤

9月28日，美国总统奥巴马和俄罗斯总统普京在出席联合国大会期间举行会晤，这是双方时隔15个月后的再次会面。会晤以闭门形式举行，持续大约一个半小时，比原计划时间长一倍多。乌克兰问题和叙利亚危机两个议题各占一半时间。双方在会谈中同意，叙利亚危机必须通过政治途径解决，但是美俄在叙利亚总统巴沙尔·阿萨德的政治前途问题上仍有“根本性分歧”。由于分歧巨大，会谈并未取得重大实质性进展。双方仅在叙利亚反恐问题上达成共识，并探讨了在叙利亚的信息共享问题。会晤结束后，普京发表声明称，俄罗斯时刻准备发展和修复与美国的关系。美俄双方在加强合作反恐的必要性方面存在共识，双方在考虑建立合作机制打击恐怖主义。

美俄总统临时会谈

11月16日，美国总统奥巴马和俄罗斯总统普京在G20峰会的午餐空隙，就叙利亚问题进行了35分钟的临时会谈。会谈被临时安排在G20峰会会场的一张方形咖啡桌边，奥巴马和普京各带一名顾问相视而坐。俄罗斯总统助理乌沙科夫称两人进行了“详细的会谈”，主要围绕叙利亚问题展开。乌沙科夫称“两国在打击ISIS上的战略目标相似，但是战术还是存在差异”。美国白宫表示，奥巴马在会谈中提出希望俄罗斯在叙利亚的空袭集中在ISIS上。

美韩外长会谈

5月19日，出访韩国的美国国务卿克里与韩国外长尹炳世举行会谈，双方就发展韩美关系、共同应对朝鲜核武、在韩部署萨德导弹等问题交换了意见。会后，克里表示：韩国和美国在应对朝鲜的挑衅方面，没有1英寸、1厘米或显微镜可分辨的缝隙。针对《美日防卫合作指针》修订后日本有权向半岛派兵的情况，克里表示，在任何情况下，韩国的主权都将会受到尊重。他说：“任何未经韩国同意的行为都是违背国际法的，我们从一开始就不会启动这样的行为。”此外，克里还希望韩日两国能够继续进行对话，通过对话找寻可以互相接受的解决方案。在朝核问题上，克里表示可能通过国际社会对朝鲜进行制裁。值得注意的是，克里还提出“朝核问题是部署萨德导弹防御系统的背景”，这是美国高层官员首次提及萨德系统的部署。在克里访韩之前，美国洛克希德·马丁公司曾派员访问首尔，游说韩国政府购置萨德系统。美国专家还在驻韩美军基地内进行了实地调查。

美欧对俄新制裁方案

11月18日，美国和欧盟宣布扩大对俄制裁，主要针对俄能源、金融、国防领域，是迄今为止对俄罗斯的最严厉制裁。其中美国将俄罗斯外贸银行、莫斯科银行、俄罗斯农业银行三家银行列入制裁名单，目的在于“使俄本已虚弱的经济更加脆弱”。此外，联合造船公司与俄罗斯军方有合约，也被列入制裁名单。美国将暂停对俄出口鼓励，禁止向俄能源部门出口某些商品。欧盟则禁止俄罗斯国有银行在欧盟国家发行股票或者债券；禁止向俄罗斯出口关键的深海钻井、北冰洋石油勘探以及页岩石油钻井设备；禁止向俄罗斯出口可转化为军事用途的高科技设备。

美日澳三国副外长级官员磋商

9月29日，美国、日本和澳大利亚的副外长级官员在纽约举行磋商。日本外务审议官杉山晋辅、美国副国务卿谢尔曼和澳大利亚外交贸易部秘书长瓦吉斯出席了磋商。三国就如何应对伊斯兰极端组织的恐怖活动协调了意见，就强化合作关系达成了一致，三国还确认将在海洋安全领域开展密切的合作。

美日首脑马尼拉会谈

11月19日，日本首相安倍晋三与美国总统奥巴马在菲律宾首都马尼拉举行会谈。关于巴黎系列恐怖袭击事件，双方表示了防患于未然，将与国际社会紧密合作。会上，安倍向奥巴马表示，日本将研究是否派海上自卫队参与南海巡航。此外，双方还谈及了落实跨太平洋伙伴关系协定、美军普天间机场搬迁等问题。

美日印首次外长会谈

9月29日，美国国务卿克里、日本外相岸田文雄、印度外交部长斯瓦拉吉在参加联合国大会期间，在纽约举行了首次三国外长会谈。会谈中，三国外长强调了东亚峰会作为处理亚太地区政治、安全保障方面课题的首脑级论坛的重要性，并就维护海洋安全保障继续展开协商一事达成一致。美印两国外长还对日本参加2015“马拉巴尔”海上联合演习表示欢迎。此外，美日印三国外长还一致同意今后将召开有关发生灾害时进行人道主义援助的专家级会议。会上，日本外相妄自指责中国“在南海大规模填海造陆、设立据点等，进行基于军事目的利用，这属于企图变更现状、引起周边局势紧张的单方面行为”。中国外交部发言人洪磊对此进行了驳斥。

美印首脑会谈

9月28日，美国总统奥巴马同印度总理莫迪在纽约举行会谈，双方就中国加强海洋活动、美日印三国间安保合作等问题进行了讨论。会谈后，奥巴马称，“会谈就两国在安保领域的合作如何深入进行了讨论”，“莫迪总理对再生能源的积极态度给了我们很大勇气”。莫迪表示，“印度非常欢迎同美国形成美日那样的地区战略伙伴关系，这也是在强化海洋方面的安保合作”。

默克尔访问俄罗斯

5月10日，在红场阅兵结束的第二天，德国总理默克尔访问了莫斯科。默克尔与普京围绕乌克兰问题、欧洲安全问题、俄德合作等议题举行了会谈。举行联合招待会之前，默克尔和普京在无名士兵纪念碑前敬献了花圈。默克尔表示，“访问是想要表示出我们将与俄罗斯并肩协作的意愿，而不是反对俄罗斯。”她指出，未来仍有很多亟待解决的问题，其中包括乌克兰问题、伊朗问题以及叙利亚局势问题。她还提出：“从长远来看，我们有可能建立一个包括俄罗斯在内的大型自由贸易区。”不过，默克尔指责俄罗斯吞并克里米亚的行为“违反了国际法”，导致德国和俄罗斯的合作也因此“严重受挫”，欧洲的和平秩序受到威胁。最后，默克尔强调，各方必须共同努力，通过外交途径解决矛盾。普京表示，建立新的欧洲安全体系不应着眼于对过去的恐惧，需要向前迈步。普京依然把德国称作“伙伴和朋友”，认为尽管俄、德对乌克兰政局变动的评价存在明显分歧，但在外交途径解决问题上立场相近。

默克尔访华

10 月 29 日，德国总理默克尔访问中国，并与中国国家领导人举行会谈。会谈后，中德双方在青年交流、金融、交通、通信、工业等领域签署了 13 份合作文件，达成了价值上百亿美元的经济协议。双方同意：第四轮中德政府磋商将于 2015 年适时在华举行，中方邀请默克尔总理届时来华共同主持磋商；启动中德网络事务磋商，推动构建开放、安全的网络空间；推动“中国制造 2025”和德国“工业 4.0”携手、“中国制造”同“德国制造”合力，拓展战略性新兴产业合作；将以负面清单 + 准入前国民待遇的模式加快推进中欧投资协定谈判，尽早启动中欧自贸可行性研究。双方同意由德意志交易所、上海证交所、中金所签署三方共同投资 2 亿元人民币成立合资公司中欧国际交易所股份有限公司。德国机械工程公司福伊特与中国三峡公司就建设长江大坝建立战略合作关系。德国大众汽车和中国工商银行签署战略合作框架协议。中国与空客公司 29 日签下价值约 97 亿美元的订单，购买 100 架空客 A320 型飞机。

欧美跨大西洋贸易和投资伙伴关系协定四轮谈判

2 月 6 日，欧盟和美国结束了为期一周的跨大西洋贸易与投资伙伴关系协定（TTIP）第八轮谈判，涉及议题主要集中在关税和监管合作方面。欧盟首席谈判代表伊格纳西奥·加西亚·贝尔塞罗表示，监管合作是 TTIP 中最具创新性的领域。双方承诺，协议不会削弱欧盟和美国对环境、消费者权益、安全以及其他公共政策目标的保护。4 月，第九轮谈判在重要规制领域收获颇丰。谈判过程中，美欧双方把大量时间投向规制问题的讨论，涉及横向合作以及汽车、药品、医疗器械、化妆品、工程、纺织、化工、农药、信息技术九个具体部门。横向合作的讨论包括技术性贸易壁垒（TBT）、卫生和植物卫生措施（SPS）和规制合作。在欧盟内部，对于谈判的立场存在巨大分歧，欧洲议会收到的关于 TTIP 谈判的修正案高达 116 份。7 月 8 日，欧洲议会以 436 票赞成、241 票反对的结果通过了有关 TTIP 谈判的决议案，这标志着欧盟立法机构正式统一了对美谈判立场。7 月 13 日至 17 日，第十轮谈判继续在比利时布鲁塞尔举行。本轮谈判中，能源和原材料问题取得进展，但双方尚未就 TTIP 是否设置能源章节、如何确定关税等问题达成一致。10 月 23 日，美欧双方在迈阿密结束了 TTIP 第十一轮谈判。双方第二次交换了关税减让出价，监管合作领域获得进展，并计划在未来数周开启金融服务这一敏感领域的磋商。双方致力于将 97% 的关税税目完全削减至零，并计划在协议生效之时就开始执行零关税，没有过渡期。两方首席谈判代表表示，计划在 2016 年完成谈判。美方还一改此前的消极态度，在海关、贸易便利化、原产地规则、政府采购、农业市场准入、贸易技术壁垒、中小企业以及未来保障协议顺利执行的机构框架提出了新方案。由于原先的投资者起诉国家机制（ISDS）在欧盟内部受到极大的阻力，欧方正就新的投资争端解决机制进行内部磋商，试图以新的国际投资法庭体系取而代之。目前，美欧监管合作的谈判已经覆盖九个行业，包括纺织品、电信通信、汽车、制药、医疗器械、化妆品、化学品和机械工程等。欧方提出监管领域合作必须坚持两个原则：一是只能基于现有的，或更高的监管水平；二是不能改变在食品安全或数据隐私等公共政策领域的既有监管。

欧美执法数据协定

9月9日，欧盟与美国签署了一项包含抵制犯罪及恐怖主义的数据传输内容的隐私协定。协定明确规定，欧盟国家公民在其个人数据被非法或不当使用时，有权诉诸于美国法院。欧盟司法事务委员维耶拉—尤罗娃表示，“这一协定将特别保障所有欧盟国家公民具有在美国法院行使数据保护权的权利”。欧盟委员会指出，这一协定有助于修复双方信任，但协定生效仍需欧盟议会和成员国同意以及美国国会的批准。

普京访问匈牙利

2月17日，俄罗斯总统普京对匈牙利进行访问，与匈牙利总理欧尔班举行会谈。双方重点讨论了匈牙利能源政策，签署了培养核能领域人才备忘录、跨地区合作协议、教育和卫生合作协议。普京与欧尔班还讨论了建设帕克什核电站两台新机组的问题，合同价值近100亿欧元，其中80%由俄罗斯提供贷款。帕克什核电站提供匈牙利全国40%的用电，电站扩容有助于降低电费，提升匈牙利国家能源安全。

普京访问意大利

6月12日，在G7峰会闭幕两天后，普京访问意大利。普京首先前往米兰世博会俄罗斯国家馆，然后在罗马与意大利总理伦齐进行双边会谈并举行联合新闻发布会。普京表示，俄意关系非常紧密，意大利一直是俄罗斯的重要伙伴。伦齐表示，意俄两国不仅要借世博会加深关系，还要重塑意俄传统友好关系，共同面对观点上的分歧。在此前结束的七国峰会上，奥巴马批评俄罗斯在乌克兰问题上的政策。参会的七个国家提出要继续一致对俄实施制裁。普京高调访问意大利，被外界解读为是对G7峰会的反击。

日本代表团访问新西伯利亚

6月4—5日，日本代表团对新西伯利亚进行访问，参加了新西伯利亚举办的“技术工业—2015”国际技术发展论坛。日本代表团成员包括日本驻俄罗斯大使原田亲仁和日本大型企业的代表。原田亲仁在与新西伯利亚市长阿纳托利·洛科季会晤后说：“为了发展我们的共同关系，我们认为，必须发展地区间的关系，首先是与俄罗斯远东地区的关系。”原田亲仁指出，日本代表团的访问是为了落实日俄两国领导人2014年有关发展两国合作的决定。他还说，目前日本与新西伯利亚的经济关系相比文化领域还有待进一步发展，而日本主导企业的代表抵达该地区正是为了寻找“新的合作机会”。

日英外长战略对话

8月8日，日本外相岸田文雄在东京与英国外交大臣哈蒙德举行战略对话，两人就推进导弹技术和生化防护服等防卫装备品共同研究达成共识。两人在会谈后的联合记者会上表示，鉴于东亚地区的安全局势，双方在考虑到中国的基础上，就加强合作以贯彻“法治”达成了共识。岸田在会谈时强调：“希望日英两国在解决国际性问题上紧密合作，向全世界发出讯息。”哈蒙德说：“非常支持安保法案，期待能紧密合作以维护和平与稳定。”日英外长级战略对话于2012年启动，旨在广泛地讨论国际性问题。

习主席访问美国

9月22日至25日，中国国家主席习近平应邀访问美国。25日，习主席在华盛顿同美国总统奥巴马举行会谈。会谈后，两国元首共同会见记者。习主席表示，中国坚定不移走和平发展道路，致力于同世界各国发展友好合作关系，同美方一道努力构建新型大国关系，实现双方不冲突、不对抗、相互尊重、合作共赢，是中国外交政策的优先方向。习主席还就下阶段中美关系发展提出六项建议：一是保持高层和各级别密切交往，用好中美战略与经济对话、人文交流高层磋商、商贸联委会等重要对话机制，继续发挥高层战略沟通对中美关系的引领和推动作用；二是拓展和深化经贸、两军、反恐、执法、能源、环保、基础设施建设等领域的务实合作；三是密切人文交流，厚植支持两国关系的社会基础；四是尊重彼此在历史文化传统、社会制度、发展道路、发展阶段上的差异，努力使之成为相互借鉴和共同进步的动力；五是继续就亚太地区事务深化对话合作；六是共同应对各种地区和全球性挑战，充实中美关系战略内涵，为国际社会提供更多公共产品。奥巴马总统称美国欢迎中国的崛起，欢迎一个和平、稳定、繁荣、在国际事务中负责任的中国。奥巴马总统承诺拓展合作，坦诚并有建设性地交换不同意见。双方还就全球经济金融形势、共同打击网络犯罪、南海问题等议题进行了深入讨论。

习主席访问英国

10 月 19 日至 23 日，中国国家主席习近平对英国进行国事访问。访问期间，习主席全面阐述了中国发展“黄金时代”中英关系的四项原则：第一，坚持长远和战略眼光，增强政治互信，不因意识形态差异或一时一事上的分歧影响两国关系长期稳定发展；第二，坚持开放包容的心态，视彼此发展为自身机遇，共同维护开放型世界经济和促进世界文明多样化；第三，坚持合作共赢的理念，实现双赢、多赢、共赢的目标；第四，坚持开拓进取的精神，在国际合作中敢为人先，引领世界发展和改革潮流。双方发表中英《面向 21 世纪全球全面战略伙伴关系联合宣言》，将中英关系从“全面战略伙伴关系”升级为“面向 21 世纪的全球全面战略伙伴关系”。双方在宣言中表示，支持尽早完成一份全面的中欧投资协定。双方签署了 13 项政府间、非商业合作协议和 28 项总额约 400 亿英镑的商业大单。中国广核集团有限公司主导的中方联合体和法电集团合作，共同出资在欣克利角 C 核电站建设两台欧洲压水式核电机组，达成了具有历史意义的核电合作协议。

英俄领导人电话会谈

5 月 25 日，俄罗斯总统普京和英国首相卡梅伦举行电话会谈。

双方讨论了乌克兰局势、英俄关系和叙利亚问题。在乌克兰问题上，普京表示，乌当局与该国东部地区代表开展直接对话至关重要，因为这将有助于缓和乌东部地区的紧张局势。卡梅伦表示，英俄双方继续存在“深刻分歧”，但当前的要务是全面实施旨在化解乌克兰冲突的新明斯克协议。在叙利亚问题上，双方表示要为叙利亚内战找到解决方案，尤其是在阻止“伊斯兰国”壮大这个问题上。普京在谈到俄英关系时表示，俄方准备与英方共同努力，就双边和国际问题恢复建设性合作。此外，双方还对伊朗核问题六国就解决伊核问题进行的富有成果的工作表示满意。

中俄元首会晤

2015 年，中国国家主席习近平与俄罗斯总统普京分别在莫斯科、乌法、北京、安塔利亚和巴黎举行了五次双边会晤。中俄两国元首相互出席对方举办的庆祝和纪念活动，签署了《中俄关于丝绸之路经济带建设和欧亚经济联盟建设对接合作的联合声明》，宣布将举办中俄媒体交流年，推动中俄全面战略协作伙伴关系向更高水平发展。

中法元首会晤

11 月 2 日至 3 日，法国总统弗朗索瓦·奥朗德对中国进行国事访问，并与中国国家主席习近平展开会谈。习主席提出要落实好中法在核电、飞机制造等领域的重大合作项目。奥朗德访华期间，中法两国签署了一项 200 亿欧元（约合人民币 1396 亿元）的合作协议。11 月 29 日，在出席气候变化巴黎大会期间，习主席与奥朗德总统再次会晤。习主席表示，中国坚定支持法国办好气候变化巴黎大会，坚定支持大会达成一项适用于所有缔约方的国际协议。会见中，习主席再次就巴黎系列恐怖袭击事件造成重大人员伤亡向法方表示慰问，奥朗德总统对此表示感谢。双方还就共同关心的地区热点问题交换了看法。

中美外长吉隆坡会谈

8 月 5 日，中国外交部长王毅和美国国务卿克里在吉隆坡举行会见。王毅部长表示，中美双方更重要的是要进一步解决好战略互信和亚太良性互动这两大议题。中方愿与美方在亚太实现良性互动，为中美关系健康发展增添正能量。在南海问题上，王毅表示，中方始终致力于与有关国家通过协商谈判和平解决争议。域外国家应该尊重中国与东盟国家做出的努力。克里称，美方关心南海局势，但不介入具体争议。双方在会后发表的新闻稿提出："中方愿与美方推进在双边投资协定、两军信任措施、应对气候变化、金融、经贸、能源、追逃追赃、司法、公共卫生以及发展领域的互利合作，也愿加强在朝核、伊核、中东、反恐、阿富汗等国际地区问题上的协调配合"。

（本章综述撰稿：潘远强；词条编撰：潘远强）

世界军事安全

一、形势综述

2015年，世界军事安全在地区矛盾交织中保持总体大局稳定，但国际社会原有热点并未消除，新的危机又不断孕育。乌克兰危机、叙利亚乱局、也门危机积重难返，为地缘政治稳定增添不确定性；新一轮恐怖主义浪潮来势汹汹，全球反恐形势极其严峻；尽管伊朗核谈尘埃落定，但朝鲜半岛局势起伏不定，南海问题波涛汹涌，威胁地区安全的变量此消彼长。同时，世界主要大国积极调整军事战略，更新完善作战概念，优化协调组织结构，加快列装新型武器装备；影响世界军事安全的不稳定因素明显增多。

（一）地区武装冲突矛盾交织，大国战略博弈愈加激烈

2015年是地区危机与冲突此起彼伏的一年，从乌克兰危机、叙利亚乱局到也门危机，种种事件盘根错节，大国角力矛盾交织，预示着世界军事安全不稳定因素在此消彼长中愈加活跃。

第一，乌克兰危机发展成为“慢性病”，大国地缘博弈加剧，难以相互妥协。一方面，乌东部武装冲突呈现常态化。尽管诺曼底四方签署新《明斯克协议》后，明确了乌克兰全面停火及相关要求，增加了更具可操作性的“和平路线图”，使得危机发展进入相对缓和期，[①] 但乌东部地区武装冲突仍零星不断。4月，东部民间武装在冲

① 根据联合国乌克兰人权监察团的第12份报告，自8月中旬至11月中旬，共有47名平民遇难，131人受伤，相较前段时间敌对行动显著减少。中国人权：《联合国人权报告：乌克兰东部敌对行为减少但严重人权问题持续存在》，http://www.humanrights-china.org/html/2015/2_1210/12654.html。

突地区多个地方使用大口径迫击炮和火炮对乌军阵地发动20余次攻击；[①] 6月，乌克兰政府军同乌东部民间武装在顿涅斯克地区爆发激烈冲突，双方使用了坦克等重型武器，造成乌军3人丧生，民间武装方面10人死亡。[②] 另一方面，大国地缘政治博弈愈加强烈。以美国为首的北约组织直接插手乌克兰内战，意欲对俄罗斯实施军事围堵。3月，美英宣布向乌克兰派遣士兵帮助训练乌克兰军队，并在乌克兰境内开展军事培训工作，美国还向乌克兰提供价值超过7500万美元的“非致命性”军事装备。此外，英国、加拿大、日本等国政府也承诺向乌政府提供经济及军事援助。与此同时，俄罗斯保持总体克制，在全力呼吁和平和准备的同时，继续向乌俄边界派驻重兵，保持对乌克兰及北约的军事压力，并释放新研制武器服役的信号，使对方不敢轻举妄动。

第二，叙利亚乱局积重难返，参与各方冲突不断。参与叙利亚当前乱局的不仅有政府军和反对派，还有穆斯林宗教势力、恐怖组织“伊斯兰国”、以美俄为首的大国以及叙周边邻国，角逐势力广泛多样，彼此之间冲突加剧。在诸多势力的博弈中，美俄的竞争最为关键。为了维护俄罗斯在中东的立足点，截至11月底，俄军战机在叙利亚共执行了约4000架次战斗飞行，对8000处恐怖组织目标进行了空袭。[③] 美国白宫、国务院和五角大楼不断警告俄罗斯军事介入叙利亚可能引发“军事对抗”的风险。12月初，以色列总理内塔尼

---

① 新华网：《东部民间武装在冲突地区多个地方用大口径迫击炮和火炮20余次攻击乌军阵地》，http://news.xinhuanet.com/world/2015-04/14/c_1114969461.htm。

② 人民网：《乌克兰东部爆发激烈冲突动用重型武器》，http://world.people.com.cn/n/2015/0604/c157278-27103920.html。

③ 环球网：《俄战机在叙执行四千次飞行空袭八千恐怖组织目标》，http://world.huanqiu.com/hot/2015-12/8160124.html。

亚胡承认以色列出兵叙利亚，进一步增加了解决叙利亚问题的复杂性。① 在各方势力的影响下，尽管联合国与欧盟先后对叙利亚问题进行调停和制裁，但并未对危机解决产生作用，叙利亚乱局仍然呈现拉锯态势，未来发展并不明朗。

第三，也门武装冲突持续不断，多方介入力促和平谈判。一方面，也门政局危机持续升级。1月17日，胡塞武装与也门总统府卫队发生交火并占领总统府，致使冲突升级。2月6日，胡塞武装组织宣布成立总统委员会和全国过渡委员会，取代总统和议会治理国家，导致也门陷入无政府状态。2月21日，哈迪逃离萨那，前往南部重镇亚丁并在亚丁恢复行使总统职权。3月24日，胡塞武装大举进攻政府军和支持哈迪的部落武装，政府军大部分士兵缴械投降，哈迪政府国防部长被俘。② 3月26日至4月22日，沙特等国针对也门境内的胡塞武装发动了代号为“果断风暴”的空袭行动，致使内部政治危机升级为暴力冲突。美国虽然没有直接参加空袭，但对沙特的军事行动表示支持。伊朗及俄罗斯等国则对此持反对意见，呼吁停止军事打击。另一方面，各方呼吁和平解决也门冲突。4月9日，联合国安理会召开中东问题会议，潘基文呼吁有关各方严格遵守国际人道主义规则，力劝有关各方重开谈判，用和平方式解决争端。6月15日，由联合国主持的也门和谈在日内瓦举行，标志着也门各方开始向和解迈出重要一步。7月14日，奥巴马和沙特国王“讨论了结束也门冲突的紧迫性以及保证国际救援可以送达所有也门人手中

① 新华网：《内塔尼亚胡首次公开承认以色列军队在叙利亚作战》，http://news.xinhuanet.com/world/2015－12/02/c_128490572.htm。

② 人民网：《也门冲突之时间轴》，http://world.people.com.cn/n/2015/0327/c157278－26757008.html。

的重要性”。[1] 12 月 15 日，也门政府、胡塞武装组织和其他主要相关方在瑞士展开新一轮和谈，以期达成一项全面和永久的停火协议。[2]

（二）恐怖主义进入新一轮活跃期，各国加强应对合力打击

2015 年，以“伊斯兰国”为首的恐怖组织持续猖獗，朝着活动常态化、成员多元化、威胁外溢化发展。

一是恐怖袭击活动常态化。“伊斯兰国”逞凶中东，恐怖袭击活动日益频发，且手段极其残暴。一方面，“伊斯兰国”不断攻城略地。4 月，该组织武装分子攻占大马士革郊区城镇雅尔穆克难民营；[3] 10 日，攻占阿尔布法拉杰地区并杀害 33 名当地居民。[4] 5 月 17 日，“伊斯兰国”攻陷伊拉克西部安巴尔省的首府拉马迪，并于 5 天后占领古城帕尔米拉，[5] 由此控制了叙利亚一半领土和几乎所有的油田及天然气田，并具备了地理上的连贯性。另一方面，“伊斯兰国”持续进行残忍杀戮活动。1 月，该组织在叙利亚劫持并杀害两名日本人质汤川遥菜和后藤健二。2 月 3 日，约旦空军中尉飞行员莫亚兹·卡萨斯贝被该组织执行“火刑”；15 日，21 名埃及基督教徒被斩首。此外，联合国儿童权利委员会发布调查报告，披露“伊斯

---

① 环球网：《奥巴马欲结束也门冲突　沙特不想停火继续空袭》，http://mil.huanqiu.com/world/2015-07/7029062.html。

② 新华网：《联合国特使说也门各方将在瑞士重启和谈》，http://news.xinhuanet.com/2015-12/07/c_128507365.htm。

③ 新华网：《国际观察：警惕“伊斯兰国”从叙利亚找“出路”》，http://news.xinhuanet.com/2015-04/05/c_1114875880.htm。

④ 新华网：《“伊斯兰国”杀害 33 名伊拉克平民》，http://news.xinhuanet.com/world/2015-04/11/c_1114937865.htm。

⑤ 腾讯网：《“伊斯兰国”已占领叙利亚一半国土含千余万人口》，http://news.qq.com/a/20150531/002147.htm? pgv_ref=aio2015&ptlang=2052。

兰国”利用儿童发动“人弹”袭击或者借儿童的“人盾”掩护运输武器物资。[1] 二是内部成员多元化。“伊斯兰国”伺机拉拢外国成员，不断发展其追随者。一方面，巴基斯坦数百名塔利班战士、尼日利亚“博科圣地”等大批极端组织宣布效忠“伊斯兰国”并成为其分支。此外，来自约100个国家的逾2.5万名外国战士加入其中。另一方面，“伊斯兰国”不仅通过现实的社会环境滋生、传播，也通过网络虚拟空间进行蛊惑与扩散。如利用推特、脸谱等网络平台在世界各国招募成员、拓展极端思想传播环境，以平均每月招募1000名新人的速度不断扩充实力。[2] 三是威胁外溢化。“伊斯兰国”开辟域外战线，向南亚、东南亚地区渗透形势趋紧。1月，该组织在阿富汗等国建立所谓“伊斯兰国呼罗珊”分支机构，委派塔利班成员作为行政首脑，将触角伸向南亚；4月，吉隆坡警方挫败一起针对东盟峰会的恐怖袭击，抓获12名与“伊斯兰国”有联系的恐怖嫌疑人，并查获一批爆炸装置；9月，一名意大利人和一名日本人相继在孟加拉国首都达卡遭疑似“伊斯兰国”武装枪击身亡。

此外，欧洲、非洲、东南亚等地恐怖袭击事件接连不断，横跨三洲的新恐怖主义“震荡弧”形神兼备，国际社会安全稳定面临更大恐怖威胁。1月，《查理周刊》枪击案、蒙鲁日枪击事件、万森门人质事件相继在法国巴黎爆发，法国已经成为国际恐怖主义的主要目标。6月26日，法国、突尼斯和科威特同日遭遇恐怖袭击，造成至少67人死亡，250多人受伤。[3] 11月13日晚，法国巴黎发生一系

---

① 新华网：《联合国报告称“伊斯兰国”对儿童犯下残暴罪行》，http://news.xinhuanet.com/world/2015-02/07/c_127467297.htm。

② 环球网：《数万外国人加入“伊斯兰国” 美俄或联手打击IS》，http://world.huanqiu.com/hot/2015-09/7658154.html。

③ 人民网：《法国突尼斯科威特一天三起恐袭60死多伤》，http://world.people.com.cn/n/2015/0627/c1002-27216401.html。

列恐怖袭击事件，包括7起枪击案、6次爆炸，共造成至少132人死亡，300多人受伤。12月2日，美国加利福尼亚州南部圣贝纳迪诺市发生枪击事件，造成至少14人死亡、17人受伤。奥巴马总统在12月6日发表的全国电视讲话中正式把这起事件定性为“恐怖袭击”。[①] 在东南亚地区，泰国、菲律宾、马来西亚、印度尼西亚由于国内反政府组织活跃、宗教信仰类似，加之恐怖组织在该地区的不断渗透，饱受恐怖主义袭击的摧残。

针对恐怖主义新一轮活跃期来势汹汹、“伊斯兰国”等恐怖组织横行霸道，各国纷纷采取反恐措施，加强反恐合作，以期合力打击恐怖主义新浪潮。一是增加反恐前沿军力投送。自9月30日开始，俄罗斯空天部队对叙利亚境内“伊斯兰国”展开大规模空袭。11月17日，俄方确认俄客机在埃及境内坠毁系恐怖袭击后，决定动用远程战略轰炸机，从本土起飞参与叙利亚空袭行动，把空袭强度增为原来的两倍。[②] 11月18日，法国派“戴高乐”号航母前往地中海东部海域参与打击极端组织“伊斯兰国”的行动。12月10日，德国空军第51中队派遣两架“狂风”ECR型电子侦察机飞往土耳其参与打击“伊斯兰国”极端组织。媒体评论称，此次派兵或是德国在二战结束后规模最大的海外军事行动。二是加强反恐经济投入。1月18日，日本外相岸田文雄在巴黎与法国外长法比尤斯会谈时承诺，向伊拉克等国提供约750万美元以助其打击“伊斯兰国”等恐怖主义。[③] 1月21日，法国总理瓦尔斯向议会推出一整套方案强化

① 凤凰网：《美国加州圣贝纳迪诺市发生血腥枪击案》，http://news.ifeng.com/a/20151204/46529047_0.shtml。

② 新华网：《俄对叙恐怖组织空袭强度将增为原来的两倍》，http://news.xinhuanet.com/world/2015-11/18/c_128439311.htm。

③ 中新网：《日法讨论共同反恐 日将向伊拉克等提供750万美元》，http://www.chinanews.com/mil/2015/01-19/6981297.shtml。

反恐斗争，宣布未来三年将投放逾七亿欧元用于打击恐怖主义。[①] 三是积极组建反恐联盟。9月28日，俄罗斯、叙利亚、伊朗、伊拉克四国决定建立信息中心，主要任务是搜集、整理、加工和分析与“伊斯兰国”有关的中东地区情报，并根据四国的需要，将有关信息迅速提供给相关国家。11月26日，俄罗斯总统普京与法国总统奥朗德在克里姆林宫商定加强在叙利亚境内的反恐协作，并承诺与美国领导的打击极端组织“伊斯兰国”的国际联盟开展协作。[②]

（三）世界军事竞争日趋明显，新军事变革趋向成熟化

2015年，世界各主要军事大国采取多项措施，深入推进军事变革，着力打造现代化、新型化、技术化的国防力量。

第一，积极调整军事战略，适应新竞争态势。根据7月1日美国五角大楼发布的2015年《国家军事战略》报告，由于全球化、技术的扩散以及人口结构的变化，美国需要同时面临非国家行为体和传统国家行为体的双重威胁，为此提出了美国军事的三项目标：威慑、拒止和击败敌对国家；扰乱、分解并最终击败暴力极端主义组织；强化美国的全球盟友和合作伙伴网络。[③] 乌克兰危机爆发以来，俄罗斯将外国势力在俄某些邻国的激增和北约军力的不断扩展列为首要外部军事威胁。新版《俄罗斯联邦军事学说》中首提“非核遏制”概念，即国家在不动用核武器的条件下，依靠常规武器的战备

① 环球网：《法国投入7亿欧元反恐 密切监控3000可疑分子》，http://mil.huanqiu.com/world/2015-01/5483939.html? referer=huanqiu。

② 新华网：《俄法总统商定开展反恐协作》，http://news.xinhuanet.com/2015-11/27/c_1117276907.htm。

③ Chiefs of Staff, *The National Military Strategy of the United States of America: The United States Military's Contribution To National Security*, June 2015, http://www.jcs.mil/Portals/36/Documents/Publications/2015_National_Military_Strategy.pdf.

能力也能达到预防和制止军事冲突的目的。[①] 日本则加快“军事正常化”步伐，彻底抛弃“专守防卫”战略，进一步凸显了战略调整的外向性和进攻性。一方面通过强行解禁集体自卫权，在一定程度上架空“和平宪法”对日发展军力的约束；另一方面，通过修订《日美防卫合作指针》，取消了对日本自卫队活动范围的限定，调整了日美军事合作中的任务分工，使日美两军可在全球范围内实现各种军事活动样式的无缝连接。

第二，实践强化作战思想，更新作战概念。一是深化拓展联合作战理论概念。年初，美军将“空海一体战”概念更名为“全球公域进入与机动联合”概念，进一步强调战胜“反进入/区域拒止挑战”需要的陆、海、空、陆战队和特种部队五大职能一体化，而非仅仅实现空中和海上力量的一体化。日本通过增加防卫预算，解禁集体自卫权，深入发展“离岛防卫”军事思想，同时通过修订“日美防卫合作指针”，突出了日美防卫合作的“全球性质”，打破原有“三种事态”的划分方法，并增加了太空与网络空间等国际公域合作内容，将该思想推向深入。二是推动发展针对性作战思想。俄罗斯在针对乌克兰动荡局势的行动中，综合运用包括紧急部署、电子战争、信息作战、特种部队和网络通信等手段制造混乱，让对方特别是以共识原则为前提的北约等多国机构很难做出适当反应，凸显“混合战争”作战思想。三是加强新型作战方式概念建设。近年来，美军逐渐将作战对象定位于传统大国，推出“电磁频谱机动战”概念，即在现代战争普遍使用信息装备的基础上，以网络为中心融合电磁战和火力打击手段，确保在电磁空间的机动自由。

第三，着眼扩充军事力量体系，推动军事组织优化建设。一方面，扩充新型作战力量。美国 2016 财年国防预算实现由减向增反

① 王松亭、王亮：《2014 年〈俄罗斯联邦军事学说〉评析》，载《俄罗斯东欧中亚研究》2015 年第 3 期，第 67 页。

转，国防预算总额约为5850亿美元，比2015财年增加4.4%。连年削减国防预算致使美军实力削弱、国家安全受损，美军面临“规模过小”、“装备过差”、无力全方位应对潜在威胁的局面，为此，美军积极打造“拥有实力、随时能战、规模适度”的“最低资源限度”武装部队，以便在全球展开行动。同时美军扩大情报搜集、网络空间作战、太空作战和特种作战等新型作战力量。俄军继续完善驻克里米亚、加里宁格勒州和北极的部队规模，建立15个新的兵团和军区。日本将驻在本州的装甲部队南调，以组建新型机动作战力量，增强两栖作战能力；此外，日本组建和开始运营“网络空间防卫队”，以整合自卫队网络作战力量，增强网络攻防能力。另一方面，优化完善联合作战体系。2014年底，俄罗斯建立北极联合战略司令部，主要负责北极方向的联合作战；5月，美国国防部宣布升级空军全球打击司令部，整合所有重型轰炸机，打造一支新型战略威慑力量；8月1日起，俄罗斯由空天防御兵和空军合并而成的新军种空天军投入战斗值班，空天军力发展相关军事技术政策的集中实施，提高了一体化作战能力，促进国家空天防御体系的发展；日本防卫省计划在2017年前设立陆上总队司令部，整合陆上自卫队五大军区力量，实现统一指挥。

第四，加快研发和列装新型武器装备，凸显新技术优势。美国武器装备更新在确保技术优势的基础上，朝着智能化、网络化、微型化方向发展。自2014年11月美国明确第三次“抵消战略”以来，加大投入新概念武器，力保技术代差优势。美军2016财年技术装备研发经费达698亿美元，比2015财年增加了6.3%，[①] 其重点是落实“国防创新倡议”的基本目标，加大新概念武器领域的投入力度，包括高超声速、隐身、先进传感器、网络空间技术、无人机、空间系

① 中国军网：《2015年美军建设突出三大重点》，http://www.81.cn/jwgd/2015-02/05/content_6340852.htm。

统和定向能武器，旨在通过技术创新，牵引未来军队建设，抵消“自动减支”带来的负面影响。俄罗斯注重战略武器的发展，尤其是洲际弹道导弹及核潜艇。2015 年以来，俄罗斯加快列装 S－400 防空导弹系统，并加快 S－500 防空导弹的试验研制进程，以对付来自作战飞机和导弹构成的空中威胁。日本则继续加强现代化装备的更新。22DDH 直升机航母和“苍龙”级常规潜艇的陆续下水显示出日本保持其技术优势的决心；此外，陆上装备朝轻型化方向发展，不断提高其战略机动能力。印度为实施“向东行动”战略，积极发展海洋武器装备。4 月 6 日，印度首艘“鲉鱼”级常规动力潜艇在孟买马扎冈船坞有限公司下水；4 月 20 日，印度最新 P－15B 型驱逐舰“维萨卡帕特南”号在孟买马扎冈造船厂下水，标志着印度驱逐舰发展隐形技术和区域防空能力的进一步提升。

（四）全球公域介入愈演愈烈，抢夺战略制高点迎来新高潮

全球公域作为一个相对较新的战略增长点，受到各国重视。2015 年，世界主要大国加紧对极地、网络、太空等各个全球公域的军事占领与资源掠夺，以期在新型战略制高点上站稳脚跟。

第一，北极地区争夺呈现升温态势。一是各国继续北极“圈地”运动，积极介入北极事务。8 月 4 日，俄罗斯重新向联合国提交了北极大陆架边界的申请文件，旨在提出更多“科学依据”，显示出俄罗斯“志在必得”。美国总统奥巴马也在 2015 年成为首位到访阿拉斯加北极地区的在任美国总统，并拍摄真人秀节目“抢镜”，彰显美国对北极事务的重视。二是相关国家加强北极军事部署，拓展在北极地区的军事存在。2015 年，相关国家频繁在北极地区进行军事演习，演习规模呈渐增趋势，且对峙氛围更加浓厚。3 月 16 日，普京突然下令北方舰队及西部军区、空降兵分队进入全面战备状态，并

开始举行大规模的军演。[①] 演习于21日刚一落幕，北约在相关区域的军演也相继展开，对抗意味十足。同一天，加拿大200名军人在该国边境地区进行演习，提升其军队应对“突发状况”的能力。5月，北约又出动4000多名士兵、115架战斗机举行“北极挑战”军演。作为回应，在北约25日开始举行大演习几个小时后，普京下令中部军区空军和防空兵进入全面战备状态，并开始举行演习。此外，各国还持续加强北极军事基础设施建设，美国加大了北极方向的情报搜集和分析研究工作，帮助恢复了加拿大境内的监听站，绘制了北极全景3D图。俄罗斯则计划在北极修建13座机场、1座地面航空武器靶场、10座雷达分队技术阵地和航空制导站，并部署大量先进武器装备，以此确保军事战略优势。三是世界各国对北极事务的参与度正在提高，北极资源的争夺愈演愈烈。8月31日，由美国主办的北极问题国际会议在阿拉斯加召开，参加会议的有20个国家和欧盟，其中包括美国、俄罗斯等8个北极理事会成员国和中国、日本、印度等12个非北极国家。各国尤其是非北极国家利用气候变化的问题对北极事务的参与越来越多，新一轮的地缘政治博弈也将更加激烈，但随着参与国的增多与北极资源开发利用较难，各国在北极的博弈除了战略考量，2015年以来还呈现出机动联合的趋势。

第二，网络空间备战全面升级。一方面，各国加紧推进网络空间军事力量发展。美国国防部1月决定在2016年底前将美军网络部队扩大约三倍，人数增至6200人，并在4月23日发布的新版网络安全战略中首次公开表示美军在与敌人发生冲突时，将把网络战作为选项之一，表明美国网络战准备已进入最后阶段。英国军方也在8月建议政府在今后五年投入20亿英镑加强网络战能力，“以应付来自中国、俄罗斯和朝鲜等国的网络威胁”。此外，俄罗斯也在10月

---

① 环球网：《俄最强舰队北极展示肌肉 S400导弹保持作战值班》，http://mil.huanqiu.com/world/2015-03/5940825.html。

首次承认其正在准备网络战，承认其国防部正积极开展对抗网络空间可能的网络攻击和网络战工作。另一方面，各国加快推进网络空间军事合作。4 月，日美安全保障协商委员会及首脑峰会发表的《日美防卫合作指针》表明两国要进一步加强网络空间防卫合作。同月，美国防长卡特在访韩期间与韩发表防务会谈联合声明，称美韩将加强合作应对朝鲜的网络黑客攻击。上半年美国指责中国盗取美国人事档案数据等一系列“被黑”事件之后，中美首脑在 9 月份的会谈中就两国网络空间领域合作进行洽谈，显示出共同打击网络恐怖主义的合作意愿。8 月，来自中国、俄罗斯、美国、英国、法国、日本、韩国等 20 个国家的专家经过三轮磋商，最终就各国应遵守的网络空间行为准则初步达成一致，表明国际间的网络空间领域合作将会有更广泛的空间。

第三，太空“终极高地”争夺战高潮迭起。一是太空军备竞赛进一步升级。1 月，洛克希德·马丁公司开始与美国导弹防御局（MDA）进行末段高空区域防御系统（THAAD）拦截器的增程（ER）改进型工作，采用两级火箭设计：初始助推器能更大地提高导弹射程，而第二级助推器将在杀伤器被释放前缩短与目标的距离[①]。3 月，在太平洋中心太空和海洋作战系统的支持下，美军研发一体化通信拓展能力体的低成本纳米卫星，旨在展现其在北极与大半个世界间中继信号的能力，以及通过海军移动用户目标系统的安全网络向用户传送数据的能力。[②] 11 月 18 日，俄罗斯直接上升反卫

① 中新网：《美扩展末段高空区域防御系统射程以应对新威胁》，http://www.chinanews.com/mil/2015/01-09/6953626.shtml。

② 国防科技信息网：《美海军发展纳米卫星加强战术通信能力》，http://www.dsti.net/Information/News/91909。

星导弹成功完成首次飞行测试，太空武器化问题更加严峻。① 二是坚持战略牵引，加强天基侦察能力建设。2 月 1 日，日本宇宙航空研究开发机构成功发射 H2A 火箭 27 号机，进一步强化天基侦察网，用于监控中国海、空军在东海方向的动向；② 3 月，日本宇宙航空研究开发机构和三菱重工成功发射搭载情报收集卫星“光学 5 号”的 H2A 运载火箭。③ 韩国利用俄罗斯运载火箭将“阿里郎 3A 号”卫星成功送入太空，旨在对朝鲜进行全天候观测侦察。11 月，俄军专门调整和重新定位了部分卫星的轨道，共动用 10 颗卫星从太空对叙利亚进行拍摄和侦察。④ 三是增强太空合作。新版《日美防卫合作指针》新增太空领域一项，明确写入两国共享探查和识别可疑卫星和太空垃圾的“太空态势感知”情报，并合作利用卫星监视海洋。7 月，金砖国家领导人在乌法峰会上决定，在共同利用航天技术、包括格洛纳斯和北斗系统的卫星导航以及空间科学成果方面进行更积极的合作。

（五）热点问题升降并存，不稳定因素有增无减

2015 年，伊核问题尘埃落定，朝鲜半岛局势起伏不定，南海问题波涛汹涌，这些热点问题在世界地图上多面开花，不稳定因素暗流涌动。

---

① 环球网：《俄搞反卫星试验中国躺枪美高官又提中国威胁》，http://mil.huanqiu.com/observation/2015-12/8102183.html。

② 人民网：《日本 H2A 火箭发射成功》，http://www.people.com.cn/GB/paper1787/14158/1261773.html。

③ 新华网：《日本发射“光学 5 号”情报收集卫星》，http://news.xinhuanet.com/2015-03/26/c_1114772714.htm。

④ 人民网：《俄军动用 10 颗卫星侦察叙利亚卫星集群还会加强》，http://military.people.com.cn/n/2015/1118/c1011-27827353.html。

第一，伊核问题各方达成里程碑式协议，“马拉松”谈判终修正果。4 月 2 日，伊朗核问题六国（美国、英国、法国、俄罗斯、中国和德国）与伊朗在瑞士洛桑达成框架性解决方案，为达成全面协议奠定基础。4 月 22 日，六国与伊朗在维也纳开始为期三天的新一轮磋商，各方着手起草伊核问题最终全面协议。7 月 14 日，六国与伊朗达成历史性的全面解决伊朗核问题协议，为解决延续 12 年的伊朗核问题达成了政治共识。该协议主要包括解除对伊朗制裁及其行动计划、核技术合作、对协议实施的监控、对伊朗核能力的设限以及联合国安理会决议的草案等关键方面的内容。伊核协议的正式签署，为伊核问题的政治外交解决、加速美伊关系缓和的进程奠定了坚实的基础，为国际社会以谈判方式解决热点问题提供了重要的成功经验。

第二，朝鲜半岛局势一波三折。进入 2015 年以来，朝韩紧张关系在 5 月、8 月和 12 月出现了三次小高潮。5 月 9 日，朝鲜战略潜艇成功进行了弹道导弹水下试验发射。5 月 20 日，朝鲜国防委员会政策局发言人发表声明称，朝鲜核打击手段正式进入小型化、多样化阶段，并警告美日韩等国不要对朝鲜加强“自卫能力”的做法进行“挑衅”；同日，朝鲜宣布撤回同意联合国秘书长潘基文访问开城工业园区的决定。5 月 23 日，美国海军联合舰队在朝鲜半岛南部海域进行联合军演，致使紧张局势进一步升级。8 月 4 日，韩朝关系因韩方军人在韩朝非军事区韩方一侧遇爆炸受伤而骤然紧张，韩国国防部认为这是朝方埋设地雷所致；10 日，韩国军方重启对朝扩音喊话以进行报复；17 日，朝鲜在东部边境部分地区对韩国广播喊话，作为对韩回应；20 日下午，朝鲜军队向韩方的扩音器设备方向进行射击，韩军回击数十枚炮弹，朝方命令前线部队进入全面武装的战时状态，朝韩对峙加剧，紧张气氛升温；直至 24 日，朝韩举行高级别对话，就多项事宜达成一致，双方关系开始趋于缓和。12 月 10 日，朝鲜领导人金正恩首次公开宣布拥有氢弹，引起世界舆论的震惊，朝韩关系再度紧张。

第三，南海问题波涛汹涌，大国博弈主导局势走向。一方面南海周边国家蠢蠢欲动。越南、菲律宾继续加紧采购现代化武器装备。2015年度，继俄制新型护卫舰服役后，越南向荷兰洽购先进护卫舰，并且自行建造威力强大的“闪电”级导弹艇，加上俄罗斯向越南交付三艘俄制“基洛”级潜艇，越南海军现代化水平及海上作战能力得以大幅提高。11月28日，菲律宾总统阿基诺三世同意购买440亿比索（约合人民币59.7亿元）的军事武器，包括2架护卫舰、8辆水陆两用装甲车、3架反潜直升机、2架远程巡逻机、3个机载雷达，以及军需品和近距离支援机，[①] 旨在加强海上安全能力。此外，周边国家加强对侵占岛礁的非法建设。菲律宾、越南等在中国南沙20多个岛礁实施大规模填海造地，并在万安滩、西卫滩、李准滩、奥南暗沙等建设多座高脚屋和直升机平台等设施。另一方面，域外大国前所未有地高频介入。美国由“幕后”走到“台前”，由“间接参与”转向“直接干涉”，在南海“动作频繁”，先后派遣军舰、军机闯入中国南沙永暑礁、美济礁、渚碧礁附近海域及上空进行抵近侦察。7月9日，美国“沃思堡”号濒海战斗舰和“拉森”号导弹驱逐舰荷枪实弹地进入南海。7月18日，美军太平洋舰队司令斯威夫特上将借访问菲律宾的机会登上“P－8A海神”侦察机，参加飞越南海上空的“例行监测”。10月27日，美国海军宙斯盾级导弹驱逐舰“拉森”号进入南海中国人工岛周边12海里内，并在美济礁附近水域展开巡逻。

展望2016年，和平、发展、合作仍是国际形势主基调，但诸多不稳定和不确定因素难以消除，各种威胁和挑战相互交织，影响着世界军事总体发展形势。乌克兰危机、叙利亚乱局、朝鲜半岛紧张

---

① 环球网：《菲总统同意“下血本”购买武器欲加强南海军事力量》，http://world.huanqiu.com/exclusive/2015－11/8065258.html? referer＝huanqiu。

局势、南海问题在短期内难以解决，大国围绕地区冲突、地区热点问题博弈将成为“新常态”。各国对北极、太空、网络、海洋等“全球公域”主导权明争暗斗或将愈演愈烈。大国继续重视军事变革，新核心军事能力的竞争将会愈加凸显。

二、重大事件词条

《2016—2020年韩国国防中期计划》

4月20日，韩国国防部公布了《2016—2020年韩国国防中期计划》，计划在五年内为军事力量建设和运行投入232.5万亿韩元（约合2092.5亿美元）预算，对未来五年国防力量建设进行重大调整。该计划将防卫力量改善领域的目标设定为：通过战斗力需求评估，调整实战部署时机和优先顺序，建设能够有效应对朝鲜现实威胁、非对称威胁、未来潜在威胁的先进精锐部队。为此，韩军将优先加强局部挑衅应对能力、非对称威胁应对能力、战时作战指挥权移交应对能力等。另外，韩军还将逐步发展应对全面战争威胁和潜在威胁的作战力量，持续加大对国防研究与开发领域的投入，如斥巨资发展应对朝鲜导弹威胁的包括卫星和无人机在内的“杀伤链”系统，研发以拦截低空导弹为主要任务的“韩国型导弹防御体系”等。

巴外长宣布拥有战术核武器

10月19日，巴基斯坦外交部长阿齐兹·乔杜里在华盛顿举行的一场记者招待会上透露，巴总理谢里夫将在21日与美国总统奥巴马会面时坦承巴已发展和部署用于战场的战术核武器，用以吓阻印度称为“冷启动”的常规武器攻击。巴方声称，印度已经把许多军队大营搬到印巴边界，通过印度所谓的“冷启动”战略创造印巴双方间的常规武力差距，这迫使巴基斯坦研发短程战术核武以吓阻来自印度的可能攻击。美方认为，巴基斯坦发展可投入战场的核武器，很容易遭受恐怖分子和同情伊斯兰极端主义相关人员的劫持，希望该国能把战术核武计划调整回到民用领域。

北约“军刀出击2015”联合军演

6月8日至19日，由立陶宛主办，丹麦、芬兰、加拿大、德国、挪威、葡萄牙、斯洛文尼亚、美国和英国等13个北约成员国和北约伙伴国参加，代号为“军刀出击2015”联合军演在立陶宛、爱沙尼亚和拉脱维亚进行。此次军演的参加人数有6000多人，目的主要在于加强北约内部的协调与合作。美军是演习的主导国，派出3架B－52战略轰炸机参与演习，旨在展示美军的远距离打击能力，加强美国与参与国之间的合作，以应对乌克兰紧张局势。“军刀出击2015”虽然是例行演习，但针对俄罗斯的意味明显。

北约建立东欧指挥中心网

2月5日，北约成员国国防部长会议在布鲁塞尔举行，会议决定在东欧建立一个包括波兰、保加利亚、罗马尼亚和波罗的海三国在内的小型指挥中心网，一旦出现来自俄罗斯的威胁，可迅速增援该地区。此外，北约还要建立一个新的地区司令部和一支更大规模的快速反应部队。其中，快速反应部队的规模由1.3万人增加到3万人，包括一支5000人的“先锋”部队，可在数天内迅速做出反应。北约秘书长斯托尔滕贝格表示，这些防御性措施是北约组织对俄罗斯吞并乌克兰克里米亚地区所作出的部分回应。

《不扩散核武器条约》第九次审议

5月22日，《不扩散核武器条约》第九次审议大会在联合国总部闭幕，在为期四周的会议中，190个缔约国对该条约的执行情况进行了全面审议。会议围绕核裁军、核不扩散、和平利用核能等主要问题展开审议。然而，由于各国在中东地区无核化进程等一些争议问题上存在分歧，最终未能达成一致的成果文件。其中，美国方面指责埃及等国在中东无核化问题上固执己见，阻挠了最后文件的达成，这一观点得到加拿大、英国等国家的支持。而埃及代表针锋相对指出，埃及上月在阿拉伯和不结盟国家的支持下，向联合国秘书长潘基文建议召开本地区禁止大规模杀伤性武器会议，其具体条件却遭到美国和以色列抵制。

朝鲜成功试射潜射导弹

5月9日，朝中社宣布，朝鲜潜艇成功在水中试射了代号为“KN－11”的潜射导弹，朝鲜领导人金正恩前往视察，了解相关战术技术情况并下达了发射指令。该消息引起国际社会高度关注，韩国当日紧急召开国家安全保障会议。潜射导弹的成功试射表明，朝鲜潜射导弹技术和海基核打击能力实现了阶段性的突破，一旦实现核弹头小型化，预计朝鲜将初步形成核威慑能力，对日韩两国及美国周边军事基地造成巨大安全威胁。近年来，朝鲜在导弹及潜艇技术上向精密化、远程化、智能化发展的趋势令周边国家感到不安。

朝鲜宣称拥有氢弹

12月10日，金正恩在视察改建的平壤市平川革命史迹时表示，朝鲜已成为核强国，随时准备好使用自主研制的原子弹和氢弹来捍卫国家主权和民族尊严。这是金正恩首次公开提及朝鲜研制氢弹，国际社会为之震惊。韩联社称，部分情报机构人员和学者就朝鲜是否真正拥有氢弹表示疑虑，认为连核武器小型化都未能实现的朝鲜尚不具备造氢弹所需的技术力量。法新社将朝方的宣布称为“针对国内民众的豪言壮语”。俄联邦委员会国防委员会第一副主席表示，该消息再次表明，世界上没有一个国家感觉自己是安全的，最先进的反导系统也无法绝对保护自己的安全。

俄埃“2015友谊之桥”联合军演

6月6日，俄罗斯与埃及在地中海展开为期八天的“2015友谊之桥”大规模联合军演，旨在加强俄罗斯与埃及战略性军事与安全合作。俄军参演部队主要有“莫斯科”号导弹巡洋舰、“西蒙风”号导弹气垫艇、“亚历山大沙巴林”号登陆舰以及MB－31海洋拖船。演习的主要科目包括白天和夜间联合机动、舰船航行过程中的物资补给、通过直升机向舰船运送物资、海上对空防御、检查“可疑”船只和打击海上预定目标等。俄海军总司令奇尔科夫指出，此次演习是俄、埃两国海军首次举行联合军事演习，是两国海军为加强相互了解而采取的重要战略步骤，有助于两国共同维护地中海的和平稳定，共同应对新的威胁与挑战。

俄罗斯A321客机失事

10月31日，俄罗斯科加雷姆航空公司一架从埃及沙姆沙伊赫飞往俄罗斯圣彼得堡的客机起飞后不久在埃及西奈半岛坠毁，机上217名乘客和7名机组人员无一生还。根据俄方专家的调查结果，飞机在飞行时，一枚威力相当于1公斤TNT的自制爆炸装置被引爆，飞机在空中解体，机体四散坠落地面，可以肯定是恐怖袭击。普京对此表示，无论恐怖分子藏身何处，俄方都将全力追查并使其受到惩罚。普京希望国际社会对俄追查行动提供协助，并警告任何企图帮助肇事元凶藏匿者都将承担相应责任。

俄罗斯大规模军演

从3月初开始，俄罗斯在几乎全境内展开大规模军事演习，共有7万多名军人、百余艘战舰及200多架战斗参加了军事演习。参与演习的军兵种包括海陆空三军及空降兵，地域从西边的加里宁格勒直到太平洋远东地区。值得一提的是，俄军在克里米亚和黑海海域进行的实战演习，与北约同时间在黑海进行的演习针锋相对。俄罗斯军方在2015年安排了约4000场演习，其中最大规模的演习代号“中央2015”。俄国防部长绍伊古向高级将领表示，军方已经“成功地展现了在北极圈、波罗的海以及克里米亚等地进行快速部署的能力”。俄罗斯与北约频频在黑海及波罗的海周边展开大规模军演，因乌克兰问题而引起的对立越来越僵化。

俄罗斯恢复向伊朗出售S-300防空导弹系统

4月13日，俄罗斯总统普京签署法令，撤销向伊朗出售S-300

防空导弹系统的禁令。基于伊朗核问题谈判取得进展的背景，俄恢复向伊朗出售 S－300 防空导弹系统，并指出该防空导弹系统仅具有防卫性质，俄向伊朗供应该型武器不会对包括以色列在内的中东地区其他国家的安全构成威胁。S－300 防空导弹系统被认为是世界上最先进的防空导弹系统之一，射程达 200 公里，具有强大的区域防空能力并具备部分反导能力，可与美国“爱国者”系统比肩。俄罗斯曾于 2007 年与伊朗签署出售 S－300 防空导弹系统的合同，但一直没有交货，后根据联合国安理会第 1929 号决议，俄于 2010 年 9 月宣布停售该武器系统。

俄罗斯强化北极军事部署

1 月 13 日，俄罗斯国防部副部长布尔加科夫在莫斯科表示，俄计划在年内完成北极地区军事基础设施建设和军事基地修复工作，旨在提高军队在北极地区的作战能力。自 1 月 3 日起，俄罗斯军方加快在北极地区多个军事基地的建设进度，13 日首批 797 名士兵进入该地区服役。12 月，布尔加科夫表示，俄罗斯年底在北极地区有 437 处军事基础设施项目竣工。此外，据俄总参谋部计划，2016 年俄罗斯将进一步完善北极地区的基础设施，2017 年完成该地区的机场建设，2018 年开始部署机动部队集群。布尔加科夫称：“俄罗斯没有将北极军事化，但将为潜在的广泛威胁做好回应准备，为此必须要有我们的常驻军事存在。”

俄罗斯组建空天军

6 月 16 日，俄罗斯前空天防御部队司令亚历山大·哥洛夫科中将宣布，俄罗斯建立空天军，该部队主要由空军和空天防御部队合并而成。按照空天军的编制和部署方案，空军、防空军、反导和空天防御部队均由空天军司令指挥，当前空军所有飞机，包括陆军航空兵均归属空天军。空天军组建工作将分阶段进行，并持续数年。空天军将发展空天方向侦察和预警系统、压制和摧毁敌人空天方向力量和武器系统、统一的指挥系统和空天军全方位保障系统。俄罗斯国防部长绍伊古指出，建立空天军可利于空天军力发展相关军事技术政策的集中实施，提高一体化作战能力，促进国家空天防御体系的发展。8月3日，俄罗斯国防部长绍伊古宣布，俄武装力量新军种空天部队组建完毕，从8月1日起开始战斗值班。他表示，俄空天部队通过合并空军和空天防御部队组建，这是完善俄空天防御体系的最佳方案。俄空天部队将统一管理空军、空天防御部队和反导部队的值班，以及导弹攻击预警和宇宙空间监督系统。俄现任空军总司令邦达列夫被任命为空天部队总司令。

俄罗斯“中央—2015”演习

9月14日至20日，俄罗斯2015年最大规模“中央—2015”战略指挥演习在俄中央军区举行，共有约9.5万名军人，7000余件武器装备，约170架飞机和20艘军舰参演。本次“中央—2015”战略指挥演习的主要科目是控制中亚地区的国际武装冲突，旨在评估集体安全条约组织成员国武装力量军事指挥部门指挥联合部队控制国际武装冲突，以及在联合特别行动中封锁并消灭非法武装的准备情况。俄中央军区、里海舰队、空降部队、远程和军事运输航空部队以及集体安全条约组织快速反应部队哈萨克斯坦武装力量作战小组和分队参加演习。

俄图－95战略轰炸机因事故全部停飞

6月8日，因一架图－95战略轰炸机在起飞时冲出跑道致使五人受伤，俄国防部表示在调查结果得出之前该型飞机的飞行任务全部暂停。事发地点位于阿穆尔州某机场，当时这架飞机正在执行教学训练任务，因一台发动机起火燃烧而冲出跑道，由于未携带弹药并未造成严重损失。图－95战略轰炸机设计于20世纪50年代，装备四台涡桨发动机，有多种改装型号，与图－22M战略轰炸机、图－160战略轰炸机共同构成俄空基战略打击力量的支柱。此次停飞事件对俄罗斯空基战略打击力量产生不利影响。

俄退出《欧洲常规武装力量条约》联合协商小组会议

3 月 10 日，俄外交部宣布，俄罗斯联邦自 3 月 11 日起退出《欧洲常规武装力量条约》联合协商小组会议，以对美国增兵波罗的海三国、乌克兰宣布追加军费采购新式装备等举动作出回应，自此 2007 年俄罗斯有关暂停该条约的活动全面展开。对此，参加欧洲军事安全和军控谈判的俄罗斯代表团团长安东·马祖尔 10 日在维也纳表示，俄方多年来竭尽所能维持控制常规武器制度的适用期，曾是修改《欧洲常规武装力量条约》谈判的倡议者，并且批准了修改协议。媒体分析认为，由于当前《欧洲常规武装力量条约》共同协商小组“仅在欧安组织外长理事会会议前启动”，实际上几乎处于“完全关闭的状态”，且西方国家经常利用这一平台要求俄罗斯重新遵守损害自身利益的旧《欧洲常规武装力量条约》，因此这一共同协商小组对于俄方已然没有意义。

“果断风暴”军事行动

3 月 26 日至 4 月 22 日，由沙特阿拉伯为首的阿伯联军针对也门危机发动了代号为“果断风暴”的空袭行动，以打击也门境内胡赛武装组织以及前总统萨利赫的支持者。3 月 26 日，沙特、阿联酋、科威特等海合会国家联合签署声明，指责也门胡赛武装威胁该地区安全，并称其拥有“重武器及近程和远程导弹”，拉开了海合会军事介入也门冲突的序幕。在持续 27 天的空袭行动中，沙特部署了 100 架战机和 5 万名士兵及海军部队，阿联酋、巴林、埃及、约旦、苏丹以及摩洛哥均参与了空袭，美国没有直接参加空袭，却对沙特的军事行动表示支持。伊朗及俄罗斯等国对此持反对意见，呼吁停止对胡赛武装的军事打击。媒体分析认为，“果断风暴”行动使得整个地区陷入更加严酷的战争；同时在伊朗核谈取得进展的背景下，行动不利于推进核谈进程。

韩国发布2014年《国防白皮书》

1月6日，韩国国防部发布2014年《国防白皮书》。该版白皮书共分为9章、31节，分析了世界及东北亚安全形势和威胁因素，并介绍了韩国国家安全战略和国防政策等。白皮书依旧将朝鲜政权和朝军称为“敌人”，将“北方界线”以南海域看成韩朝间实际性海上警戒线。白皮书同时分析指出，朝鲜为改善慈江道一带的军备设施，增强边境的军事力量，增设了军团级部队——第12军团，并且在所有前线非军事区构建了战时可供大量兵力同时避难的设施，储备可使用1个月至3个月的战争物资。关于朝鲜的核能力，白皮书首次添加“朝鲜核武器小型化能力似乎已达到相当高水平”的内容，并指出朝鲜通过多次对乏燃料棒再处理，拥有可以制造核武器的40多公斤钚。此外，关于“独岛”（日本称“竹岛”）问题，白皮书强调，“独岛”是韩国领土，日本部分政治领导人错误的历史观和对“独岛”主张主权的行为阻碍韩日两国关系面向未来的发展。

韩国海军潜艇司令部成立

2月2日，韩国在庆尚南道镇海军港举行海军潜艇司令部成立仪式，成为继美国、日本、法国、英国和印度后，第六个成立潜艇司令部的国家。该潜艇司令部在第九潜艇战团基础上扩编而成，与以水上战力（舰艇）为主的海军第一、第二、第三舰队司令部级别相同。担任过韩国第九潜艇战团团长的尹正尚担任首任潜艇司令官。潜艇司令部主要负责执行保护海上通道、维持对朝作战态势、战时打击敌人核心目标等任务，其成立构建了从作战、训练、检修到提供军需支援的一体化组织，使韩国海军具备更具效率的水下作战能力。韩国国防部长官韩民求在致词时表示，潜艇战力要以海军潜艇司令部的成立为契机，发挥国家防卫的中心作用。

韩美“超级雷霆”联合空中作战演习

4月10日至24日，韩美空军在韩国领空举行代号为“超级雷霆”的联合空中作战演习，旨在提高韩美空军联合作战能力。本次演习中，双方共投入100余架飞机和1400多名官兵。其中，韩国军方出动50余架飞机和550余名官兵，包括首次投入演习的韩国国产战斗机FA-50；美国方面出动包括F-15、F-16在内的50余架飞机和850余名官兵参演。“超级雷霆”始于2009年，是韩美空军例行模拟战斗训练演习，每年举行两次。上半年演习由韩方主导进行，下半年演习由美方主导进行。

韩美“延伸威慑手段运用演习”

2月11日至13日，韩美两国进行“延伸威慑手段运用演习”，旨在熟练掌握应对“朝核及大规模杀伤武器、导弹威胁”的政治和军事程序。本次演习是2014年第46次韩美安保会议决定整合威慑政策委员会和导弹应对能力委员会之后首次进行的演习，同时也是自2011年启动该演习以来的第四次演习。演习由韩国国防部主导、策划、准备、实施和进行评估。韩国国防部国防政策室长柳济升与美国国防部副部长助理伊莱恩·邦恩和戴维·赫尔维分别率领两国国防部和外交部的40余名相关人士参加演习。另外，韩美安全专家和演习参与人员共同参加了半官半民延伸威慑对话。韩国国防部表示，会议审视了针对朝鲜核与导弹威胁的韩美威慑及应对态势；同时，演习为更好地实现韩美同盟的坚定意志和政策创造了条件。

韩美联合师团参谋部

1月15日，韩美联合师团参谋部正式成立，旨在应对朝鲜方面多变的局势，并负责战时执行特殊任务。联合师团以驻扎在韩国京畿道议政府市的美军第二步兵师为基础编制，美军第二步兵师师长托马斯·汪达尔兼任联合师团师长，韩军准将印成焕任副师长。联合师团平时以韩美联合参谋部的形式运转，韩美双方各派30名军官在参谋部工作，美方负责作战参谋，韩方负责军需参谋；战时则指挥美军第二步兵师的所有部队和韩军一个装甲旅。在发生战争的情况下，联合师团负责针对朝鲜地区的民事任务和销毁大规模杀伤性武器等特殊任务。两个国家组建联合师团在全球尚属首例，韩美成立联合师团进行训练，将积极促进加强联合防卫态势并提高韩军联合作战能力。

韩美签署新原子能协定

7月15日，韩外长尹炳世与美能源部长莫尼兹在华盛顿分别代表两国政府正式签署《韩美原子能协定》修订版，以取代1973年签署的老版本。新协定中，美国保障韩国稳定的核燃料供应，并对韩国核处理能力适度“松绑”，韩国由此获准对浓缩铀和乏燃料进行后处理，此举被认为有助于韩核电的发展和出口。《韩美原子能协定》有效期从此前的41年大幅缩短至20年，若协定到期前两年没有一方反对，有效期可延长5年，此后不得再延长。韩外长表示：“与1954年签署的《韩美防御条约》和2012年的《韩美自由贸易协定》一样，这次签署的《韩美原子能协定》是韩美同盟的核心支柱。”

“金色眼镜蛇2015”多国联合军演

2月9日至20日，东南亚地区最具影响力的联合军事演习“金色眼镜蛇2015”在泰国举行。来自美国、泰国、韩国、新加坡、印尼、日本等24个国家的1.3万名军事人员参加了本次演习。根据美国驻泰国大使馆的声明，约3600名美军士兵参加“金色眼镜蛇”军演，少于2014年的4300人。与往年不同，2015年“金色眼镜蛇”军演科目不涉及两栖登陆作战演习，但包括实弹演习、人道主义民间行动训练和非对抗性疏散演习等。媒体分析认为，造成本次军事演习规模“缩水”的原因在于泰国2014年5月发生军事政变引发美国方面不满，从而致使军演的两个主导国家美、泰之间的关系出现问题。印度2015年以“观察员”身份参加，中国则派遣安全部队第二次全面参加军演。

美国发布《亚太海上安全战略》

8月21日，美国国防部发布《亚太海上安全战略》报告，阐述美军在亚太地区的三个目标和四个着力方向。报告称，亚太海上安全涉及太平洋、印度洋、东海、南海等海域，美国希望与中国在军事领域深化合作，寻求建立一种“以目标为基础的”两军关系。美国在该地区的三个目标是安全与自由航行、避免冲突和压制、促成各方遵循国际法和国际准则。为此，美国将从增派军力、强化盟友关系、力图减少误判、建构地区安全框架四方面着力。美国国防部负责亚太安全事务的助理部长希尔表示，美国在南海、东海领土争端问题上不持立场，领土争端可以通过外交途径解决，美国支持通过国际法和国际准则和平解决问题。

美国发布《国家军事战略》

7 月 1 日，美国参联会主席邓普西在五角大楼公布 2015 年度美国《国家军事战略》报告，阐释了美军运用军队保护和推进国家利益的最新战略。该报告主要包括战略环境、军事环境、一体化军事战略、联合部队倡议四个部分。报告指出，由于全球化、技术的扩散以及人口结构的变化，美国需要同时面临非国家行为体和传统国家行为体的双重威胁，为此，提出了美国军事的三项目标：威慑、拒止和击败敌对国家；扰乱、分解，并最终击败暴力极端主义组织；强化美国的全球盟友和合作伙伴网络。此外，报告还分析了俄罗斯、中国等国家现阶段对于美国的国家利益所带来的“威胁”，并宣称中国近来在南海的行动“加剧了亚太地区的紧张气氛”。据悉，这是自 2011 年版的《国家军事战略》报告公布之后，五角大楼时隔四年对该文件进行的首次更新，也是奥巴马任期内对该文件的第二次更新。

美国发布《国家安全战略报告》

2 月 6 日，奥巴马发布其任内第二份《美国国家安全战略报告》。报告认为，美国最大潜在威胁仍是大规模杀伤性武器，特别是核武器的扩散和滥用，但也面临多重安全威胁，且这些安全挑战不可能在短期内全部解决。报告指出，美国将把注意力从伊拉克和阿富汗战争转向应对恐怖极端主义、网络攻击、乌克兰问题、传染病疫情、气候变化等挑战。同时，报告呼吁美加强与亚太地区的安全和贸易联系，称美将重启与日本、韩国、澳大利亚和菲律宾的联盟关系。报告还强调美将管控美中竞争，要求中方在海洋安全、贸易和人权等议题上“遵守国际准则”，表明美对中国崛起的防范心态加强。分析人士指出，奥巴马力推“灵巧”的国家安全战略，强调面临多重挑战，美应保持“战略耐心”，反映出在资源受限、府院之争和大国博弈的背景下，美国政府对国家安全战略目标、途径、手段等要素的新思考与权衡。

美国发布《网络空间战略》报告

4月23日，美国国防部发布新版《网络空间战略》报告。这是继2011年7月的首份《网络空间行动战略》之后，美国国防部再次发布网络战略文件，旨在为新形势下国防部发展网络力量、加强网络防御、实现网络威慑提供规划指导。新战略为未来五年国防部要完成的网络空间行动和任务设定了五点需优先实现的战略目标与具体目的，具体包括：建设并维护网络安全力量，为网络行动做好准备；捍卫国防部信息网络、数据，降低国防部军事行动风险；时刻准备保卫美国本土及国家利益，防御干扰性或破坏性的网络攻击，避免造成重大后果；建立并维护可行的网络方案及行动计划，控制冲突升级，保持冲突各个阶段在可控范围内；建立并维护良好的国际联盟和合作伙伴关系，阻止共同威胁，加强国际安全与稳定。

美国发布新版海上战略

3月13日，美国防部发布了由海军作战部长、海军陆战队司令、海岸警卫队司令联合签署的新版海上战略《21世纪海上力量合作战略：前沿存在、保持接触、常备不懈》，这是继2007年首版海上战略以来的第二份同类报告。新版战略主要包括全球安全环境、前沿存在和伙伴关系、支持国家安全的海上力量以及打造未来力量四个部分，分析了全球安全环境和新战略指导的变化，重点强调预算环境的变化，详细阐述了如何设计、组织和使用海上力量以支持国家安全利益和国土安全目标。相比旧版战略报告，此版结构变动不大，但具体内容有很多实质性变动，除了原战略提到的海上力量任务外，新战略增加了“全域进入”新任务，以应对美军在对抗性环境中进入和作战时面临的挑战。此外，新版还增加了包括中文版在内的八国语言版本，以更加准确无误地宣传其政策和未来建设方向。

美菲“肩并肩2015”联合军演

4月10日至20日，美菲“肩并肩2015”联合军演在菲律宾巴拉望岛西部、阿希楠省以及三描礼士省举行，旨在强化美菲两军的协调及配合能力，测试美菲两国在共同执行人道任务和国安任务时的“准备程度”。澳大利亚也派兵参加了此次演习。演习共分为三部分：指挥所演习、实地演习和人道主义援助演习。美国派出6656名军人，菲律宾派出5023名军人，澳大利亚派出61名军人，参加演习总兵力达到11740人，人数规模为近五年来最大。此外，美、菲、澳三国还动用了92架军机、4艘舰艇参加演习。有分析指出，演习的焦点放在领土防卫上，因此演习显然与地区冲突有联系，同时可能预示着美国希望把澳大利亚和菲律宾作为干预南海的出发地。

美国X-47B首次空中加油成功

4月22日，美国海军宣布首次对X-47B无人机进行了自主空中加油，测试在马里兰州和弗吉尼亚州附近空域进行，K-707型加油机成功用软管向X-47B加注燃油。这次试验的成功使美国成为第一个实现该技术的国家，被美国海军称为“颠覆性”的技术进步，极大拓展了无人机的用途与范围，标志着X-47B更加接近战场实用化。据估计，经过一次加油的X-47B作战半径将从1500公里拓展到2000公里以上，超过F-35战斗机作战半径两倍，这将大大延伸航母的打击范围，也使得美国航母不易受敌方远程火力打击。作为美国海军首款舰载无人机，具备强大打击能力和隐身性能的X－47B具备自主空中加油能力后将成为空海一体的核心装备。

美国对台军售

12月16日，奥巴马政府宣布对台湾出售约18.3亿美元的武器。此次军售的清单包括2艘美国海军退役的“佩里”级护卫舰、约200枚“标枪”反坦克导弹、769枚“陶氏”反坦克导弹、约250枚单兵使用的“毒刺”防空导弹、13枚新款密集阵近防炮、AAV－7两栖突击车六项武器装备，以及先进战术数据链系统、AIM－9X“响尾蛇”导弹遥测练习弹、Link－16数据链平台三项后续支援项目。美国国务院发言人称，此次对台军售是在履行《与台湾关系法》，法案规定美国应向台湾提供可供其进行防御的武器。

美国防部颁布新版国防采办指令

1月7日，美国国防部正式颁布新版5000.02指令《国防采办系统的运行》，对2008年版5000.02指令进行重大修订，并对2013年11月发布的临时版本进一步完善，将国防部“更优购买力”倡议等改革内容纳入其中。新版文件以灵活、快捷、多样化、创新为主线，通过完善国防采办程序和采办全寿命管理制度，突出经济可承受性、技术成熟度、风险防控与知识产权保护等，最终实现“更快、更好、更省、更一体化”的采办目标。

美国防部长提名新任海陆军主将

5月13日，美国国防部长卡特在五角大楼提名马克·米莱为新任美陆军参谋长，约翰·理查森为新任美海军作战部部长，二者分别是陆海军的最高军职，也是美军参谋长联席会议成员。米莱现年57岁，现任美陆军部队司令部司令，此前曾赴阿富汗战场和伊拉克战场指挥。理查森现年55岁，现任美海军“核动力推进计划”主管，在33年的指挥生涯中曾指挥过多艘美军舰船和潜艇。5月5日，奥巴马曾提名现任美海军陆战队司令约瑟夫·邓福德接替马丁·登普西，出任新任参联会主席。美军高层本轮“大换血”涉及陆军、海军及海军陆战队三大军种的主将职位。

美国向日本出售“全球鹰”无人机

11 月 20 日，美国国务院批准向日本出售价值 12 亿美元的三架“全球鹰”无人机，包括零部件和后勤支持。“全球鹰”无人侦察机可执行高空、远距离侦察任务，飞行高度大约 1.8 万米，可自动驾驶超过 30 小时。此外，飞机装备有照相设备和高度敏感的通信接收设备。媒体分析认为，该无人机将极大提高日本的情报、监视和侦察能力，并有助于确保日本持续监视和应对地区安全威胁的能力。

美国在欧洲部署 F－22 战斗机

8 月 28 日，美军四架 F－22 战斗机、一架运输机及 60 名空军士兵抵达德国施庞达勒姆空军基地，参加 9 月中旬举行的北约军演，这是 F－22 战斗机首次在欧洲部署。美驻欧空军司令弗兰克·戈伦茨称，此次部署将增强美军在欧洲的空军实力，表明了美军致力于欧洲安全的决心。五角大楼此前宣称，此举旨在支持对俄频繁行动感到忧虑的欧洲盟国，是华盛顿履行在欧洲安全倡议框架内义务的一部分。俄罗斯方面认为，五角大楼的上述行为是在向俄发出信号，美国企图最大限度地利用乌克兰危机，增强自己在欧洲的军事存在和政治影响，此举“不友好”和富有“侵略性”，将被俄罗斯视为对其安全的威胁。

美国组建第 75 特混舰队司令部

1 月 9 日，美国海军在关岛科温顿兵营举行了第 75 特混舰队司令部组建仪式。美海军网消息称，新组建的第 75 特混舰队司令部处于常态战斗准备状态，负责对所有分配至第七舰队责任区的人道主义救援、救灾以及作战行动任务的海军远征作战部队实施指挥控制，可随时调配所属力量到第七舰队任何地点应对突发事件，还可对舰队提供海岸作战支援、简易爆炸物处理、潜水、打捞、基建以及在近海、濒海和内陆地区实施远征情报搜集和后勤作战保障。分析认为，在军费开支压缩、海外驻军压缩的大气候下，美高调成立第75特混舰队司令部体现出美军战略重心东移、重视岛链封锁意图正稳步推进。

美海军发布《2016—2020年度领航计划》

7月20日，美国海军作战部部长乔纳森·格林纳特公布了《2016—2020年度领航计划》。在领航计划中，海军将围绕“威慑、制海权、武力投射和海上安全”这四个核心能力，以及相关的第五核心能力“全域进入”进行历史性的组织、训练和装备。这一规划强调了三大原则（作战第一、前沿行动以及准备就绪）对投资的影响，以此支持海军作战任务。格林纳特在文件中称：“今年的航海规划强调了美国海军的主要投资计划，这为国防战略指导中阐述的任务和职能提供了支持。我们的使命是做好准备以应对随时发生的危机，确保并巩固我们的全球经济安全。”分析人士认为，该计划的出台将影响美国海军在未来五个财年的预期轨迹和投资计划。

美海军升级“宙斯盾”系统

9月4日，美国海军委托洛克希德·马丁公司继续升级美国海军舰艇“宙斯盾”作战系统。根据合同内容，洛克希德·马丁公司将在最新型“阿里·伯克”级驱逐舰的作战系统上安装所需的硬件与软件，同时升级所有驱逐舰和巡洋舰，从而运行最新的“宙斯盾”基线9系统。装备“宙斯盾”基线9武器系统的舰艇不仅能够同时防御飞机和巡航导弹等空中威胁，还能瞄准并拦截弹道导弹，是世界上唯一能够同时实施一体化防空和导弹防御能力的海军作战系统。

美韩“关键决断”和“秃鹫”联合演习

3月2日，美韩两场大型联合军事演习在韩国全境正式启动，代号分别为“关键决断”和“秃鹫”。其中“关键决断”进行到3月13日，有8600余名美军和1万多名韩军参加。澳大利亚、加拿大、丹麦、法国、英国五国也向驻韩“联合国军司令部”派遣少数兵力参加演习。“秃鹫”演习持续到4月24日，有3700名美军和20多万韩军参加，主要以野外机动训练为主。值得注意的是，美军首次派濒海战斗舰“沃斯堡”号参加演习，并将“沃斯堡”号与韩国舰艇之间的通信、物流交换等训练将作为本次演习的重点。虽然韩美双方称演习属于防御性例行演习，但韩国国内舆论普遍认为该演习将在一定程度上刺激朝鲜。媒体评论认为，此举加剧了朝鲜半岛的不稳定因素，致使朝鲜半岛的紧张局势升级。

美韩联合反潜演习

6月1日，韩美两国海军于济州岛海域举行大规模联合反潜演习，双方共投入12艘大型水面舰艇、2艘潜艇、P-3C反潜巡逻机、P-8反潜巡逻机、山猫直升机等装备参与此次被称为韩美两国“史上最大规模的反潜演习”。其中，由韩国自主研发的“世宗大王”级宙斯盾驱逐舰、先进的214型常规动力潜艇和美国最新的P-8反潜巡逻机的表现引人注目。在为期5天的演习中，韩美海军围绕潜艇探测与识别、反潜攻防战、投放反潜鱼雷及深水炸弹等科目进行了演习。韩国军方表示，此次联合演习旨在有效应对朝鲜的潜艇威胁，有望提升韩美海军的空中、水上、水下反潜作战能力。

美军击毙“伊斯兰国”重要头目

5月15日，美军特种部队在叙利亚东部地区一次夜间突袭中击毙了极端组织“伊斯兰国”重要头目沙耶夫。媒体指出，这次行动标志着华盛顿脱离了主要依靠空袭打击叙利亚“伊斯兰国”组织的策略。美国“三角洲特种部队”使用“黑鹰”直升机和“鱼鹰”倾转旋翼机突袭代尔祖尔地区的一栋建筑，遭到武装分子激烈反抗，经过激战，美军无一伤亡，击毙阿布沙耶夫和十多名恐怖分子。据美国国家安全委员会发言人介绍，阿布沙耶夫是“伊斯兰国”高级领导人，不仅参与军事行动的直接指挥，还负责“伊斯兰国”海外石油、天然气的非法销售。一直以来，“伊斯兰国”主要依靠出售能源获得资金支持。

美空军发布《美国空军战略总规划》报告

5月21日，美空军发布涵盖未来20年的《美国空军战略总规划》报告的非密部分。报告指出，美空军的两个主要建设目标是加强“敏捷性”和“包容性”。其中，“敏捷性”将通过在未来的训练、工作中“强化我们的适应和创新能力”来实现；“包容性”则旨在“赋予美国空军官兵以权力，改善空军的组织架构和文化，扩展空军与外部的横向联系和自身内部的纵向联系”。同时，该报告提出并设计了未来20年美空军建设的五大战略方向：提供有效的21世纪威慑；维持稳健灵活的全球一体化情报、监视与侦察能力；确保一支具备全谱能力但聚焦于高端能力的部队；推动多域途径来承担完成5项核心使命，包括航空航天优势、情报监视侦察、全球快速机动、全球打击以及指挥与控制；继续推动改变游戏规则的技术发展。美国空军领导人声称，该报告“填补了战略指导方向上的一个空白”，为美国空军的各种规划提供了“持续的一致性”，并为所有层次的指挥工作明确了“可采取行动的工作任务”。

美陆军压缩现役部队规模

7月9日，美陆军部宣布在2018财年结束前，削减4万现役部队和1.7万文职人员，包括本土部队与海外驻扎部队。其中，在2016财年和2017财年，将陆军现役部队规模从目前的约49万削减至45万，将旅战斗队由战时最高峰的45个减至30个。包括佐治亚州本宁堡军事基地的第3步兵师第3旅战斗队、阿拉斯加州埃尔门多夫·理查德森联合基地的第25步兵师第4空降旅战斗队。这些旅战斗队约有4000名士兵，营特遣队约有1050名士兵。未来经过重组，第25步兵师第2旅战斗队仍将保留一支旅战斗队，但是将从目前的“斯特赖克”旅战斗队，转向没有“斯特赖克”战车的步兵旅战斗队。此次裁减的主要原因依然是预算削减压力，如果该问题不能更好解决，美陆军现役部队员额将在2019财年结束前减少至42万，对当前部署和未来全球应急行动产生消极影响。

美日联合反导导弹试射

6月6日，美国导弹防御局在其官方网站上宣布，该部门与日本防卫省下属的技术研究本部联合美国海军在美国加州圣尼古拉斯岛上的莫古角导弹靶场成功进行“标准－3BLOCKIIA”反导导弹的首次飞行测试。“标准－3BLOCKIIA”联合研发项目是美日两国在“标准－3”型导弹的基础上开发的一种改进型，通过将弹径从343毫米扩大至533毫米从而增加燃料携带和药芯燃烧面积等手段，将最终拦截高度提升到500千米，同时将飞行速度提高45%—60%，由此具备了对部分洲际导弹甚至卫星的拦截能力。该导弹预计于2018年实现部署。

美太平洋司令到访菲律宾

8月27日，美国太平洋司令部司令哈里斯在菲律宾巴拉望岛与菲律宾国防部长以及陆军司令等人就亚太安全局势展开防务会谈。在会谈中，哈里斯强调了五角大楼新公布的《亚太海上安全战略》核心内容，称华盛顿在东海和南海的行动旨在保护“航行自由”。菲律宾国防部长加斯明向哈里斯表示，希望美国军队派出巡逻机保护菲律宾军队和补给在南海的运输和航行，“以打消中国试图阻挠菲执行补给任务的意图”。一个月前，美国太平洋舰队司令斯威夫特刚刚到访菲律宾巴拉望省。中方研究人士表示，美军高官频频与菲律宾接触显露了美国对于中国在南海军事实力增强的不安，而帮助菲律宾仅是美国在南海地区显示其存在感的手段之一。

美同意售沙特四艘濒海战斗舰

10月20日，美国国务院宣布批准向沙特出售四艘总价值达112.5亿美元的濒海战斗舰，以及配套的舰载武器系统和支持系统。

这是濒海战斗舰改进型的首次国际销售。与美国海军装备的版本不同，沙特购买的四艘濒海战斗舰将 57 毫米炮改成 76 毫米炮，还将装备可发射“海麻雀”防空导弹的 16 管垂直发射系统，而且可搭载“鱼叉”反舰导弹和“海拉姆”导弹及近防武器系统。除此之外，沙特版的濒海战斗舰还比美国自用版多一个任务模块。这四艘舰艇预计将被沙特海军归类为护卫舰，部署到位于波斯湾的东部舰队，用来替换老式舰艇，这将会是沙特海军扩展计划第二阶段项目最重要的组成部分。

美投资核武器现代化

1 月 22 日，美国会预算办公室发布报告称，为保持洲际弹道导弹、战略核潜艇和战略轰炸机构成的三位一体核力量，美在未来 10 年将花费 3480 亿美元进行核武器现代化。这一预算略低于 2013 年底预测的 3550 亿美元，预算办公室认为这归因于“预算驱动导致的部分项目延迟，包括将新型巡航导弹及核弹头项目延期三年”。同时，美还就如何应对朝鲜半岛核危机，计划在佛罗里达州坦帕市的特别行动指挥演习中心举行朝鲜问题高层研讨会。会议由驻韩美军司令柯蒂斯·斯卡帕罗蒂上将主持，讨论内容包括如何应对朝鲜的核计划以及弹道导弹计划，以强化美对韩的支持并确保朝鲜半岛地区安全与稳定。目前，美已与日、韩签订朝鲜核及导弹威胁信息共享协议，美国防部为三方信息共享中心。

美印（尼）“钢铁侠 15 – 5524”联合演习

4 月 8 日，据印尼媒体报道，印尼海军陆战队两栖侦察兵和美国海军特种兵日前在印尼东爪哇省外南梦进行代号为“钢铁侠 15 – 5524”的联合演习，旨在提高印尼海军陆战队两栖侦察兵城市战知识、技术和战术能力。除了城市战，两栖侦察兵还进行了直升机跳水和直升机吊运演习，来自印尼海军飞行中心第一航空联队 400 中队的一架贝尔 – 412 直升机参演。印尼参演特遣部队指挥官弗雷迪表示，这次联合演习将提高印尼海军陆战队两栖侦察兵的敬业精神，以及在陆地、海上和空中的作战能力，同时与美国海军特种兵建立在军事领域的合作关系。

美在新加坡部署 P－8“海神”巡逻机

12 月 7 日至 14 日，美国在新加坡首次部署 P－8“海神”反潜侦察机，旨在“通过参与双边和多边演习提高该地区军队间的协同能力，同时为该地区人道主义行动、赈灾行动以及海上安全提供及时支持”。P－8 侦察机是美国波音公司生产的新一代海上巡逻机，主要用途为海上巡逻、侦察和反潜作战，内有 5 个弹仓，外有 6 个武器挂载点，可发射导弹和鱼雷。此前，美国在日本和菲律宾也部署了 P－8 侦察机。美联社分析认为，美军将先进装备部署到新加坡，制衡“中国在南海活动”的意味明显，同时也是美国在南中国海宣示更大存在战略的重要一环。

美国政府提交 2016 年军费预算

2 月 2 日，美国总统奥巴马向国会提交 2016 财年政府预算报告，申请 5850 亿美元军费预算，包括 5340 亿美元基础预算和 510 亿美元海外军事行动预算。其中，基础国防预算涨至历史新高，用于武器装备采购的预算为 1077 亿美元，增加大约 140 亿美元。申请的军费总额比 2015 年财年同比增长 4.4%，其中基础预算增加 7.7%，海外军事行动预算减少 21%。按照 2013 年启动的自动削减赤字机制，2016 年财年基础预算上限大约为 5000 亿美元。五角大楼称，如果不“输血”，美军规模“过小”、装备“过差”，将无法全方位应对潜在威胁。新财年军费预算水平旨在保证奥巴马的国家安全政策的执行，包括实施“亚太再平衡”战略，打击“伊斯兰国”和支持乌克兰政府等内容。

“全球公域进入与机动联合概念”

1 月 8 日，美国参联会联合参谋部主任签署备忘录，将“空海一体战”概念更名为“全球公域进入与机动联合概念”。新概念更加突出应对“反进入/区域拒止”，寻求陆、海、空、陆战队和特种部队五大职能领域的一体化，而不仅仅是空中和海上能力的一体化。其中，地面部队将成为联合部队获得对竞争区域进入的重要选项，陆军将重点发展一体化防空反导、反水面舰艇作战及纵深精确打击等能力，同时使用网络、太空、特种力量及小股常规部队等，支援海空力量作战。总的来看，新概念与旧概念不在同一层面上，“空海一体战”紧盯对手和大规模作战，“全球公域进入与机动联合概念”聚焦于关键领域。

日本“出云”号直升机驱逐舰服役

3月25日，日本自卫队自二战以来最大的直升机驱逐舰“出云”号交付海上自卫队正式服役。“出云”号基础排水量为1.95万吨，造价约1200亿日元。其舰体类似航母，舰首至舰尾由整块甲板贯通，全长248米，可同时起降5架直升机，最多可搭载14架直升机，并能为其他舰艇提供燃料补给。“出云”号隶属于日本神奈川县横须贺基地，它在结束半年训练后用于海上自卫队执行警戒、监视任务。“出云”号具备较强的指挥通信功能，将成为日本海上自卫队护卫舰编队的核心舰。此外，日本防卫省已经在打造第二艘同型的“出云”号直升机驱逐舰，将在2016年3月前后投入使用。有分析指出，两艘“出云”号直升机驱逐舰投入使用后，将大大提高日本的离岛防御能力，并使日本具备远离本岛作战的能力。

日本成立防卫装备厅

10月1日，日本防卫省正式成立防卫装备厅，以扩大武器出口，加强对外军工合作。防卫装备厅依据2015年6月国会通过的《防卫省设置修订法》成立，人员编制约1800名，承担武器出口协调、自卫队武器研发采购、军工人才培养等职能。2014年4月，日本放弃实施多年的“武器出口三原则”，通过“防卫装备转移三原则”，大幅放宽向外输出日本武器装备和军事技术的条件。分析人士指出，防卫装备厅将充当日本官方的军工产业司令塔，牵头推销日本军工产业，斡旋对外军工合作，进一步扩大武器出口。

日本内阁通过 2015 年度防卫预算

1 月 14 日，日本内阁会议通过 2015 年度财政预算案，其中防卫预算达 49801 亿日元（约合人民币 2623 亿元），比 2014 年度原始预算增长 2%。这是第二届安倍政府上台以来连续 3 年增加防卫预算。据日本防卫省官员解读，新防卫预算的思路在于以西南方向为重点，着眼考虑周边空域安全，应对针对离岛的攻击，优先考虑维持海上和空中优势并注重部队的机动展开能力。预算依据《中期防卫力整备计划》增强装备，包括斥资 3000 多亿日元购买 20 架日本自主研制的 P-1 巡逻机、1 架 E-2D 预警机、1 艘“爱宕”级“宙斯盾”驱逐舰，预定下一艘驱逐舰所使用的“宙斯盾”系统，并取得“全球鹰”无人机系统的部分装备等。在应对所谓“针对离岛攻击”方面，为防范岛屿遭袭，预算列入了 6 架最新隐形战机 F-35、5 架部署在佐贺机场的新型运输机“鱼鹰” MV-22、30 辆水陆两用车 AAV-7 等的采购费用。为完善沿岸监视体系，日本计划投入 2 亿日元在冲绳县与那国岛建设监视队基地，投入 32 亿日元在鹿儿岛县奄美大岛部署西南警备部队。

日舰船获准停靠金兰湾

11 月 6 日，日本防卫相中谷元在河内与越南国防部长冯光青会谈，双方就允许日本海上自卫队舰船停靠金兰湾海军基地达成共识。金兰湾是越南中部要塞，距南沙群岛约 460 公里，可以远眺到南沙群岛。金兰湾水深可停泊航空母舰，被认为是世界上最好的深水港之一，同时它位于沟通太平洋和印度洋的重要水路上，具有极其重要的战略价值。5 日，中谷元考察了金兰湾海军基地，参观了正在建设中的、可容纳他国军舰的港湾设施，听取了越南军队干部关于海军教育的介绍说明。日本防卫相关人士称，“如果控制金兰湾，就能网罗南海全域”。日本防卫部门希望通过停靠金兰湾来牵制中国，同时提高日本在该地区的存在感。

日美部署最新水下监听系统

9月9日，日本共同社引述消息称，日本海上自卫队与美国海军以南部冲绳为据点，部署了最新型潜艇水下声波监听系统（SOSUS），大范围覆盖琉球群岛太平洋一侧，以监视中国海军潜艇的活动。该监听系统是在海底铺设电缆、通过水下听音器等搜集潜艇发出的声波和磁气数据、探测其行动的系统。最新型由美国研发，可捕捉到次声波，较旧式监听系统能探测到更远距离。据悉，该潜艇水下声波监听系统部署后可以探测到从东海、黄海进入太平洋的中国潜艇。冷战期间日美曾在津轻、对马海峡部署了监视苏联潜艇的旧式SOSUS系统，针对中国部署新监听系统尚属首次。

台北港海巡基地

1月14日，台湾“海洋巡防署海洋巡防总局”在台北港举行海巡基地厅舍动工典礼。台北港海巡基地面积5.96公顷，码头长度638米，水深最深处达9米，可供“海巡署”目前最大吨位3000吨级巡防救难舰停泊。该基地预计在2016年5月完工启用，并进驻274名人员，届时将成为台湾北方海域大型舰艇驻守母港，并大幅度提升台湾北方及东方海域巡护能力。“海巡署”指出，台北港基地是北部地区机动海巡队的驻地，并涉及对钓鱼岛附近海域的巡防任务。

台湾“国安局”成立“网域安全处”

5月1日，台湾“国安局”“网域安全处”正式编成运作，这是“国安局”20多年来首度增设的新单位，也是“国安局局长”李翔宙上任后的重大变革之一。“网域安全处”的主要任务是掌握网络安全的情报研究搜集，工作运用、研发及反黑客，并对影响台湾安全的网域情报及早掌握预警与应对。其初期编制为70人，设处长1人并下设4个组，加上早先成立的台军第四信息作战中队，目前岛内现有“网军”人数已超过3000名。

乌克兰议会通过扩军法案

3月5日，乌克兰议会表决通过了总统波罗申科提交的扩军法案，将乌克兰武装力量总人数提高到25万，其中作战部队人数达到20.4万。扩军法指出，乌武装力量在特殊时期增加服役人数是为了落实总统下达的动员令。虽然东部冲突地区已经按照新《明斯克协议》实现停火，但是零星冲突不断，且不排除再度爆发冲突的可能。乌当局认为，国家安全面临严重外部威胁，扩军法正是在此背景下产生的。

新《明斯克协议》

2月12日，俄罗斯、德国、乌克兰、法国四国领导人在白俄罗斯首都明斯克签署了旨在缓和乌克兰东部武装冲突局势的新《明斯克协议》。新协议主要内容包括：于2月15日零点开始，在乌克兰顿涅茨克州和卢甘斯克州实施全面停火；双方重武器同时后撤相同距离并至少创造50公里的军事缓冲区；在欧安组织的监督下撤离所有外国武装、军事装备及雇佣兵；启动乌克兰宪法改革并在2015年底前制定新宪法，确保释放人质和战俘等。与旧版的《明斯克协议》相比，新协议增加了更多实施细则和附有时间表的和平路线图等，较旧版协议更具建设性与可操作性。虽然此前乌克兰政府军与东部武装曾达成多次停火协议，但一直难以在实际层面真正落实。

伊朗部署新型远程预警雷达

7月4日，伊朗公开最新的采用相控阵体制并具有一定反隐身能力的远程预警雷达“加迪尔”，标志着其相控阵雷达技术正在走向成熟与实用化。该雷达拥有4个水平放置的天线阵列，天线长约39米，呈正方形安装在中心的一座高塔和周围的附属建筑周围。此型雷达可用以探测600公里外的飞机或1100公里外、100公里高空飞行的弹道导弹，也可用以追踪微型无人机，其极限探测距离可达3000公里。据伊朗媒体报道，该型雷达从设计到生产都实现了国产化。该型雷达虽然技术上达不到世界顶尖水平，但却让伊朗成为世界上极少数部署此类远程雷达的国家之一。

印度P-15B型驱逐舰下水

4月20日，印度最新P-15B型驱逐舰“维萨卡帕特南”号在孟买马扎冈造船厂下水。“维萨卡帕特南”号是印度海军继“加尔各答”级驱逐舰（P-15A型）之后追加订购的四艘新舰中的第一艘，计划于2018年列装。该驱逐舰长163米，宽17米，排水量7300吨，最高航速30节，届时将成为印度最大最先进的驱逐舰。该型驱逐舰装备以色列研制的EL/M-2248MF-STAR相控阵雷达以及32枚印度与以色列共同开发的“巴拉克8”型远程防空导弹和8枚印度和俄罗斯联合研制的“布拉莫斯”导弹。相比P-15A型驱逐舰，“维萨卡帕特南”号的隐形技术和防空能力将进一步提升，并具备较强的区域防空能力。

印度“鲉鱼”级潜艇下水

4月6日，印度首艘“鲉鱼”级常规动力潜艇在孟买马扎冈船坞有限公司下水。该级潜艇由法国提供技术和关键部件，在印度本土组装生产，计划于2016年9月服役。“鲉鱼”级潜艇由法国和西班牙联合研制，主要面向外国客户。该艇长66.4米，宽6.2米，最大潜深300米，排水量1750吨，艇员22名至30名，自持力50天左右，装备6具533毫米鱼雷发射管，可发射“黑鲨”重型鱼雷及“飞鱼”反舰导弹等先进武器。印度引进技术制造的“鲉鱼”级潜艇于2006年12月开工建造，期间建造进度一直处于拖延状态。

印度大规模海上军演

2月12日，印度海陆空三军在果阿港以西的阿拉伯海海域举行代号为“情景等级反应和操练—2015”的海上大规模联合演习。最新服役的“维克拉马蒂亚”号航母和“维拉特”号航母组成双航母编队参加了演习，这标志着“维克拉马蒂亚”号正处于稳步形成战斗力的过程中。此次印度军演在“完全数字化”背景下进行，除双航母编队外，还有包括什里瓦克级护卫舰、加尔各答级驱逐舰在内的多艘印度国产先进战舰，以及苏－30MKI、幻影－2000和“美洲虎”战机参加了演习。媒体分析认为，此次演习显示出印度海军在该海域保持优势实力和建设一支远洋海军的决心。

印度试射“烈火－5”导弹

1月31日，印度在其东部奥利萨邦成功试射“烈火－5”弹道导弹。这是继2012年和2013年后，印度第三次成功试射“烈火－5”型远程弹道导弹，也是“烈火－5”型导弹首次从运载车上以冷发射的形式进行发射，增加了导弹的机动性。“烈火－5”型导弹是印度自主研发的远程弹道导弹，可携带1吨重的核弹头。导弹全长17米，重50吨，采用固体燃料，由三级火箭助推，射程长达5000公里，打击范围可覆盖中国全境和几乎所有的西欧地区。“烈火－5”型导弹将成为印度可进行核打击且射程最远的导弹，并使印度拥有多弹头技术。该型导弹经过改装后，印度将拥有发射小型卫星或进行反卫星作战的能力。

英军建成首支网络心理战部队

4月，英军首支网络心理战部队“第77旅”组建完成。该旅驻地设在伯克希尔的丹尼森军营，目前有453名现役和文职人员，且已经在国防部外事与联络办公室和国际发展部的协调配合下开展工作，满编后人数达到1000多人。英军“第77旅”下设5个部门，包括总部、媒体运作部、安全能力构建部、第15心理战作战群、军事稳定支援部。其中，第15心理战作战群原隶属于英军第一军事情报旅，曾在利比亚战争中发挥过作用。该部队以推特（Twitter）、脸谱（Facebook）和照片共享社交平台照片墙（Instagram）为“战场”，通过释放假消息等手段迷惑、扰乱极端组织的正常网络运作。鉴于IS组织利用网络空间大肆扩张的态势，网络部队的组建成为各国军事变革的亮点之一。

英完成3D打印无人机舰上弹射起飞测试

7月22日，英国皇家海军在“莫西”号近海巡逻船上成功弹射通过3D打印的无人机“Sulsa”。此次测试旨在验证必要时能在舰上打印的一次性廉价无人机是否能降低执行任务的成本，并能让船员迅速适应新任务。“Sulsa”无人机在岸上打印，再在舰上组装。此外，无人机还可以加装一些传感器，例如相机和雷达等，完成后的无人机最高航速可达约160千米（100英里）每小时。与现今尺寸巨大且造价高达数百万美元的无人机相比，一架“Sulsa”无人机的成本仅为数千美元，成本优势十分明显。媒体分析认为，英国虽然已不是昔日的海上霸主，但其在海军技术革新上的速度依旧不减。

越南第二批“基洛”级潜艇服役

8月1日，越南海军在庆和省金兰湾军港举行“海防”号和“庆和”号潜艇升旗仪式，标志着越南第二批“基洛”级潜艇正式服役。越南于2009年向俄罗斯订购6艘“基洛”级常规潜艇，其中“河内”号和“胡志明市”号于2014年接收并正式服役，“海防”号和“庆和”号于2015年7月初交付，至2017年，6艘“基洛”级潜艇将全部交付。媒体分析认为，届时越南将拥有东南亚地区最现代化的潜艇部队，并有可能在其沿岸及其南沙群岛军事基地采取所谓“区域拒止”行动。

中国成立陆军领导机构、火箭军、战略支援部队

12月31日，中国人民解放军陆军领导机构、中国人民解放军火箭军、中国人民解放军战略支援部队成立大会在北京八一大楼举行。

中共中央总书记、国家主席、中央军委主席习近平向陆军、火箭军、战略支援部队授予军旗并致训词。习近平强调，陆军对维护国家主权、安全和发展利益具有不可替代的作用，火箭军是战略威慑的核心力量，战略支援部队是维护国家安全的新型作战力量。李作成担任陆军司令员，刘雷任陆军政治委员，魏凤和任火箭军司令员，王家胜任火箭军政治委员，高津任战略支援部队司令员，刘福连任战略支援部队政治委员。

中国发布军事战略白皮书

5 月 26 日，中国政府发布国防白皮书《中国的军事战略》，这是中国政府自 1998 年来发布的第 9 部国防白皮书，也是首部阐述军事战略的专题型国防白皮书。白皮书包括前言和国家安全形势、军队使命和战略任务、积极防御战略方针、军事力量建设发展、军事斗争准备、军事安全合作六个部分。白皮书分析了国家安全形势，强调了中国军队主要担负应对各种突发事件和军事威胁，指出了中国坚持积极防御战略思想。此外，白皮书阐明了中国军事力量建设发展的基本方向和重大举措，突出加强军事安全合作的战略地位，强调中国军队始终是维护世界和平的坚定力量。白皮书的发布，既说明了中国国防政策透明度的不断提高，也表达了中国热爱和平、支持建立信任措施的诚意，受到国际社会高度关注。

驻韩美军发布 2015 年版《战略文摘》

6 月 2 日，驻韩美军、驻韩联合司令部等部门联合发布 2015 年版《战略文摘》，阐述了美韩军事同盟应对朝鲜威胁的部分作战原则以及美军强化在韩国部署的部分计划。该文件指出，美韩双方把在联合评估朝鲜导弹威胁的基础上“采办、部署和运用反导能力”列为首要原则，这些能力包括韩国的“杀伤链”和“韩国防空反导系统”，以及美军目前已部署和尚未部署到朝鲜半岛的能力。该文件指出，美军还将在韩国长时间部署濒海战斗舰、MV－22“鱼鹰”倾转旋翼机、EA－18G“咆哮者”电子战飞机、P－8A“海神”反潜巡逻机和DDG－1000“朱姆沃尔特”级驱逐舰等高精尖装备来应对朝鲜技术兵器前沿部署的威胁。

（本章综述撰稿：刘柏骏；词条编撰：邹优劲、刘柏骏）

东亚地区

一、形势综述

2015 年，东亚地区国际关系在很大程度上依然是由以美日为一方、中国为一方的制衡与反制衡态势塑造，但中美关系的基本稳定、中日关系回暖为地区国际关系整体稳定奠定了基石。朝鲜半岛、钓鱼岛与南海依然是地区传统安全热点，在南海问题中，中国的战略劣势得以扭转，美国、日本因素进一步凸显。地区各国政局基本稳定，缅甸顺利举行大选。地区经济增速进一步减缓，中国大力推进开放式合作，地区双边、多边经济合作稳步发展。

（一）美国进一步强化其地区存在，继续推进“亚太再平衡”

2015 年，美国继续借助“小多边主义”合作途径显示地区存在，针对中国“坚定不移推进‘亚太再平衡’战略”[①]，军事、安全领域依然是其战略重点，经济领域则实现新突破。

在军事、安全领域，美国继续采取深化地区同盟关系与发展安全伙伴关系并举的路径。在巩固并深化美日、美韩双边同盟的基础上，美国继续将其原有的辐条状同盟体系进行网络化升级，强化日韩军事合作。2015 年，美日同盟空前强化。4 月 27 日，日美两国发布新版《日美防卫合作指针》（简称《指针》）及联合声明。根据《指针》相关条款，美日安保合作的适用范围与一体化程度都有了质的进展。在适用范围上，日美同盟由针对地区性事务发展为针对全球事务。一体化程度的加深则体现在宏观层级的政策协调与中微观

① 黄慧敏：《美国两高官强调　将推进“亚太再平衡”战略》，http://www.zaobao.com/special/report/politic/asiapacifics/story20150206-443693。

层级的军事行动配合。一方面两国将建立在内阁层次运行的“联盟协同机制”，在“从和平到应急事态”各类场景中实现“无缝响应”；另一方面美日将扩展联合规划和联合指挥控制活动，加强防卫合作，其中包括继续开展情报、监视与侦察合作，例如，允许美军在日本轮换部署“全球鹰”无人机。在新《指针》出台后，美日针对性军事合作行动一步升级，首次针对中国部署最新型潜艇水下声波监听系统（SOSUS）。该系统以南部冲绳为据点，大范围覆盖琉球群岛太平洋一侧，可以探测到从东海、黄海进入太平洋的中国潜艇。2015 年，美韩加强联合防卫态势，同盟合作进一步向作战层面落实。1 月，美韩联合师团参谋部正式成立。两国组建联合师团，这在全球尚属首例。美韩联合师团以驻扎在韩国的美军第二步兵师为基础编制，平时以参谋部的形式运转，战时则指挥美军第二步兵师的所有部队和韩军的一个装甲旅。美国极力促进日韩改善关系，加强军事安全合作，力图打造美日韩三国同盟。4 月，美国新任国防部长阿什顿·卡特先后出访日、韩，极力推动三国强化军事和情报领域的合作。此后不久，美日韩首次举行副外长会议，主要议题包括朝核应对方案、改善韩日关系等。韩方在会上表示对日外交将采取“双轨政策”，即在历史遗留问题上持强硬立场，但在朝核等其他领域不断加强合作。此外，美国继续强化与地区关键国家的军事安全合作，以此作为对其地区军事同盟体系的有益补充。印尼、新加坡一直是美国重要的地区合作伙伴。2015 年，印尼国防部和美国防务改革研究院签署未来五年防务合作备忘录。美国防务改革研究院将协助印尼国防部、印尼国民军总部以及海陆空三军拟定提升绩效的策略。美国代表团副团长鲍尔表示：“印尼和美国在互相尊重、共同利益与价值观的基础上建立了全面的伙伴关系。”[①] 此外，两国举

---

① 中新网：《印尼与美签署防务合作协议冀提升防务策略绩效》，http://www.chinanews.com/gj/2015/01-09/6951731.shtml。

行了“钢铁侠 15 - 5524”联合演习以提升两国海军的合作水平。12 月，美、新（加坡）两国防长正式签订加强两国防务合作协定，新签订协议强调了军事、政策、战略、技术以及非常规安全挑战这五个关键防务领域的合作，同时还在网络防御、生物安全和公共通信合作方面达成共识。

2015 年，在全面重返战略实施过程中，美国在经济领域也实现了重大突破。年初美国高官即表示，落实跨太平洋伙伴关系协定（TPP）是美国当前的首要任务。[①] 4 月，防长卡特在约翰·麦凯恩学院发表主旨演讲，强调了 TPP 的重大意义，“就最广义的‘再平衡战略’而言，通过 TPP 与再造一艘航母一样重要。TPP 将会深化我们在国外的同盟和伙伴关系，并强调我们对亚太地区所做出的承诺”。[②] 在奥巴马“不能让中国书写全球经济规则”的决心推动下，10 月 5 日，包括美国、日本在内的 TPP12 个谈判国达成基本协议，同意进行自由贸易，并在投资及知识产权等广泛领域统一规范，占据世界 GDP 总量 40% 的全球最大自贸区将应运而生。通过将作为世界第二大经济体的中国排斥在 TPP 创始国之外，美国试图使 TPP 经济同盟成为制衡中国的重要手段。

（二）日本在安保问题上实现重大突破，大力加强军事力量建设

2015 年，日本通过调整同盟关系以及国内立法，实现“集体自卫权”解禁，完成防卫政策“三级跳”的最后一跳，在所谓“正常国家”道路上迈出了实质性一步。与此同时，日本继续推进军事力

① 黄慧敏：《美国两高官强调　将推进“亚太再平衡”战略》，http://www.zaobao.com/special/report/politic/asiapacifics/story20150206 - 443693。

② 网易：《美国国防部长卡特：TPP 重要性不亚于航母》，http://money.163.com/15/0407/21/AMKMJSEI00253B0H.html。

量建设，增强对中国的制衡态势。

日本首先借助美日军事同盟的修改，在同盟框架内获得自二战结束之后将军事力量部署到海外的最宽松条件。根据新《指针》，日本采取军事行动的范围和内涵均得以扩大，即从“周边”扩展到全球；从平时到发生突发事件的“无缝”合作；从自卫扩大到“它卫”；从双边合作扩大到三边和多边合作。其后，日本政府通过《防卫白皮书》渲染外在威胁，为安保法案的通过减少阻力。7 月，日本政府内阁会议正式通过 2015 年版《防卫白皮书》，妄称中国在东海、南海活动日趋活跃，可能导致“不可预测的危险事态”；鼓吹安保法案和日美同盟的必要性，借海洋问题来渲染所谓的中国威胁。最后，日本通过新安保法案，为“集体自卫权”解禁铺平道路。9 月 18 日，日本参议院全体会议表决通过系列安保法案，使其正式升级为法律，日本政府由此可以行使集体自卫权。系列安保法案共有 11 个具体法案，包括新立法《国际和平支援法案》和 10 个修正法。新立法实质是“海外派兵永久法”，据此日本可随时根据需要向海外派兵并向其他国家军队提供支援。10 个修正法则统一打包并冠名《和平安全法制整备法案》。该系列法案的通过宣告日本奉行纯防御性政策、不插手外部冲突的时代结束。

为强化制衡中国的态势，日本继续加大国防投入，增加“西南诸岛”地区的离岛防卫装备，目标直指中国。在经过连续 3 年增加后，日本 2015 年防卫预算达到 4.98 万亿日元（约合人民币 2629.52 亿元），是日本历史上最大规模国防预算。[①] 其中武器进口预算额度是 7400 亿日元，约占总防卫经费的 15%。[②] 海空一体战中所必需的

① 环球网：《日本敲定史上最大规模国防预算费　目标直指中国》，http://world.huanqiu.com/exclusive/2015-01/5406857.html。

② 王广涛：《日本成为世界第一武器进口国背后的深刻逻辑》，http://www.chinanews.com/mil/2016/01-08/7707536.shtml。

武器装备在日本武器进口中占据核心地位，其中包括 MV－22“鱼鹰”运输机、“离岛夺回”作战使用的30辆水陆两用车、用于空中对钓鱼岛等地的“警备巡视”的P－1反潜巡逻机、E－2D早期警戒机、“全球鹰”无人侦察机等一系列装备。① 日本防卫省称，这些高端武器装备旨在“有效防御来自大陆方向的打击”，把中国以及朝鲜纳入其“防御”范围之内。②

此外，日本新“开发合作大纲”也带上了军事色彩，以便在使用政府开发援助时考虑更多战略因素，更为有效地使用资金，从而确保实现“国家利益”。③ 2月，日本政府对2003年版“政府开发援助大纲”做出调整，通过了新的“开发合作大纲”。据此日本政府可以在救灾等“非军事目的”领域对其他国家军队和军人提供政府开发援助。新大纲还将海洋、太空、网络安全、反恐、扫雷等列入政府开发援助支援领域。

（三）中国力保与美日关系整体稳定，进一步增强自身地区影响力

2015年，面临来自美日的重压，中国稳住阵脚，保持战略定力，积极采取一系列措施，成功实现战略破局。

首先，中国在对美日采取行针对性反制措施的同时，继续推进构建与美国的新型大国关系，与日本关系甚至略有改善，确保了地区国际关系的整体稳定。2015年，中国维持了中美伙伴关系的稳

① 环球网：《日本敲定史上最大规模国防预算费　目标直指中国》，http://world.huanqiu.com/exclusive/2015－01/5406857.html。

② 王广涛：《日本成为世界第一武器进口国背后的深刻逻辑》，http://www.chinanews.com/mil/2016/01－08/7707536.shtml。

③ 新华网：《日本首次允许援助外国部队》，http://japan.xinhuanet.com/2015－02/11/c_133984901.htm。

定。6月，在中美第七轮战略与经济对话中，双方围绕推进中美新型大国关系建设、深化双边务实合作、加强中美在亚太的合作、应对地区热点和全球性挑战、建设性管控分歧等议题深入探讨，达成120多项成果。9月，习近平主席访美，双方确认构建中美新型大国关系重要共识。2015年，借助多边平台和既有机制，中日两国高层频繁接触，双边关系逐步走出僵局，出现回暖势头。3月，外交部长王毅在出席第七次中日韩外长会之前会见日本外相岸田文雄。4月，国家主席习近平在出席亚非领导人会议期间，应约会见日本首相安倍，为中日关系改善和发展确定了方向。5月，习近平主席出席中日友好交流大会并发表重要讲话，表示"愿同日方一道，在中日四个政治文件基础上，推进两国睦邻友好合作"，再次展现了中国政府对改善中日关系的诚意。11月，李克强总理在出席第六次中日韩领导人会议期间，应约会见了日本首相安倍。安倍承诺坚定不移地按照日中四个政治文件的原则，沿着建立日中战略互惠关系的基本思路，进一步改善和发展日中关系。此次会面进一步推动了中日关系的转暖。此外，日本执政党数次组团来华访问，如自民党干事长和公明党干事长率领的执政党代表团3月访华、日本自民党新生代国会议员代表团10月访华，以及中日执政党交流机制召开第五次会议等，这使得中日两国有更多的渠道处理双方的矛盾与冲突，以使两国关系重回正常发展轨道。

其次，在整体实力不断上升、"中国威胁论"在地区沉渣再起的情形下，中国实施积极战略以增信释疑，力争将实力转化为影响力，在地区格局重塑过程中发挥重要作用。5月，中国政府发布首部阐述军事战略的专题型国防白皮书《中国的军事战略》，一方面体现了中国国防政策透明度的不断提高，另一方面也表达了中国热爱和平、支持建立信任措施的诚意，对地区各国起到了增信释疑的作用。9月3日，中国成功举办中国人民抗日战争暨世界反法西斯战争胜利70周年纪念活动，在阅兵式上首次亮相的先进国产装备以及现场公布的30万裁军，向全世界展现了中国作为战后国际安全、政治秩序的维护者以及地区和平的倡导者形象，进一步肯定了地区和平发展方向。2015年，在落实“一带一路”重大战略的同时，中国推出打造“人类命运共同体”的重大理念，为东亚地区的长期和平与繁荣奠定了概念基石。

（四）朝鲜半岛一度极其紧张，南海问题成为矛盾集中点

2015年，东亚整体安全形势依然呈现陆缓海紧态势。朝鲜坚持核武政策，半岛局势一度濒临战争边缘。东海、南海依然是传统安全热点区域，钓鱼岛问题常态化，南海问题中的美、日因素更加凸显。

2015年，朝鲜在推进国内改革的同时继续坚持发展核武的政策，美韩保持对朝高压态势，双方关系一度一触即发。4月，朝鲜召开第十三届最高人民会议第三次会议，通过了2015年国家预算，其中46%用于经济发展，而国防费占财政总开支的15.9%。[①] 会议明确2015年朝鲜的基本任务是解决人民吃的问题，并切实贯彻经济建设和核武建设并举的战略路线。美韩对朝鲜的核武建设保持高度警惕并一直采取高压态势。2015年1月，韩国发布2014年《国防白皮书》，首次添加“朝鲜核武器小型化能力似乎已达到相当高水平”的内容，并指出朝鲜通过多次对乏燃料棒再处理，拥有可以制造核武器的40多公斤的钚。2月，韩美两国进行“延伸威慑手段运用演习”（TTX），其主要目的是熟练掌握应对“朝核及大规模杀伤武器、导弹威胁”的政治和军事程序。此外，韩美安全专家和演习参与人员共同参加延伸威慑对话，审视针对朝鲜核与导弹威胁的韩美威慑及应对态势。8月，韩朝非军事区韩方一侧发生两次爆炸，造成两

① 环球网：《朝鲜今年预算46%发展经济基本任务解决温饱》，http://world.huanqiu.com/hot/2015－04/6144910.html。

名韩国军人重伤，朝韩双方关系急剧恶化，爆发“广播喊话战”并相互开火。为应对朝鲜“开炮挑衅”，韩美决定实施《共同应对朝鲜局部挑衅作战计划》，启动联合作战体系。这是自1976年以来，韩美两军时隔40年再次启动联合作战体系。为缓解急剧升温的韩朝军事紧张局势，8月22日至24日，朝韩两国高层在板门店进行紧急接触并达成协议，持续20天的紧张局势才得以降温。

2015年，中日围绕钓鱼岛问题依然是常态化对峙，东海地区呈现低水平稳定态势。中国海警舰船编队在钓鱼岛及其附近海域实现常态化值守巡航，基本掌握维权节奏。截至2015年12月11日，中国海警船在钓鱼岛12海里进行了33次巡航执法。[①] 为应对中国维权行动，日本加强了对钓鱼岛的监控、“守卫”力度。6月，日本确定了有关离岛保全和管理的新基本方针，明确表示将在2015年内确立钓鱼岛“警备专队体制”和24小时全天候飞机监控钓鱼岛的海上保安体制。钓鱼岛警备专队主要由包括能搭载直升机的大型巡逻船组成，预计拥有“相当于14艘”巡逻船的警备力。[②] 此外，日本防卫省计划在宫古岛市部署警备部队、地对空导弹部队、地对舰导弹部队，总计约800人，[③] 以此应对中国在东海地区的活动。鉴于对峙的长期化、常态化，为防止双方舰船和军机在争议海域及上空发生冲撞危机进而引发军事冲突，时隔3年后，中日于1月重启海上磋商，举行建立“海上紧急联络机制”课长级磋商会议。尽管达成的最终协议文件并没有涵盖钓鱼岛，但由于2015年双方保持了良好的沟通

---

① 环球网：《中国海警船编队今年第33次巡航我钓鱼岛12海里》，http://mil.huanqiu.com/china/2015-12/8156976.html。

② 新浪网：《日本将组建钓鱼岛警备专队24小时监控提防中国》，http://mil.news.sina.com.cn/2015-07-01/0808834174.html。

③ 新浪网：《日陆上自卫队将进驻宫古岛应对中国巡航钓鱼岛》，http://mil.news.sina.com.cn/2015-07-09/0945834760.html。

与克制，东海地区在2015年保持了低水平稳定。

2015年，围绕南海问题出现的最大变化是，中国日益改变战略劣势地位，美、日因素进一步凸显。中国经过1年多的作业，在南海填海造岛与设施建设工程几近完成。6月，中国外交部宣布，“根据既定作业计划，中国在南沙群岛部分驻守岛礁上的建设将于近期完成陆域吹填工程。”一直以来，中国因为距离遥远而缺乏对争议地区的控制力，随着在南海岛礁建设到位，中国的战略劣势将因此扭转。此外，2015年中国与主要的南海声索国越南就南海问题再度达成重要共识，这进一步改善了中国在南海问题上的战略态势。4月，越共中央总书记阮富仲访华，在南海问题上，中越双方同意共同管控好海上分歧，全面有效落实《南海各方行为宣言》，早日达成“南海行为准则”。11月，习近平应邀访问越南，强化了中越全面战略合作伙伴关系。面对中国态势的改善，美国加大了对南海问题的介入力度。在外交上：一是针对南海问题强化与相关国家的双边关系。1月，美菲举行第五次双边战略对话，重申对1951年共同防御条约的坚定承诺。两国联合声明称双方对南海局势发展表示“关切”，反对“加剧地区紧张局势的单边措施”。二是借助多边平台，一再图谋挑起南海事端。奥巴马在亚太经合组织峰会和东亚峰会上反复提及南海问题，挑衅、逼迫中国。美国防部长卡特在2015年香格里拉对话会上无端指责中方在南海的行动不合国际准则和规范。在军事上，美国更是动作频繁。一是继续与相关国家联合展开针对性军事演习。4月，美菲“肩并肩2015”例行联合军演创下15年来的最大规模，双方有超过1万人参加，人数较2014年增加一倍。部分演习在靠近黄岩岛的军事设施进行，并且聚焦于领土防卫，具有明显指向性。二是向南海地区增兵，强化军事准备。2015年，美国在菲律宾增加部署P－8A“海神”反潜侦察机，并于12月与新加坡达成协议，在新首次部署此型号反潜侦察机，制衡中国在南海活动的意味明显。三是增加在南海海上和空中巡逻侦察活动，蓄意在岛屿附近进行军事挑衅活动。5月，一架载着美国记者的P－8A侦察机在南海上空侦察中国的岛礁建设行动，遭到中国军方多次警告。10月，美国海军“宙斯盾”级导弹驱逐舰“拉森”号进入南海人工岛周边12海里内并在美济礁附近水域展开巡逻，中国海军依法对其实施了监视、跟踪和警告。美国防部其后表示，将以“3个月2次或以上”的频率，向南海人工岛12海里内派遣军事力量。为减轻钓鱼岛压力，制衡中国，日本也加大对南海的介入，加强东海、南海联动。日本积极响应菲律宾建立新型军事关系的建议，通过与菲律宾合作插手南海事务。1月，日菲两国防长就进一步加强海上安全领域合作达成一致，签署关于防卫合作与交流的备忘录。5月，日菲在南海争议海域附近举行首次联合海军演习，标志着两国军事合作开始新阶段。此外，日越两国防长就允许日本海上自卫队舰船停靠金兰湾海军基地达成共识。日本防卫部门希望以此牵制中国，同时提高日本在该地区的存在感。

（五）各国政局基本保持稳定，缅甸民盟赢得大选

日本安倍政权进一步得到巩固。3月，在日本第18届统一地方选举中，自民党“不战而胜”。据日本总务当局发布，373个议会里有89个议会因缺乏候选人而无须举行投票。① 9月8日，日本执政党自民党宣布，在没有任何竞争对手的情况下，现任总裁安倍晋三在选举中不经投票直接当选连任自民党总裁。这是2001年小泉纯一郎连任以来，自民党时隔14年再次出现不经投票连任。此次选举过后，安倍将担任日本首相至2018年。

新加坡人民行动党成功赢得大选。9月12日，新加坡新一届国会选举结果揭晓，人民行动党获得69.9%的全国平均得票率连任成

① 中国新闻网：《日本举行地方选战下半场在野党势力薄弱》，http://www.chinanews.com/gj/2015/04－27/7235015.shtml。

功。最终计票结果显示，行动党赢得 12 个单选区和 15 个集选区的 83 个国会议员席位，反对党工人党守住 1 个单选区和 1 个集选区的 6 个席位。[1] 分析人士认为，3 月李光耀逝世对行动党的选举起到一定加分作用，同时人民行动党的人才和执政能力优势也显而易见。

泰国军政府解除军法管制，以新行政令保持全国局势稳定。4 月 1 日，泰国军人政府宣布立即解除实施了近一年的全国军法管制，改以一道新行政令来取代。新行政令根据军政府拟定的临时宪法中的第 44 条款，即赋予首相“绝对权力”条款，颁布了一系列应急安全条例。该条例具体包括继续禁止超过五人的政治集会；军方仍有权逮捕、扣留、控告危害国家安全或触犯诽谤法的人；增加对媒体的审查，军方有权禁止任何他们认为“足以制造恐慌或歪曲事实”的新闻报道。军政府以严格的新条例保持了泰国的整体稳定。

缅甸推进民族和解与民主进程，民盟赢得全国大选。尽管缅甸在年初发生政府军与克钦独立军以及果敢彭家声武装力量交火事件，但在各方努力下，全国民族和解进程取得重大成果。4 月，总统吴登盛、联邦议会议长兼人民院议长吴瑞曼、民族院议长吴钦昂敏、国防军总司令敏昂莱大将、全国民主联盟主席昂山素季、少数民族议员代表埃貌六名领导人根据联邦议会相关决议举行“六方会谈”。与会各方同意就修宪、和平进程、大选和稳定等议题展开讨论，并就会谈框架、形式和下次会晤的时间达成共识。10 月 15 日，缅甸举行全国停火协议签署仪式。缅甸总统吴登盛、国防军总司令敏昂莱以及八支民族武装组织领导人在全国停火协议上签字。协议的正式签署标志着缅甸和平进程取得历史性实质进展。吴登盛在签字仪式上呼吁未签署全国停火协议的民族组织签署协议，并希望通过共同努力开始下阶段政治对话，以期实现缅甸永久和平的目标。2015

---

① 人民网：《新加坡大选结果：人民行动党以 69.9% 平均得票率连任》，http://world.people.com.cn/n/2015/0912/c1002-27574572.html。

年，缅甸民主化进程取得新进展，顺利举行全国大选，民盟赢得选举。11 月，缅甸举行 25 年来首次全国范围的自由选举，大约有 3000 万选民参与大选投票。根据缅甸选举委员会公布的最终结果，昂山素季领导的全国民主联盟（民盟）在 1150 个联邦议会和省邦议会议席中共获得 886 个席位。[①] 除去为军方保留的 1/4 议席，民盟斩获联邦议会过半议席，赢得大选。选举结束后，现任政府明确表示尊重大选结果，同意和平转交政权。根据宪法程序，新一届联邦议会于 2016 年 1 月底举行首次会议，并于 2 月推选新总统和副总统，由新总统负责组建新政府，并于本届政府 3 月底届满后正式宣誓就职。

（六）地区经济增速进一步放缓，中国推动地区合作继续发展

2015 年，地区主要经济体经济增速进一步放缓。2015 年是中国宏观经济深度下滑期和风险集中释放期，中国宏观经济新常态步入新阶段。[②] 主动应对和引领经济发展新常态成为中国 2015 年的经济工作重心。3 月，中国政府工作报告下调了各项经济指标，其中 GDP 增长为 7% 左右，较 2014 年下调 0.5 个百分点，是 2004 年以来最低的预期目标。[③] 上半年，中国宏观经济快速下滑，下半年政府出台各类“稳增长”政策扭转这一趋势，于第四季度逐步趋稳。2015

① 凤凰网：《缅甸公布最终选举结果民盟大获全胜》，http://news.ifeng.com/a/20151121/46331918_0.shtml。

② 新浪网：《报告预测：2015 年 GDP 实际增速为 6.9% 中国经济明年“持续探底”》，http://finance.sina.com.cn/roll/20151122/103623818197.shtml。

③ 新华网：《2015 年中国经济增速目标：GDP 预期目标 7% 左右》，http://news.xinhuanet.com/fortune/2015-03/06/c_127549558.htm。

年，中国经济增速最终收于6.9%，[①] 这与年初政府预定的经济增长目标基本吻合。但由于外需持续疲软以及政策刺激效应的弱化，中国经济趋稳的基础并不扎实，宏观经济总体状况依然疲软。2015年，日本一季度名义GDP按季增速3.9%，创1994年以来最快。[②] 但其后日本经济窘态再现。GDP连续两个季度呈现负增长，且弱于市场预期。第二季度GDP减少0.3%，换算成年率为下降1.2%。[③] 第三季度再度下滑0.2%，换算成年率为下降0.8%。[④] 专家预测日本第四季度GDP仍将呈现下滑趋势。2015年，面对错综复杂的国内外经济形势，兼之遭受中东呼吸综合征的影响，韩国经济经历了艰难的一年。韩国央行行长于10月预计，2015年GDP增速接近2.7%。[⑤] 东盟经济增速也不乐观。10月，国际货币基金组织大幅下调了对东盟2015年的增长率预期，下调0.5个百分点至4.6%。[⑥]

在经济减速的情况下，地区合作显得更为重要。中国作为地区最大经济体，加大了与地区国家的双边与多边合作。6月，中韩正式签署自贸协定。协定范围涵盖货物贸易、服务贸易、投资和规则共17个领域。它不仅促进了中韩间贸易、海运、旅游等领域的合

---

① 新华网：《去年GDP增6.9% 今年增速或继续放缓》，http://news.xinhuanet.com/finance/2016-01/20/c_128646628.htm。

② 网易：《安倍经济学效果显现：日本经济增速创逾10年最快》，http://money.163.com/15/0608/09/ARJ1D1S600253B0H.html。

③ 中国新闻网：《日本上修2015年第二季度GDP数据难掩经济疲态》，http://finance.chinanews.com/cj/2015/09-09/7514202.shtml。

④ 新浪网：《日本三季度GDP年率下降0.8% 弱于预期》，http://finance.sina.com.cn/world/20151116/082023774980.shtml。

⑤ 网易：《韩国央行行长：2015年经济增速料仍将接近2.8%》，http://money.163.com/15/1005/12/B55NQJ4D00253B0H.html。

⑥ 环球网：《IMF下调2015年亚太地区GDP增速预期至5.4%》，http://world.huanqiu.com/hot/2015-10/7720837.html。

作，也促进东亚地区的经济发展。在多边合作上，2015年，中日韩经济合作获得新的动力。中日韩举行了第七轮、第八轮自贸区首席谈判代表会议，三方均表达了加快中日韩自贸区谈判进度的意图，并表示将同时积极推动《区域全面经济伙伴关系协定》（RCEP）谈判取得突破性进展。11月，李克强总理、朴槿惠总统、安倍首相共同出席第六次中日韩领导人会议，在经贸合作方面，中日韩达成了促进东亚经济一体化、开展国际产能合作，以及共同培育创新合作亮点等三方面的成果。此次会议是自2012年该会议机制中断三年半以来三国领导人的首次会谈，标志着三国合作的全面恢复，为三国自贸区的建立奠定了良好的政治基础。2015年，中国通过实施“一带一路”战略，进一步深化了地区合作。东盟成为“一带一路”建设重点和优先地区，这有助于东盟国家实现陆上连通、信息连通，加快基础设施建设步伐。12月25日，中国主导创建的亚洲基础设施投资银行正式成立，东亚地区除朝鲜、日本以外的所有国家都是参与筹建国。亚投行的出现不仅助力“一带一路”战略的实施，而且也加强了地区的金融合作。在继2014年提出启动亚太自由贸易区谈判的倡议后，2015年习近平主席在亚太经合组织峰会上再次提出“加快亚太自由贸易区建设，推进区域经济一体化”的倡议，推动会议通过了相应决议。2015年，亚洲地区规模最大的自由贸易协定《区域全面经济伙伴关系协定》（RCEP）谈判进展顺利。在10月进行的第10轮谈判中，各方就货物贸易市场准入问题取得突破，就初始出价模式达成一致意见。11月，东盟10国以及韩国、日本、澳大利亚、新西兰、印度领导人共同出席了RCEP领导人联合声明发布仪式。声明指出，RCEP各国领导人欢迎谈判取得的实质性进展。领导人要求谈判团队加紧工作，力争在2016年结束谈判。12月31日，东盟共同体正式宣告成立，为2015年地区合作的蓝图添上了浓墨重彩的最后一笔。东盟共同体是亚洲建成的首个次区域共同体，标志着东亚合作水平迈上新台阶。

展望2016年，中国与美日的竞争将依然是影响地区格局变动的最关键因素，日本已获得“解禁”，其军事干预地区问题的可能性急剧上升，美国在南海问题上直接上阵，南海将日益成为中国与美日博弈的关键所在，未来一年不排除中国与美、日在南海出现军事对峙的可能。在既定政策不变的情况下，朝鲜核武发展只是时间问题。2016年台湾地区领导人选举增加了两岸关系的变数，新任领导人如何对待“习马会”成果值得关注。缅甸能否真正顺利实现权力交接也将是2016年地区关注的焦点。

二、重大事件词条

2015年缅甸全国大选

11月8日，缅甸五年一度的大选正式举行。此次大选是缅甸25年来首次全国范围的自由选举，大约有3000万选民投票。11月20日，缅甸选举委员会公布大选最终结果，昂山素季领导的全国民主联盟（民盟）在1150个联邦议会和省邦议会议席中共获得886个席位，其中在联邦议会人民院获得255席，在民族院获得135席，在省邦议会共获496席。缅甸全国民主联盟收获约八成选票；除去军方所保留的1/4议席，斩获联邦议会过半议席，赢得大选。除去联邦议席，民盟也在省级议会、少数民族地区和广大的农村地区取得压倒性胜利。根据程序，新一届联邦议会于2016年1月底举行首次会议，并于2月推选新总统和副总统。随后，由新总统负责组建新政府，于本届政府3月底届满后正式宣誓就职。

2015年首尔安全对话

9月9日至11日，2015首尔安全对话在韩国举行。本次会议的主题是“停战70年、分裂70年：挑战与希望”。来自中国、美国、日本等30个国家和联合国、欧盟等4个国际机构负责国防事务的高官和专家等250多名与会者就半岛统一与全球安全、东亚海洋危机、网络安全与国际合作三大核心内容进行深入探讨，并针对全球卫生安全、暴力极端主义、核不扩散等国际社会面临的问题进行交流。闭幕式上，与会各方发表了有关亚太地区安全合作的《首尔安全对话前景宣言》。韩国国防部表示，这将向构建亚太地区多边安全合作机制迈出重要一步。

2015年新加坡大选

9月12日，新加坡新一届国会选举结果揭晓，人民行动党获得69.9%的全国平均得票率连任成功。本届大选新加坡共划分29个选区，包括13个单选区和16个集选区，国会议席总数增加两个，达到89席。最终计票结果显示，行动党赢得12个单选区和15个集选区的83个国会议员席位，反对党工人党守住1个单选区和1个集选区的6个席位。随后，总理李显龙代表人民行动党先后用马来语、汉语和英语，对选民表达感激之情，同时也表示人民行动党对此非常谦虚，誓言将与全国人民共同把新加坡打造得更加美好。

“8·17”泰国曼谷炸弹袭击事件

8月17日，泰国曼谷市中心商业区的四面佛庙宇附近发生炸弹袭击事件，造成22人遇难，逾百人受伤，其中中国公民6人罹难，20余人受伤。当地警方赶赴现场后调查发现，引发爆炸的是安装在摩托车上的爆炸装置。同时，警方拆除了剩余尚未引爆的装置。9月28日，泰国警察总署宣布“8·17”曼谷爆炸案告破，犯罪分子来自人口走私集团，并称实施炸弹袭击是对泰政府打击人口走私的报复行为。四面佛是泰国佛教圣地、国际游客首选的热门景点，周围写字楼、购物中心和高档酒店密集，且靠近国家警察总部，在这里制造爆炸案可对泰国政治经济造成较大影响。

APEC第23次领导人非正式会议

11月17日至19日，亚太经合组织第23次领导人非正式会议在菲律宾马尼拉举行。本次会议的主题是“打造包容性经济，建设更美好世界”。与会各成员领导人围绕区域经济一体化、中小企业、人力资源开发、可持续增长等议题展开讨论。中国国家主席习近平发表题为《深化伙伴关系共促亚太繁荣》的重要讲话，强调亚太是拉动世界经济的火车头，应运用亚太经合组织这一重要平台，推进合作共赢，让亚太继续引领全球增长。与会期间，习近平还出席了亚太经合组织工商领导人峰会并发表主旨演讲，出席了领导人与工商咨询理事会代表对话会。值得注意的是，此次峰会上，与会各方点名巴黎连环恐怖袭击、贝鲁特自杀炸弹袭击以及俄罗斯客机爆炸坠毁等恐袭事件，对各种形式的恐怖主义行动予以强烈谴责。

安倍晋三出访中东

1 月 16 日至 21 日，日本首相安倍晋三先后访问埃及、约旦、以色列、巴勒斯坦等中东国家，并分别与各国首脑举行会谈。安倍行前在机场称，中东地区的稳定对日本有着“攸关生死”的重要意义，并表示将基于“积极和平主义”对该地区施以非军事领域的强力援助。日本内阁官房长官菅义伟表示，此次出访旨在与作为中东区域安定钥匙的埃及构筑新的关系，助推巴以和平，并表明对处于应对“伊斯兰国”组织最前沿、受到难民问题等地区不安定因素影响的约旦的强力支持。本次有约 40 家经济团体的相关代表一同前往中东，希望攫取具有重大潜力的中东市场，为日本企业的发展增添动力。

安倍晋三发表战后 70 周年谈话

8 月 14 日，日本首相安倍晋三通过内阁决议的方式正式发表战后 70 周年谈话，其主要内容包括对于此前战争的反省、日本战后作为和平国家的历程以及今后的国际贡献。在谈话中，安倍仅以回顾历届内阁历史认识立场的方式间接提及“反省”、“道歉”，且宣称战后出生的日本人不必肩负“谢罪的宿命”。此次谈话基本继承了此前“村山谈话”等日本历代内阁的基本立场。日本各大主流媒体在社论中深刻指出了安倍此次谈话对历史认识的模糊不清。中、韩、联合国各方也呼吁日本正视历史、深刻反省。

安倍晋三连任日本自民党总裁

9月8日，日本执政党自民党宣布，在没有任何竞争对手的情况下，现任总裁安倍晋三在选举中不经投票直接当选连任自民党总裁。这是2001年小泉纯一郎连任以来，自民党时隔14年再次出现不经投票连任。此次选举过后，安倍将担任日本首相至2018年。日本媒体分析认为，安倍自从上台以来，在经济上推出“安倍经济学”，在政治上推进解禁集体自卫权并试图修宪，这些举措都得到自民党认同，导致安倍在党内“一家独大”的政治现状。

昂山素季访问中国

6月10日至14日，缅甸全国民主联盟主席昂山素季率领代表团访华，这是中缅党际交往中的一次重要访问。11日，中国国家主席习近平在人民大会堂会见了代表团。中方表示始终从战略高度和长远角度看待中缅关系，支持缅甸维护主权独立和领土完整，尊重缅甸自主选择发展道路，支持缅甸民族和解进程，推进中缅传统友好和务实合作。西方媒体认为，昂山素季此行主要是着眼于11月举行的缅甸大选而做出的务实选择，以此证明她有能力与缅甸最重要的邻国展开合作，而中国方面也需要为缅甸政局可能发生的变化做好准备。

博鳌亚洲论坛2015年年会

3月26日至29日，博鳌亚洲论坛举行2015年年会。本次论坛围绕“亚洲新未来：迈向命运共同体”的主题进行讨论，旨在深化“求同存异、休戚与共、开放包容、合作共赢、共同发展”的命运共同体意识。会议就宏观经济、区域合作、产业转型、技术创新、政治安全、社会民生六大领域展开了77场正式讨论。本次博鳌亚洲论坛上，2000多位政、商、学、媒领袖济济一堂，此外，全球财富500强中逾2/5公司的高管出席本届年会。与会嘉宾和代表普遍希望借助论坛平台，加强亚洲国家团结合作，推动区域经济一体化进程，促进亚洲与世界的交流、合作、共赢。

朝韩重启“广播喊话战”

8月10日，韩国军方宣布重启对朝鲜的扩音喊话，这是韩国时隔11年再次使用扩音器对朝喊话。4日上午，韩朝非军事区韩方一侧发生两次爆炸，造成两名韩国军人重伤。韩国国防部认为，这是朝方将地雷埋设在韩朝非军事区韩方一侧所致。韩军方此次喊话旨在对该行为进行报复。17日，朝鲜在东部边境部分地区开始对韩国广播喊话，以对韩方先前举动作出回应。20日，朝鲜军队向韩方的扩音器设备方向进行射击，韩军回击数十枚炮弹。有关分析认为，此次“广播喊话战”深层次原因在于美韩两国针对朝鲜的频繁军演引发朝方不满。此举使朝韩关系倒退并引发半岛局势进一步恶化。

朝鲜第十三届最高人民会议第三次会议

4月9日，朝鲜第十三届最高人民会议第三次会议在首都平壤万寿台议事堂举行。会议通过了2015年国家预算，其中46%用于经济发展，国防费占财政总开支的15.9%。同时，会议明确2015年朝鲜的基本任务是解决人民吃的问题，并切实贯彻经济建设和核武力建设并举的战略路线，保障人民军战备和国防工业所需的设备、材料和资金。此外，会议决定免去朴道春的国防委员会委员职务，补选金春燮为国防委员会委员。

朝鲜外务相访问白俄罗斯

3月9日至12日，朝鲜外务相李洙墉对白俄罗斯进行访问。访问期间，李洙墉同白俄罗斯总理科比亚科夫、外交部长马凯、贸易部长切卡诺夫分别举行会见，并参观了白俄罗斯主要出口企业。12日，双方在明斯克共同发表联合新闻公报，商定要加强经济等领域的合作。根据公报，双方重申必须扩大和发展两国建设性互惠关系，就积极扩大包括经济领域在内的双边合作关系达成了共识；同时表示愿意本着互不干涉内政、尊重主权、平等互惠的原则，在联合国等国际事务中进一步密切互相合作。

第14届香格里拉对话会

5月29日至31日，第14届香格里拉对话会在新加坡举行，约30个国家和地区防务部门和军方领导人就亚太安全面临的挑战、安全合作新形势等展开讨论和对话。会议期间，南海问题成为焦点议题。美国国防部长卡特以“美国与亚太安全的挑战”为主题发言，认为中方在南海的行动与国际准则和规范不“合拍”，并对南海岛礁军事化前景及可能带来的误判和冲突风险深感忧虑，对此中方进行了直接反驳。31日，中国人民解放军副总参谋长孙建国在闭幕会上发表了题为“携手同护和平共建安全亚太”的主旨演讲，宣扬构建人类命运共同体重大理念，阐述中国坚持走和平发展道路的坚定决心，介绍中国政府和军队为维护世界和地区安全稳定发挥的建设性作用，批驳个别国家在南海问题上的错误言论，提出加强防务安全合作、推动人类命运共同体建设的倡议主张。

第21次韩日国防政策工作会议

8月5日，第21次韩日国防政策工作会议在首尔举行，韩国国防部国际政策官尹淳九和日本防卫省防卫政策局次长铃木敦夫分别率团出席。会议期间，双方就日本制定和修订安保法案的相关动向、韩国政府有关日本行使集体自卫权的要求事项、朝鲜半岛安全局势、签署《军事情报保护协定》和《相互军需支援协定》等事宜进行了交流。此次会议是韩日两国自2013年3月后时隔2年5个月再次举行的国防政策工作会议。韩日国防政策工作会议自1994年后每年召开，由韩国国防部和日本防卫省局长级官员参加。2014年，会议因日本在历史问题上的不良态度未能举行。

第48届东盟外长会及系列会议

8月4日至6日，第48届东盟外长会议、中国—东盟（“10+1”）

外长会、东盟与中日韩（“10+3”）外长会、东亚峰会外长会和东盟地区论坛外长会在吉隆坡举行。马来西亚总理纳吉布在开幕式上发表题为“连接东盟与世界”的主旨演讲，强调东盟一体化的重要性，并乐观地预计东盟将在2050年发展成为世界第四大经济体。会议期间，与会各方就东盟共同体的建立进行磋商；就南海问题进行广泛讨论；就全面有效完全落实《南海各方行为宣言》及加快“南海行为准则”磋商达成共识；就有关安全风险管控预防性措施以及共同关注的气候、环境、跨国犯罪等问题进行讨论。此外，东盟国家外长还同意在一些领域给予挪威对话伙伴地位。媒体分析指出，此次系列会议旨在总结建设东盟共同体方面的进展，为11月东盟峰会规划东盟未来10年的行动蓝图做好铺垫。

第二届世界互联网大会

12月16日至18日，第二届世界互联网大会在浙江乌镇举行。本届大会的主题是“互联互通、共享共治，共建网络空间命运共同体”。开幕式上，习近平主席发表主旨演讲，提出互联网发展的“4项原则”和“5点主张”，即尊重网络主权、维护和平安全、促进开放合作、构建良好秩序；加快全球网络基础设施建设，打造网上文化交流共享平台，推动网络经济创新发展，保障网络安全，构建互联网治理体系。包括8位外国领导人、20个国际组织代表、50位外国部长级官员在内的120个国家的2000多名嘉宾与会。会议期间，与会各方围绕全球互联网治理、网络安全、互联网与可持续发展、互联网知识产权保护、技术创新以及互联网哲学等诸多议题进行探讨交流。

第六次中日韩领导人会议

11月1日，中国国务院总理李克强、韩国总统朴槿惠、日本首相安倍晋三在韩国首尔共同出席第六次中日韩领导人会议，这是自2012年该会议机制中断三年半以来三国领导人的首次会谈，标志着三国合作的全面恢复。会后，三方发表《关于东北亚和平与合作的联合宣言》，公布了三国领导人达成的56项共识，倡议三国合作向前发展，共同促进东亚地区和平繁荣与稳定。在经贸合作方面，中日韩达成了三方面的成果，包括促进东亚经济一体化、开展国际产能合作，以及共同培育创新合作亮点。此外，三方均认识到，东亚三国合作的前进道路上，仍然存在历史问题及非相关方的影响等诸多障碍，修复政治和安全互信是重中之重。相关分析认为，此次中日韩领导人会议虽然不是一个转折点，但三国摒弃不同、达成经济共识，是向着正确方向迈出的重要一步。

第六轮中美海洋法和极地事务对话

4月8日至9日，第六轮中美海洋法和极地事务对话在美国西雅图举行。中美两国代表团团长分别为中国外交部条约法律司副司长贾桂德和美国务院海洋及国际环境暨科学事务局海洋与极地事务主任埃文·布鲁姆。对话期间，双方就海洋问题、海洋法及极地事务等一系列问题进行了沟通，并同意进一步加强美中两国在海洋法及极地问题上的对话与交流。下一轮中美海洋法和极地事务对话于2016年在中国举行。中美海洋法和极地事务对话始于2010年，2011年对话被纳入当年的中美战略与经济对话框架下的战略对话成果清单，每年举行一次。

第七届“日本湄公河流域国家峰会”

7月4日，第七届“日本湄公河流域国家峰会”在东京举行，泰国、缅甸、越南、柬埔寨、老挝以及日本等国首脑出席会议。峰会通过了以支援完善基础设施建设为主要内容的《新东京战略2015》，该文件写明为实现湄公河区域经济发展，在完善基础设施过程中，人才培养、环境保护等“软件”举措很重要，同时还有必要实施灾难、气候变化预防措施与水资源管理。日本首相安倍晋三在峰会后的联合记者会上宣布，此后三年将向湄公河流域国家提供

7500亿日元（约合人民币379亿元）的政府开发援助。媒体分析认为，此举旨在与中国的援助项目相区别，提高日本的存在感，在金融投资方面加强同美日实际控制的亚洲开发银行的合作，以对抗中国主导的亚投行。

东盟共同体成立

12月31日，东盟轮值主席国马来西亚外长阿尼法发布声明，宣布东盟共同体正式成立。这是亚洲建成的首个次区域共同体，标志着东亚合作水平迈上新台阶。新成立的东盟共同体，包含政治安全共同体、经济共同体及社会文化共同体三个子共同体。借助政治安全共同体，东盟希望将各成员国的力量集中起来，以扩大该地区在全球政治舞台的影响力，同时为各国应对区域及全球范围内的各种传统及非传统安全威胁提供相互支持，为个体力量都不强大的东盟各成员国提供政治、安全保障；借助经济共同体，东盟各国希望将各自的国内市场联合起来以形成更大的区域市场，同时借助商品、资本、人力资源的自由流动，为各国经济发展打造一个更广阔的平台；借助社会文化共同体，东盟希望通过环境治理、推进法治、控制疾病、打击贩毒等具体合作增加各成员国民众福祉，提升民众生活质量，最终实现东盟共同体“以人为本”的设计理念。

菲越战略伙伴关系协议

11月17日，菲律宾与越南正式签署建立战略伙伴关系协议，标志着越南成为继美、日之后菲国的第三个“战略伙伴”。根据战略伙伴协议，在政治合作领域，两国将“增加交往频率，开展各层次的双边交流”；在防务方面，双方同意除维持每年定期举行的会议外，还要加强两军之间的合作。越南总统张晋创表示，这个协议象征着两国进入“合作的新纪元”。菲律宾总统阿基诺认为，战略伙伴关系的建立将进一步推动深化两国合作关系，特别是在经济、农业以及国防、海上接触等对两国战略利益至关重要的领域。相关分析认为，菲律宾同越南建立战略伙伴关系是为了提升两国之间双边交流的层级和密度，在南海问题上形成合力牵制中国。

韩朝高级别对话

8 月 22 日至 24 日，朝鲜人民军总政治局局长黄炳誓、朝鲜劳动党中央委员会书记兼统一战线部部长金养建就朝韩紧张局势和韩国青瓦台国家安保室室长金宽镇、韩国统一部长官洪容杓在板门店进行紧急接触。此次高级别对话是朴槿惠政府成立后韩朝之间举行的最高级别接触。双方为缓解急剧升温的韩朝军事紧张局势、推动韩朝关系向前发展进行磋商并达成协议：尽快在首尔或平壤举行当局会谈，改善韩朝关系；朝方对地雷爆炸导致韩国官兵受伤表示遗憾；若不发生非正常事件，韩方从 8 月 25 日 12 时起停止对朝扩音喊话；朝鲜解除“准战时状态”；中秋节期间举行离散家属团聚活动，并在日后继续举行团聚活动；双方在多个领域积极开展民间交流。金养建表示，此次会谈消除了“可能把朝鲜半岛甚至东北亚推入动荡旋涡的一触即发的危险”，并成为推动朝韩关系走向和平、和解和合作的新契机。

韩美日副外长会议

4 月 16 日，韩美日三国外交部副部长在美国华盛顿举行会议，这是韩美日三国第一次举行副外长会议。韩国外交部第一次官（副部长）赵太庸、美国常务副国务卿托尼·布林肯、日本外务省事务次官齐木昭隆出席会议。会议主要议题包括朝核应对方案、改善韩日关系等。此外，赵太庸在会议上呼吁日本正确对待历史，否则会对韩日两国关系发展产生负面影响；同时他表示韩国将就对日外交采取“双轨政策”，即在历史遗留问题上持强硬立场，但在朝核等其他领域不断加强合作。

韩美重启联合作战体系

8 月 21 日，为应对朝鲜“开炮挑衅”，韩美决定实施“共同应对朝鲜局部挑衅作战计划”，启动联合作战体系。这是自1976年以来，韩美两军时隔40年再次启动联合作战体系。韩美于2013年签署《韩美共同应对朝鲜局部挑衅作战计划》，旨在构建以“韩军主导、美军支援”为核心的联合作战体系。该计划明确了能够及时有效应对朝鲜任何“挑衅”的军事对应态势，包括朝鲜“挑衅”时的两国共同应对协商步骤，以及为采取强有力措施而制订的具体作战方案等内容。此次韩美正式启动该计划尚属首次。

“拉森”号进入南海岛礁12海里

10月27日，美国海军宙斯盾级导弹驱逐舰“拉森”号进入南海人工岛周边12海里内，并在美济礁附近水域展开巡逻。中国海军052D型驱逐舰依法对其实施了监视、跟踪和警告。美方官员声称，美国的行动是为了捍卫航行自由，将定期举行，而且不单独针对中国。中国驻美大使馆对此做出回应，希望美国不要滥用航行自由权利，将其作为显示自己军事实力的借口，同时，美国需要“克制具有挑衅性的言论和行为”，以维护地区的和平和稳定。

李光耀逝世

3月23日，新加坡前总理李光耀于凌晨3时18分在新加坡中央医院病逝，享年91岁。“新加坡国父”李光耀不仅是新加坡的开国元老之一，也是新加坡政坛极具影响力的人物之一。当日，李光耀长子、现任新加坡总理李显龙用马来语、汉语和英语三种语言发表全国讲话，哀悼李光耀。29日下午，新加坡在国立大学文化中心为李光耀举行国葬仪式，世界多国政要出席仪式。中国国家副主席李源潮作为习近平主席的特使赴新出席葬礼。

马来西亚通过反恐法案

4月8日，马来西亚国会顺利通过《2015年防范恐怖主义法案》和《2015年对抗国外恐怖主义特别措施法案》，旨在防止国民出国参与恐怖活动并打击国内外日益猖獗的恐怖主义，全面向恐怖分子宣战。根据《2015年防范恐怖主义法案》，警方有权对涉及或支持恐怖活动的人士未审先扣两年，或限制居留五年，限制居留者须佩戴电子监控器。《2015年对抗国外恐怖主义特别措施法案》则赋予移民局总监权力，移民局有权冻结或撤销任何支持或涉及恐怖活动者的护照，且被冻结或撤销护照者以后不能再重新申请。法案适用于任何支持或参与恐怖活动者，尤其是要到马国、从马国前往他国，以及把马国视为恐怖活动中转站者。

“马马萨帕诺大屠杀”事件

1月25日，菲律宾国家警察特种部队成员在菲南部马京达瑙省马马萨帕诺镇实施突袭，试图抓捕恐怖分子祖尔基夫利·本·希尔和巴西特·奥斯曼。特警在击毙东南亚头号恐怖分子祖尔基夫利后，意外与“摩洛伊斯兰解放阵线”（“摩伊解”）和“摩洛伊斯兰自由斗士”反政府武装发生交火并被包围，44名特警队员惨遭围攻屠杀身亡。事件发生以后，菲律宾参议院、众议院、警方及司法部以及“摩伊解”等均各自展开调查。该事件在菲律宾国内引发震动，严重损害了阿基诺三世政府的声誉，破坏了数十年来与“摩伊解”在和谈上取得的进展。

梅德韦杰夫访问泰国

4月7日至8日，俄罗斯总理梅德韦杰夫对泰国进行正式访问，这是25年来俄罗斯总理首次出访泰国。访问期间，梅德韦杰夫同泰国总理巴育举行会谈，双方讨论了政治、双边贸易、旅游以及地区和国际性问题。泰俄双方代表签署了5个谅解备忘录，旨在加强在能源、投资、打击贩毒、旅游和文化等方面的合作，包括在加里曼丹岛建造海运煤炭码头铁路基础设施等。媒体分析认为，泰国希望通过此次访问和会谈，推动泰俄双边旅游业的发展；俄罗斯则希望通过参与亚太地区的一体化，搭上“亚洲经济快车”，促进自身的全面现代化，并大力开拓军火出口市场。

美菲第五次双边战略对话

1月20日至21日，美国与菲律宾第五次双边对话在菲律宾首都马尼拉举行。美菲两国就地区和全球局势以及确保美菲同盟“继续为地区和平稳定发挥作用”的措施等方面深入交换意见。会后发表的联合声明称双方对南海局势发展表示“关切”，重申南海争议应根据国际法，通过外交及其他和平手段包括运用国际仲裁解决，双方反对“加剧地区紧张局势的单边措施”。同时声明也强调，菲美重申对1951年两国所签共同防御条约的坚定承诺。此外，双方决定继续采取互惠措施，以增强各自国家和集体防御能力，增强海上安全和海域感知，并加强灾害风险管理、灾前准备以及灾后快速响应能力。负责美国国务院东亚和太平洋事务的丹尼尔·拉塞尔会后把菲律宾称为美国的“老朋友”、“重要伙伴”以及“伟大的盟友”，强调双边战略对话对促进两国沟通协调“非常重要”。

美国就索尼被“黑”制裁朝鲜

1月2日，美国总统奥巴马签署行政命令，宣布对朝鲜三个政府机构和十名个人实施新的制裁措施，以报复朝鲜对索尼影业所发起的网络攻击以及对美国电影业的恐怖威胁。朝鲜国防委员会否认了索尼影业受黑客攻击事件与平壤政府有关。根据命令，三个政府机构分别是朝鲜侦察总局、朝鲜矿业发展贸易公司、朝鲜檀君贸易公司，十名个人包括上述机构驻伊朗、叙利亚和俄罗斯等地代表以及朝鲜政府官员，受制裁的政府机构和个人将无法进入美国的金融系统，美国公民也被禁止同这些机构或人发生金钱往来。美联社分析称，美方制裁的目的在于削弱朝鲜的国防能力、进一步孤立朝鲜政府，并对朝鲜今后意欲发动网络攻击形成威慑。

美国众议院代表团会见越南国会主席

3月31日，由美国国会众议院少数党领袖南希·佩洛西率领的众议院代表团出席了在越南首都河内召开的各国议会联盟第132届大会并会见了越南国会主席阮生雄。在会见中，双方一致同意加强两国对话，增进两国各级代表团互访。同时，双方提出力争美越双边贸易额提升至400亿美元。媒体评论认为，美越两国经济合作潜力巨大，越南作为东南亚人口大国，对美国拥有强大的市场吸引力；对越南来讲，区别于与中国贸易中的大量逆差，越南对美国贸易顺差明显，因此两国都有发展经济合作的意愿。综合考虑两国关系，经济合作可能成为两国今后发展的重要目标。

美军机抵近南海岛礁事件

11月8日至9日，美军两架B－52战略轰炸机从关岛起飞，飞越中国在南海的人造岛礁附近海域。中国地面空管人员通过无线电向飞机发出警告，要求飞机改变航向，避免误判。五角大楼表示，轰炸机未飞入该海域有争议岛屿12海里范围内，该飞行任务并非有意挑战任何国家对南中国海的领土主权声索。12月10日，一架美国B－52轰炸机飞入南海华阳礁两海里以内的空域。五角大楼解释称是天气恶劣导致飞机偏离航线。中国外交部发言人洪磊表示，中国坚决反对任何国家以航行和飞越自由为名，做违反国际法、损害中国主权和安全利益的事。相关分析认为，美方此举目的在于试探中国在南海安全事务的底线，并在该地区显示军事存在为其盟友“撑腰”。

美新任防长卡特首次出访亚洲

4月7日至11日，美国新任国防部长阿什顿·卡特先后出访日韩两国，这是卡特2月中旬出任奥巴马政府第四任国防部长以来首次访问亚洲。行前，卡特高调发表演讲，宣布美国“亚太再平衡”战略将进入新阶段，为其首次亚洲之行定下基调。在访问日本期间，双方就日美防卫合作方针的修订、美军基地搬迁问题进行协商。同时，美国敦促日本加快TPP谈判，巩固日美同盟。在访问韩国期间，卡特同韩防长韩民求举行会谈，内容包括美韩军队战时指挥权移交的后续措施、增强美韩联合遏制力量等。此外，卡特承诺在加强朝鲜半岛与地区安全问题上与韩国密切军事合作，并表示尊重该地区历史遗留问题，极力推动美日韩三国强化军事和情报领域的合作。有评论认为，卡特此访旨在继续完善“亚太再平衡”，展开新一轮围堵中国的战略部署。

缅甸“六方会谈”

4 月 10 日，缅甸政界、军界主要领导人在内比都根据联邦议会的相关决议举行会晤。总统吴登盛、联邦议会议长兼人民院议长吴瑞曼、民族院议长吴钦昂敏、国防军总司令敏昂莱大将、全国民主联盟主席昂山素季、少数民族议员代表（若开民族党主席）埃貌博士六名领导人参加会晤。缅甸舆论称此次会晤为缅甸的“六方会谈”。会晤期间，与会各方就修宪、和平进程、大选和稳定等议题展开讨论，并就会谈框架、形式和下次会晤的时间达成共识。缅甸总统发言人吴耶突在会后举行的新闻发布会上说，与会各方一致认为这是一次成功的会晤。

缅甸举行全国停火协议签署仪式

10 月 15 日，缅甸全国停火协议签署仪式在内比都举行，标志着缅甸和平进程取得历史性实质进展。缅甸总统吴登盛、国防军总司令敏昂莱以及八支民族武装组织领导人在经近两年和谈而达成的全国停火协议上签字。中国外交部亚洲事务特使孙国祥和联合国、欧盟、印度、泰国、日本代表以及多国驻缅甸使节和缅甸国内多方代表等出席签字仪式。吴登盛在签字仪式上呼吁未签署全国停火协议的民族组织签署协议，并希望通过共同努力开始下阶段政治对话，以期实现缅甸永久和平的目标。缅甸自 1948 年独立以来，一直存在大小几十支少数民族武装。吴登盛政府执政以来，多次重申推行民族和解路线。2013 年 11 月至 2015 年 8 月，政府和民族武装举行了九轮和谈，最终敲定全国停火协议。

日本2015财年预算案

4月9日，日本参议院正式会议投票通过了2015财年预算案，并正式实施。根据该预算案，2015财年日本预算总额为96.34万亿日元（约合人民币4.97万亿元），创历史新高。其中，政府在社会保障方面支出将较2014财年增长3.3%至创纪录的31.53万亿日元，占全部政策性支出的40%以上；防卫预算提高2%至4.98万亿日元，连续三年增长。收入方面，在新财年日本政府预计将有54.53万亿日元税收收入，为24年来最高；同时日本政府将新发36.86万亿日元国债，占预算金额的38.3%，较2014财年初始预算缩减4.39万亿日元。

日本2015年《防卫白皮书》

7月21日，日本政府内阁会议正式通过2015年版《防卫白皮书》。全书分为三大部分，分别为“日本面临的安全环境”、“日本的安全和防卫政策以及日美同盟”以及“保护人民生命与财产的行动，以及保卫领土、领水及领空”。白皮书汇总2014年7月以来日本安保政策和防卫体制的新动向，包括通过解禁集体自卫权内阁决议、废除“文官统领”制度、修改《日美防卫合作指针》强化日美同盟等；妄称中国在东海、南海活动日趋活跃，可能导致不可预测的危险事态；鼓吹安保法案和日美同盟的必要性，借海洋问题来渲染所谓的中国威胁。媒体分析认为，日本政府有意在白皮书里渲染外在威胁，其目的在于为安保法案的通过减少阻力。

日本第18届统一地方选举

3月26日，日本第18届统一地方选举拉开帷幕。本届日本统一地方选举分为上下两个半场：上半场于4月12日开始投票，包括10个道县的知事选举、5个政令市的市长选举、41个道府县的议会选举和17个政令市的议会选举；下半场于4月26日进行投计票，包括一般市的市长选举、市议员选举、东京都的区长选举和区议员选举等。据日本总务当局发布，373 个议会里有 89 个议会因缺乏候选人而无须举行投票。这次统一地方选战，由于自民党一党独大，作为第一大在野党的民主党势力薄弱，无法与执政党抗衡。自民党的“不战而胜”为安倍连任自民党总裁选举增加了砝码，也为其长期执政提供了有利条件。

日本民主党党首选举

1 月 18 日，日本最大在野党民主党召开临时全党大会举行党首选举，代理党首冈田克也当选日本民主党新党首。选举分两轮进行，在地方议员、党员及支持者的投票结果发布后，由国会议员及下届参院选举公认内定者投票选出新党首。这是该党第四次有党员及支持者参与投票的党首选举。支持冈田的是前首相野田佳彦和干事长枝野幸男等民主党政府时代的核心成员，其主要构想是要民主党自主重整。日本民主党此番党首选举有借机抬升“党势”的考量，目的在于为打破自民党“一党独大”局面、撼动安倍的执政根基造势。

日本首次参加美澳“护身军刀”联合军演

7 月 5 日，美国和澳大利亚在澳大利亚北领地区和昆士兰州启动两年一度的“护身军刀”大规模联合军事演习，日本陆上自卫队首次参演。日本陆上自卫队此次派遣“西部方面队普通科联队”约 40 人参加演习，其任务是离岛防卫。在演习中，该部队与美国海军陆战队联合进行使用侦察艇登陆的训练，以求提高自身技术能力。悉尼大学中国问题专家约翰·李分析认为，此次日本参演传递出一个微妙的信号，即在各个层面——从硬件到技术以及战略专业知识，美国的主要盟友正针对中国进行密切合作。

日本通过新“开发合作大纲”

2 月 10 日，日本政府在内阁会议上对 2003 年版“政府开发援助大纲”做出调整，通过了新的“开发合作大纲”。根据新大纲，日本政府可以根据情况，在救灾等“非军事目的”领域对其他国家军队和军人提供政府开发援助，这意味着今后日本政府开发援助计划可能带上军事色彩。新大纲还将海洋、太空、网络安全、反恐、扫雷等列入政府开发援助支援领域。“开发合作大纲”称在使用政府开发援助将更多考虑战略因素，更为有效使用资金，以帮助确保“国家利益”。共同社援引外务省官员的话报道，这是大纲首次提到“国家利益”。关于对发展中国家的援助，新大纲提出把援助重点放在防灾和灾后重建等领域，力争帮助其实现“高质量增长”。“开发合作大纲”的出台是安倍政府倡导“积极和平主义”的体现，表明日本进一步加强国际事务参与的意图。

日本通过新安保法案

9月18日，在日本参议院全体会议上，新安保法案以自民党和公明党组成执政联盟的多数赞成表决通过，这标志着安保法案正式升级为法律，日本政府可以行使集体自卫权。此次在国会强推的系列安保法案中，共有11个具体法案，包括1个新立法和10个修正法。其中，新立法是《国际和平支援法案》，其实质是“海外派兵永久法”。根据这一法案，日本可随时根据需要向海外派兵并向其他国家军队提供支援；10个修正法则统一打包并冠名《和平安全法制整备法案》。日本绝大多数法律学者指出，在不修改现行宪法条文的情况下解禁集体自卫权、扩大自卫队海外军事行动涉嫌违宪，自卫队卷入或参与战争的风险大大增加。新安保法案通过后，中、韩、俄等国相继发出抗议，敦促日本政府坚持和平宪法精神，在军事安全领域慎重行事，多做有助于促进本地区和平稳定的事。此外，日本国内为数众多的民众、学者以及政客也对此表示强烈抗议。

日本通过新网络安全战略

9月4日，日本政府在内阁会议上正式通过旨在确保网络空间安全的新指针“网络安全战略”，这是日本政府自2013年以来首次更新网络安全战略。新战略提出了“信息自由流通”、“法治”、“对使用者的开放性”、“政府和民间等多方面的合作”五项原则。新战略把网络攻击受害的监管防范对象范围从政府机关扩大到了“独立行政法人”及部分“特殊法人”。为完善制度，日本政府将从独立行政法人“信息处理推进机构”等向内阁网络安全中心派遣具有专业知识的人才，完善共同处理问题的机制。为减少黑客入侵的途径，新战略提出将处理重要信息的政府机构的系统与网络分离开来。新战略写明将积极参与网络空间相关国际准则的制定工作。此外，新战略还写明，将强化向每个日本国民发放一个号码并在行政手续等方面加以利用的“个人号码制度”。

日本重启川内核电站

8月11日，日本九州电力公司重启位于鹿儿岛县萨摩川内市的川内核电站1号机组，这是继2011年3月福岛核泄漏事故后日本首座重启的核电站，也标志着日本自2013年7月采用新安全标准以来持续约两年的“零核电”状态宣告终结。9月11日，1号机组检查完毕，转为常规商业运转。此外，11月1日，川内2号机组进入反应堆内产生的热功率保持100%的满负荷运转状态，开始全面运转阶段。分析人士认为，核电的重启，能率先让制造业企业得到持续的电力保证，这可为安倍晋三拉拢财阀做准备，也能在客观上解决一部分人的就业难题。

日菲防长会谈

1月29日，日本防卫相中谷元与菲律宾国防部长加斯明在日本防卫省进行会谈，就进一步加强海上安全领域合作达成一致，并签署关于防卫合作与交流的备忘录。在防务合作方面，双方同意根据禁止海上危险行为的《海上意外相遇规则》（CUES）在年内实施联合训练。在灾害对策方面，双方商定日本协助菲律宾军队培养人才，定期举行两国防长会谈以及副部长级磋商。此外，双方强烈谴责极端组织“伊斯兰国”绑架日本人的事件。会谈结束后，加斯明于30

日访问冲绳，并视察领空遭侵犯时负责应对任务的自卫队部队，了解海上警戒监视等情况。日媒指出，外国国防部长视察日本冲绳自卫队基地十分罕见，此举凸显了日菲两国在海洋安全问题上强化合作的意图。

日菲南海联合演习

5月12日，日本和菲律宾在马尼拉湾入口处的科雷希多岛附近争议海域举行首次联合海军演习，该军演地点距离黄岩岛仅300公里。日本海上自卫队驱逐舰"春雨"号和"天雾"号共计600名官兵参加，菲律宾派出一艘护卫舰参演。此次演习内容为包括中国在内的西太平洋海军"海上意外相遇规则"，以保证舰船安全相遇，具体课目包括舰上直升机行动、互相着舰以及探讨海军演练等。分析人士认为，日本通过日菲海军演习完成"试水"，标志着日菲军事合作开始新阶段。菲律宾在安全问题上希望借助日本，日本也希望通过与菲律宾合作插手南海事务，搅动南海局势。

日韩重启安保对话

4月14日，日本与韩国外务及防卫当局官员在首尔举行安保对话，这是自2009年12月以来，日韩时隔5年重启安保对话。在对话过程中，日方围绕基于国际合作的"积极和平主义"，就规定解禁集体自卫权状态下扩大自卫队行使范围的新安保法进行了说明。韩国对于自卫队活动扩大问题，重申了"在影响朝鲜半岛安全局势或韩国国家利益的情况下，未经韩国要求或批准不予允许"的一贯立场，日方则表示防卫相关活动"将尊重韩国主权"。此外，双方就朝鲜核及导弹问题交换意见。日本外务省亚洲大洋洲局长伊原表示，"对话增进了两国在安保领域的相互理解与合作关系。"

日蒙经济伙伴关系协定

2月10日，日本首相安倍晋三与蒙古国总理其·赛汗比勒格在东京签署经济伙伴关系协定（EPA）。日蒙经济伙伴关系协定是"一项高标准的协定”，涵盖商品和服务贸易、投资、知识产权等多个方面。根据协定，蒙古国将在10年内逐步取消对日本汽车和汽车配件征收关税，日本将对蒙古国一些牛肉产品实行关税配额制度，并在10年内取消对蒙古国几乎所有产品征收关税。据日本外务省介绍，蒙古国是第14个与日本签署经济伙伴关系协定或自由贸易协定（FTA）的国家，也是首次签署此类协定。此外，两国首脑会谈期间，安倍表示将向蒙古国新提供约368亿日元（约合人民币19亿元）的贷款，用于援助蒙古国的国际机场建设；赛汗比勒格对此前的日本人质事件表达了哀悼之意，并表示“日本的人道主义援助意义重大”。安倍在联合新闻发布会上称，这项经济伙伴关系协定将成为加强两国关系、推动蒙古国经济发展的“一个重要基石”。

日泰首脑会谈

2月9日，日本首相安倍晋三与就任后首次出访日本的泰国总理巴育在首相官邸举行会谈并发表联合声明。会谈过程中，两国首脑确认将以经济领域为中心加强关系，强烈谴责了伊斯兰极端组织“伊斯兰国”杀害日本人质事件，一致同意与国际社会合作反恐，并围绕如何展开合作促使泰国政权从实际上的军管过渡到民主政府交换意见。根据联合声明，日本将向包括以曼谷为中心的新铁路建设在内的泰国国内基础设施建设提供支持；泰国将与缅甸、日本携手，共同致力于泰、缅共同推进的缅甸南部工业园区及港湾的建设与完善等。泰国政变之后，日本暂停了与泰国的高层外交活动，但由于中国在泰国影响力不断增强，安倍希望通过此次会谈修复与泰国的关系。

日本宣布亚洲基础设施建设投资新计划

5月21日，日本首相安倍晋三在《日本经济新闻》主办的“亚洲未来”研讨会上宣布，此后5年日本将向亚洲基础设施建设投资1100亿美元，其中530亿美元是亚洲开发银行的贷款额度，其余部分则通过政府开发援助机构“日本国际协力机构”执行，并强调日本要进行“高质量的基础设施投资”，重视技术合作与人才培养。日本高调宣布此举正值亚投行即将成立，引发国际社会纷纷议论。法新社称，安倍宣布的投资计划是对中国牵头成立亚投行的“明显反击”。美联社称，日计划未来5年投资1100亿美元帮助亚洲开发公路、港口以及其他基础设施，与中国为亚投行设定的1000亿美元注册资金旗鼓相当，表明日渴望在该地区对抗中国的影响力。《日本时报》称，安倍政府新计划意在表明日“有别于亚投行”。

日英首次“2+2”磋商会议

1月21日，日英两国政府在伦敦举行首次外务与防卫部长级“2+2”磋商。日本外相岸田文雄、防卫相中谷元，英国外交大臣哈蒙德和国防部长法伦出席此次磋商。会议期间，双方确认将推进两国《物品役务相互提供协定》（ACSA）的签订，一致同意举行出于人道主义或救灾目的的共同训练，再次确认日英化学防卫服、导弹元件等共同研究的方针，并在加强两国国家安保部门之间的合作及在网络领域深化合作达成了共识。根据联合声明，两国还确认了与恐怖主义作战的决心，对极端组织“伊斯兰国”的武装团伙宣称将杀害两名日本人质一事表示“愤慨”，对在法国发生的一系列恐怖袭击予以强烈谴责。此外，日英双方还对朝鲜的核与导弹研发、绑架等人权问题“表示关切”；对于克里米亚加入俄罗斯一事强调称“这显然违反了国际法”。日本已经与美国、法国等四个国家举行过部长级“2+2”磋商，英国是第五个。

泰国军政府解除军法管制

4月1日，在泰王普密蓬的御准之下，泰国军人政府宣布立即解除始于1月20日的全国军法管制，改而以一道新行政令来取代。新行政令根据军政府拟定的临时宪法中的第44条款，颁布了一系列应急安全条例。该条款赋予首相“绝对的权力”，只要是基于维护改革、倡导人民团结与和谐、防止国家秩序或经济受打击，首相就有权发出任何指令。安全条例具体包括，继续禁止超过五人的政治集会；军方有权逮捕、扣留、控告危害国家安全或触犯诽谤法的人；增加对媒体的审查，军方有权禁止任何他们认为“足以制造恐慌或歪曲事实”的新闻报道。媒体分析认为，新政令在本质上与军法管制是相同的，并且可能比原先的军法管制更严厉。

“习马会”

11 月 7 日，中共中央总书记、国家主席习近平同台湾方面领导人马英九在新加坡会面，这是 1949 年以来两岸领导人的首次会面。会面以两岸领导人的身份和名义进行，互称“先生”。会面期间，习近平站在两岸关系发展的新起点上提出四点意见：坚持两岸共同政治基础不动摇；坚持巩固深化两岸关系和平发展；坚持为两岸同胞多谋福祉；坚持同心实现中华民族伟大复兴。马英九提出维系两岸和平繁荣现状的五点主张：巩固“九二共识”，维持和平现状；降低敌对状态，和平处理争端；扩大两岸交流，增进互利双赢；设置两岸热线，处理急要问题；两岸共同合作，致力振兴中华。“习马会”受到了国际社会的一致好评。媒体分析认为，会议总结了两岸交往的历史经验，共同书写了两岸关系的最大公约数，发出了台海事务作为中国内部事务应当由两岸中国人共同解决的信号，开辟了两岸良性互动的新空间。

新《日美防卫合作指针》出台

4 月 27 日，日美两国政府在纽约举行外长和防长出席的安保磋商委员会会议，出台了新版《日美防卫合作指针》，这是时隔 18 年后，日美再次修订防卫合作指针。此举实现了日本防卫政策“三级跳”的最后一跳，强化了日美军事同盟，扩大了日本军事行动范围和内涵。修订的主要内容包括：新增可行使集体自卫权的“存亡危机”事态，当盟国受到攻击时日本可派出自卫队；着重强调“平时”这一“灰色事态”的合作防御与预警，实现自卫队与美军从平时到战时的无缝对接；放宽地域限制，自卫队可在全球范围内配合美军的行动；新增日美将在岛屿防卫中共同作战的内容；首次规定美军在行使武力时须与日本事先协调。媒体分析认为，新版指针的出台预示着日美军事合作将成为地区乃至全球紧张和冲突的策源地。

“伊斯兰国”绑架日本人质事件

1月20日，“伊斯兰国”极端组织在网上发布视频，声称在叙利亚劫持了两名日本人质汤川遥菜和后藤健二，并要求日本在72小时内给出2亿美元的赎金，否则会杀害两名人质。然而，在23日赎金期限截止前，日本政府并未与“伊斯兰国”有所接触。24日，“伊斯兰国”相关网站公布新影像，影像中一名人质汤川遥菜疑被杀害，并将释放后藤健二的条件变为交换在约旦受刑的女性“圣战者”赛义达·里沙维。31日，一段上传至互联网的视频显示后藤健二已经被斩首。事件发生以后，日本政府立即设立“反恐对策本部”，加强反恐措施。安倍晋三借人质事件推动安保政策改变，并再次表示有意修改日本宪法第九条，称修宪是要保障国民生命和财产安全。日本官房长官菅义伟表示“日本不向恐怖主义屈服，将与国际社会一起为反恐战争作出贡献”。日本民众则批评安倍政权将国民生命安全置于危险之中。此外，联合国秘书长潘基文强烈谴责日本人质遇害事件，并呼吁“伊斯兰国”等组织无条件释放所有人质。

印（尼）美签署防务合作协议

1月7日，印尼国防部和美国防务改革研究院签署未来五年防务合作备忘录。根据备忘录，在2015年至2019年间，美国防务改革研究院将协助印尼国防部、印尼国民军总部，以及海陆空三军拟定提升绩效的防务策略。按照2015年的行动计划，印尼国防部和美国防务改革研究院将落实实质的机构改革，其中包括印尼国防战略总局与国防规划总局的改革计划。美国代表团副团长鲍尔表示：“印尼和美国在互相尊重、共同利益与价值观的基础上建立了全面的伙伴关系。”

印尼总统访问日本

3 月 23 日，印度尼西亚总统佐科·维多多对日本进行国事访问，这是佐科 2014 年 10 月就任印尼总统以来首次访日。日本首相安倍晋三在首相官邸与佐科进行会谈，并发表了包含投资、贸易促进合作方针的共同声明。在会谈中，佐科呼吁日本将印尼作为日本制造业的出口基地。同时，应印尼提出日本对其出口可能出现猛增的担忧，双方讨论修改 2008 年生效的经济合作协定（EPA）。在基础设施建设方面，日本同意将 1400 亿日元的贷款用于首都雅加达的城市高速铁路、爪哇岛和苏门答腊岛的送电网建设。此外，双方还确认在海洋领域展开合作。安倍会后就确认与扩大投资合作有关的合作关系表示：“会谈取得了丰硕成果，两国将构筑稳固的关系，并进一步发展战略合作伙伴关系”。

印尼军机坠毁

6 月 30 日中午，印尼空军一架 C－130 “大力神” 运输机在北苏门答腊省首府棉兰市雅明银丁街坠毁，导致包括地面人员在内的 142 人遇难，其中包括机上 113 人全部遇难。该运输机于 30 日中午从位于棉兰市的苏温多空军机场起飞，执行向廖内群岛省运输物资及军事人员的任务。在起飞后不久，由于发动机出现故障，驾驶员随即联系苏温多空军机场塔台要求返回机场，飞机在返回机场过程中坠毁。印尼航空安全专家分析，军机失事可能由多重因素导致，包括机械、电子、液压、燃料等设备发生故障，甚至可能与附近锡纳朋火山近期喷出的火山灰在空中积聚，进而导致军机引擎受损有关。

越共总书记首次访日

9 月 15 日至 18 日，越共中央总书记阮富仲对日本进行正式访问，这是阮富仲担任越共中央总书记以来首次访问日本。访问期间，阮富仲与日本首相安倍晋三举行会谈，就进一步加强“致力于亚洲和平与繁荣广泛战略伙伴关系”，以及经贸、国防、安全、海洋等问题交换意见。阮富仲行前接受媒体采访表示，在防卫、人才培养、环境保护、灾害对策、气候变化应对等领域，两国有必要进一步“提高合作的实效性”，同时希望日方继续提供“政府开发援助”，尤其是在基建及人才开发等领域。媒体分析认为，利用日本的技术和资本促进自身经济发展是越南的主要想法，而利用越南制衡中国则是日本的首要考量。

越共总书记访华

4月7日至10日，越共中央总书记阮富仲对中国进行正式访问。访问期间，阮富仲与中国国家领导人和高层进行交流，双方发表了联合公报。根据公报，双方一致同意在多个领域深化合作。在南海问题上，双方同意共同管控好海上分歧，全面有效落实《南海各方行为宣言》（DOC），并在协商一致的基础上早日达成“南海行为准则”。适逢中越两国建交65周年，阮富仲访华有助于巩固中越全面战略合作伙伴关系，为两党两国在多领域的友好互利合作打下基础，为消除海上问题给两国关系带来的负面影响创造条件。

越南总理访问澳大利亚

3月16日至18日，越南总理阮晋勇对澳大利亚进行正式访问，旨在进一步深化越澳全面伙伴关系，扩大双方在经济、建设、教育和投资等领域的合作范围。18日，阮晋勇与澳总理阿博特在堪培拉举行会晤。双方呼吁在南海问题上保持“自制”，并反对采取可能使紧张局势升级的行动，包括单方面使用武力改变现状。双方同意加强安全和防务合作，包括越南派120名军方人员到澳大利亚接受培训、计划在澳大利亚举行联合军事演习、分享经验和情报、展开特种部队合作等。此外，双方还签署了英语培训、维和合作、应对灾害、传染病和气候变化等方面的协议。澳大利亚领导人高度评价阮晋勇总理的此次访问，并将之视为澳越关系发展的新里程碑。媒体评论认为，澳大利亚加强与越南的防务合作，旨在平衡与中国这个最大贸易伙伴国以及亚太邻国的关系。

中国“9·3”阅兵

9月3日，纪念中国人民抗日战争暨世界反法西斯战争胜利70周年阅兵式在北京天安门举行，这是新中国成立以来首次在非国庆节举行的大阅兵。阅兵共编50个方（梯）队，其中，徒步方队11个，抗战老同志乘车方队2个、装备方队27个、空中梯队10个，正式受阅约1.2万人，动用40多种型号装备500多件、20多种型号飞机近200架。此外，习近平主席在纪念大会上宣布，中国裁减军队员额30万，标志着中国军队的重大改革拉开帷幕。媒体评论认为，此次阅兵聚集了全世界的目光，堪称大时代的转折。它向世界表明中华民族共御外侮，不屈不挠的斗志以及弘扬民族精神、共同维护世界和平的决心，更反映出中国谋求共同发展、和平崛起的步伐。

中国公民遭蒙古极端组织侮辱事件

3月29日，一名中国公民在蒙古境内登山时遭到蒙古极端组织“站立的蓝色蒙古”人身攻击并要求下跪，与他同行的还有四名中国公民。事发后，这些中国公民并未联系使馆，也未向当地警方报案，全部返回中国。获悉此事后，中国驻蒙使馆向蒙外交部门、警方提出严正交涉，对侵犯中国公民人身安全及尊严事件表示谴责，要求对方向使馆通报有关情况，依法严惩肇事者。4月2日，蒙古国首都乌兰巴托市长巴特乌勒做出正式道歉，表示对发生的事件感到羞耻，认为这是违反蒙古宪法和刑法的行为。随后，蒙古国总统额勒贝格道尔吉在公开讲话中肯定了巴特乌勒的做法，并表示蒙古应该是负责任、友善、开放的蒙古，极端民族主义是有害的。

中韩自贸协定

6月1日，中国商务部部长高虎城代表中国政府与韩国产业通商资源部长官尹相直在首尔共同签署了中韩自贸协定。该协定范围涵盖货物贸易、服务贸易、投资和规则共17个领域，是中国对外签署的覆盖议题范围最广、涉及国别贸易额最大的自贸协定。它不仅促进了中韩间贸易、海运、旅游等领域的合作，也促进东亚地区的经济发展，体现出“利益大体平衡、全面、高水平”的特点。根据协定，在关税减让方面，中方实现零关税的产品将达到税目的91%，进口额的85%，韩方实现零关税的产品将达到税目的92%，进口额的91%。在市场开放方面，中韩两国对进入本国资本市场的对方金融企业提供互惠待遇。上海自贸区的韩国建筑企业可在上海不受外资投资比重的限制而承揽合作项目。中方考虑允许韩国旅行社在中国招募访问韩国或第三国的游客。此外，中韩两国还承诺，在协定签署后以负面清单模式继续开展服务贸易谈判，并基于准入前国民待遇和负面清单模式开展投资谈判。11月30日，中韩自贸协定经韩国国会讨论批准通过，并于12月20日正式生效。

中美第19次人权对话

8月13日，第19次中美人权对话在华盛顿举行。美国国务卿克里和中国驻美国大使崔天凯出席开幕式并致辞。在对话交流中，双方就人权领域新进展、法律问题与人权观、多边人权领域合作、言论自由的权利与义务、宗教自由、反对种族歧视、反恐和打击暴力极端主义等问题交换了意见。中方呼吁双方本着相互尊重、平等相待的原则，全面客观看待彼此人权状况，采取对话与合作等建设性方式处理人权领域的分歧，为两国构建新型大国关系增加新亮点。双方均认为此次对话坦诚、深入、专业，有助于增进彼此了解。

中美第七轮战略与经济对话

6月22日至24日，中美第七轮战略与经济对话在美国首都华盛顿举行。中国国务院副总理刘延东、国务院副总理汪洋、国务委员杨洁篪，美国副总统拜登、国务卿克里、财政部长雅各布·卢共同出席。在本轮战略与经济对话中，中美双方围绕推进中美新型大国关系建设、深化双边务实合作、加强中美在亚太的合作、应对地区热点和全球性挑战、建设性管控分歧等议题深入探讨，达成310多项成果，创下自2009年首次中美战略与经济对话举行以来的历次之最。有分析认为，无论是“建立互信措施”首次明确列入成果当中，抑或“海事合作”以独立一部分的形式单独呈现给人们，还是“军事合作”在整个清单中的位置提前，中美关系已然进入到收割干货季。中美战略与经济对话是中美两国管控分歧、增强互信的有力渠道，引起了国际媒体的广泛关注。

中缅边境“3·13”事件

3月13日下午，缅甸军机炸弹落入中方境内，造成云南省临沧市耿马县孟定镇大水桑树村正在甘蔗地作业的边民5人死亡，8人受伤。这是自缅北果敢地区冲突持续一个多月以来，缅军空军第四次突入中国境内，第三次对中国境内投弹。3月13日晚，外交部副部长刘振民紧急召见缅甸驻华大使，就缅军机炸弹造成中方人员死伤提出严正交涉。对此，缅甸政府于3月16日对该事件发布正式新闻公报，称对因战争造成边境地区中国公民伤亡深表悲痛，并表示由缅甸军方代表组成的调查组和中国当地官方组织、中国云南省外事办负责人、缅甸驻昆明领事馆总领事开展联合调查。此外，缅中两国外交部通过外交渠道进行密切合作，缅甸军方也与中国军方密切配合，根据和平共处五项原则，共同维护边境地区的和平与稳定。

中日重启海上磋商

1月12日，中日两国政府在东京日本防卫研究所举行建立“海上紧急联络机制”课长级磋商会议。这是日本政府2012年9月将钓鱼岛所谓“国有化”以来，两国在时隔3年后首次恢复该磋商。双方具体讨论了通信方式、使用频率以及在何种军阶的干部间设置热线等问题，并就东海防空识别区的两国空军“规避空域”进行了商讨。此外，为防止围绕钓鱼岛等发生不测事态，双方表示争取在2015 年内启动上述机制。媒体分析认为，鉴于历史问题和岛屿争端，中日战略和军事互信都很低，虽然中日关系已经脱离了最坏时期，但形势依然严峻。

中泰签署铁路合作框架文件

12 月 3 日，中泰铁路合作联合委员会第九次会议在曼谷召开，中国国家发展和改革委员会副主任王晓涛与泰国交通部部长阿空·丁披他耶拜实分别代表两国政府签署了框架文件。根据文件，双方将以设计、采购、施工方式实施中泰铁路合作项目，并成立合资公司负责投资及铁路运营，中方向泰方提供技术许可、技术转让、人员培训和融资等方面支持。中泰铁路合作联合委员会说，合作框架文件是中泰铁路合作的基础性文件，是进一步推动铁路合作项目的重要依据。19 日，中泰铁路合作项目在泰国大城府正式启动。该铁路的建成将有力促进泰国特别是泰国东北地区的经济发展。此外，该项目还是泛亚铁路中线的重要组成部分，泛亚铁路一旦贯通，泰国作为区域交通枢纽的地位将得到充分体现。

（本章综述撰稿：唐笑虹、张宇；词条编撰：刘柏骏）

南亚地区

一、形势综述

2015 年，地区大国印度延续全方位外交，打造全球影响力，印度与美日的双边关系向印美日三边关系演变。中小国家不满印度的控制与干预，不断深化与中国的合作。印巴两国采取多种措施推进武器装备的本土化，加快国产装备的列装。地区整体经济形势好转，一体化进程取得新进展。南亚多国遭遇严重自然灾害和传染病疫情的威胁，非传统安全问题突出。

（一）印度致力打造全球影响力，中小国家寻求大国平衡

印度自莫迪总理上台以来，一直积极开展全方位外交。2015 年，印度延续去年的全方位外交活动，与美日的双边关系出现向印美日三边关系发展的新态势，对南亚中小国家采取干预和拉拢的双重做法。南亚中小国家因不满印度的长期影响和控制，试图通过与中国发展关系寻求对印度的制衡。

印度延续全方位外交，通过总理频繁出访，致力于打造全球影响力。一是莫迪访问欧洲三国和中国，继续强化大国外交。4 月，莫迪先后访问法国、德国与加拿大。印度原则同意从法国购买 36 架“阵风”战机，使这项持续多年的军购谈判最终敲定。在印度力图振兴制造业、加速经济改革的背景下，莫迪呼吁欧洲企业赴印投资，促进双赢合作。印度与加拿大签署浓缩铀贸易大单，在未来 5 年将从加拿大进口 700 多万磅浓缩铀用于发电。[①] 5 月，莫迪访问中国，

① 中新网：《印度总理莫迪访问加拿大 签署浓缩铀贸易大单》，http://www.chinanews.com/gj/2015/04-16/7210570.shtml。

双方就携手共谋发展，深化各领域务实合作，构建更加紧密的伙伴关系达成共识。二是与蒙古国、韩国及中亚等亚洲国家实现外交突破。5月17日，莫迪访问蒙古国，是历史上首位访问蒙古国的印度总理。印度向蒙古国提供10亿美元贷款用于其经济发展和基础设施建设。[①] 5月18日，莫迪访问韩国，双方签署《联合声明》，将两国关系从“战略伙伴关系”提升至“特别战略伙伴关系”。7月，印度总理莫迪出访中亚五国，是1991年中亚各国独立以来印度总理首次一次性访问五国。三是为促进经济联系，扩展国际影响力，重视发展与中东、非洲关系。8月，莫迪对阿联酋进行访问，这是30多年来印度总理首次访问阿联酋。印阿两国贸易来往密切，阿联酋是印度第三大贸易伙伴国、第十大投资国，是能源进口的重要来源地。印度希望与阿联酋建立战略合作关系，尤其是在安全、能源和投资领域。此外，10月印度举行“印非峰会”，这次峰会是1983年以来印度与非洲国家领导人举行的最大规模的会议，参与国家从第一次的14个增加到40多个。[②] 印度希望与非洲发展经济，同时在国际舞台上能加强合作。

印度深化与美日两国的关系，印美日三边关系日益密切。一方面，印度与美日双边关系继续深化。2015年，美日两国领导人访问印度。1月，美国总统奥巴马对印开展3天的高调访问，是唯一一位任期内两度访印的美国总统。印美在防务、反恐、气候谈判、经贸等多个领域深化合作。12月，日本首相安倍晋三访问印度，两国签署了包括建设印度首条高铁、向印度出口武器以及基础设施建设等方面的一系列协议，并就和平利用核能达成谅解备忘录。另一方面，

① 中新网：《印度总理首访蒙古国 宣布提供10亿美元贷款》，http://www.chinanews.com/gj/2015/05-18/7283425.shtml。

② 中国经济新闻网：《印度举行印非峰会拟介入非洲经济 欲与中国竞争》，http://cet.com.cn/xwpd/gjxw/1654895.shtml。

印美日三边关系逐渐形成。1 月，日本外相岸田文雄与印度外长斯瓦拉吉在新德里举行会谈，双方就日本、印度及美国加强合作达成一致，日本海上自卫队将继续参加美国和印度海军的联合训练。9 月，美日印借联合国大会召开之机举行三国外长会谈，三国强调了东亚峰会在处理亚太地区政治、安全保障议题的重要性，就维护海洋安全保障继续展开协商达成一致。10 月，印美日三国举行联合海上军演。此一系列的活动标志着印度与美日的双边关系日益向印美日三边关系转化。

印度通过干预与拉拢两手对地区中小国家施加影响。一方面，印度干涉尼泊尔内部事务，引发不满和抵制。9 月 20 日，尼泊尔结束君主制后的第一部新宪法正式出台。印度在宪法草案表决前数次派特使赴尼活动，希望推迟宪法草案表决日期。新宪法正式颁布后，印度又在 24 小时之内连发两个政府声明，指责新宪法未能取得最大范围的共识。为表示对尼泊尔的不满，印度在边境口岸加大“安检力度”，使运往尼泊尔的物资通关速度迅速降低。由于尼泊尔燃油、燃气等大部分物资需要假道印度输入，此举在尼社会引起强烈反印情绪，引起两国关系的紧张。另一方面，印度释放改善与地区中小国家关系的友好信号。6 月，莫迪访问孟加拉国。两国开通了达卡—印度西隆—印度高哈蒂和加尔各答—达卡—印度阿加特拉的班车，使印度与孟加拉国东北部地区的连通更为顺畅。印度向孟加拉国提供 20 亿美元的贷款额度，用于支持基础设施和其他发展项目的建设。根据两国签署的土地边界协议，印度将向孟加拉国交还 111 块飞地，孟加拉国则向印度交还 51 块飞地。[①] 边界协议的签署将让两国边界地区更加安全，居民生活更加稳定。2015 年，印巴关系再现解冻迹象。因克什米尔争端，印巴两国长期处于对峙状态。2014 年

① 新华网：《印度孟加拉国签历史性协议 交换 162 块飞地》，http://news.xinhuanet.com/world/2015－06/08/c_127888648.htm。

5 月莫迪上台后，印巴关系出现缓和曙光，但之后仍是一波三折，边境交火时常发生，两国国家安全顾问级会谈于 2015 年 8 月被取消。但其后印巴关系出现回暖迹象。11 月底在巴黎出席联合国气候变化大会期间，谢里夫和莫迪进行短暂会谈。巴方称，这次“破冰”之举为改善两国紧张关系打开了大门。此后，两国国家安全顾问在泰国曼谷举行会谈，印度外长斯瓦拉杰访问巴基斯坦，其间表示两国将重启“全面对话”。12 月 25 日，莫迪突访巴基斯坦，这是 2004 年以来印度领导人首次访问巴基斯坦。印度此举意在改善与巴基斯坦的关系，意味着双方关系的解冻和时断时续的和平对话的重启。

南亚中小国家不满长期受制于印度，深化与中国的经贸、安全合作，意图以此平衡和掣肘印度。一是中巴命运共同体构建进一步深化。2015 年，巴基斯坦海军参谋长和空军参谋长分别访问中国，加强两国海空军的交流和合作。4 月 20 日至 21 日，国家主席习近平访问巴基斯坦。两国签署了能源、交通基础设施、经贸、金融、科技等领域的合作协议，推动中巴双边关系再上新台阶。7 月，两国举行第六轮战略对话，表示积极推进中巴经济走廊建设，不断深化各领域务实合作，携手打造中巴命运共同体。二是马尔代夫和中国在“一带一路”倡议下加强经济合作。9 月，中马经贸联委会第二次会议召开，双方签署了启动中马自由贸易协定谈判的谅解备忘录。马尔代夫将中国视为真诚、亲密的伙伴，认为马尔代夫经济和基础设施的发展能够与习近平主席提出的“一带一路”倡议形成良好的协同效应，希望在中方支持下共同推动和参与“21 世纪海上丝绸之路”建设。三是尼泊尔向中国寻求燃油和地震灾后援助。在印度对尼泊尔“限行”后，尼泊尔向中国寻求供油。在地震发生后，尼泊尔向中国寻求帮助。6 月，在尼泊尔政府主办的尼地震灾后重建国际会议上，中国提出提供无偿援助、贷款支持、鼓励企业和团体投入、为尼培训人才以及推动中国地方省区深化同尼合作等五个方面的措施，积极参与尼灾后重建。四是斯里兰卡深化与中国合作。6

月，斯里兰卡海军司令访华。两军继续开展人员培训、部队训练等务实合作，加强各层级交流，拓展多边领域合作，发挥防务合作对话的作用，确保两军关系持续稳定发展，进一步深化两国关系。

（二）印巴深化装备本土化战略，加快国产装备列装

为提升本国军事实力，除外购武器装备外，近年来，印巴一直致力于武器装备的国产化。2015 年，两国的武器装备本土化战略进一步深化，大量国产装备列装部队。

印度多措并举，推进装备本土化战略。一是出台长期计划指导装备本土化生产。7 月，印度海军公布了《印度海军本土化计划（2015—2030）》。该计划意在对印度未来 15 年内完成的装备本土化生产进行指导。《计划》包括航空母舰、潜艇、水下和舰载监视系统在内的 46 类装备以及战舰设备的本土化生产。该计划既符合印度政府发起的“印度制造”战略，也将减少印度对国外装备的依赖。印度海军打算通过国防研发组织、国内公有及私营生产商、科研机构来建立一个良性的生态系统，推进先进军事系统的本土化生产。10 月，印度国防部拟定了一份只从国内企业采购的舰载系统和舰载装备清单。二是推进外购装备的本土化生产。5 月 14 日，印度国防部向俄罗斯卡莫夫公司采购 197 架直升机，以更新其国家机队，这批直升机将在印度境内生产制造。[①] 5 月 22 日，印度信实基础设施公司寻求与俄罗斯在印度当地联合建造潜艇及隐形战舰。7 月，印度通过了包括从波音采购 4 架海上侦察机以及数百门防空炮的新国防设备的采购协议，其中，防空炮将在印度制造。该采购协议也是印度政府推动本国国防业发展、结束其作为全球最大武器进口国身份的举措。三是加快国产装备的研发生产和列装。一方面印度加紧对

① 新华网：《俄媒：印度将从俄罗斯采购 197 架直升机》，http://news.xinhuanet.com/mil/2015－05/14/c_127801024.htm。

新式先进武器装备的自主研发。1月，印度首次成功采用机动发射一枚自行研制、可携带核弹头的“烈火-5”型弹道导弹。3月，印度成功测试了自主研制的“阿斯特拉”超音速空对空导弹。7月，印度国防部再次发布未来步兵战车项目意向书，邀请10家印度企业参与设计和生产未来步兵战车。另一方面，除了利用本国力量进行研发生产外，印度还积极引进国外力量。7月，印度海军向俄美法英四国承包商发出邀请函，正式邀请它们参与印度第二艘国产航母——6万吨级“维沙”号的设计建造工作。2015年，印度多年的研发成果已然显现，许多装备陆续投入使用。3月，由印度海军副总参谋长参与设计完成的登陆艇下水，标志着印度自主造船能力取得了里程碑式的成就。4月，印度海军P-15B型国产最新隐形驱逐舰“维萨卡帕特南”号举行下水仪式。5月，印度自行研制的“阿卡什”地空导弹正式在陆军服役。6月，印度首艘国产航母“维克兰特”号第二次下水，预计在2018年正式服役。8月，印度科钦造船厂向印度海警交付第14艘高速巡逻艇。

巴基斯坦禁止进口国内能生产的武器装备，更多国产装备投入使用。巴基斯坦国防工业具备生产弹药、武器、夜视设备、导弹巡逻艇、部分军用车辆、雷达以及无人驾驶系统等的能力。9月，巴基斯坦参议院国防生产常务委员会宣布，禁止进口国内拥有自主生产能力的武器装备，意在维护独立自主的本国国防工业基础。委员会表示，该禁令将敦促巴基斯坦政府购买本国生产的装备，只有本国无法生产的装备才可进口。巴基斯坦的国防工业企业一直过分依赖政府的资助和投资，进口禁令可以促进本土国防工业企业的成长。2015年，巴基斯坦在无人机研发与应用上取得突破，首次使用自主研发的无人机执行军事任务。3月，巴军方对无人机进行了测试，称无人机打击静态和动态目标的结果都很成功。9月，巴基斯坦军方宣布，在与阿富汗接壤地区首次使用该国自主研发的无人机，由无人机发射的导弹炸毁了瓦济里斯坦沙瓦尔山谷地区的恐怖组织据点，炸死了3名恐怖组织高级成员。

虽然印巴两国都大力推进装备国产化进程，但两国并不能很快摆脱对进口装备的依赖。尽管印度的装备本土化进展迅速，但很多装备仍然不能实现国产，只能依靠进口。据瑞典斯德哥尔摩国际和平研究所的报告，印度是2010—2014年世界最大的武器进口国，占国际军贸总额的15%。[①] 虽然2015年印度强调海军装备采购的国产化，但依然有大量装备需要进口。海军主要装备分为三类："漂浮"类、"移动"类和"战斗"类，国内采购清单上主要包含了"漂浮"类和"移动"类的系统和装备，印度海军将继续进口"战斗"类装备。巴基斯坦的国产装备远不能满足维护国内安全的需要，仍严重依赖进口装备。为打击国内西北部山区的武装叛乱分子，巴基斯坦向美国提出包括"眼镜蛇"攻击直升机、"地狱之火"导弹、通信设备、训练器材等在内的总价值近10亿美元的军购请求。[②] 此外，美国将大批曾在阿富汗和伊拉克战场上使用过的战斗机、军事教练机、装甲运兵车等二手军备转手给巴基斯坦。9月，巴基斯坦与俄罗斯敲定了4架米-35"雌鹿"武装直升机的采购合同。[③] 这批装备将主要用于支持巴基斯坦特种部队行动任务，特别是在部族聚集地区执行打击塔利班及其盟友和附属组织任务的特种作战部队。

（三）地区经济整体向好，一体化进程加快

在印度经济强劲扩张和持续低油价双重利好的推动下，南亚经

---

① 中新网：《瑞典研究所发布全球武器贸易报告 美居首俄次之》，http://www.chinanews.com/mil/2015/03-18/7138605.shtml。

② 新华网：《巴基斯坦向美采购10亿军备 打击恐怖主义获美支持》，http://news.xinhuanet.com/world/2015-04/07/c_127664472.htm。

③ 中新网：《巴基斯坦采购4架俄制米-35武装直升机用于反恐》，http://www.chinanews.com/mil/2015/09-23/7540341.shtml。

济增长加速。由于南亚国家都是净石油进口国，该地区成为低油价最大的受益者之一。在石油价格下跌和粮食价格低廉的综合影响下，南亚地区的通胀率也快速下降。2014 年底召开的南盟峰会做出地区经济一体化承诺后，今年重点实施了跨境流通的便利化，地区经济一体化进程加快。

印度经济在改革政策和低油价的双重推动下快速增长。印度政府 2015—2016 年度财政预算案的关键词是：经济高速增长、“印度制造”、削减补贴、基础设施投资等。预计 2015—2016 财年印度的经济增速将达到 8%—8.5%。[①] 为了实现经济的高速增长，印度的主要措施是放宽对外国直接投资的限制，刺激国内投资。为鼓励“印度制造”，对部分原材料降低了关税；为削减开支，印度政府大幅削减补贴；为创造就业机会、减少贫困人口，启动了“技术印度”计划；为改善基础设施建设，设立国家基础设施基金，为有关铁路、公路、灌溉项目提供融资。此外，印度央行多次降息，不仅促进了住房和汽车等贷款而且降低了企业融资成本，刺激了经济增长。印度是能源净进口国，2015 年国际油价持续走低，这使得莫迪政府的积极经济政策取得了较好的效果，经济增速达到 8% 以上，通胀和财政赤字都在控制范围之内。

巴基斯坦经济在国内改革和中巴经济走廊推进下平稳增长。11 月 2 日，世界银行最新的经济展望报告预测巴基斯坦 2015—2016 财年经济增长 4.5%，通胀率将保持低位。[②] 巴政府刺激经济的主要做法是：继续推进能源和税制改革并增进投资。因全球需求的疲软，巴出口出现下降，但随着中巴经济走廊的推进，进口又将进一步回

---

① 人民网：《推新预算，印度谋求经济高增长》，http://m2.people.cn/r/MV8xXzI2NjE3MDc0XzEwMDJfMTQyNTIzOTc5Nw==。

② 商务部网站：《世界银行预计巴基斯坦经济将稳定增长》，http://www.mofcom.gov.cn/article/i/jyjl/j/201511/20151101153878.shtml。

升。巴长期存在的腐败问题已经出现改善，政府透明度和市民在市政管理中的参与度均有所上升。巴基斯坦在低通胀和财政整顿的协助下，增长可望逐渐恢复至4.6%左右。而要想取得更大进步，则取决于能否解决增长的关键制约因素，包括频繁断电、营商规则繁琐和税收收入偏低等。[①]

尼泊尔经济受季风、地震灾害影响，艰难实现增长。9月，亚洲开发银行宣布，尼泊尔经济增长率将从2014年的3%提高至2015年的5.5%。亚行预计尼通胀率将在9.5%，高于尼政府预计的8.5%。持续的罢工对商品供应链产生负面影响，以致推高通胀，且印度的食品价格上涨也影响到尼国内市场。[②]

多重因素促使孟加拉国经济实现增长。孟加拉国尽管出现政局动荡、结构性限制和全球性波动，但由于宏观经济稳定，国内需求活跃、海外汇款增加、私营部门工资上升和公共投资增加，亚行上调孟加拉国经济增长预期。亚行预计孟加拉国2015—2016财年GDP将增长6.7%，比之前6.4%的预期提高0.7个百分点。2014—2015财年，孟加拉国通货膨胀率为6.4%，同比下降1个百分点。[③]

斯里兰卡经济增速下降，成为南亚唯一一个增速降低的国家。2014年斯里兰卡是南亚地区国家中经济发展最好的国家，经济增长速度最高。2015年，由于建筑业增长减速，斯里兰卡增长预计降至6.9%。[④] 斯里兰卡的经济发展模式是债务融资型增长模式。新借的钱主要用于偿还贷款分期和债务利息。当年该国的债务偿付支出占

---

① 周武英：《世行：南亚成全球发展最快地区》，《经济参考报》2015年4月15日。

② 环球网：《亚洲开发银行预测2015年尼泊尔经济增长率为5.5%》，http://china.huanqiu.com/News/mofcom/2015-09/7459351.html。

③ 新浪网：《亚行提高孟经济增长预期》，http://news.sina.com.cn/c/2015-10-06/doc-ifxiqtqy0346933.shtml。

④ 周武英：《世行：南亚成全球发展最快地区》，《经济参考报》2015年4月15日。

到政府年收入的95.4%。这种债务融资型增长模式能否健康地发展成较为可靠的自主型经济增长模式，极大地依赖于政局稳定和良好的投资环境。[①]

南亚经济一体化取得新进展。2014年底，第18届南盟峰会决定逐步推动自由贸易区、关税联盟、共同体市场和经济货币联盟进程，实现“南亚经济一体化”。通过加深成员国之间在多个的合作，实现地区和平、稳定和繁荣。会议承诺将实质性提升该区域互联互通，建设和升级道路、铁路、水路基础设施、电网、通信、航空，以确保货物、服务、资金、技术和人员的跨境流通。2015年6月中旬，南盟四国孟加拉国、不丹、印度和尼泊尔签署“汽车运输协定”（BBIN－MVA），意味着南亚地区各国之间人员、物资交流将大为便捷，南亚经济一体化程度将得到进一步提升。

（四）多国举行全国或地方选举，国内政治斗争激烈

印度执政党在地方选举中失利。2015年，在印度德里、比哈尔的地方选举中，执政的人民党皆败选。2月7日，印度德里直辖区举行议会选举，印度人民党遭受上台以来的第一次地方选举失利。德里前首席部长凯吉里瓦尔领导的平民党取得压倒性胜利。11月8日，在比哈尔邦立法院选举中，印度人民党再次失利。比哈尔邦立法院选举结果显示，在比哈尔邦立法院243个席位中，当地人民党（联合派）、民族人民党和印度国大党三党联盟共获得178个席位，人民党及其盟友仅获得58个席位。[②] 人民党在印度联邦院中处于少数位置。而在人口大邦比哈尔选举的大败，更加大了印度人民党控制议

---

① 中国财经时报网：《斯里兰卡经济悲剧给中国的地缘外交提了醒》，http://www.3news.cn/News/2015/1103/16624.html。

② 陈新津：《印度执政党在比哈尔邦地方立法选举中失利 莫迪遭打击》，http://world.huanqiu.com/exclusive/2015－11/7936085.html。

会上院的难度。此外，执政党在地方选举的失利将会重创莫迪的形象，削弱莫迪在印度人民党内的地位，党内的反对势力也将借此抬头。在印控克什米尔地区选举中，印度人民党实现了首次参与克什米尔政治统治的突破。印控克什米尔地区自1947年印巴分治以来，就一直处在当地政党——人民民主党的统治之下。2014年12月印控克什米尔举行地方选举，印度人民党获得了87个总席位中的25个，人民民主党获得了28个。[①] 选举结果公布后，印控克什米尔地区反印领袖拒绝承认选举的合法性，该地区一直没有组建政府。2月26日，印度人民党和人民民主党基本达成共识，共同组建政府，使印度人民党首次参与克什米尔政治统治。

尼泊尔、斯里兰卡两国举行大选。尼泊尔颁布新宪法，选举新总理。尼泊尔自2008年制宪会议成立以来，一直未能制定出新宪法。2015年，尼泊尔终于正式制定、颁布新宪法，这也是尼泊尔历史上第一部由民选代表制定的宪法。10月2日，尼启动新总理选举程序，各政党未能在一周内通过共识方式选出新总理。随后，尼议会启动投票选举程序。尼第二大党尼共（联）主席奥利获得338票，以超过半数票赢得选举，当选新一任尼泊尔总理，成为尼第38任总理。[②] 10月28日，尼共（联）妇女领袖比迪娅·德维·班达里当选为尼泊尔总统。此次选举中，比迪娅获得327票，以超过半数赢得选举，成为尼泊尔历史上首任女性国家元首。[③] 斯里兰卡举行议会选举，组建联合政府。8月17日，斯里兰卡执政的统一国民党在议会

① 中新网：《印度人民党首次进入印控克什米尔议会组建联合政府》，http://www.chinanews.com/gj/2015/02-27/7085097.shtml。

② 中新网：《尼共（联）主席奥利当选尼泊尔新总理》，http://www.chinanews.com/gj/2015/10-11/7563607.shtml。

③ 中新网：《尼共（联）妇女领袖比迪娅当选尼泊尔新总统》，http://www.chinanews.com/gj/2015/10-28/7594476.shtml。

选举中获胜。执政党统一国民党赢得105席，反对党统一人民自由联盟获得92席。[①] 由于未获议会多数席位，统一国民党与统一人民自由联盟中最大的斯里兰卡自由党签约，共同组建联合政府，统一国民党领袖、过渡政府总理维克勒马辛哈宣誓就任新一任总理。

马尔代夫、孟加拉国内政治斗争激烈。马尔代夫因前总统被判刑一事引发国内政治斗争。2月23日，马尔代夫前总统穆罕默德·纳希德因2012年涉嫌违反反恐法遭逮捕，被警察强行带入法庭出席审前听证会。判决后，数以百计的纳希德支持者聚集在法院外示威，支持者表示指控含有政治动因，意在无法让纳希德参加2018年总统选举。5月1日，马尔代夫反对派组织大规模集会，数千名示威者走上首都马累街头，要求释放前总统纳希德。示威人群试图突破马累军方总部的警戒线，与警方爆发冲突。孟加拉国党派斗争激烈，发生多起反对党示威活动和多名反对党领导人被捕事件。1月5日，孟加拉国反对党民族主义党领导人卡莉达·齐亚呼吁人们举行大规模反政府示威，以抗议孟加拉国总理谢赫·哈西娜及其所在的执政党在2014年1月5日的选举中作弊，要求哈西娜举行新的多党派选举。反对党宣布举行全国交通大封锁行动。反对党支持者、执政党支持者以及警方之间频频发生冲突，首都达卡的一些公交车辆被焚烧，在法院、大学等场所发现数量不等的土制炸弹。连接达卡与北部城市锡尔赫特市的铁轨遭到人为破坏，导致火车出轨，造成50余人受伤。民族主义党主席顾问在达卡一家酒店遭枪手袭击受伤，由民族主义党率领的共20个党派参与的反对党联盟宣布举行全国大罢工，抗议针对民族主义党领导人的袭击事件。2015年，孟加拉国特设法庭判处了伊斯兰大会党副主席阿布杜斯·苏班死刑，对伊斯兰大会党领导人卡马鲁扎曼和穆贾希德执行死刑。除伊斯兰大会党的

① 中新网：《斯里兰卡执政党赢得议会选举 前总统承认败选》，http://www.chinanews.com/gj/2015/08-18/7474936.shtml。

高级领导人外，孟加拉国民族主义党的一些领导人也受到指控并被判重刑。这些受指控的反对党否认指控，称这些指控具有“政治目的”。

（五）自然灾害和疫情严重，巴基斯坦成为恐怖主义的重灾区

极端天气、地震等自然灾害严重。印度和巴基斯坦遭遇高温、洪涝灾害。5 月，印度全国各地的最高气温一直徘徊在 45 摄氏度左右，高温天气持续多日。截至 5 月 31 日，位于印度东南部的安得拉邦共有约 1600 人死于高温天气，特伦甘纳邦的死亡人数约 500 人。[①] 在高温天气中丧生的大部分是建筑工人、老人或无家可归者。降雨导致印度和巴基斯坦遭遇严重的洪涝灾害。7 月的全国性持续强降雨，使巴基斯坦遭遇因大雨引发的洪灾，造成至少 166 人死亡、128 人受伤、100 多万人受灾。巴基斯坦国家灾害管理局的发言人表示，洪水冲毁了 8471 栋房屋，2976 个村庄被淹，近 9.5 万公顷耕地被毁。受灾最严重的西北部开伯尔—普什图省有至少 79 人死亡，70 人受伤，3320 栋房屋遭破坏。[②] 12 月初，印度南部泰米尔纳德邦首府金奈遭遇罕见大雨引发洪灾，截至 12 月 4 日，已造成至少 325 人死亡、数万人受灾，许多地区停电停工、学校关闭、交通严重受阻。[③] 尼泊尔遭遇强地震灾害。4 月 25 日，尼泊尔发生 8.1 级破坏性地震。5 月 12 日，尼泊尔再次发生 7.5 级地震。据尼泊尔国家紧急情况中

① 中新网：《印度高温已造成 2200 余人丧生》，http://www.chinanews.com/gj/2015/06-02/7314956.shtml。

② 人民网：《巴基斯坦洪灾已致至少 166 人死亡 逾 100 万人受灾》，http://world.people.com.cn/n/2015/0808/c1002-27430746.html。

③ 人民网：《印度南部遭遇罕见暴雨引发洪灾 造成至少 325 人死亡》，http://world.people.com.cn/n/2015/1205/c1002-27893079.html。

心发布的消息，截至5月17日，该国两次破坏性地震已造成8583人死亡。[①]

印度遭遇严重传染病疫情威胁。一是遭遇严重猪流感事件。在所有疫区中，位于印度西部的马哈拉施特拉邦疫情最为严重，当地感染猪流感的病例和死亡人数居全国之首。根据印度联邦卫生部的数据，截至9月10日，感染人数已达7271人，死亡661人，这是马哈拉施特拉邦4年来遭遇的最严重的疫情。古吉拉特邦（6662人感染，450人死亡）和拉贾斯坦邦（6705人感染，436人死亡）的感染和死亡人数紧随其后。马哈拉施特拉邦、古吉拉特邦、拉贾斯坦邦和中央邦的死亡人数之和占到了印度全国猪流感死亡人数的80%。[②] 二是爆发严重登革热疫情。2015年印度首都新德里爆发5年来最严重登革热疫情。截至10月13日，印度德里的登革热通报案例已经突破1万例，造成41人死亡。由于德里的登革热高峰通常出现在10月中旬和11月，专家担忧，至11月，通报案例数仍会增加。[③]

巴基斯坦成为地区恐怖主义的重灾区，军警、政府部门成为恐怖袭击重点。3月26日，巴基斯坦塔利班西南部发生火箭弹袭击事件，5名警察在袭击中身亡。27日，在巴基斯坦最大的城市卡拉奇恐怖袭击中，路边炸弹袭击了一辆载有警察的大巴，造成10人受伤。9月1日，巴基斯坦西北部占鲁德警方一名地区指挥官遭自杀式

---

① 环球网：《尼泊尔两次强震所致死亡人数已超8500人》，http://world.huanqiu.com/exclusive/2015－05/6462324.html。

② 国际在线：《猪流感肆虐印度西部 已致1500余人死亡》，http://gb.cri.cn/42071/2015/09/10/6991s5097713.htm。

③ 中新网：《印度德里登革热病例突破一万 已致41人死亡》，http://www.chinanews.com/gj/2015/10－13/7567186.shtml。

炸弹袭击。爆炸使该警方官员受伤，并造成3人死亡，至少35人受伤。[①] 同日，巴基斯坦西北部贾姆鲁德市政府大楼外发生自杀式爆炸，共造成包括4名警察在内的6人死亡，31人受伤。[②] 9月18日，武装分子在巴基斯坦西北部袭击了巴军方位于白沙瓦郊外的空军基地，共造成29名安全人员身亡，另有29名安全人员受伤。[③] 12月1日，在巴基斯坦卡拉奇，一辆载有军警的车辆被骑摩托车的蒙面枪手袭击，导致两名军警身亡。2014年巴军发动"利剑"军事清剿北瓦基里斯坦地区以来，巴基斯坦塔利班就扬言进行报复，军队、警察和政府部门成为其通过恐怖袭击加以报复的主要对象。

展望2016年，南亚地区面临诸多变数。经济持续增长面临洪涝、干旱等自然灾害，全球经济增长放缓，国内改革措施落实困难等诸多挑战。地区反恐形势不容乐观，巴基斯坦反恐之路依然任重道远。印巴关系依然是南亚地区国家关系的重要关注点。

二、重大事件词条

"技术印度"计划

7月15日，印度总理莫迪启动了"技术印度"计划，作为政府"削减贫困"政策的一部分。在当天的演讲中，莫迪称中国已成为"世界工厂"，并呼吁印度成为全球"人力资源中心"。莫迪称，世界与技术日新月异，印度"需要有未来视野"，要"为未来十年做好准备"，提倡产业和技术专家之间的互动常规化。他还认为，如果

---

① 中新网：《巴基斯坦一警方官员遭自杀式炸弹袭击 致3死35伤》，http://www.chinanews.com/gj/2015/09－01/7501050.shtml。

② 中新网：《巴基斯坦一政府大楼外发生自杀式爆炸6死31人伤》，http://www.chinanews.com/gj/2015/09－01/7501216.shtml。

③ 中新网：《巴基斯坦空军基地遭袭16死 疑系塔利班分支报复》，http://www.chinanews.com/gj/2015/09－18/7531982.shtml。

印度的农村人口能接受到合适且充分的培训，印度就有能力为世界提供4000万—5000万人次的劳动力。因而创造就业是政府工作的重中之重，“技术印度”计划正是政府创造就业机会、减少贫困人口的一项重要举措。在“技术印度”的计划中，政府的目标是在2022年以前为约4亿人口提供技术培训。

“携手—2015”中印陆军反恐联合训练

10月12—22日，“携手—2015”中印陆军反恐联合训练在中国人民解放军第14集团军某综合训练场举行。联训以“中印陆军反恐联合训练”为课题，中印双方各出动144人参训，以混合编成的方式实施。联训内容共分为装备展示与课目演示、混编同训和综合演练3个阶段。10月22日，中印两军组织了反恐联合实兵演练和联训结束仪式。中印参训部队以两国联合打击国际恐怖组织为背景，以“山地联合反恐怖作战”为课题，分为联合侦察、封控阻隔、多点突入、追歼围剿和快速撤离5个阶段展开实兵演练。双方共投入兵力300余人，动用了榴弹发射器、迫击炮、反坦克火箭和火焰喷射器等武器装备。演练结束后进行的联训结束仪式宣告了此次为期11天的联合训练圆满结束。此次联训是中印陆军第五次反恐联合训练，也是在中国举办的第三次联训，充分表明两国陆军联训交流已经机制化、常态化，成为两军交流的重要内容和具体承载。

《印度海军本土化计划（2015—2030）》

7月20日，印度海军公布了《印度海军本土化计划2015—2030》，旨在未来15年里完成大部分装备的本土化生产。计划包括对46类装备以及战舰设备完成本土化生产，其中包括航空母舰、潜艇、水下和舰载监视系统。在航母平台结构的建造过程中，印度海军声称将完成90%装备的本土化生产，其中包括避雷器电线、电梯和可折叠为航母机库的大门。复合材料结构包括供船体和飞行甲板使用的长寿命油漆、船首声呐以及船上窗体的玻璃结构。在推进器结构的制造方面，印度海军50%的装备来源于进口，其中包括燃气轮机、柴油机、变速箱、轴、螺旋桨、空气推进设备和马达泵。在战斗系统方面，进口装备则高达70%，印度海军希望能够完成对舰空导弹、鱼雷、炮塔、监测装备和早期预警雷达的本土化生产。此外，印度还将对包括航空控制组件、火控系统、探雷、便携式声呐、全球定位卫星通信系统、无人机和智能水下机器人等装备进行本土化改造。印度海军本土化计划还包括维修改造印度海军陈旧的海上巡逻机以及直升机。在潜艇方面，印度海军旨在本土化生产主发电机、蓄电池、推进电机、集成声呐；对于潜水以及特种作战方面，则需要先进光学夜视仪、潜水灯、潜水面具以及水下车辆等。

澳大利亚外长访印

4月14日，澳大利亚外长毕晓普展开了对印度为期3天的访问，以巩固澳印两国之间近月来签署的一系列经济和国防合作协议。访问期间，毕晓普会晤了印度外长斯瓦拉杰，以促进达成核能合作协议。毕晓普还会晤了印度国防部长帕里卡尔，讨论如何实施澳大利亚和印度在莫迪2014年11月访澳期间所签署的国家安全合作协议。访问期间，澳印双方还就澳大利亚向印度出售铀矿石以做民用用途一事，达成相关细节。

巴基斯坦海军参谋长访华

3月25日，巴基斯坦海军参谋长穆罕默德·扎考拉上将访华。中国中央军委副主席范长龙与海军司令员吴胜利分别在京会见了扎考拉上将。扎考拉感谢中国一直以来在各领域向巴方提供的巨大支持和帮助，通过此次访问增进了巴基斯坦对中国海军的了解，加深了友谊。他表示巴方愿与中方一道，进一步深化两军特别是海军在各领域的务实合作，推动两军友好合作水平不断迈上新台阶。

巴基斯坦空军参谋长访华

5月31日至6月5日，巴基斯坦空军参谋长索哈尔·阿曼应中央军委委员、空军司令员马晓天邀请来华访问。6月1日下午，马晓天主持欢迎仪式、陪同检阅仪仗队并主持空军情况介绍，在空军司令部会见索哈尔。马晓天指出，中巴两军合作领域广、程度深，许多已形成机制。两国空军在专业技术领域开展了广泛的交流合作，愿在此基础上，继续深化务实合作，推动共同发展。索哈尔对双方各层级合作形成的互信和取得的成果表示满意，希望把两国空军的友好合作关系不断向前推进。其就任巴空军参谋长后首访选择中国，充分表明巴空军高度重视发展两国空军关系。6月2日上午，中央军委副主席范长龙会见了索哈尔。范长龙强调，中国军队愿与巴军一道，全面落实两国领导人达成的重要共识，进一步加强两军战略沟通，保持各军种交往良好势头，深化训练、装备、反恐等务实合作，为造福两国人民、维护地区和平稳定作出积极贡献。索哈尔表示，巴方始终将巴中关系置于最优先发展位置。巴军感谢中方长期给予大力援助，愿进一步加强两军特别是两国空军各领域交流合作，为巴中经济走廊提供安全保障，推动两国全天候合作不断取得新的发展。

巴基斯坦空军基地遭袭事件

9月18日，武装分子在巴基斯坦西北部袭击了巴军方位于白沙瓦郊外的空军基地。13名身着准军事部队制服的武装人员在清晨时分从两个地点对空军基地发动袭击，快速反应部队迅速到达现场并将武装人员控制在警卫室附近。数小时的交火后，13名武装分子被全部击毙。此次袭击共造成29名安全人员身亡，另有29名安全人员受伤。袭击事件发生后，巴基斯坦的塔利班分支领袖默罕默德·拉撒尼称对此次袭击负责。他在声明中指出，虽然武装分子进行了进攻，但顾及到了机场内妇女与儿童的安全，并未滥杀无辜。拉撒尼称，塔利班的目标是机场内的50名安保人员。巴安全分析专家认为，这是2014年巴军发动“利剑”军事清剿北瓦基里斯坦地区以来，巴基斯坦塔利班第一次有组织的反击。巴总理谢里夫对这一事件表示强烈谴责，并重申了消灭国内恐怖分子的决心。他和陆军参谋长拉希勒于当天赶赴白沙瓦并参加了遇难人员的葬礼。

巴基斯坦与阿富汗首通热线

12 月 31 日，巴基斯坦和阿富汗的军事指挥官开通了沟通热线，以缓解双方在边境的紧张局势。巴基斯坦军事发言人表示，这个首次在两国间开通的热线，旨在提升双方在边境事务上的合作。该合作项目是在巴基斯坦军队总司令拉希勒·谢里夫访问阿富汗首都喀布尔期间达成的。29 日，谢里夫与阿富汗总统会面，就重启阿富汗和解对话、共同打击恐怖主义等议题交换了意见。随着阿富汗境内塔利班组织、"基地"组织、"伊斯兰国"等恐怖势力的不断蔓延，总统加尼已在近期加强与巴基斯坦的联系，试图通过和平谈判的方式解决问题。

巴基斯坦总统访华

9 月 2 日，巴基斯坦总统侯赛因来华出席中国人民抗日战争暨世界反法西斯战争胜利 70 周年纪念活动。中国国家主席习近平在人民大会堂会见了侯赛因。习近平指出，中方高度重视发展同巴基斯坦的关系，始终把中巴关系置于中国外交优先方向。中方愿同巴方一道努力，不断充实中巴命运共同体内涵，为中国同周边国家建设命运共同体发挥示范作用。当前，中巴经济走廊建设取得重要进展，双方要加紧研究制订走廊远景规划。中方愿就加快推进两国产能和工业园区合作、有关民生项目开发建设等同巴方密切沟通。中方坚定支持巴方维护国家安全的努力，愿同巴方不断加强在国际和本地区事务中的协调和配合。侯赛因表示，中国人民在抗日战争和世界反法西斯战争中付出极大牺牲，做出重大贡献。巴方珍视同中方兄弟般的友好关系，积极致力于以中巴经济走廊建设为中心推进两国各领域务实合作，将继续加强同中方在国际事务中的协调配合。9

月3日，中共中央政治局常委、中国国务院副总理张高丽在北京钓鱼台国宾馆会见了侯赛因。

巴军方击落印无人机事件

7月15日，巴基斯坦军方宣称在巴控克什米尔地区击落一架印度间谍无人机，理由是该印度无人机入侵巴基斯坦领空并破坏“领土完整”。巴军方在声明中表示，“该间谍无人机被用于航拍。”印度陆军与空军随即对此予以否认。一名印度高官称，“有报告称有一架无人机坠毁在巴控克什米尔地区，但印度陆军所属的无人机没有坠毁事件发生。”16日，巴基斯坦外交部就无人机事件召见了印度驻巴基斯坦高级专员。巴基斯坦《每日新闻》报道，这已不是巴基斯坦第一次在其境内击落印度间谍无人飞机。2002年，巴基斯坦在其卡苏尔附近击落一架间谍无人机。巴军方于当时表示，该无人机由一名以色列人操纵，但是从印度境内起飞。

巴总理访问乌兹别克斯坦

11月17—18日，应乌兹别克斯坦总统卡里莫夫的邀请，巴基斯坦总理谢里夫对乌兹别克斯坦进行了为期2天的正式访问。卡里莫夫和谢里夫共同签署“乌巴联合声明”并会见记者，通报双方会谈结果。卡里莫夫介绍说，双方会谈中主要讨论了两国关系的发展现状和前景，以及地区安全问题。乌巴两国领导人对阿富汗的和平和稳定问题给予了特别关注。双方一致认为，阿富汗问题只能在联合国的斡旋下通过和平政治谈判和对立双方和解的办法得到解决。双方还讨论了地区安全、打击恐怖主义、极端主义和毒品走私问题。关于经贸关系问题，卡里莫夫表示，目前两国间的经贸水平与乌巴两国目前的经济实力和合作能力不相符。双方同意加强乌巴政府间经贸和科技合作委员会的工作，将经贸合作提升到新的水平。此外，卡里莫夫还表示支持巴基斯坦成为上海合作组织成员国，2015年上合组织乌法峰会上决定启动接纳巴基斯坦为上合组织成员国的程序，这将有利于乌巴两国间互利和多领域的合作。

第七届中印防务与安全磋商会议

4 月 10 日下午，中国人民解放军副总参谋长孙建国在八一大楼与印度国防秘书马瑟共同主持了第七届中印防务与安全磋商会议。会议就地区安全形势、两国两军关系及共同关心的问题深入交换意见。双方一致肯定磋商机制对加强互信、促进合作发挥了积极作用，并强调：两国领导人均认为维护边境和平与安定是两国双边关系发展成长的重要保证。孙建国表示，中印两国在国际和地区事务中拥有广泛共同利益。马瑟表示，印方愿与中方继续加强防务领域对话交流，增进了解，深化互信，采取有效措施，共同管控边境局势，保持边境地区和平与安宁。

马尔代夫总统乘坐快艇发生爆炸

9 月 28 日，马尔代夫总统阿卜杜拉·亚明从沙特阿拉伯返回首都马累时，乘坐的游艇遭炸弹袭击发生爆炸。总统本人并未受伤，但其妻子与两名助手受伤。当局调查后证实该事件是一起暗杀阴谋，于 10 月 6 日逮捕了两名保安人员，并继续深入调查。10 月 24 日，马尔代夫内政部长奥马尔·纳西尔在社交媒体发布消息称，该国副总统艾哈迈德·阿迪布当天因涉嫌暗杀总统已被逮捕收押，并将以叛国罪名被起诉。美联社消息称，在副总统阿迪布被逮捕之前，马尔代夫已经逮捕了两名资深警官，前任国防部长也已经被解职。马尔代夫当地网站消息称，阿迪布被捕的消息“引起不少马尔代夫人的震惊和关注”。

美防长卡特访印

6 月 3 日，美国国防部长卡特在参加完“香格里拉对话”会议后访问印度。3 日晚间，印度和美国签订了为期 10 年的新版《美印防务框架协议》，推动在多个安全相关领域的防务合作。其中，美国将为印度第二艘国产航母“维莎尔”号提供弹射技术方面的帮助，

“维莎尔”号航母是印度最为雄心的航母舰建造项目，相比于当前服役的“维克拉玛蒂亚”号和即将建成的“维克兰特”号，“维莎尔”号将可搭载更多的舰载机，且舰载机将采用弹射起飞方式。印度航母的制造与维护水平将因获得美国援助而迅速提升，这将为印度稳固其印度洋航母大国地位甚至亚太地区航母大国地位奠定基础。根据新的防务协议，两个较小的项目已达成一致：一是发展一种太阳能发电机；二是发展一套士兵生化防护装备。访印期间，卡特到访了印度东部海军司令部，该司令部主要负责指挥印海军在孟加拉湾的行动。卡特还登上了印度海军的“萨亚德里”号隐身护卫舰，这艘印度海军舰艇自从服役到现在都非常神秘，核心区域很少对外界展示。

美国总统奥巴马访问印度

1月25日，美国总统奥巴马飞抵印度首都新德里，成为唯一一位任期内两度访印的美国总统。奥巴马此行与印度总理莫迪商讨了多项合作协议。关于落实民用核能合作协议问题，双方获得重大突破。在深化防务合作方面，美印签订了一份关于亚太和印度洋区域的联合战略构想，并在共同声明中一再重申“维护海上安全，并确保航海自由和飞越自由的重要性，特别是在南中国海”，以期建立持久的战略伙伴关系。美印还敲定了一项为期10年的防御框架协议。在反恐合作方面，双方表示要加强两国在国际事务特别是反恐领域的合作。在气候谈判上，双方达成开展新能源合作的协议。在经贸合作方面，召开美印工商峰会及企业领袖高峰会议，确认两国将加强经济合作、释放潜在贸易额。26日，奥巴马应邀出席了在首都新德里举行的、庆祝印度第66个“共和国日”的阅兵仪式，成为首名观看印度阅兵仪式的美国总统。由于沙特国王阿卜杜拉逝世，奥巴马最终缩短访印行程赶赴沙特吊唁。

孟加拉国反对党领导人被执行死刑

4月11日，孟加拉国反对党伊斯兰大会党（伊大党）领导人卡马鲁扎曼在首都达卡中央监狱被执行死刑。孟加拉国战争罪法庭指控卡马鲁扎曼在 1971 年独立战争期间犯下多项反人类罪，包括抢劫、大屠杀、纵火、强奸等，并于 2015 年 2 月 19 日对卡马鲁扎曼发出死刑执行令，但他随后向孟加拉国最高法院提出复审申请。4 月 6 日，孟加拉国最高法院维持对卡马鲁扎曼的死刑判决，驳回了他提出的复审申请。在得知最高法院维持死刑判决后，孟加拉国伊大党宣布从 4 月 7 日起举行连续 48 小时全国大罢工，要求释放卡马鲁扎曼。当地警察表示，4 月 11 日当天达卡和全国各地都加强了安保，以防止暴力活动发生。达卡市内所有通往达卡中央监狱的道路都在当天早上 7 时后不允许机动车辆通行。

孟加拉国反对党民族主义党领导人遭逮捕

2 月 25 日，孟加拉国一家法院向反对党民族主义党领导人卡莉达·齐亚发出逮捕令，称其身负 2 起贪污案，但 4 次缺席审讯。法官贾马德尔当天在首都达卡做出了发出逮捕令的决定，此前他曾拒绝对齐亚的保释请求。齐亚方面称身体抱恙，并且担忧安全问题，拒绝逮捕。4 月 5 日，卡莉达·齐亚因涉嫌贪腐在首都达卡出庭受审。卡莉达·齐亚于 1945 年出生，是孟加拉国前总统齐亚·拉赫曼的遗孀。丈夫遇刺身亡后，投身政治，成为孟加拉国民族主义党领导人，并于 1991 年到 1996 年、2001 年到 2006 年两度出任孟加拉国总理。卡莉达·齐亚涉嫌通过以其丈夫、前总统齐亚·拉赫曼命名的慈善机构非法购买土地，而齐亚的律师则否认指控，齐亚方面称这些指控具有“政治目的”。

孟加拉国反对党示威活动

1 月 5 日，孟加拉国反对党民族主义党领导人卡莉达·齐亚呼吁人们举行大规模反政府示威，抗议孟加拉国总理谢赫·哈西娜及其所在的执政党在 2014 年 1 月 5 日的选举中作弊，要求哈西娜举行新的多党派选举。多个城镇出现暴动。警方宣布严禁首都达卡地区一切集会游行活动，并在民族主义党主席齐亚办公室外设置多道屏障。随后，反对党宣布实施全国交通大封锁行动，涉及铁路、公路运输等。反对党支持者、执政党支持者以及警方之间频频发生冲突，首都达卡的一些公交车辆被焚烧，在法院、大学等场所发现数量不等的土制炸弹。连接达卡与北部城市锡尔赫特市的铁轨遭到人为破坏，导致火车出轨，造成50余人受伤。孟加拉国政府为此全面升级安保措施。13日晚，民族主义党主席齐亚的顾问里亚兹·拉赫曼在达卡一家酒店被枪手袭击，身中4枪，其所乘车辆被焚烧。拉赫曼经抢救后脱离危险。由民族主义党率领的共20个党派参与的反对党联盟14日宣布，15日举行全国大罢工，抗议13日晚间针对民族主义党领导人的袭击事件。

孟加拉国伊斯兰大会党领导人被判死刑

2月18日，孟加拉国一特设法庭判处伊斯兰大会党副主席阿布杜斯·苏班死刑，法庭认定其在孟独立战争期间犯下了屠杀、虐待等反人类罪行。现年79岁的苏班被控在1971年孟加拉国战争期间协助巴基斯坦军队，屠杀了约400名当地平民，并参与了纵火和抢劫。但其辩护团队表示不服判决，准备提出上诉。苏班是近年来第9位因类似指控被判有罪的伊斯兰大会党领导人。2014年10月底，伊斯兰大会党主席尼扎米也因指挥屠杀、强奸等多项罪名被判死刑。伊斯兰大会党成立于1946年，是孟最大宗教党派，早年曾因反对孟独立而遭禁。孟加拉国总理哈西娜自2009年执政以来，设立专门的战争罪法庭，审判曾阻止国家独立的人物。除伊斯兰大会党的高级领导人外，孟加拉国民族主义党的一些领导人也受到指控并被判重刑。

莫迪访华

5月14—16日，印度总理莫迪对中国进行为期3天的正式访问，这是莫迪就任印度总理后首次访华，也是中国国家主席习近平2014

年9月访印以来两国间又一次重要高层互动。莫迪先后访问西安、北京、上海，开展文化、政治、经贸方面的系列活动，着重与民间交流。访问期间，国家主席习近平与莫迪举行会谈，并强调中印双方应该顺应历史潮流和各自实现民族复兴的战略需要，构建更加紧密的发展伙伴关系。莫迪表示，印方视中国为伟大邻居，致力于增进两国互信，密切战略沟通，拓展各领域合作，深化人文交流，妥善处理有关分歧。印度媒体评论称，莫迪此次访华将推动实现“亚洲世纪”。

莫迪访问阿联酋

8月16日，应阿联酋阿布扎比王储及武装部队副总司令谢赫穆罕默德·本·扎耶德·阿勒纳哈扬的邀请，印度总理莫迪开始对阿联酋进行为期两天的正式访问。这是30多年来印度总理首次访问阿联酋，也是莫迪上任后首次访问中东国家。访问结束时，双方发表了联合公报，强调共同协调、打击极端主义和恐怖主义。双方还就双边关系、经贸合作、地区安全、宗教极端义等区域及国际问题展开了讨论，并签署了一系列涉及经济、国防、安全、文化等方面的合作协议。

莫迪访问巴基斯坦

12月25日，印度总理莫迪在访问阿富汗回国途中突访巴基斯坦，两国总理进行会面。会谈中，莫迪与谢里夫同意继续和平进程，重启全面对话，共同应对贫困，增进人文交流，并从下月中旬起恢复两国外交秘书级别会谈。这是莫迪就任总理以来首次访问巴基斯坦，也是印度总理近12年来首次访巴。此次莫迪对巴基斯坦的突访，再次显示了两国关系缓和的热络势头。

莫迪访问俄罗斯

12月23—24日，应普京邀请，印度总理莫迪对俄罗斯进行正式访问。普京与莫迪举行了正式会谈并发表联合声明，就一系列问题达成共识。反恐问题上，俄总统普京表示，俄罗斯和印度主张建立一个打击“伊斯兰国”的广泛反恐联盟，这是国际社会的共同利益。两国主张政治解决叙利亚危机，主张促进阿富汗的和解进程。莫迪也重申，俄印两国在反恐问题上立场一致。工业合作上，双方约定深化在工业领域的合作、落实一系列大型基础设施项目和能源合作项目，以此来增加相互投资额。俄罗斯直接投资基金和印度基础设施集团达成总额为10亿美元的联合投资协议。印方还同意在印度再开辟一块区域，建设由俄罗斯设计的装机容量为1200兆瓦的清水反应堆。在传统能源领域，俄印企业就石油勘探、开采和加工达成了新的合作协议。此外，两国还签署备忘录简化签证制度，简化个别公民的往来条件，特别是方便商务人员往来。

莫迪访问韩国

5月18日，印度总理莫迪访问韩国，系其就任总理以来首次访韩。当天，莫迪与韩国总统朴槿惠举行了首脑会谈，商讨了双方关系的未来发展方向，就两国加强外交、安全、国防、科学技术、社会、文化特别是经贸往来等各方面的实际合作方案达成了协议，并就朝鲜半岛局势和地区局势等事宜交换了意见。此外，两位首脑还决定从明年上半年开始，协商改善2010年1月生效的《关于建立更紧密经贸关系的安排》（CEPA）的问题。最终，双方签署了《联合声明》，将两国关系从“战略伙伴关系”提升至“特别战略伙伴关系”。5月19日，韩国总统朴槿惠与到访的印度总理莫迪一同出席了在首尔乐天酒店举行的“韩国—印度CEO论坛”。

莫迪访问蒙古国

5月17日，印度总理莫迪访问蒙古国，分别与蒙古国总统、总理和国家大呼拉尔主席举行会谈、会面。两国共签署14项合作协议，合作领域涵盖教育、医疗、能源、网络安全和文化交流等方面。当天上午，蒙古国总理赛汗比勒格在乌兰巴托成吉思汗广场为莫迪举行欢迎仪式。随后两人举行会谈，并一同出席两国合作协议签字仪式。仪式上，莫迪宣布将向蒙古国提供10亿美元贷款用于其经济发展和基础设施建设。莫迪是历史上首位访问蒙古国的印总理。2015年是印蒙建交60周年。

莫迪访问孟加拉国

6月6日至7日，印度总理莫迪访问孟加拉国。这是莫迪自去年5月当选总理以来首次访孟。6日，莫迪在达卡与孟加拉国总理哈西娜举行了会谈。双方签署、续签了多项文件，加强了双边合作。两国开通了达卡—印度西隆—印度高哈蒂和加尔各答—达卡—印度阿加特拉的班车，使印度与孟加拉国东北部地区的连通更为顺畅；印度愿意向孟加拉国提供20亿美元的贷款额度，用于支持基础设施和其他发展项目的建设；根据两国签署的土地边界协议，印度将向孟加拉国交还111块飞地，孟加拉国则向印度交还51块飞地。居住在这些飞地的5万多民众，可自行选择居住在印度还是孟加拉国，并获得相应的公民身份。印孟两国总理在协议签署后表示，签署边界协议将让两国边界地区更加安全，居民生活更加稳定。孟加拉国外交部长阿布·阿里形容这项协议是“两个南亚邻国关系的历史性里程碑”。

莫迪访问中亚五国

7月6日，印度总理莫迪启程出访乌兹别克斯坦、哈萨克斯坦、吉尔吉斯斯坦、塔吉克斯坦和土库曼斯坦等中亚国家。莫迪首先访问乌兹别克斯坦，随后到访哈萨克斯坦，而后前往俄罗斯乌法参加金砖国家领导人峰会及上海合作组织成员国元首理事会第十五次会议，会后赴土库曼斯坦、吉尔吉斯斯坦和塔吉克斯坦访问。莫迪此行系印度总理自中亚各国1991年独立以来，首次一次性访问五国。媒体称莫迪此行为“旋风之旅”，他在每个国家的停留时间最长也没有超过24个小时，但被认为肩负着战略内容。

莫迪连访法、德、加三国

4月10日至18日，印度总理莫迪先后访问法国、德国与加拿大。在印度力图振兴制造业、加速经济改革的背景下，莫迪此次出访广受业界关注。一方面，莫迪此访期间大手笔“购物”。4月10日，莫迪与法国总统奥朗德在巴黎宣布，印度原则同意从法国购买36架“阵风”战机，双方由此敲定这项持续多年的军购谈判。在法国，莫迪还参观了空客飞机生产线及太空研究机构，对欧洲高科技产业表现出浓厚兴趣。15日，莫迪与加拿大总理哈珀在渥太华见证两国签署浓缩铀贸易大单，印度将在未来5年从加拿大进口超过700万磅浓缩铀用于发电。另一方面，莫迪此行还不忘为印度经济“吸金”引智。他在德国出席汉诺威工业展时表示，为了引进更多外资，印度改善了基础设施、投资环境以及税收政策。借着莫迪访问的东风，2015年印度有120多个企业主参加汉诺威工业展，占总数近1/4。莫迪呼吁欧洲企业赴印投资，同时希望海外印裔专业人士担当桥梁角色，促进双赢合作。莫迪此次外访前后共9天，其中法国、德国之行是他履职后首次访问欧洲，加拿大之行则是印度总理时隔40多年再次到访枫叶之国。

尼泊尔颁布新宪法

9月20日，尼泊尔总统亚达夫在加德满都宣布施行《尼泊尔联邦民主共和国新宪法》。自2008年制宪会议成立以来，历时8年之久，尼泊尔终于正式颁布新宪法。这亦是尼泊尔历史上第一部由民选代表制定的宪法。亚达夫在新宪法颁布后呼吁全体尼泊尔人民团结协作，同时表示，这是尼泊尔国家的胜利，也是尼泊尔人民的胜利。制宪会议主席内姆旺称，新宪法为尼泊尔独立、主权和领土完整提供了保障。新宪法颁布当晚，尼泊尔民众纷纷走上街头，高举国旗和鲜花，齐唱尼泊尔国歌，庆贺新宪法的颁布。

尼泊尔地震灾后重建国际会议

鉴于4月、5月发生严重的破坏性地震，6月25日，尼泊尔政府在加德满都举行尼地震灾后重建国际会议。中国、印度、挪威、日本、欧盟、美国、联合国等50多个国家和国际组织代表出席会议。中国外交部长王毅与会并代表中国政府宣布了参与尼灾后重建一揽子方案，提出中国将从提供无偿援助、贷款支持、鼓励企业和团体投入、为尼培训人才以及推动中国地方省区深化同尼合作等五个方面参与尼灾后重建，重点支持尼基础设施、民生改善、提高防灾减灾和保护修复文物能力等领域。日本政府表示将以日元贷款、无偿资金援助等方式为学校、住宅、医院等设施重建提供2.6亿美元的资助。会议圆满成功，国际社会向尼承诺提供44亿美元的援助。

尼共（联）妇女领袖比迪娅当选尼泊尔新总统

10月28日，尼泊尔总统、副总统选举选出尼泊尔首位女性总统比迪娅·德维·班达里。此前原计划通过各党达成共识在10月25日选出总统的期限已过，因此议会秘书处决定推迟到10月28日。比迪娅·班达里为联合马列党总统候选人，目前为该党副主席。此前，比迪娅曾担任过尼泊尔国防部长。此次选举中，比迪娅获得327票，以超过半数赢得选举，当选尼泊尔历史上首任女性国家元首。

尼共（联）主席奥利当选尼泊尔新总理

10月11日下午，尼泊尔议会投票选举新总理。尼第二大党尼共（联）主席奥利获得338票，以超过半数票赢得选举，当选新一任尼泊尔总理，成为尼第38任总理。此次选举新总理，共有587名议员参加投票。另一位候选人尼大会党主席、过渡政府总理柯伊拉腊获得249票。9月16日，尼泊尔第二届制宪会议以507票支持，25票反对，58票弃权通过了新宪法草案。20日，总统亚达夫宣布正式颁布宪法。10月2日，尼启动新总理选举程序，各政党未能在一周内通过共识方式选出新总理。9日，尼议会启动投票选举程序。10日，尼共（联）主席奥利和大会党主席柯伊拉腊作为提名候选人参加此次竞选。

日本首相安倍访印

12月11—13日，日本首相安倍晋三访问印度。12日，安倍与印度总理莫迪达成了核能协定、首建高铁、武器转让三大合作协议。关于核能协定，日本原则上同意向印度出口核电技术，这意味着日本将首次与没有加入《不扩散核武器条约》的国家进行核能合作。安倍称这是日印战略伙伴关系和战略互信达到新水平的“闪亮标志”。关于高铁合作，印度首个高铁项目决定引进日本新干线技术。项目耗资预计为9800亿卢比（约合146亿美元），日本将提供至多1.46万亿日元（12亿美元）贷款。关于武器转让，双方签署了日本对印度转让防卫装备和技术、两国共享防务领域保密情报两项协定，并确认将在安全领域加强合作。根据协定，印度将购买日本海上自卫队使用的US—2型水陆两栖飞机。除此之外，双方还确认，日本海上自卫队将继续参加印度与美国海军联合演习。此后5年，印度将派包括交换生在内的1万名青年访问日本。

斯里兰卡海军司令访华

6月9日，斯里兰卡海军司令贾延塔·佩雷拉海军中将访华。中国国务委员兼国防部长常万全、中国海军司令员吴胜利先后会见了佩雷拉。佩雷拉表示，斯方高度重视与中国海军的友好关系，希望双方继续加强各层次领域的交流与合作，不断得到中国海军的支持，增进彼此信任，推动两国海军关系不断发展。

斯里兰卡议会选举

8月17日，斯里兰卡执政的统一国民党在议会选举中获胜，统一国民党领袖、过渡政府总理维克勒马辛哈宣誓就任新一任总理。此次斯里兰卡议会选举的角逐主要在维克勒马辛哈领导的统一国民党和以前总统拉贾帕克萨为主要候选人的反对党统一人民自由联盟之间展开，维克勒马辛哈领导的执政党统一国民党赢得106席，反对党统一人民自由联盟获得 95 席。在 2015 年 1 月举行的总统大选中，前卫生部长西里塞纳作为反对党共同推举的候选人，与维克勒马辛哈领导的统一国民党携手击败前总统拉贾帕克萨。西里塞纳出任总统后组成临时内阁，任命维克勒马辛哈为过渡政府总理。

斯里兰卡总理访日

10 月 6 日傍晚，日本首相安倍晋三在官邸与斯里兰卡总理维克勒马辛哈举行了会谈，双方就年内举行海洋安全政策对话达成了一致。双方还确认将于 2016 年上半年开展政府间经济对话以促进贸易与投资。维克勒马辛哈在会谈中对日本的安保法制表示了支持。会谈结束后，双方发表了包括上述内容在内的全面强化两国关系的联合声明。联合声明表示，日本将派遣检察官前往斯里兰卡协助实现民族和解。双方还商定日本将继续接收斯里兰卡行政人员进行培训。声明还提及了法治在海洋安全中的重要性。

斯里兰卡总统西里塞纳访问印度

2 月 15 日，斯里兰卡总统西里塞纳抵达印度开启对印的国事访问，这是其上任后首次出访。16 日，西里塞纳总统在印度总统府受到隆重欢迎，随后前往圣雄甘地陵墓表达敬意。当天晚些时候，西里塞纳同印度总理莫迪举行闭门会谈，探讨多个关键话题，包括采取措施扩大两国的经济合作、斯里兰卡和平及和解进程等。17 日，西里塞纳访问了佛教四大圣地之一的菩提迦耶，随后前往蒂鲁帕蒂市，之后结束了对印的访问。新总统西里塞纳此次访印意在安抚印对中斯发展关系的担忧情绪。为配合西里塞纳访印，斯印两国相互释放善意，斯决定释放扣留的 86 艘印渔船，印则准备释放 24 艘斯渔船和 6 名渔民。

习近平主席访问巴基斯坦

应巴基斯坦伊斯兰共和国总统侯赛因和总理谢里夫邀请，中国国家主席习近平于 4 月 20 日至 21 日对巴基斯坦进行了国事访问。

访问期间，双方发表联合声明，并签署了能源、交通基础设施、经贸、金融、科技等领域的合作协议。巴基斯坦是习近平主席今年首次出访的第一站，此访也是中国国家主席9年来首次访巴，是中国最高领导人面向周边的又一重大外交行动，推动中巴双边关系再上新台阶，具有重大而深远的意义。习近平表示，中方将同巴方共同努力，巩固好、维护好、发展好两国传统友谊，深化各领域合作，给两国人民带来更多福祉。巴基斯坦总理谢里夫则在《新京报》发表致中国读者的署名文章，阐述习近平此次出访将为中巴关系以及地区繁荣稳定发展带来的光明前景。

印度2015—2016年度财政预算案

2月28日，印度财政部长贾伊特利公布了印度政府2015—2016年度财政预算案。这是莫迪就任总理以来印度新政府的首个完整预算案。经济高速增长、“印度制造”、削减补贴、基础设施投资等成为这一新预算案的关键词。贾伊特利称，2015—2016财年印度的经济增速将达到8%—8.5%，并将很快实现两位数的增长。2015—2016财年印度政府的财政赤字将控制在国内生产总值的3.9%。新的预算案将公司税由当前的30%降低至25%，同时力推自2016年4月开始执行统一的商品和服务税。为了鼓励“印度制造”，新的预算还特地对部分原材料降低了关税。为了削减开支，印度政府大幅削减补贴，粮食、化肥、石油三大领域的补贴削减了10%，降为2.27万亿卢比（1美元约合62卢比），约占2015—2016财年政府支出的13%。为了改善基础设施建设，2015—2016财年，印度在基础设施领域的投资将比上一财年增加7000亿卢比，同时还将设立国家基础设施基金，为有关铁路、公路、灌溉项目提供融资。此外，印度新财年里的军费支出为2.46万亿卢比，同比增加了2000亿卢比。不过，新的预算却将教育领域的支出削减17%，由上一财年的8277亿卢比降至新财年的6907亿卢比。

印度爆发登革热疫情

9 月 15 日，印度媒体消息称，该国首都新德里正经历 5 年来最严重登革热疫情。印度卫生部当天表示，新德里报告的登革热患者总数超过 1800 人，其中 6 名患者死亡。《印度斯坦时报》报道称，近几周来新德里超过 1800 人确诊感染登革热，疑似病例 1993 例，确诊患者人数超过 2010 年全年的 1695 例，是近 5 年来最严重登革热疫情。虽然新德里医院和诊所已经启动免费发热诊查等紧急服务，但仍难以满足需求。由于担心染病，大量民众涌入医院检查。新德里政府向各医院新增 1000 张床位，增设“发热门诊”，公立医院还采取了取消所有医生护士休假，推迟外科手术为登革热病人腾出病床等措施。印度政府认为，此次登革热疫情爆发与潮湿多雨的天气有关，携带登革热病毒的蚊子繁殖活跃。

印度高温致千人死亡

5 月 30 日，印度全国各地的最高气温徘徊在 45 摄氏度左右，高温天气仍在持续。专家表示，此次印度高温源自厄尔尼诺现象，该现象导致太平洋的海面温度升高，造成亚洲地区酷热，并拖延了印度原应于 6 月至 9 月到来的季风期。过去一周，印度北部、东南部和东部的气温分别在 42 摄氏度至 48 摄氏度之间。过去三周中，极端高温已导致印度超过 2200 人死亡。截至当地时间 5 月 31 日，位于印度东南部的安得拉邦共有约 1600 人死于高温天气，特伦甘纳邦的死亡人数也有 500 多人。此外，在奥里萨邦、古吉拉特邦和首都新德里，亦有数十人因高温天气死亡。印度当局表示，在高温天气中丧生的大部分是建筑工人、老人或无家可归者，这也揭示出印度政府在室外工作者管理和保障方面的漏洞。据称，印度每年雨季到来前都面临高温天气的威胁。而印度历史上造成死亡人数最多的高温天气发生在 1998 年，当时共有 2541 人死亡。

印度工人罢工抗议政府商业改革

9 月 2 日，印度 10 个工会，大约 1.5 亿来自银行业、制造业、建筑业和煤炭行业的工人举行罢工，抗议总理莫迪支持商业发展的经济政策，抱怨这样的政策会让他们失去工作，伤害普通民众。报道称，此前印度工会曾与财政部长阿伦·贾伊特利进行谈判，但以失败告终。工会要求政府放弃廉价出清国有企业基金的计划，但印度政府称，这一计划是为了刺激公共资金和关闭落后产能。据报道，此次罢工影响了印度的交通，长途通勤者和学生都等候在公交站，大量游客被滞留在机场，出租车和黄包车也停止了服务。同时，此次罢工还影响了印度的金融服务业，许多银行都宣布要在当天关门。

印度国防部长访日

3月30日，印度国防部长帕里卡尔抵达日本进行为期两天的访问。日本首相安倍晋三与帕里卡尔会谈，双方就强化日印关系达成共识。安倍指出，日印合作对两国的国家利益乃至地区和平稳定都"非常有意义"。日本防卫相中谷元在防卫省与帕里卡尔举行会谈，双方同意为日本自卫队救援飞艇"US2"对印出口事宜早日取得进展而积极展开磋商，确认将加强两国在海洋安全保障领域的合作，并同意日本海上自卫队继续参加美印两国举行的海上联合训练。帕里卡尔还前往位于神奈川县横须贺市的海上自卫队横须贺基地，参观25日投入使用的海上自卫队最大护卫舰"出云"号。

印度内政部长访华

11月18日，印度内政部长拉杰纳特·辛格抵达北京，开启为期6天的中国之行。印媒称，这是印度十年来第一位访问中国的内政部长。19日下午，中国总理李克强在中南海会见了辛格，讨论提升两国安全合作的话题。随后，辛格还与中国国务委员、公安部部长郭声琨举行了会谈。20日，辛格与中共中央政治局委员、中央政法委书记孟建柱会面，并参观某公安局的特警部队。21日，辛格前往上海会见中共高层和安全官员，参观上海的控制指挥中心，并在上海印度人协会发表演讲。访问期间，辛格还到访中国人民公安大学，与该校党委书记探讨了警察培训的有关事宜。辛格此次访华的大背景是印中关系发展稳定。与此同时，两国正在简化处理边境矛盾的机制。在巴黎恐怖袭击发生后，两国加强反恐合作的步伐也在加快。

印度人民党首次进入印控克什米尔议会组联合政府

2月26日，印度族政党印度人民党首次参与克什米尔政治统治，与人民民主党共同组建政府。印度人民党领袖表示，两党已经基本达成了共识，两党将会在接下来的几天内组建政府。官方消息也证实新政府将在3月1日建立，相关仪式将会在印控克什米尔的查谟举行。自1947年印巴分治以来，印控克什米尔这一印度唯一一个以穆斯林族居民为主的地区就处在当地政党，即人民民主党的统治之下。从2014年12月印控克什米尔举行地方选举以来，该地区就一直没有组建政府。而选举结果显示印度人民党获得了87个总席位中的25个席位，人民民主党则获得了28个席位。选举结果公布后，印控克什米尔地区反印领袖就表示拒绝承认选举的合法性。而针对组建联合政府的消息，当地群众表示不满。

印度外长访华

1月31日至2月3日，应中国外交部长王毅邀请，印度共和国外交部长斯瓦拉吉对中国进行正式访问。此访是斯瓦拉吉外长去年就任外长以来首次访华，双方对此高度重视。访问期间，中国领导人会见了斯瓦拉吉外长，王毅外长与斯瓦拉吉外长举行了会谈。双方就双边关系以及共同关心的问题深入交换了意见。斯瓦拉吉外长还出席了“印度旅游年”启动仪式和第二届中印媒体高峰论坛开幕式。发言人指出，中印是世界上两个最大的发展中国家和重要的新兴经济体。近年来，中印面向和平与繁荣的战略合作伙伴关系持续健康发展。双方政治互信不断加深，各领域合作取得丰硕成果，在国际地区事务中保持良好协调配合。

印度研发“阿斯特拉”导弹

3月21日报道称，印度近日成功测试了自主研制的“阿斯特拉”超音速空对空导弹。印度奥迪沙邦综合试验场负责人MVKV·普拉萨德在接受采访时确认了导弹成功试射的消息。印度国防研究和发展组织研制的“阿斯特拉”导弹是一种超视距导弹，可以从印度苏–30MKI战机上发射。“阿斯特拉”导弹长149英寸，是印度自主研制的超音速导弹中体积最小的。据印度《经济时报》报道，导弹的射程随着发射高度的降低而缩短：如果从8000米高度发射，射程可达44千米；如果从海平面发射，射程为21千米。“阿斯特拉”导弹主动雷达的有效探测距离可达25千米。“阿斯特拉”导弹的性能若达到前期预期，它将使印度的苏–30MKI战机获得强大的攻击力。

印度与东盟联合军演

6月初，印度少将阿坚德拉·巴哈杜尔·辛格率领四艘印度海军军舰抵达南海，与东盟五国开展为期三个月的联合军演。参与演习的四艘印度军舰中，隐形护卫舰“萨特普拉”号和反潜巡洋舰“卡莫尔塔”号率先抵达预定地点，同新加坡海军开展“2015海上双边演习”。导弹驱逐舰“兰维尔”号和舰队供油船“夏克提”号则于6月7日抵达印尼首都雅加达。同印尼海军开展为期4天的演习后，印度军舰继续访问马来西亚关丹港、泰国梭桃邑港和柬埔寨西哈努克港等其他东盟港口。海上演习全部结束后，舰队驶往澳大利亚弗里曼特尔港。印度海军连续几届领导一直重申，若印度的资产受到威胁，海军有能力将包括南海在内的海域纳入印度的“权益区域”。

印度遭遇严重猪流感

9月10日，官方数据显示，印度遭遇严重的猪流感疫情。在所有疫区中，位于印度西部的马哈拉施特拉邦疫情最为严重，当地感染猪流感的病例和死亡人数居全国之首。根据印度联邦卫生部的数据，9月的前8天，该邦新增387个猪流感病例，38名感染者死亡，目前的感染人数已达7271人，死亡661人，这是马哈拉施特拉邦4年来遭遇的最严重疫情。同样位于印度西部的古吉拉特邦（6662人感染，450人死亡）和拉贾斯坦邦（6705人感染，436人死亡）的感染和死亡人数紧随其后。马哈拉施特拉邦、古吉拉特邦、拉贾斯坦邦和中央邦的死亡人数之和占到了印度全国猪流感死亡人数的80%。猪流感死亡者的健康状况和年龄分布情况上，约有36%的猪流感死亡者身体健康，生前并没有其他疾病。85%的死亡者的年龄在21岁至60岁之间。专家称，之所以年轻人和中年人的发病率和致死率较高，主要是因为他们的流动性较大，因而感染病毒的几率也较高。

印非峰会

10月26日至10月29日，印度总理莫迪主持召开了“印非峰会”，40多位非洲国家首脑受邀。印度举行峰会的目的是更多地介入非洲大陆经济，与已经大幅超前的中国进行竞争。2008年，追随中国、日本和欧盟的脚步，印度曾经举行了首次“印非峰会”。本次“印非峰会”是第二次，也是一次推迟的会议。原定于2014年底举行的第二次“印非峰会”，由于非洲国家的埃博拉疫情而推迟至今。这次峰会是1983年来印度最大规模的与非洲国家领导人的会议，参与国家从第一次的14个增加到40多个。印度希望自己在非洲的形象是朋友而不是掠夺者，因此新德里强调与非洲的共同历史，印度从16世纪就与非洲进行海上贸易，并且一起抵抗外来殖民者。在非洲的印度人有270万，大部分生活在南非，印度独立英雄甘地就是在南非开始其争取独立的运动。尽管有共同历史，但印度在非洲的投资只相当于中国对非洲投资的1/6，为300亿美元，印度对非洲的出口只占其全部出口的11%，尚有很大余地。

印日外长会谈

1月17日下午，日本外相岸田文雄在印度首都新德里与该国外长斯瓦拉吉举行了会谈，双方就日本、印度及美国加强合作达成一致，同意努力推动日、美、印三国外长会谈尽早召开。岸田指出，尽力发展两国关系有助于解决地区及国际社会面临的挑战。他还表示，日本海上自卫队将继续参加美国和印度海军的联合训练。双方还确认了尽早展开外务及防务副部长级对话，加快安全领域合作。此外，双方还讨论了日本海上自卫队救难艇“US2”出口印度一事。双方还在加强经济合作，促进印度基础设施建设，以及加快日印核能协议谈判等方面达成了一致。此外，双方表示将在联合国安理会改革中保持步调一致。

载多国外交官直升机在巴坠毁

5月8日，一架载有多国外交使节的MI－17直升机在巴基斯坦吉尔吉特地区坠毁。事故导致6人遇难，包括挪威大使、菲律宾大使、马来西亚大使夫人和印度尼西亚大使夫人，及两名飞行员。另有13人在事故中受伤，包括波兰和荷兰大使。当日该直升机运载37国外交官前往吉尔吉特参加一个旅游开发项目的剪彩仪式，与其同行的还有两架直升机，一架载有巴基斯坦总理谢里夫与其工作人员，一架载有高级军官。当天，谢里夫宣布全国降半旗，为坠机事故中遇难的多名外交官哀悼一天。关于坠机原因，当局表示是技术故障。但巴基斯坦塔利班随即发表声明对失事直升机负责，并称总理谢里夫才是他们的袭击目标。巴塔发言人奥马霍拉萨尼还称，直升机是巴塔用地对空导弹击落的。

中阿巴三方首轮战略对话

2月9日，中国外交部部长助理刘建超访问阿富汗，在喀布尔与阿富汗副外长卡尔扎伊、巴基斯坦外交部秘书乔杜里共同主持了首轮中阿巴三方战略对话。此次三方战略对话的一个重要议题是阿富汗和地区局势，三方同意共同致力于维护阿富汗及本地区的和平与稳定。三方重申，恐怖主义、极端主义、分离主义对三方及本地区安全稳定构成重大威胁，同意继续深化反恐和安全领域合作，互利合作。本次战略对话是三国应对地区形势快速变化、增进三方沟通与合作的有益尝试。三方同意适时举行第二轮三方战略对话，具体时间和地点将通过外交渠道商定。

中国海军护航编队访印

7 月 21 日，中国海军第 20 批护航编队“济南舰”抵达印度孟买港，开始为期四天的友好访问。这是“济南舰”自 2014 年底入列以来首次执行友好访问任务。从 1993 年海军训练舰“郑和舰”首次访问印度开始，此前中国海军舰艇已对印度进行了 7 次友好访问。访问期间，编队指挥员拜会了印度西部海军司令部参谋长卡维尔中将以及马哈拉施特拉邦和孟买市政府要员，“济南舰”进行了燃油、淡水及副食补给。卡维尔表示，“济南舰”的到访进一步增进了两国海军的了解与互信。印度论坛报报道，中印两国军事交流史上出现了一个积极的符号，即印度方面允许解放军海军舰艇在印度孟买港口停泊整休。虽然过去中国军舰曾访问过印度东海岸的维沙卡帕特南港口，但这次却是印度方面首次为中方舰艇提供补给。2015 年 5 月，印度总理莫迪访华，中印发表了一份联合声明，指出中印两国将展开军舰互访。在两个月之后，中方军舰就有了停靠印度港口这一举动，表明了中印两国在军事领域的合作意愿。

（本章综述撰稿：庞敬然；词条编撰：姜宸）

西亚·非洲地区

一、形势综述

2015 年，西亚、非洲地区仍然是世界上最为动荡的地区。叙利亚战事持续，政府军武装与反对派在战场上处于胶着状态，美、俄、伊朗、沙特等区内外大国在背后博弈不断，叙危机短时间内难以解决。以“伊斯兰国”为代表的恐怖组织不仅在中东地区肆虐，而且将恐怖威胁不断向外输出，在世界各地制造了多起大规模恐怖袭击。巴以再次爆发新一轮冲突，和平进程的重启遥遥无期。但 2015 年该地区也出现了一些积极的变化，随着“伊斯兰国”危胁的不断加大，各国开始加强对其打击力度并收到明显成效，与此同时也日益认识到尽快推动叙利亚危机政治解决的重要性；伊朗核问题在经过多年的艰苦谈判后终于达成初步解决方案，为地区局势的稳定起到了重要促进作用。

（一）打击“伊斯兰国”行动初见成效，但恐怖外溢效应仍然严重

2015 年，以美国为首的多国联盟继续加大对“伊斯兰国”组织的打击力度。来自美国防部的数据显示，自 2014 年 8 月至 2015 年 12 月，美国所领导的国际联盟已在伊拉克和叙利亚境内进行了 8700 多次空袭，共摧毁 1.6 万个敌方目标。[①] 尽管“伊斯兰国”也取得了一些引人瞩目的“胜利”，尤其是占领叙利亚历史名镇巴尔米拉和伊拉克最大省份安巴尔的首府拉马迪，但从整体上看，“伊斯兰国”在

---

① 新华网：《奥巴马：IS 今夏以来且战且退 成员变节逃跑》，http://news.xinhuanet.com/world/2015－12/15/c_128532808.htm。

叙利亚和伊拉克的绝大多数阵地已经转入守势并失去了发动袭击的主动权。从2015年1月1日到12月14日，“伊斯兰国”控制的土地面积减少1.28万平方公里至7.8万平方公里。[①]“伊斯兰国”相继失去伊拉克北部城市提克里特、拜伊吉炼油厂、与土耳其接壤的叙利亚边境重镇泰勒艾卜耶德，以及连接叙利亚东部城市拉卡与伊拉克北部城市基尔库克的公路等战略要地，组织资金和后勤补给开始出现严重困难，内部也出现松动，发生成员变节、逃跑事件。

尽管受到沉重打击，但“伊斯兰国”仍然在地区乃至全球范围内制造了多起恐怖袭击事件，造成大量人员伤亡。6月26日，突尼斯和科威特相继遭遇“伊斯兰国”制造的恐怖袭击，共造成60多人死亡，200多人受伤。10月31日，一架在埃及起飞的俄罗斯客机被“伊斯兰国”安放的炸弹炸毁，造成224人死亡。11月12日晚，黎巴嫩首都贝鲁特南部发生两起自杀式连环爆炸袭击，造成至少43人死亡，240多人受伤。这是自黎结束内战25年来贝鲁特发生的最血腥的恐怖袭击事件。11月13日，法国巴黎恐怖袭击事件造成130人遇难、数十人受伤，举世震惊。12月2日，美国加利福尼亚州发生枪击事件，造成至少14人死亡，17人受伤。这是美国自2012年以来死伤最严重的枪击事件。“伊斯兰国”随后宣布对此事件负责。可以说2015年是“9·11”事件以来恐怖袭击造成的平民伤亡最严重的一年。12月6日，奥巴马发表全国电视讲话时表示，“恐怖主义威胁已经发展到新阶段。”[②]

从目前来看，离彻底摧毁“伊斯兰国”还有很长的路要走。第一，“伊斯兰国”已具备相当的实力。近年来，“伊斯兰国”势力不

---

① 网易：《减少1万多平方公里伊斯兰国“版图”缩水》，http://news.163.com/15/1223/03/BBG6V04U00014Q4P.html。

② 财新网：《奥巴马电视讲话：恐怖主义威胁进入新阶段》，http://international.caixin.com/2015-12-07/100882722.html。

断扩张，目前已经占领了包括伊拉克西北部和叙利亚北部在内的大片土地，并将叙利亚北部的拉卡作为自己所谓的“首都”。同时，该组织控制着伊拉克和叙利亚的十几个油田，仅石油一项收入每年就能达到数亿美元，而且“伊斯兰国”还有通过绑架人质得到的赎金、在占领区洗劫银行和企业的财产、贩卖器官以及来自其他一些国家和地区的资金支持。此外，“伊斯兰国”的军事力量不断增强，其军事人员已有3万余人，还装备了大量从伊拉克缴获的美式装备以及在叙利亚缴获的俄式装备。第二，各国步调很难一致。虽然国际社会很早就开始打击“伊斯兰国”，但是由于国家利益的不同，各大国之间各有各的盘算，很难形成合力。目前打击“伊斯兰国”的势力逐步整合为两大集团：一是以美国为首，包括北约、中东盟友在内的反恐联盟；一是以俄罗斯为首，包括叙利亚、伊拉克、伊朗等国在内的反恐联盟。两大联盟虽然都在打击“伊斯兰国”势力，但是由于各自目的不尽一致，所以在打击过程中很难协调。要想重创“伊斯兰国”，首先在军事打击上需要协调一致，自俄罗斯客机遭恐怖袭击和法国巴黎遭恐怖袭击之后，俄、法两国都加强了对“伊斯兰国”的军事打击，俄罗斯更是出动了远程轰炸机，法国则出动了唯一的核动力航母，这都突显了俄、法两国的决心。但是，要通过军事行动最大限度地打击“伊斯兰国”则需要各国的通力合作。第三，中东长期不稳定局势是恐怖主义滋生的土壤。“伊斯兰国”之所以能在短时间内迅速壮大，主要原因还是在于近年来中东局势的动荡不安。自萨达姆政权垮台后，伊拉克局势一直不稳定，尤其是美国开始执行逐步撤出伊拉克的计划后，伊拉克当局的军队无法掌控局面，在这个背景下“伊斯兰国”开始崛起。自2011年叙利亚危机爆发以来，政府军与反政府武装冲突不断，政府军失去大片国土的控制权，“伊斯兰国”在这个过程中趁虚而入，大肆攻城略地，不断发展壮大。要解决恐怖主义的扩散蔓延问题，从根本上讲就必须尽快恢复中东地区的稳定秩序。如果不彻底恢复中东地区的稳定秩序，即使“伊斯兰国”被打垮，恐怖主义势力仍会改头换面，以各种各样的方式出现。

（二）叙利亚战事持续，政治解决逐渐成为共识

2015年，叙利亚动乱依旧持续，局势错综复杂，成为整个中东地区矛盾的集中体现和汇聚点。从表面上看，叙利亚冲突的对立方是叙利亚政府与反对派，但实质上是美国、沙特与俄罗斯、伊朗两大阵营。美国和沙特等国通过不同形式为叙反对派提供军事支持，而俄罗斯和伊朗等国则加紧助力叙政府军。从战场态势来看，双方战事仍处于胶着状态，并无明显胜负区分，短时间内都很难彻底战胜对方。然而美、俄等有关各方都已认识到，叙利亚问题久拖不决，势必会造成“伊斯兰国”等恐怖组织加速壮大。特别是巴黎恐袭事件后，打击“伊斯兰国”成为最为优先的目标，有关各方加速叙利亚问题的斡旋，并谋求在打击“伊斯兰国”问题上的国际合作，取得了一些效果。

12月18日，联合国安理会15个成员国一致通过决议，确定推动政治解决叙利亚问题的计划，内容包括停火、叙政府与反政府组织和谈等，强调叙利亚人民将决定叙利亚的未来。这是叙利亚局势自2013年急剧恶化以来，安理会五大常任理事国首次就该国和平路线图达成一致。这一决议的达成，不仅表明了国际社会对叙利亚问题的关切，同时也表明在叙利亚问题上针锋相对的美国与俄罗斯就叙利亚的未来达成了一定程度的共识。

但叙利亚问题在短时间内仍难以得到解决。尽管安理会通过了叙利亚和平路线图决议，但决议内容却刻意避免了叙利亚总统巴沙尔的去留问题。虽然西方和阿拉伯国家认同巴沙尔可以成为叙利亚政治转型过程中的一部分，但一致认为他最终必须退出领导地位。美国、英国及法国认为巴沙尔已失去领导叙利亚的能力，应该离任，

法国甚至要求联合国做出让巴沙尔离开政权的保证。另一方面，俄罗斯及中国认为，不应将巴沙尔的去留作为谈判的先决条件。此外，如何处理沙特、土耳其与叙利亚的关系也是难点。作为地区大国，沙特和土耳其在反恐方面发挥重要作用，但叙政府与沙特、土耳其的关系自危机爆发以来持续恶化。叙利亚表面冲突方的背后还涉及地区各大国，有关整个地区秩序的战略博弈，目前各方就未来的前景还远没有达成根本共识，也很难实现完全妥协，所以叙利亚乱局还会持续相当长的一段时间。因此，要尽快结束叙利亚战乱仅靠叙国内力量是不够的，包括美国在内的中东区内、外大国要充分认清中东地区的政治现实，改变在中东建立势力范围和争夺地缘影响的历史传统逻辑，真正从地区和平稳定和长远发展的角度去推行政策，肩负起大国应尽的责任。

（三）伊核问题得到初步解决，未来发展仍存变数

经过跨度近两年时间的多轮谈判，7月14日，伊朗和伊核问题六国终于达成全面协议。根据协议，伊朗在未来15年内将目前的浓缩铀储量降低至300千克，并在未来10年内大幅削减其运转中的离心机数量。此外，在国际原子能机构核实伊朗履行相关措施基础上，西方将立即解除绝大部分对伊经济制裁。协议的达成标志着持续了12年之久的伊核问题得到了初步的解决。9月，美国参议院成功阻止反对伊核问题全面协议的决议案。伊朗议会则在10月审议并通过批准伊政府执行伊核问题全面协议的议案，次日获得伊宪法监护委员会的批准。至此，这一全面协议的执行已无法律障碍。在10月18日协议“生效日”后，伊朗政府着手拆除大部分铀浓缩离心机，削减浓缩铀储量，并改造阿拉克重水反应堆，预计2016年1月初可执行完成。12月15日，国际原子能机构通过决议，结束对伊朗是否秘密研发过核武器等问题长达12年的调查。这份决议为联合国及西方

国家解除对伊经济制裁消除了不确定性，伊核问题全面协议也将真正进入执行阶段。

全面协议的达成将给美伊两国带来丰厚的利益回报。从伊朗方面来讲，长期的制裁使伊朗石油出口损失巨大。美国财政部长雅各布·卢不久前公布的数据显示，因受制裁，伊朗国内生产总值已经缩水两成，2012 年以来石油收入损失超过 1600 亿美元。[①] 伊朗石油部长赞加内表示，针对伊朗经济制裁一旦解除，伊朗能够依靠自身力量，在没有外资投入的情况下，立即将原油日产量翻一倍，增加到 100 万桶的水平。而今后在外资的帮助下，其原油产量还有很大的增长空间。[②] 伊朗央行负责外汇事务的副行长卡姆亚布指出，到 2016 年 1 月，随着经济制裁逐步解除，约有 290 亿美元海外资金会被解冻，并遣返回伊朗国内。这些对伊朗经济的提振作用将是巨大的。[③] 从美国方面来讲，伊朗被解除制裁后影响力将进一步增强，这对打击"伊斯兰国"、解决叙利亚冲突、平衡逊尼派国家影响、恢复地区均势都有着非常重要的积极作用，美国将可以从中东抽出更多的资源和力量。

但美伊两国之间的和解也还存有不确定性。首先是全面协议能否顺利执行还存有疑问。协议虽已达成，但在具体执行上还面临很多问题和潜在矛盾，一旦协议无法顺利执行，形势可能会出现逆转。其次，美伊两国仍存在结构性矛盾，两国国内反对力量强大。自

---

① 新华网：《伊朗核协议达成 经济增长"立竿见影"?》，http://news.xinhuanet.com/world/2015-07/16/c_128023454.htm。

② 新华网：《伊朗核问题翻开崭新一页》，http://news.xinhuanet.com/world/2015-12/16/c_1117479818.htm? plg_nld = 1&plg_uin = 1&plg_auth = 1&plg_nld = 1&plg_usr = 1&plg_vkey = 1&plg_dev = 1&from = singlemessage&isappinstalled = 1。

③ 腾讯网：《伊朗总统：伊朗需 1500 亿美元的投资》，http://finance.qq.com/a/20150928/023929.htm。

1979年伊斯兰革命后，伊朗就一直是中东地区反美的主力，而美国也一直将伊朗视为主要敌手，对伊朗充满敌视。当前这种结构性矛盾并未根本改变，双方只是迫于形势而暂时达成了妥协。因此，在两国国内还存在着反对美伊关系改善的强大力量，不遗余力地阻挠美伊两国实现和解。2015年3月9日，美国国会47名共和党参议员联名致信伊朗领导人，警告伊朗与美国政府签署的任何核问题协议都会被下一届美国总统废除。3月16日，伊朗议会290名议员中的260名联合提出一项声明，提出核谈判的协议必须满足两项条件，即解除所有对伊制裁和伊朗核设施的合法化，否则伊朗将随时启动铀浓缩活动。7月18日，伊朗最高领袖哈梅内伊表示，伊美关系不会因近期达成的伊核问题全面协议而有所改善，不论联合国安理会是否表决通过伊核问题全面协议，伊朗都不会改变对“傲慢的美国政府”的立场。伊朗也不会屈服于西方大国的过分要求，不会允许外部势力渗透伊朗军事设施。[①] 9月21日，伊朗总统鲁哈尼日在接受美国哥伦比亚广播公司采访时表示，尽管达成了伊核协议，但美伊两国之间的距离、分歧与信任缺失“不会很快就消失”。此外，美伊和解也受到了以色列和沙特等美国地区盟友的反对。这些国家一直将伊朗视为主要战略对手，对伊朗在解除制裁之后的实力增长心存担忧。在全面协议达成后，以色列政府反应消极，在强烈批评国际社会对伊朗“让步太多”的同时，坚称以色列不受该协议限制。内塔尼亚胡在伊核协议达成的消息宣布后立即发表电视讲话说，该协议是一个“令人震惊的历史性错误”，“让世界变得更加危险”。他还强调，“以色列不受核协议约束，因为伊朗继续寻求毁灭以色

① 新华网：《哈梅内伊：伊朗与美国关系不会因伊核协议改善》，http://news.xinhuanet.com/mil/2015-07/18/c_128033716.htm。

列。”以色列安全内阁也举行紧急会议，一致同意拒绝接受伊核协议。[①] 7月14日，一名沙特高级官员表示，伊朗核协议如果能够阻止伊朗获得核武器，那么达成协议的日子是“快乐的一天”，可是如果该协议只会让伊朗政府“在本地区制造灾难”，那么这就是一份糟糕的协议。未来，以色列和沙特等国可能会通过向美国施压来破坏协议。这些因素都为未来伊核问题的发展带来很大不确定性。

（四）巴以爆发新一轮冲突，和平进程陷入停滞

9月13号，巴以双方开始在圣殿山爆发冲突。随后巴勒斯坦人对以色列人发起持续攻击的浪潮，以色列也加大了对巴勒斯坦极端分子的打击力度，巴以整体安全局势随之恶化。截至12月10日，持续近两个月的巴勒斯坦人袭击以色列人浪潮和以巴暴力冲突，已造成20名以色列人死亡、1名美国人死亡、100多名巴勒斯坦人丧生。[②]

从表面上来看，本轮巴以冲突的爆发起因于犹太极端团体强行进入圣殿山，但根本原因仍在于巴以和平进程的停滞不前。巴以和平谈判自2014年7月份破裂后迟迟未能重启，双方在巴勒斯坦建国方案、犹太人定居点、领土划分和巴勒斯坦去武装化等问题上仍存在重大分歧，两国的国内政治气氛也不断趋于强硬，两国年轻一代立场日趋强硬和激进。本轮冲突中巴方袭击者多是青少年，且大多来自东耶路撒冷，甚至是以籍阿拉伯人，呈现“自发的青年运动”的特点，他们是单兵行动，背后没有人指使或提供资助。这些青少年袭击者是《奥斯陆协议》签署之后长大的一代，他们普遍对现实

---

① 中国青年网：《新闻分析：伊朗核问题全面协议考验以美关系》，http://news.youth.cn/gj/201507/t20150716_6873887.htm。

② 新华网：《奥巴马呼吁以巴寻找对话机制避免紧张局势升级》，http://news.xinhuanet.com/world/2015-12/10/c_1117415858.htm。

失望，对未来也没有信心，又很容易被互联网上伊斯兰激进思想影响，因而采取极端行动。当前的以色列年轻人也比他们的父辈和祖辈更倾向于右翼，在安全问题上的立场更加坚定和强硬。2014年5月的一项民意调查显示，以色列35岁以下的民众中，有58%的人将自己的政治面貌定为“右翼”；35岁至49岁的民众中，50%的人自称“右翼”；而50岁以上的人只有47%的人自称“右翼”。[①] 但本轮巴以冲突并未发展为大规模的巴勒斯坦人起义，袭击者主要为自发行动，也无政治背景。有学者认为，巴勒斯坦目前处于内部分裂状态，控制约旦河西岸的巴民族权力机构与控制加沙地带的哈马斯渐行渐远，分歧巨大。针对以色列的做法，巴勒斯坦无法实施统一行动，很难形成有组织的反抗。[②] 此外，经过2014年以色列的军事打击，巴勒斯坦极端派别已经无力发动大规模攻击，而根据前两次“起义”的经验教训，巴勒斯坦人已不再相信凭一场新的“起义”就能够结束以色列军事占领，而且担心此举会导致局势进一步动荡。

美国为稳定巴以局势进行斡旋。11月24日，美国国务卿克里对以色列和巴勒斯坦进行为期一天的短暂访问，并分别与以总理内塔尼亚胡和巴总统阿巴斯举行会谈，试图推动以巴地区紧张局势恢复平静。这是克里一年多来首访以巴地区。克里对杀害无辜平民的恐怖活动表示谴责。但内塔尼亚胡在会谈中态度强硬，称如果巴方不结束暴力袭击，以方不会改善巴方在经济和安全方面的处境，不会冻结约旦河西岸犹太人定居点建设，也不可能有和平。克里24日晚还与阿巴斯举行会谈。克里在会谈中请求阿巴斯帮助恢复局势平静，称目前巴勒斯坦人的处境“十分悲惨”，美国愿提供帮助，恢复巴勒

① 半月谈网：《新一轮巴以冲突：仇恨在年青一代中蔓延》，http://www.banyuetan.org/chcontent/sz/hqkd/20151111/162904.html。

② 凤凰网：《圣殿山冲突凸显巴以困局》，http://news.ifeng.com/a/20150917/44676865_0.shtml。

斯坦人民对“两国方案”的信心。阿巴斯则重申了巴方在东耶路撒冷地位和要求以方释放巴勒斯坦人问题上的立场，并指责以色列正在通过不断扩建犹太人定居点毁掉“两国方案”。12 月 6 日，克里在讲话时再次谈到了巴以局势。他说，假如巴勒斯坦民族权力机构垮掉的话，那将非常不利于以色列的安全。克里敦促以色列和巴勒斯坦双方尽快恢复和谈。克里在讲话中谴责了巴勒斯坦过去几个月来对以色列和以色列人发动的暴力袭击，他同时也谴责了以色列方面在被认为是未来将要建立巴勒斯坦国的土地上继续建造犹太人定居点的行为。克里认为，“一国论”，即不给巴勒斯坦以建国的机会和可能，从根本上是行不通的，也完全不符合以色列的安全利益。而巴以“双方之间不信任的程度，可以说从来都没有这么高”。

尽管当前巴以局势还处在可控的范围，但如果未来和平进程迟迟无法重启，巴勒斯坦很可能会再次选择大规模暴力反抗的方式表达不满，巴以之间小冲突不断，大冲突隐现的模式仍将持续。

（五）非洲恐怖主义威胁严重，经济增长放缓

2015 年，非洲国家与极端组织“伊斯兰国”有关的暴力活动不断增多，非洲目前的安全形势有恶化的趋势。如北非国家突尼斯在 2015 年接连遭到恐怖袭击。2015 年 3 月，极端分子袭击了首都附近著名的博物馆，造成 22 人死亡。6 月，突尼斯东北部港口城市苏塞的一处饭店遭到一伙武装分子袭击，造成至少 28 人死亡，包括数名外国游客。11 月 24 日，一辆载有突尼斯总统卫队成员的公交车发生爆炸，导致至少 12 人丧生，十几人受伤。这些袭击事件都与“伊斯兰国”有关。

“博科圣地”是近几年活跃在非洲南部的“老牌”恐怖组织。2015 年 3 月，“博科圣地”发布声明宣布效忠“伊斯兰国”，两大恐怖组织出现合流趋势。自 2009 年以来，“博科圣地”已残杀 1.7 万

人，使250万人流离失所，仅尼日利亚一国就有210万人。据联合国统计，尼日利亚、乍得、喀麦隆、尼日尔四国中由于暴力而无家可归的5岁以下儿童高达70万人，超过20万儿童失学。“博科圣地”在2015年还摧毁了1100所学校。[①] 联合国助理秘书长托比·兰泽对此表示，尽管这些人不会马上在移徙问题上对欧洲等地构成威胁，“但形势的变化往往会让人始料不及”。他还表示，“博科圣地”肆虐于横跨尼日利亚、乍得、喀麦隆、尼日尔等国的乍得湖盆地，造成了严重的人道主义后果，相关冲突所造成的流离失所问题正在迅速演变成非洲最大的流离失所危机。[②]

地区各国和国际社会对非洲的恐怖主义威胁投入了很多关注。12月8日，联合国安理会就非洲恐怖主义问题召开会议，对利比亚成为恐怖分子避风港及“博科圣地”造成的人道主义危机表示严重关切，呼吁国际社会加强国际安全合作和人道主义援助的力度，帮助撒哈拉以南非洲地区恢复稳定。12月16日，非洲联盟（非盟）和平与安全理事会委员斯梅尔·谢尔吉在阿尔及尔表示，恐怖主义是非洲目前面临的重要挑战，非洲国家应该加强反恐协作。恐怖主义和暴力极端主义已是非盟的关注重点，所有非洲国家应该联手对此进行打击并斩断其根源，防止恐怖主义进一步扩散，非盟将开展行动阻止恐怖组织在非洲招募人员和吸纳资金。

但同时还应看到，非洲恐怖主义肆虐有着深刻的社会根源。非洲各国国内普遍存在贫富差距，这是滋生恐怖主义的温床。一些贫困地区民众生活无依无靠，极易被恐怖分子操纵和利用。撒哈拉以南非洲的萨赫勒地区数以百万计的弱势人群已成为招募恐怖分子的

---

① 新华网：《联合国助理秘书长：“博科圣地”致250万人流离失所》，http://news.xinhuanet.com/world/2015-11/17/c_128435529.htm。

② 新华网：《联合国助理秘书长：“博科圣地”致250万人流离失所》，http://news.xinhuanet.com/world/2015-11/17/c_128435529.htm。

沃土。发展经济、增加就业、让贫困地区民众找到生活方向，对遏制恐怖主义蔓延至关重要。国际社会必须通过援助和发展的双重政策，打击恐怖主义的避风港并彻底消除滋生恐怖主义的根源。

在经济上，由于受铜和石油等大宗商品价格下跌影响，2015 年非洲大部分国家经济增长有所放缓。根据世界银行预测，撒哈拉以南非洲地区经济增长率将由 2014 年的 4.6% 放缓至 2015 年的 3.7%，为 2009 年以来最低。2016 年增长率预计达 4.4%，2017 年为 4.8%。[①] 一些依赖商品出口的经济体如赞比亚、尼日利亚货币还出现大幅贬值。但大宗商品超级周期的结束也可能会成为非洲国家的发展机遇，经济放缓促使决策者开展多样化的经济活动，通过提高农业生产力、降低用电成本增加收入，提高竞争力并支持轻工制造业增长。非洲地区的整体增长潜力依然巨大。

展望 2016 年，该地区仍存在诸多安全挑战，美俄博弈、地区大国争夺主导权、教派冲突、贫富差距拉大等影响地区安全的根本性、结构性矛盾并未得到解决，这就决定了叙利亚动乱、“伊斯兰国”威胁和巴以冲突等问题仍将持续存在并随时有进一步升级的可能。但美国战略东移的推行以及伊核问题的初步解决也会有助于地区局势走向缓和。该地区未来的局势走向仍有待进一步观察。

二、重大事件词条

埃及实施新反恐法

8 月 17 日，埃及总统塞西已批准了一项严苛的新反恐法，用以打击境内日益增多的极端主义分子。这项新法包括成立特别法庭，为使用武力执法的军警人员提供更多保护，对创立或领导恐怖团体

---

① 环球网：《世行预测 2015 年非洲经济增长率将放缓至 3.7%》，http://china.huanqiu.com/News/mofcom/2015-12/8235201.html。

的人在确定有罪后实施死刑。自2013年7月埃及军方解除穆尔西总统职务后，极端分子以西奈半岛为主要基地，频繁发动暴力袭击，首都开罗等核心地区有时也受到波及。与“基地”组织有关、现已宣誓效忠“伊斯兰国”的“耶路撒冷支持者”宣称制造了大部分袭击事件。7月11日，意大利驻埃及领事馆遭“伊斯兰国”极端组织用汽车炸弹袭击。6月29日，埃及总检察长希沙姆·巴拉卡特在爆炸袭击中受伤身亡。总统塞西誓言要实施新的反恐法，扫荡境内的极端主义分子。

埃及西奈半岛军事目标遭多轮攻击

1月29日，伊斯兰激进分子在埃及西奈半岛北部发动一连串攻击，至少26人被打死，36人受伤。据报道，在埃及北西奈首府阿里什，埃及军事目标遭到汽车炸弹和炮弹攻击，致使数名士兵死亡。靠近加沙地带的另外两座城镇也发生攻击事件。埃及官员说，在阿里什一枚汽车炸弹在一处军事基地外引爆，同时一处军方旅馆、一个警察俱乐部和数个哨卡也遭炮弹攻击。有消息说，一名军方官员在一处哨卡被人开枪打死。1月25日是埃及“革命”推翻穆巴拉克政权4周年纪念日，多地爆发示威冲突持续至26日，造成至少23人死亡、近百人受伤。连日来埃及全国紧张气氛加剧。

奥巴马访问沙特

1月27日，美国总统奥巴马访问沙特阿拉伯，新国王萨勒曼欢迎奥巴马夫妇的到来，两国领导人进行了会面交谈。一名美国高级官员表示，两人主要讨论了伊朗核计划和打击极端组织“伊斯兰国”等问题。沙特当地电视台的画面显示，79岁的沙特新国王萨勒曼与奥巴马夫妇走在红毯上，当地军队演奏了美国与沙特的国歌。奥巴马向萨勒曼国王表达了对先国王阿卜杜拉逝世的哀悼。两国元首还就地区安全局势、反恐进展、叙利亚问题、国际石油价格等交换了意见。美方官员表示，国王萨勒曼在与奥巴马对会见中表示，决不允许伊朗开发核武器。此外，萨勒曼还强调了保持石油市场稳定的观点。

巴勒斯坦国联合政府辞职

6月17日，巴勒斯坦国总统阿巴斯接受联合政府的辞呈，并委任拉米·哈姆达拉组建新政府。阿巴斯与巴勒斯坦联合政府总理哈姆达拉当天下午在约旦河西岸城市拉姆安拉举行会晤。一位不愿透露姓名的消息人士向新华社记者证实，哈姆达拉在会谈中向阿巴斯递交了政府辞呈，阿巴斯接受了辞呈。巴勒斯坦民族解放运动（法塔赫）革命委员会秘书长阿明·马克布勒在会后举行的记者会上说，巴勒斯坦解放组织执行委员会将在22日召开会议，讨论组建新政府事宜。他透露，亲伊斯兰抵抗运动（哈马斯）的成员有可能加入下届政府。当地时间16日晚间，阿巴斯在法塔赫革命委员会会议上宣布，将在未来24小时内解散联合政府，但没有给出解散政府的原因。分析人士猜测，联合政府在加沙问题上未能取得进展是阿巴斯决定将其解散的重要原因。

“博科圣地”宣布效忠IS

3月7日，“博科圣地”在“推特”发布了头目阿布巴卡尔·谢考的一段8分钟录音声明，正式宣布效忠IS，“我们宣布效忠于哈里发（IS头目巴格达迪）……无论逆境之中还是繁荣之时都听从指挥”。“博科圣地”于2009年开始频繁对尼日利亚北部地区发动袭击，并将攻势逐渐扩散到周边地区。过去，“博科圣地”曾被认为与“基地”组织“有染”。报道称，“博科圣地”发布的这段录音，尽管不像IS的“宣传大片”那样制作精良，但特意加上了法文和英文字幕，且在多处标注上IS的印记，例如在讲话开始前播放IS“国歌”。一个盘踞在尼日利亚东北部，一个在伊拉克和叙利亚攻城略地，两个相距甚远却拥有诸多共同之处的极端组织走到一起，被美国媒体形容为“地狱的结合”。有媒体担心，两股势力合流，将在更大范围“掀起恐怖的波浪”。

俄罗斯空袭叙利亚极端组织据点

9 月 30 日，俄罗斯国防部确认，俄空军当天对叙利亚境内的极端组织“伊斯兰国”进行了空袭行动。俄国防部发言人伊戈尔·科纳申科夫称，俄空军当天对叙境内疑似为“伊斯兰国”的车辆、仓库等目标进行了空中打击。叙利亚当局也表示，俄罗斯当天除对霍姆斯市郊区的极端组织实施打击外，还对该国另外两个省份哈马和拉塔基亚内的极端组织目标发动了空袭。30 日，俄罗斯总统办公厅主任伊万诺夫表示，俄联邦委员会已允许在国外使用俄罗斯武装力量，其中包括针对叙利亚境内的“伊斯兰国”极端组织。俄罗斯总统普京在30 日的讲话中表示，俄罗斯将对叙利亚境内的极端组织“伊斯兰国”进行空袭行动，以支持叙利亚政府军。普京在讲话中指出，打击恐怖主义的唯一手段是先发制人，在被占领地区消灭敌人，在叙利亚也同样如此。此外，普京还表示，俄罗斯有意联合所有相关国家共同打击恐怖主义，提议各方加入位于巴格达的信息中心的工作。普京称，莫斯科希望阿萨德愿意与反对派进行对话，以缓和局势。

俄罗斯总统普京访问伊朗

11 月 23 日，俄罗斯总统普京抵达伊朗首都德黑兰，参加天然气出口国论坛第三次峰会，并访问伊朗。这是 8 年来普京首次访伊。当天，普京与伊朗最高领袖哈梅内伊、伊朗总统鲁哈尼举行了会谈，讨论了油气合作、打击恐怖主义、双边贸易等一系列问题并签署了多项协议。普京出访之前，俄罗斯总统助理乌沙科夫在吹风会上表示，普京此访的优先任务是提升双边经贸合作水平。哈梅内伊表示，目前伊俄合作水平与两国关系的潜力不符。普京访问期间，双方决定扩大出口商品种类。另外，乌沙科夫透露，俄罗斯已倡议欧亚经济联盟研究与伊朗建立自贸区的可能性。普京此次访伊还为伊朗带来了50亿美元贷款和一系列经济大单。贷款将用于俄罗斯铁路公司子公司帮助伊方实现铁路电气化项目。另外，两国在探测深层地下水、建立热电站、扩大投资、建设天然气管线、培养医学人才等领域也签署了一系列文件。俄罗斯将重新向伊朗提供S-300导弹。

刚果（金）发生骚乱

自1月19日起，刚果（金）首都金沙萨近期连续多日爆发示威游行活动。22日刚果（金）政府一名部长驳斥有关人权团体称有40余人在示威过程中死亡的说法，称实际死亡人数为12人。示威活动与1月17日通过的选举法修正案有关。该国现任总统卡比拉将于2016年12月19日期满，修改后的选举法案有可能使其在任期结束后继续执政1年至2年，因此引发了反对派的不满。在骚乱中，中方部分企业人员人身和财产安全受到冲击和影响，多家华人商铺遭到波及。中国外交部发言人华春莹22日在例行记者会上表示，中方要求刚方采取有效措施，切实保护中方在刚机构和人员的生命和财产安全。

国际原子能机构结束对伊朗核调查

12月15日，国际原子能机构特别理事会会议通过决议，在机构有关伊朗核计划未决问题最终评估报告的基础上，决定结束对伊朗是否秘密研发过核武器等问题长达12年的调查。这份关于伊核问题全面协议的执行、核查和监督的决议，是伊核问题六国（美国、英国、法国、俄罗斯、中国和德国）按照2015年7月六国与伊朗达成的伊核问题全面协议的要求，提交机构理事会通过的。决议说，根据国际原子能机构的最终评估报告，澄清伊核计划未决问题“路线图”规定的活动都如期得到执行，“这结束了理事会对这一事项的考虑”。决议还说，一旦机构证实伊朗履行了其在全面协议生效期内的相关承诺，机构理事会2003年以来通过的有关伊核计划的12项决议以及限制与伊朗开展技术合作的规定将全部取消。

加纳加油站大火

6月3日，非洲国家加纳首都阿克拉一个加油站起火爆炸，截至6月5日，遇难人数已经达到约150人。报道称，加纳总统马哈马公布了上述遇难数字，称这是西非国家在十几年来“最严重的一次事故”。他在视察灾难现场后说，“这场事故所造成的生命损失是灾难性的、几乎是史无前例的。政府将采取措施，避免类似事件再次发生。”加纳交通部长波马赫表示这是一场“国难”。当地医院称，停尸间已满，死亡人数可能还会增加。当地消防部门初步认为，起火源头是一个停泊货车的地点，然后蔓延至油站引发爆炸。外媒报道称，事发时，由于大量因水浸而无家可归的民众聚集在油站内避雨，成为爆炸导致严重伤亡的主因。

喀麦隆收容来自中非及尼日利亚31万难民

9月10日，喀麦隆领土管理和权力下放部部长及负责难民事务的临时委员会主席萨迪向新华社记者透露，喀麦隆目前接收的难民人数达到30.9万人。据萨迪介绍，中非难民有25.1万人，他们主要居住在喀麦隆东部、北部和阿达马瓦大区。尼日利亚难民有5.8万人，他们因逃避极端组织“博科圣地”袭击而流落到喀麦隆，主要居住在极北和北部大区。萨迪说，由于“博科圣地”经常越境骚扰与尼日利亚交界的喀麦隆村民，迫使10万喀麦隆人离开村庄，被迫放弃农田耕种，这种状况可能导致这些地区粮食歉收。萨迪表示，由于“博科圣地”继续在尼喀边境地区作恶，预计难民人数还会进一步上升。

肯尼亚大学遇袭

4月2日清晨5时30分左右，4名蒙面袭击者携带炸弹闯入莫伊大学校区，对非穆斯林学生发动袭击。肯尼亚军队随后包围了校园，并将袭击者围堵在该校宿舍区内。政府军的营救行动持续了16个小时，袭击事件共造成147人死亡，179人受伤，部分伤者被送往首都内罗毕的医院接受治疗。肯政府军在此次营救行动中救出500多人，将4名袭击者全部击毙。索马里“青年党”当天承认制造了此次袭击事件，声称是为了报复肯尼亚政府对该组织的打击。加里萨市莫伊大学袭击事件是自2011年出兵索马里围剿“青年党”武装以来肯尼亚遭遇的最严重的恐怖袭击。2013年9月，“青年党”曾对内罗毕韦斯特盖特购物中心发动恐怖袭击，导致67人丧生。

利比亚首都豪华酒店遇袭

1月27日，利比亚官员称，武装分子袭击了首都的黎波里一家豪华酒店，造成至少9人死亡，其中包括5名外国人。联合国当天发表声明，对恐怖袭击予以严厉谴责。据报道，在这场袭击中有1名美国人、2名菲律宾人、1名法国人和1名韩国人遭枪击身亡。3名保卫人员在汽车炸弹袭击时遇难，还有1名人质因自杀式袭击而身亡。一名当地安全官员称，数名枪手冲进酒店大堂开枪射击，与此同时，一枚汽车炸弹也在酒店附近爆炸。据悉，一个疑似“伊斯兰国”极端组织的“推特”账户声称是“伊斯兰国”武装实施了这一攻击。有强有力的证据显示，利比亚东部城市德尔纳有IS存在。遭袭酒店是位于的黎波里地中海滨豪华的Corinthia酒店，此次袭击还造成5人受伤，包括酒店2名菲律宾籍女雇员。

联合国通过叙利亚和平进程决议

12月18日，联合国安理会15个成员国一致通过一项决议，确定了推动叙利亚和平进程的主要计划。联合国安理会五个常任理事国早些时候通过了这项决议的草案，草案获得了15个成员国的一致支持。世界大国的代表此前一直在纽约举行会议，试图为在叙利亚实现停火达成一项尝试性的计划。叙利亚战争进入第五个年头，已经造成25万余人丧生。根据联合国统计，这场战争还导致近1200万人流离失所。新决议要求联合国在2016年1月份促成叙利亚政府与反对派之间的和平谈判。决议还说，举行和平谈判的同时应该实现停火。主持会议的美国国务卿克里说，这个决议是一个里程碑，因为决议制定了具体的目标和时间表。对被认定的恐怖主义组织所采取的行动将不受影响，这意味着俄罗斯、法国和美国对“伊斯兰国”的空袭将会继续。

麦加大清真寺起重机吊臂坠落事故

9月11日，沙特阿拉伯麦加大清真寺发生起重机吊臂坠落事故，造成共有来自世界各国的111名朝觐者在事故中遇难，超过300人受伤。当时，寺旁一台正在作业的巨型起重机突然失去平衡而倾倒，又长又重的吊臂砸下，击中寺内祷告场。据悉，麦加即将迎来一年一度的圣城朝觐，很多伊斯兰教徒已经陆续进入“圣城”，而大清真寺正在进行扩建工程，四周架起了多台巨型起重机。事发后，当局迅速封锁了现场，并出动数百辆救护车到场救援。大清真寺发言人表示，起重机吊臂坠落是狂风暴雨所致。沙特气象局也表示，当时麦加风雨大作，每小时风力达55公里。据央视报道，此次事件造成3名中国公民受轻伤，没有中国公民遇难的报告。

美国国务卿克里访问索马里

5月5日，美国国务卿克里抵达索马里展开里程碑式访问。克里在摩加迪沙说，20多年前，美国被迫从索马里撤军。而现在，饱受战争蹂躏的索马里“正在迎来转折点”。1993年，发生了著名的“黑鹰坠落”事件，美军在索马里执行军事行动时出现意外，由于情报有误，导致两架“黑鹰”直升机被RPG火箭筒击落，造成18名美军士兵丧生。克里对索马里的访问，是在该事件发生20多年后，美国国务卿对索马里进行的首次访问。克里5日未经事先宣布突访索马里。当地时间5日上午，克里抵达摩加迪沙机场，受到索马里总统马哈茂德与总理的亲自迎接。双方随后立即举行了一系列会议。双方讨论的首要议题是打击索马里境内与“基地”组织结盟的恐怖组织“青年党”。近年来，非盟部队与美军无人机对该组织进行了沉重的打击，致使“青年党”控制区大幅缩小，并阻断了该组织的资金来源。

南非“反排外”大游行

4 月 23 日，在南非发生排外骚乱近一个月后，南非最大城市约翰内斯堡的民众纷纷走上街头，以“人民”的名义举行“反排外”大游行。此次游行的主题为“为了人类的尊严，一起站出来”。游行发起方指出，在夸祖鲁—纳塔尔省和约翰内斯堡发生的针对外国人的攻击事件是国家的耻辱。游行路线是从皮耶特·鲁斯公园到菲茨杰拉德广场，长约 4 公里。来自南非各界的民众及在南非工作和生活的各国移民上万人参加了当天的游行活动，华人社区的近百名华人也参与其中，发出自己的声音。下午 2 点，游行正式开始。发起方的一位负责人告诉记者，当天召集的游行参与人数大约为 2.3 万人，加上沿途加入的民众，总游行人数有望达到 3 万人。在警车的开路和护卫下，游行民众高呼“停止排外”、“我们都是非洲人”、“走出国门我们都是外国人”、“和平万岁”等口号，表达了对个别南非民众排外的抗议、对其他非洲国家民众的支持。有些游行者还将排外与南非人民最痛恨的种族主义相提并论，打出了“反排外，反种族主义”的标语。游行队伍受到沿途民众的欢迎，很多人也自发加入其中。

尼日利亚迈杜古里炸弹袭击

尼日利亚政府表示，9 月 20 日晚间，疑似是“博科圣地”极端组织的成员在博尔诺州首府迈杜古里引爆了 3 个爆炸物，造成 8 人死亡。报道称，尼军方发言人古绍表示，在爆炸中的受伤人数，目前当局还在统计之中，没有确切数字。近来，尼日利亚一直受到“博科圣地”极端组织的袭扰。该组织与尼日利亚军队一直进行游击战，所以军方怀疑此次袭击也是该组织所为。近年，自“博科圣地”发动袭击以来，已造成包括尼日利亚在内的 3 个国家的 2 万民众遇害，另有210万人不堪恐怖袭击，流离失所。

尼日利亚天然气厂火灾

12月24日，尼日利亚一家天然气厂发生爆炸，造成100多人死亡。爆炸发生在尼日利亚东南部城市奈崴（Nnewi），事发时，许多市民正在排队领取做饭用的天然气。这时，一辆装有天然气的车辆突然起火并引燃整个工厂。有目击者说，“就像炸弹爆炸一样，工厂冒出黑浓的烟。大火烧了起来，持续了数小时之久。”受伤者已被紧急送往医院，具体的事故原因还有待调查。

沙特朝觐踩踏事故

9月24日，距离沙特麦加市中心数公里外的朝觐地米纳发生踩踏事故。根据美联社10月21日报道，麦加朝觐踩踏事件总共已造成至少2177人死亡。沙特政府官员认为，事故的主要原因是一些朝觐者没有遵守规定，逆向行进导致出现拥挤进而发生踩踏。而在此次事故中伤亡惨重的伊朗朝觐团则批评沙特安保工作存在重大过失。伊朗最高领袖哈梅内伊于9月27日指出，沙特阿拉伯必须对麦加附近发生的严重踩踏事件承担责任，并对众多的遇难者家属表示道歉。

沙特国王重立王储

4月29日，沙特阿拉伯国王萨勒曼以其侄子、现任内政大臣纳伊夫·萨勒曼亲王取代穆克林亲王出任王储。观察家称，这是沙特的“政治地震”，新国王萨勒曼更换了自己的王位继承人。这位君主由此启动了沙特王国的权力代际转移程序。据报道，现年55岁的纳伊夫是萨勒曼的侄子、沙特开国君主阿卜杜勒·阿齐兹的孙子。作为王储，纳伊夫同时从穆克林亲王那里接过副总理职务，并继续担任内政大臣。萨勒曼此举标志着他在阿卜杜拉2015年1月逝世后，重新安排了最后一个关键职位。穆克林现年69岁，是沙特王国奠基人阿卜杜勒·阿齐兹最小的儿子，而纳伊夫则成为沙特当代史上任王储的第一位孙子。纳伊夫的任命还意味着沙特王室中苏德里谱系势力的增强。萨勒曼国王属于这一派系。苏德里家族在前国王阿卜杜拉统治期内影响力式微。萨勒曼当天还任命自己的儿子、现任国防大臣穆罕默德为副王储。这一任命也可理解为苏德里谱系势力的增加。不过，萨勒曼宣称，他是在沿着前国王阿卜杜拉的足迹，为国家最重要的职位寻找最合适的人选。

沙特处决 50 名恐怖分子

11 月 27 日，沙特阿拉伯处死 50 名恐怖分子，这是沙特两年内首次对恐怖分子执行死刑。不过，此事在国际社会引发争议，一方面，国际社会反对死刑，另一方面，沙特政府被指歧视什叶派穆斯林。这 50 人的死刑于 27 日的祷告结束之后分散在全国各地分别执行。在此之前，沙特在 2014 年和 2015 年分别处死了 90 名和 151 名死刑犯，但他们的罪名和恐怖主义无关。本次处死的 50 名死刑犯当中有“基地”组织和“伊斯兰国”的支持者。被处死的死刑犯当中，有 7 人是什叶派穆斯林。沙特的什叶派穆斯林常年控诉遭受逊尼派政府的歧视和欺压。这 7 人当中，更有 5 人被捕的时候还是未成年人。这 5 人的母亲发表联合声明，称这 5 人在狱中遭受虐待，同时指责法官不够公正。沙特政府坚决否认有关指控。不过，“大赦国际”组织则表示，有充分证据证明沙特的表态站不住脚。该组织呼吁对沙特政府刑讯逼供一事进行彻底、公正的调查。

沙特王位更替

1 月 23 日，沙特阿拉伯王室通过国家电视台“阿拉伯国营电视”宣布，沙特国王阿卜杜拉已于当天凌晨逝世，享年 90 岁。王储、阿卜杜拉同父异母的弟弟萨勒曼亲王继位，并指定穆克林为新王储。沙特是全球最大石油生产国和中东地区最有影响力大国之一，沙特国王健康状况和王位继承一直以来备受国际舆论关注。沙特王位的顺利继承，有利于世界经济的稳定。王位的迅速继承在一定程度上缓解了外界的忧虑。萨勒曼一直是沙特统治集团内部成员，曾任5年利雅得省（沙特首都所在省）省长，在平衡国内宗教、部落和皇室利益以及维持与西方大国关系方面有着丰富的经验。据分析，其继任后将沿袭阿卜杜拉的政策，如石油政策、外交政策和国际地缘政策等。对于萨勒曼的继位，外界仍有一定担忧。目前，中东地区局势混乱，逊尼派与什叶派穆斯林冲突不断，恐怖主义威胁上升，而沙特国内失业人口持续增加，国民经济严重依赖原油出口的情况没有改观，萨勒曼执政后仍将面临长期而复杂的挑战。

世界卫生组织宣布利比里亚埃博拉疫情结束

9月3日，世界卫生组织宣布利比里亚的埃博拉疫情结束。在时隔42天，利比里亚最后的埃博拉患者二次血检呈阴性之后，世界卫生组织宣布了上述消息。2015年5月，世界卫生组织曾宣布利比里亚的埃博拉疫情结束，但在6周之后，这一病毒卷土重来。世界卫生组织表示，这一波埃博拉疫情是1976年以来规模最大、持续时间最长、情况最为复杂的一次。在埃博拉主要疫情国几内亚、利比里亚和塞拉利昂，迄今累计发现疑似及确诊埃博拉病例共2.6万多例，其中1.1万人死亡。

苏丹总统巴希尔就职

苏丹当选总统巴希尔于6月2日宣誓就职，开始又一个5年任期。巴希尔当天在苏丹国民议会举行的就职仪式上说，作为国家元首，他将忠诚履行职责，捍卫苏丹国家主权，推行民主法治，维护苏丹的完整和统一。巴希尔呼吁维护国家团结、推行改革。他说，苏丹当务之急是停止各派冲突和战火，他愿就此与各党派真诚沟通合作。巴希尔还强调，他将带领苏丹人民努力实现社会安定和发展，振兴国家经济。阿拉伯国家联盟秘书长阿拉比、部分非洲国家领导人和一些国家的代表出席了巴希尔的就职仪式。

突尼斯恐怖袭击案

6月26日，突尼斯东北部港市苏塞的两处酒店遭到武装分子袭击，造成至少40人死亡，包括数名外国游客。突尼斯警方已开始搜捕其他可能的恐怖分子。此外，路透社援引突尼斯总理哈比卜·埃西德声明表示，突尼斯政府打算在一周时间内，关闭不受国家监管的80所清真寺，因其“参与煽动暴力行为”。而据最新消息，发动袭击的恐怖分子系单独一人作案，已被击毙。联合国秘书长潘基文、德国总理默克尔、英国首相卡梅伦、法国总统奥朗德、美国白宫等国际组织、政府机构和政要对袭击事件表示谴责。据克里姆林宫新闻办公室消息，俄罗斯总统普京已就事件向突尼斯总统埃塞卜西表示深切慰问。

突尼斯全国对话大会获2015年诺贝尔和平奖

10月9日下午17时，挪威诺贝尔委员会宣布突尼斯国家对话大会获得2015年诺贝尔和平奖，称其对突尼斯的民主进程起到了极大的推动作用。诺贝尔和平奖评选委员会主席指出，该奖是对突尼斯民众的鼓励，尽管经历了极大的困难，他们能够建立全国团结的基础。诺奖委员会期望突尼斯成为其他国家的榜样。“突尼斯全国对话四方集团”成员在获奖后向英国路透社表示，对话能够为正确路线铺路，此次获得和平奖向阿拉伯国家地区发出的信号是，放下武器，坐下来谈判解决问题。“全国对话机构”旗下有4个公民组织，在2013年夏天组成，当时突尼斯民主政体因为政治暗杀与社会动荡濒临崩溃，该组织创立了替代性和平政治进程，避免该国内战爆发。“全国对话机构”旗下4个公民组织为：突尼斯总工会、突尼斯工业、贸易暨手工业联盟、突尼斯人权组织与突尼西亚律师协会。

突尼斯总统卫队车辆爆炸

11月24日，突尼斯首都一辆载有总统卫队人员的军方车辆发生爆炸，导致12人死亡、16人受伤。突尼斯总统府发言人说，这起爆炸为“袭击”，总统埃塞卜西已取消出访瑞士的行程。随后，埃塞卜西宣布全国进入紧急状态。埃塞卜西在电视讲话中说：“鉴于此次事态的严重性和悲剧性，我宣布全国进入 30 天紧急状态，并且从今晚 9 时至明天 5 时，全国宵禁。”此次爆炸动机不明，没有任何组织宣称制造了这起事件，但很可能与“伊斯兰国”有关。2015 年 3 月 18 日，突尼斯首都一家博物馆曾发生武装袭击和劫持人质事件，共造成 23 人死亡。6 月 26 日，海滨城市苏塞一家酒店遭袭，导致 38 人死亡。极端组织“伊斯兰国”宣称制造了这两起袭击事件。

土耳其安卡拉爆炸

10 月 10 日上午，土耳其安卡拉火车站附近发生两起爆炸。土耳其总理达武特奥卢于 15 日表示，目前警方经过调查后又逮捕了 10 名嫌犯。截至当时，爆炸已造成 99 人遇难。土耳其总理称，这 10 名嫌犯与库尔德工人党或极端组织“伊斯兰国”有关。此前一天，土耳其当局逮捕了 2 名提前知晓爆炸发生的重大嫌疑人。据称，此 2 人在爆炸前一天在“推特”上发文称，安卡拉火车站附近可能会有爆炸袭击。警方还指出，通过初步调查，这 2 人与库尔德工人党有联系。但土耳其国内也有分析人士怀疑警方的推测，因为在此次爆炸发生时的集会中，有库尔德人参加，而且死伤者中也有多名库尔德人。

土耳其击落俄战机

11 月 24 日，俄罗斯一架苏－24 战机在叙利亚和土耳其边境地区被土耳其击落，俄战机后来坠落在叙利亚山区。其中一名飞行员在跳伞后被地面武装开枪打死，另一名飞行员获救。土耳其表示，俄战机侵入领空长达 17 秒，土耳其方面在不断警告后将其击落。但俄方则称，俄战机是在叙领空飞行，并称安卡拉击落俄战机的举动是“在背后捅刀子”。土耳其总统埃尔多安已对事件表示遗憾，但普京表示，俄罗斯希望土耳其对此正式道歉，但土耳其至今拒绝道歉。战机被击落事件后，俄罗斯开始加强在叙利亚的防空力量，包括部署 S－400 防空导弹系统。与此同时，俄总理梅德韦杰夫打响对土制裁的“全面经济战”。

土耳其议会选举

6月7日，土耳其总理达武特奥卢领导的执政党正义与发展党（正发党）在土全国议会选举中获得约40%的选票，虽继续保持议会第一大党地位，但由于所获议席未过半数，不能单独组阁执政，因此正发党将面临严峻挑战。分析人士指出，2012年以来土耳其经济增速明显下滑，2015年以来土耳其里拉大幅贬值，失业率保持两位数，2013年发生的腐败丑闻阴影至今未消，加上与部分周边国家关系不和，这一系列的负面影响使得正发党在这次土耳其议会选举中的得票率和2011年议会选举相比大幅下降，更给土耳其总统埃尔多安计划通过议会修改宪法赋予总统更大权力的改革设想带来困难。根据初步统计，土耳其主要反对党共和人民党得票率为25.03%，民族行动党得票率为16.37%，亲库尔德的人民民主党得票率为13.08%。其余各党派得票率不足10%。土耳其大国民议会是国家最高立法机构。根据土耳其选举法，议席必须过半方能单独组阁执政。如果没有一个政党的议席过半，将由第一大党首先寻求与其他政党组建联合政府。

土耳其与欧盟达成控制难民涌入欧洲协议

11月30日，在布鲁塞尔连续谈判多天之后，土耳其和欧盟达成一项旨在控制难民涌入欧洲的协议。根据土耳其和欧盟的初步协议内容，欧盟愿意在未来一年到两年为土耳其提供30亿欧元资金，让土耳其改善其境内的230万叙利亚人的生活状况，以打消他们乘船前往希腊的念头。同时，欧盟要土耳其政府加紧边境管控，阻止阿富汗人和其他亚洲国家经济难民借道土耳其进入欧洲。欧盟还要求土耳其承诺接回那些入境希腊但未获政治难民地位的人。此外，欧盟还承诺土耳其政府，未来放松土耳其人的申根签证申请和审批。欧盟也承诺加速延宕多年的土耳其加入欧盟的谈判。欧盟理事会主席图斯克在协议达成后表示，他预计“很快就能看到进展”。土耳其总理达武特奥卢则表示，他对谈判结果感到非常高兴，并说，这是土耳其和欧盟关系中“历史性”的一天。2015 年，已经有 90 万难民涌入欧洲。许多都是逃离叙利亚、伊拉克和阿富汗动荡的灾民，他们开始前往欧洲之前在土耳其的临时营地安身。

叙利亚政府军炸死反对派武装首领

12 月 25 日，叙利亚政府军总司令部发表声明，证实叙反对派武装“伊斯兰军”首领扎赫兰·阿卢什当天在空军的空袭行动中被炸死。政府军总司令部说，基于可靠情报，政府军向首都大马士革姑塔东区的“伊斯兰军”据点发动空袭，炸死阿卢什及包括反对派武装“拉赫曼军”和“沙姆自由人”头目在内的多名“恐怖分子”。“伊斯兰军”是姑塔东区最大的反对派武装。据西方情报，“伊斯兰军”有 1.5 万至 2 万名武装人员。法新社援引叙利亚安全官员的话报道，叙利亚军机使用了新近获得的俄制导弹。按安全官员说法，政府军对“伊斯兰军”会议地点发起了两轮打击，每轮打击发射 4 枚导弹，炸死了至少 12 名“伊斯兰军”武装人员和多名其他反对派武装人员。“伊斯兰军”高层证实，3 架军机向“伊斯兰军”指挥官的“秘密会议”地点发起空袭，阿卢什被炸死。按“伊斯兰军”消息人士的话报道，“伊斯兰军”已经决定，由另一指挥官阿布·布瓦达尼接任“伊斯兰军”首领。

也门胡塞组织成立总统委员会和全国过渡委员会

2 月 6 日，也门胡塞武装组织宣布成立总统委员会和全国过渡委员会，以取代也门总统和议会治理国家。总统委员会由 5 名成员组成，负责组建专家型政府。由 551 名成员组成的全国过渡委员会将代行议会职责。2015 年 1 月 19 日，胡塞武装人员与也门总统卫队发生冲突，随后占领了一座总统府，引发此轮政治危机。22 日，也门总统哈迪和总理巴哈递交辞呈，也门议会此后宣布无限期推迟召开会议审议总统辞呈。为平息危机，也门各党派在联合国代表的协调下进行政治对话，但各方在总统和议会合法性、总统委员会组成以及军队地位等问题上存在分歧，至今没有达成协议。胡塞武装组织2月1日表示，如果各政党在3天内无法达成协议，该组织将单方面采取“必要措施”保证“权力和平交接”。什叶派胡塞武装组织长期盘踞在也门北部萨达省，2014年7月，也门政府削减燃油补贴，引发民众强烈不满，胡塞武装组织借机使用武力夺取首都萨那，并在随后的内阁改组、军队改革等问题上与中央政府摩擦不断。

伊拉克军方夺回重镇拉马迪

12月29日，伊拉克军方宣布，他们已经完全“解放”了此前被“伊斯兰国”夺走的城市拉马迪。伊拉克军方发言人拉苏尔称，政府军取得了“意义重大的”胜利。在播放的电视画面上，伊拉克政府军在拉马迪政府大楼上挥舞着伊拉克国旗。但也有报道称，政府军在拉马迪市内的个别地区依然受到抵抗。在拉马迪市内进行报道的英国广播公司（BBC）记者说，持续一周的交火使得这座城市面目全非。夺回拉马迪标志着打击“伊斯兰国”的重要转折点。拉马迪在2015年5月份被“伊斯兰国”占领，被认为是伊拉克军队的一次丢脸的失败。在过去的数月里，伊拉克政府军一直为夺回这座城市与“伊斯兰国”武装分子交战。

“伊斯兰国”攻击伊拉克美军顾问驻地

伊拉克和美国官员说，极端组织“伊斯兰国”武装人员2月12日至13日在伊拉克攻击一个镇及附近一个驻有美军顾问的军事基地，最终遭受挫败。巴格达迪镇位于伊拉克西部安巴尔省，镇外大约5公里是阿萨德空军基地，驻扎着大约320名美军海军陆战队员。他们的任务是训练伊拉克第7师部队。“伊斯兰国”控制着安巴尔省大片地区，围攻巴格达迪镇数月。路透社援引伊拉克情报部门人员的话报道，“伊斯兰国”武装12日分两路进攻这个镇，同时派另一路武装人员攻击阿萨德基地。伊拉克军方一名官员说，由于天气恶劣，美军及盟友减弱对“伊斯兰国”的空袭，对方乘机发动进攻。美国国防部一名发言人证实，巴格达迪镇爆发“激烈交火”，不过阿萨德基地没有遭受直接进攻，只是外围受到“无效间接火力”打击。伊拉克军方则说，基地遭到炮击，部分建筑受损。伊军在基地附近击毙8名试图发动袭击的武装人员，他们试图混入基地并发动自杀式爆炸袭击。

“伊斯兰国”炸毁叙利亚多处古迹

10月4日，叙利亚境内的极端组织“伊斯兰国”在该国巴尔米拉城再一次炸毁了一处古迹。此次遭殃的是著名的叙利亚凯旋门。叙利亚人权观察组织的一名负责人称，极端组织“伊斯兰国”表示，炸毁了巴尔米拉的凯旋门，原因是拱门上的雕花饰纹不符合教义。巴尔米拉以“沙漠珍珠”为人所知，联合国教科文组织（UNESCO）称巴尔米拉拥有“极度珍贵的全球价值”。巴尔米拉古城被联合国教科文组织列为世界遗产，其中有大量古罗马古城市遗址。而此前，极端组织“伊斯兰国”已多次在该城肆意破坏文物古迹。8月23日，“伊斯兰国”炸毁了该城内的巴尔—夏明神庙古迹。神庙建于公元1世纪早期，用于供奉腓尼基神灵。

以巴圣殿山冲突

9月13日和14日，以色列警察与巴勒斯坦人连续两天在圣殿山发生冲突，其中14日的冲突造成两人受伤。以警方发言人说，14日上午，一些蒙面的巴勒斯坦抗议者在圣殿山用石头和金属棒袭击以警察，造成一名警察受伤。在当天的另一起冲突中，一些巴勒斯坦示威者在圣殿山的一个入口袭击了几名犹太人，造成一人受伤。在两起冲突中，以警方共逮捕9名巴勒斯坦人。以色列警方13日突袭了圣殿山上的阿克萨清真寺，引发巴勒斯坦人与警方的暴力冲突。以色列农业部长乌里·阿里埃勒和其他数名极右翼犹太人随后登上圣殿山，造成冲突进一步恶化。以色列警方说，他们在对阿克萨清真寺的突袭中发现了巴勒斯坦人囤积在那里的石块、爆竹和管状炸药等，并称这些是巴勒斯坦人为在犹太历新年之际袭击登上圣殿山的犹太人准备的。以色列警方表示，绝不容忍圣殿山安全局势恶化。

以色列在东耶路撒冷新建900套定居者住宅

5月7日，以色列在总理内塔尼亚胡刚刚宣布组建完成右翼联合政府后，批准了在东耶路撒冷新建900套定居者住宅的计划。“现在和平”（Peace Now）女发言人奥夫兰说，新住宅将建在东耶路撒冷的定居点 Ramat Shlomo 社区。该市的规划委员会于6日晚作出了这个决定。她说，以色列政府已经批准了这项请求，现在已经允许建造住宅。2010年3月，以色列内政部宣布了在东耶路撒冷犹太人社区 Ramat Shlomo 建造1600套定居者住宅的计划。东耶路撒冷的居民以阿拉伯人为主。2013年11月，建设计划搁浅，规划委员会称必须先建设新的道路。“现在和平”称，即便他们现在还没有建设新的道路，但还是批准了建设900套住宅的计划。

约旦时隔三个月重新向以色列派驻大使

约旦政府发言人于2月2日称，约旦驻以色列大使将重返以色列。三个月前，约旦为了抗议以色列攻击耶路撒冷一处清真寺而召回了驻以大使。2014年11月29日，一名巴勒斯坦枪手在耶路撒冷老城向以色列右翼人士开枪，重伤了对方。11月30日，以色列极右团体号召支持者强闯位于耶路撒冷老城的伊斯兰教圣地阿克萨清真寺。为防事态升级，以色列警方封锁了阿克萨清真寺，禁止伊斯兰教徒、犹太人和所有游客入内。这也是自2000年以来，以色列方面首次采取这样的封锁行动。约旦考虑到阿克萨清真寺局势，于11月5日召回驻以大使。同一天，约旦还向联合国安理会控诉以方安全部队袭击阿克萨清真寺，要求联合国“采取合法步骤和措施”。

（本章综述撰稿：左天泽；词条编撰：左天泽）

独联体地区

一、形势综述

2015年，随着乌克兰和叙利亚两国危机的不断发酵，俄罗斯与西方国家之间的矛盾进一步激化，甚至出现了俄罗斯战机被土耳其击落的严重事件。尽管遭到了西方的孤立，但俄罗斯并没有放弃在中东的利益，加强了与中东国家的合作，并大规模地打击"伊斯兰国"势力。在俄罗斯的大力推动下，欧亚经济联盟顺利运行，经济一体化不断深入发展，但使用统一货币的问题仍然无法解决。在内政上，独联体中乌克兰、摩尔多瓦等亲西方国家政治动荡，其他成员国政局较为稳定；受乌克兰危机和石油价格暴跌所累，各国经济增长速度进一步下滑，多国甚至出现了负增长。独联体地区的恐怖主义危害有所下降，但随着"伊斯兰国"的崛起，潜在威胁不断上升。

（一）俄罗斯加强与中国合作以抗衡欧美，扩大在中东地区的影响

1. 俄罗斯与西方关系进一步恶化

2015年，俄罗斯与西方日益对立，在乌克兰、叙利亚等问题上的矛盾重重，在政治、经济和军事各领域爆发了激烈的冲突。政治上，美国及其他西方领导人不断批评俄罗斯及其总统普京。6月5日，加拿大总理哈珀认为，俄罗斯破坏了加入发达国家俱乐部的基础，不应该在普京任职期间返回G7，加拿大将会非常强烈反对普京再次回到这张会谈桌。[1] 6月9日，美国总统奥巴马在G7峰会后发

① 环球网：《加拿大总理：在普京任职期间俄罗斯不能返回G7》，http://world.huanqiu.com/exclusive/2015-06/6608619.html。

表讲话，对俄罗斯发表了迄今为止最为激烈的批评，称“普京为了重现苏联帝国荣光的幻想，将毁了俄罗斯”，并称西方将继续加大制裁俄罗斯。对此，俄罗斯表示西方的指责“毫无新意”。[①] 经济上，俄罗斯与欧美之间关于制裁和反制裁的较量轮番展开。2 月，欧盟通过了对俄罗斯实施新制裁措施，主要针对俄罗斯 19 个自然人和 9 家法人机构采取禁止签证和冻结财产等。至此，欧盟已对俄罗斯 132 个自然人和 28 家法人机构采取了制裁措施。[②] 6 月，欧盟宣布延长对俄罗斯的制裁 6 个月，对俄罗斯的金融贸易制裁将延至 2016 年 1 月底。出于回击，普京宣布将俄对欧盟的反制裁措施延长一年，主要是限制进口部分食品和农产品。俄罗斯总统新闻秘书佩斯科夫指出，在制裁问题上俄方始终遵循“以牙还牙”的原则。[③] 7 月 29 日，黑山、阿尔巴尼亚、冰岛、列支敦士登、挪威和乌克兰 6 国加入到执行延长对俄经济制裁政策的欧盟国家中。[④] 俄罗斯的“报复”接踵而至。8 月 13 日，总理梅德韦杰夫签署法令，禁止从阿尔巴尼亚、黑山、冰岛、列支敦士登进口食品。军事上，俄罗斯和北约在关键地区多次对峙。4 月 7 日，美国一架 RC－135U 侦察机在波罗的海上空被俄罗斯苏－27 战斗机拦截。美国机组人员认为，俄飞行员在贴近美国飞机高速飞行时所做的挑衅性动作是不安全和不专业的。[⑤] 5 月 30 日，俄罗斯黑海舰队一架苏－24 型战机紧急升空，驱逐在黑海

① 萧达等：《俄罗斯对 G7 警告不在乎，对核弹重回欧洲高度警觉》，《环球时报》，2015 年 6 月 10 日。

② 商务部：《欧盟 2 月 16 日开始对俄实施新制裁》，http://www.mofcom.gov.cn/article/i/jyjl/e/201502/20150200900705.shtml。

③ 新华网：《俄罗斯将延长对欧盟反制裁措施》，http://news.xinhuanet.com/2015－06/23/c_1115700465.htm。

④ 商务部：《欧洲 6 国加入欧盟延长对俄经济制裁政策》，http://ru.mofcom.gov.cn/article/jmxw/201508/20150801068439.shtml。

⑤ 《俄罗斯战机拦截美国侦察机》，《参考消息》，2015 年 4 月 13 日。

海域作出“挑衅性”举动的美军“罗斯”号驱逐舰。7月4日，4架俄罗斯远程轰炸机抵近美国领空，最后被美国战斗机拦截。

2. 俄罗斯全方位加强与中国的合作

随着与欧美关系的不断恶化，俄罗斯加强了和中国的联系，两国合作达到了历史最高水平。政治上，两国领导人5次会晤，延续了近两年两国最高领导人年均会晤3次至5次的传统。如此频密的高层接触，在双方对外关系中都是不多见的。① 经济上，中俄签订了多份重要的合作协议。5月，在访问俄罗斯期间，习近平与普京共签署32项合同，涉及金额达250亿美元，两国将在能源、交通、航天、金融等方面深化全面战略协作伙伴关系。② 6月，由中国中铁二院工程集团投标的俄罗斯首条高速铁路的规划设计合同在圣彼得堡正式签署，成为中国高铁走出国门的第一单，也标志着中俄在共建丝绸之路经济带的实践中迈出了具有深远意义的一步。③ 11月，俄罗斯石油公司宣称收到了来自中国的石油预付款，金额高达9965亿卢布（约972.6亿人民币）。这是西方对俄制裁后所收到的最大一笔海外资金，大大帮助了俄罗斯主要国有企业运转并改善财务状况。④ 在军事上，中俄合作也深入发展。5月和8月，中俄依次进行了代号为“海上联合—2015（1）”和“海上联合—2015（2）”的联合军事演习，地点分别在地中海和符拉迪沃斯托克。11月，“俄罗斯技术”集团主管国际合作与地区政策的经理克拉多夫表示，俄中已签署24

① 欧诣：《习近平普京年内五次会晤》，《瞭望》，2015年第51期，第9页。

② 岳薇：《中俄签署32项合作价值250亿美元，多家上市公司获益》，《证券时报》，2015年5月11日。

③ 陈效卫：《中国高铁与俄罗斯签下走出国门第一单》，《人民日报》，2015年6月19日。

④ 新华网：《美媒：雪中送炭 俄罗斯收到中国巨额石油预付款》，http://www.gs.xinhuanet.com/photo/2015-11/18/c_1117180690.htm。

架苏－35多功能战斗机的供应合同。和S－400防空导弹一样，中国成为首个与俄罗斯签署新型苏－35战机供应合同的国家。他强调，“这无疑是俄罗斯的政治选择，这是两国战略伙伴关系深度的反映。”[①]

3. **俄罗斯扩大在中东地区的影响**

尽管遭到西方国家的打压，但俄罗斯不仅在乌克兰危机上严守底线，更是加强了与中东国家的合作，大力打击中东地区的恐怖主义势力。2015年，俄罗斯和多个中东国家达成合作协议，扩大了在中东地区的影响。2月9日，普京对埃及进行了为期两天的国事访问。这是时隔10年后俄国家元首第一次访问埃及，也是2015年普京首次出访。此后，两国军队在埃及的亚历山大港进行了代号为“2015友谊之桥”的联合军演。3月，约旦和俄罗斯就合作建设约旦首座核电站签署政府间协议，总价值约100亿美元。[②] 4月，普京撤销了向伊朗出售S－300导弹系统的禁令，2015年就将向伊朗供应改进型S－300导弹系统。11月，普京访问了德黑兰，与伊朗最高领袖哈梅内伊、总统鲁哈尼分别举行了会晤。此外，普京于4月会见了到访的巴勒斯坦总统阿巴斯，双方讨论了在各领域的合作、巴以谈判进程、叙利亚和伊拉克局势等，重点是中东问题。

为了扶持叙利亚的巴沙尔政府，俄罗斯亲自出马，打击极端组织“伊斯兰国”。自9月30日起，俄罗斯空天部队多次出动飞机，摧毁了“伊斯兰国”的指挥所、武器和弹药库、通讯设施、训练营和武器生产基地等目标。10月，叙利亚总统巴沙尔访问了俄罗斯，并与普京就俄在叙军事行动等问题进行了长时间会谈，这也是自

---

① 人民网：《俄媒称俄已签署合同向中国出售24架苏－35战机》，http://military.people.com.cn/n/2015/1120/c1011－27836459.html。

② 商务部：《约旦与俄罗斯签署首座核电站合作协议》，http://jo.mofcom.gov.cn/article/jmxw/201503/20150300923922.shtml。

2011年叙利亚危机爆发以来巴沙尔第一次出访俄罗斯。巴沙尔感谢了俄向叙利亚提供的帮助，称俄阻止了恐怖主义在中东地区扩张。[①] 俄罗斯军事卷入中东动乱受到了叙利亚的热烈欢迎，但遭到了其他势力的反对和报复。10月31日，一架载有224名人员的俄罗斯客机在埃及西奈半岛上空坠毁，机上人员全部罹难。“伊斯兰国”武装分子宣称对空难事件负责，称这是为了报复俄罗斯在叙利亚的空袭行动。11月24日，土耳其政府表示，一架俄罗斯苏-24战机入侵土领空，在警告无效后，土空军将其击落。两名俄罗斯飞行员一名遇难，一名逃生。在搜救飞行员的过程中，俄罗斯一架直升机被地面武装击毁，一名海军陆战队士兵阵亡。俄罗斯否认了俄战机入侵其领空的说法，并强调俄飞行员从未收到警告。普京强硬表示，称俄罗斯被“恐怖主义帮凶在背后捅刀”。[②] 此后，俄罗斯对土耳其采取了一系列制裁措施。

（二）独联体一体化进程深入发展，部分国家与俄罗斯矛盾加剧

1. 欧亚经济联盟推动相关国家一体化进程深入发展

在俄罗斯的大力推动下，独联体的经济一体化不断深入发展。1月1日，欧亚经济联盟正式启动。从此，俄罗斯、白俄罗斯和哈萨克斯坦三国公民在欧亚经济联盟任何一国就业不再需要获得专门的工作许可。联盟的目标是在2025年前实现联盟内部商品、服务、资本和劳动力的自由流动，以及推行协调一致的经济政策。[③] 为了享

---

① 《巴沙尔突访莫斯科 向普京言谢》，《北京青年报》，2015年10月22日。

② 新华网：《普京：恐怖主义帮凶在背后捅刀》，http://news.xinhuanet.com/world/2015-11/25/c_128465036.htm。

③ 新华网：《欧亚经济联盟正式启动》，http://news.xinhuanet.com/fortune/2015-01/01/c_127352482.htm。

受经济合作的红利，其他独联体国家也陆续加入欧亚经济联盟。1月2日，俄罗斯外长拉夫罗夫与亚美尼亚外长纳尔班江通电话，祝贺亚美尼亚正式加入联盟成为该组织第4个成员国。8月12日，吉尔吉斯斯坦总统阿坦巴耶夫和哈萨克斯坦总统纳扎尔巴耶夫在吉度假胜地伊赛克湖通过电视共同宣布开放吉哈海关关境，这标志着吉尔吉斯斯坦正式成为欧亚经济联盟第5个成员国。除欧亚经济联盟外，独联体其他领域的合作也正展开。10月16日，独联体国家首脑会议在哈萨克斯坦举行，共对17个问题进行了审议，并最终通过了一系列重要成果文件，其中最为重要的就是各国在反恐方面达成了共识。除了反恐议题之外，各国首脑还就加强经贸、军事、边防和人文等领域合作达成了共识。尽管独联体的一体化不断发展，但要成为类似欧盟的高层次合作组织仍面临不小的障碍。4月22日，哈萨克斯坦经济部副部长铁木尔·扎克瑟雷科夫称，在欧亚经济联盟框架内发行统一和超国家货币的问题上，哈排除发行统一货币的可能性。《欧亚经济联盟条约》中并没有关于建立货币联盟或发行统一的超国家货币的条款，而且今后也不会出现这种可能。①

2. 独联体国家进一步明确选边站立场

随着俄罗斯与西方关系恶化，独联体国家就陷入了在两者之间进行选择的困境，并逐渐表明了自己的立场。“古阿姆集团”国家不断向西方靠拢，乌克兰更是迫不及待地在政治、军事、经济各领域做着融入西方的准备。1月11日，美国和乌克兰舰队在黑海举行海上军演。乌克兰国防部代表库什涅尔表示，2015年乌克兰军队将参加11个国际联合军演，其中规模最大的是每年一度的乌美“海风”

① 新华网：《哈萨克斯坦官员说欧亚经济联盟不会发行统一货币》，http://news.xinhuanet.com/world/2015-04/23/c_1115058256.htm。

海上军演。[①] 4 月 27 日，欧洲理事会主席图斯克、欧盟委员会主席容克及乌克兰总统波罗申科在基辅会晤，欧乌双方确认自贸协议将于2016 年1 月1 日起正式实施，不再拖延。7 月，在华盛顿举行的乌美投资论坛上，乌克兰基础设施部部长彼沃瓦尔斯基与美国副国务卿诺维利共同签署双方相互“开放领空”协议，加强双方经济往来，促进两国民用航空的发展。[②] 摩尔多瓦、格鲁吉亚等国也加紧倒向西方。7 月 19 日，来自美国、摩尔多瓦、罗马尼亚、波兰和格鲁吉亚的约800 名军人在摩尔多瓦第二大城市伯尔齐举行代号为“共同努力2015”的联合军事演习，旨在测试摩尔多瓦军队的协同作战能力。[③] 8 月 27 日，北约设在格鲁吉亚首都第比利斯郊区科尔察尼西的军事训练中心正式启用。北约秘书长斯托尔滕贝格出席了开幕式，并提到北约和格鲁吉亚军队的训练不限于在该基地进行，还将在格鲁吉亚全国范围其他军事设施展开。而以欧亚经济联盟为基础的其他独联体国家则选择了加强和俄罗斯的合作，与美国拉开距离。3 月，在莫斯科召开的俄白联盟国家最高国务委员会会议上，白俄罗斯总理科比亚科夫和梅德韦杰夫签署了两国政府间共同反危机计划，为发展两国经贸合作创造条件。科比亚科夫认为，该计划能够使两国的贸易额恢复到两年前的最高水平，同时也会对两国间整体经济合作起到良好作用。[④] 7 月，吉尔吉斯斯坦政府发表声明称，废除1993 年与美国签订的合作协议，因美国国务院决定授予吉尔吉斯维

① 人民网：《俄媒：美驱逐舰开进黑海与乌克兰海军联合军演》，http://military.people.com.cn/n/2015/0115/c172467-26391517.html。

② 商务部：《乌克兰与美国签订“开放领空”协议》，http://ua.mofcom.gov.cn/article/jmxw/201507/20150701046789.shtml。

③ 人民网：《美国罗马尼亚等国在摩尔多瓦举行联合军演》，http://world.people.com.cn/n/2015/0721/c157278-27334567.html。

④ 商务部：《俄白两国签署共同反危机计划》，http://by.mofcom.gov.cn/article/jmxw/201503/20150300912576.shtml。

权人士阿斯卡罗夫“人权卫士”奖，而此人被判终身监禁，其罪行包括煽动民族仇恨、组织群体骚乱，以及参与杀害执法机关工作人员。[①]

3. 俄乌矛盾全面爆发

乌克兰危机爆发后，乌克兰与俄罗斯关系迅速恶化，多次爆发尖锐的冲突。政治上，双方多次爆发外交冲突。7月17日，乌克兰国家安全局宣布，因驻敖德萨的俄总领事从事与其外交工作“不相符”的活动，已被乌克兰政府宣布为“不受欢迎的人”。俄罗斯外交部副部长卡拉辛表示，这又是一个不友好的举动，旨在人为地制造俄罗斯与乌克兰的紧张关系。[②] 9月8日，俄罗斯调查委员会主席巴斯特雷金在接受采访时指出，乌克兰总理亚采纽克是虐待狂和杀人犯，涉嫌在格罗兹尼折磨和枪杀被俘俄军人，俄决定对其发出国际通缉令和逮捕令。[③] 经济上，两国的合作中止，多次展开有针对性的制裁。9月28日，俄罗斯多家航空公司收到乌克兰方面的“禁飞令”，他们的班机被禁止飞入和飞越乌克兰领空，禁令将从10月25日起生效。“禁飞令”是由乌总理亚采纽克宣布的，以此作为对俄支持乌东部民间武装制裁措施的一部分。11月22日，由于供电线路被恶意破坏，整个克里米亚半岛处于停电状态，近200万人受到影响。克里米亚全境宣布进入紧急状态，全面启用备用电源。11月24日，俄罗斯能源部长诺瓦克对乌克兰发出警告，乌克兰当局事实上对恢复供电什么都没做，克里米亚供电未能恢复这是由于政治原因，为

① 《吉尔吉斯斯坦废除与美合作协议，美国很失望》，《参考消息》，2015年7月22日。

② 《乌克兰驱逐一俄外交官》，《京华时报》，2015年7月19日。

③ 《俄对乌克兰总理发出逮捕令：指控其虐杀俄军战俘》，《参考消息》，2015年9月10日。

此俄罗斯将停止对乌克兰的煤炭供应。[①] 11月25日，俄罗斯天然气工业股份公司宣布，乌克兰预付款天然气用量当天已全部提取完，在按规定缴纳新的预付款前中止对乌供气。12月10日，亚采纽克表示，乌克兰不准备偿还于本月20日到期，金额为30亿美元的俄罗斯债务。对此，普京表示，如果乌克兰不偿债务，政府应向法院提起诉讼。军事上，乌克兰断绝了和俄罗斯的各项合作，明确把对方作为主要威胁。5月20日，乌克兰总理亚采纽克在政府工作会议上称，因俄罗斯已对乌克兰安全和领土完整造成威胁，政府决定停止执行与俄罗斯1993年5月26日签订的军工合作协议。5月21日，乌克兰议会声明废除关于俄乌相互保护秘密信息的协议以及俄乌间军事合作协议。9月25日，乌克兰总统波罗申科签署了新军事学说，将“直接与乌克兰接壤的俄罗斯增长的军事实力，以及包括在克里米亚领土上部署战术核武器的可能”称为乌克兰的威胁。

（三）独联体亲西亲俄国家政局迥异，各国经济集体下滑

1. 俄罗斯及盟友社会稳定，政权平稳过渡

2015年，俄罗斯尽管在国际上与西方关系紧张，但俄罗斯的国内秩序却平稳有序，普京的民众支持率屡创新高。11月，全俄社会舆论研究中心进行的调查结果表明，最近一年半俄罗斯人对本国总统普京工作的支持率依然很高，最近数月他的支持率创新高，达到87%—88%。[②] 俄罗斯盟友的国内政局也是波澜不兴，总统和议会选举顺利进行，现行领导人和执政党轻松获胜，平稳地完成了政权交接。4月6日，乌兹别克斯坦中央选举委员会宣布，现任总统卡里莫

---

① 萧雅文、柳直：《乌克兰对克里米亚停电，俄或对乌克兰断气断煤》，《环球时报》，2015年11月25日。

② 环球网：《俄罗斯民调：普京支持率创新高 达到87—88%》，http://world.huanqiu.com/exclusive/2015-11/8036918.html? referer=huanqiu。

夫在3月29日举行的总统选举中以90.39%的得票率胜出，再次当选乌兹别克斯坦总统，任期5年，他将继续自1991年以来对乌兹别克斯坦的领导。[①] 4月27日，现任哈萨克斯坦总统纳扎尔巴耶夫以97.7%的得票率胜选，连任总统已成定局，另两名候选人瑟兹德科夫和库萨伊诺夫得票率分别为1.6%和0.7%。[②] 10月15日，吉尔吉斯斯坦议会选举的正式结果公布，社会民主党、共和国—故乡党等6党派最终进入议会，其中总统阿坦巴耶夫领导的社会民主党获得27.56%的选票，在总共120个议员席位中占38席。[③] 11月2日，以吉尔吉斯斯坦社会民主党为核心组建了新一届执政联盟，在议会中共拥有80个席位，而拥有40个议席的共和国—故乡党以及共同党则成为了议会中的反对派。[④]

2. 乌克兰、摩尔多瓦政局动荡

2015年，乌克兰、摩尔多瓦与西方联系日益紧密，但两国国内都发生了剧烈的政治动荡。在过去一年中，乌克兰东部的危机没有得到好转，签订的停火协议没有得到遵守，东部民间武装多次和政府军发生激烈交火，造成大量人员伤亡。2月12日，德国、法国、乌克兰和俄罗斯四国领导人在明斯克峰会上签订了一系列落实明斯克协议的措施，以防止在乌克兰东部的武装冲突升级。但新明斯克协议的落实情况很不理想，双方多次发生严重冲突。6月3日，乌克兰政府军和亲俄武装在东部重镇马林卡和克拉斯诺霍里夫卡发生激

---

① 新华网：《卡里莫夫再次当选乌兹别克斯坦总统》，http://news.xinhuanet.com/world/2015-04/06/c_1114880389.htm。

② 新华网：《纳扎尔巴耶夫高票胜选，成功连任总统没有悬念》，http://news.xinhuanet.com/world/2015-04/27/c_1115102811.htm。

③ 商务部：《吉尔吉斯议会选举公布正式结果》，http://kg.mofcom.gov.cn/article/jmxw/201510/20151001135104.shtml。

④ 凤凰网：《吉尔吉斯斯坦正式组建议会执政联盟》，http://news.ifeng.com/a/20151103/46084288_0.shtml。

烈交火，双方均使用了包括坦克、装甲车、迫击炮和火箭炮在内的重型武器。双方都指责对方首先发起进攻，冲突持续了将近一天。政治上，乌克兰东部地区的独立倾向日益明显，亲俄人士通过选举成为了地区领导人，和波罗申科政府就东部地区的地位产生了严重的分歧。3月，波罗申科签署了关于乌东部个别地区地方自治特殊办法的法律修正案，顿涅茨克地区代表普希林对此表示，此举公然违反明斯克协议，并将谈判进程引入死胡同。[①] 10月，乌克兰中央选举委员会经鉴定后宣布了乌东部顿涅茨克州多布罗皮利亚、乌格列达尔、谢利罗沃3个城市的地方选举结果，胜出候选人皆为持亲俄立场人士。[②] 长期的内战给乌克兰带来了巨大的损失。联合国人权事务高级专员办公室发布的最新报告显示，自2014年4月中旬以来，乌克兰冲突已导致至少9098人死亡，另有20732人受伤。[③] 2015年，由于政府在经济、反腐等问题上的无能，摩尔多瓦发生了严重的抗议事件，最终导致了政府的垮台。9月，摩尔多瓦首都基希讷乌爆发大规模反政府游行，示威者要求总统下台，解散议会、提前举行议会选举，更换执法机关领导人等，这是摩独立以来规模最大的一次抗议活动。公民组织“尊严与真相”牵头实施了这次活动，约10万人参加了游行。[④] 10月29日，摩尔多瓦议会通过对政府的不信任案，由总理斯特雷勒茨领导的执政联盟因此被弹劾下台。101名议员中的65人对该议案投了赞成票，其中包括执政联盟中的

---

① 中国新闻网：《乌总统签署乌东特殊地位法修正案 惹怒民间武装》，http://www.chinanews.com/gj/2015/03-19/7142670.shtml。

② 凤凰网：《亲俄人士在乌克兰东部三市地方选举中胜出》，http://news.ifeng.com/a/20151101/46066982_0.shtml。

③ 中国新闻网：《联合国：去年4月以来乌克兰冲突死亡人数逾九千》，http://www.chinanews.com/gj/2015/12=10/7664038.shtml。

④ 杨军：《摩尔多瓦爆发大规模反政府游行》，《中国青年报》，2015年9月9日。

民主党议员。10 月 30 日，摩尔多瓦总统蒂莫夫蒂宣布自由党人乔治·布雷加为代理总理。[①]

3. **大多数独联体国家经济低迷**

2015 年，受制于全球经济低迷以及石油价格的暴跌，以资源产品出口为导向的大多数独联体国家经济增长明显放缓。欧亚发展银行在最新一期《独联体宏观监测报告》中称，2015 年独联体国家 GDP 将下降 3%—4%，2016 年将恢复小幅回升。2015 年第二季度独联体国家 GDP 降幅加剧，达 4.4%（第一季度降幅为 2.6%），这主要是由于俄罗斯、白俄罗斯经济的进一步下滑以及哈萨克斯坦经济增速放缓导致。第二季度白俄罗斯、乌克兰、乌兹别克斯坦等出口多元化国家经济降幅依然严峻。与此同时，亚美尼亚、阿塞拜疆、吉尔吉斯斯坦和塔吉克斯坦经济呈上升走势，故第二季度独联体国家经济呈现正负增长两种不同走势。[②] 在油价下跌和西方制裁的打击下，俄罗斯经济严重下滑，2015 年萎缩 3.7%。随着最近一轮油价的下跌，俄罗斯高层人士警告称，应该为 2016 年依然遭遇经济衰退做好准备。[③]

（四）恐怖主义威胁上升，俄罗斯加强军事建设

1. **恐怖主义威胁不断上升**

2015 年，除乌克兰和摩尔多瓦外，其他独联体国家的安全形势良好。但随着中东地区“伊斯兰国”极端组织的崛起，以及中东地理相邻的独联体国家反恐形势不容乐观，恐怖主义威胁正在上升。

---

① 史天昊：《摩尔多瓦政治危机持续》，《法制日报》，2015 年 11 月 3 日。

② 商务部：《2015 年独联体国家 GDP 将下降 3%—4%，2016 年将恢复小幅回升》，http://www.mofcom.gov.cn/article/i/jyjl/e/201510/20151001129327.shtml。

③ 新华网：《预计 2015 年俄罗斯经济萎缩 3.7%》，http://news.xinhuanet.com/world/2015-12/31/c_128585350.htm。

在反恐领域，俄罗斯做了大量前期工作，将绝大部分的恐怖主义袭击消弭于无形，使得恐怖袭击的数量和遇难人数大幅减少，并击毙了恐怖主义头目。3月26日，普京出席联邦安全局会议时说，俄罗斯反恐斗争出现积极势头，5年来发生的具有恐怖主义性质的犯罪减少近90%，其中2014年比2013年减少61%。[①] 4月27日，俄国家反恐委员会称，宣布向“伊斯兰国”效忠的“奥霍夫斯基地区”头目哈斯马戈梅德·恰拉诺夫在达吉斯坦共和国被击毙。[②] 但由于车臣非法武装、“基地”组织以及“伊斯兰国”等恐怖主义势力的长期存在，恐怖主义分子出现了零散化、年轻化、本土化、网络化等特点，俄罗斯的国家安全和社会稳定面临着严峻的挑战。10月9日夜间，俄罗斯国家安全局逮捕了10名欲在莫斯科进行恐怖活动的可疑分子，他们全部来自中亚地区。10月11日，俄国家反恐委员会在莫斯科一栋公寓内逮捕了15名计划实施恐怖袭击的可疑分子，并在现场缴获约5公斤炸药。[③] 12月19日，普京在俄罗斯安全部工作者日招待会上称，俄罗斯情报部门在2015年挫败了30多起恐怖袭击阴谋，甄别出320多名间谍。[④] 除俄罗斯之外，中亚国家的反恐形势也日益紧张。中亚部分地区居民已成为极端组织宣传、招募的对象之一，一些民众被煽动加入“伊斯兰国”并参与到叙利亚和伊拉克恐怖组织的行动之中。5月底，塔吉克斯坦特警司令哈里莫夫在失踪一个月之后，宣布加入“伊斯兰国”，并呼吁塔吉克斯坦人一同参

---

① 新华网：《普京说俄罗斯反恐斗争出现积极势头》，http://news.xinhuanet.com/world/2015-03/27/c_127626043.htm。

② 凤凰网：《俄恐怖组织头目被击毙 曾宣誓效忠“伊斯兰国”》，http://news.ifeng.com/a/20150427/43644921_0.shtml。

③ 张春友：《俄罗斯新年前反恐形势严峻》，《法制日报》，2015年12月15日。

④ 环球网：《俄挫败逾30起恐怖阴谋 最近数月频发间谍事件》，http://mil.huanqiu.com/world/2015-12/8221299.html。

加“圣战”。[1] 9月4日，塔吉克斯坦内务部称，国防部副部长纳扎尔佐达策划发动恐怖袭击事件，造成17人死亡。在随后的联合行动中，33名恐怖主义分子被抓获，13人被击毙，缴获500多件武器，纳扎尔佐达则隐藏在瓦赫达特地区的拉密特谷地之中。[2]

2. 俄罗斯加强军事力量建设

随着国际安全形势的恶化，俄罗斯加快了军事改革的步伐，加大在空天等关键领域的投入力度，并向世界展示了强大的战略威慑能力。尽管国家经济不景气，俄罗斯没有放松对军事装备现代化的更新速度。1月22日，俄罗斯公布了2015年的国防订单，采购的装备将比2014年多20%。俄国防部副部长鲍里索夫称，这些订单的完成将使俄军装备的现代化水平至少达到30%。[3] 为了确保国家安全，俄罗斯多次发射洲际导弹，以此威慑潜在敌人发动的进攻。3月，俄罗斯战略火箭兵在阿斯特拉罕州卡普斯京亚尔靶场成功试射了编号为RS－26的新型洲际弹道导弹，准确命中位于哈萨克斯坦境内萨雷—沙甘靶场内的目标。迄今为止，RS－26已经进行了5次试射，其中成功了4次，预计将于明年开始列装。[4] 8月，俄罗斯在靠近里海的阿斯特拉罕州卡普斯京亚尔靶场试射一枚“白杨”RS－12M洲际弹道导弹，训练用弹头准确命中哈萨克斯坦境内“萨雷—沙甘”靶场预定目标。随着美国大力推动导弹防御体系的建设，美俄在空天领域的斗争日趋激烈，为此俄罗斯重新整合了空天力量，优化了

---

① 柳玉鹏：《塔吉克斯坦特警司令竟加入IS宣称会向美国报仇》，《环球时报》，2015年5月30日。

② 谢亚宏、柳玉鹏：《塔吉克斯坦副防长发动恐袭 对峙过程8名军警丧生》，《环球时报》，2015年9月6日。

③ 人民网：《俄罗斯公布2015年国防订单 将装备700辆装甲车》，http://military.people.com.cn/n/2015/0123/c172467－26436928.html。

④ 腾讯网：《俄成功试射新型洲际弹道导弹RS－26“边界”》，http://news.qq.com/a/20150327/022819.htm。

相关力量的组织结构。4月1日，俄罗斯国防部组建了太空监视部队，保证航天器与国际太空站的安全，并执行国际太空活动准则。8月3日，俄罗斯国防部长绍伊古宣布，俄武装力量新军种空天部队组建完毕，并从8月1日起开始战斗值班。俄空天部队通过合并空军和空天防御部队组建，将统一管理空军、空天防御部队和反导部队的值班，以及导弹攻击预警和宇宙空间监督系统。空军现任总司令维克托·邦达列夫上将出任空天部队总司令。

展望2016年，俄罗斯和西方的矛盾难以出现转机，冲突仍将继续。独联体的地区主导权仍存在变数，乌克兰、格鲁吉亚将继续融入西方的政策，但俄罗斯不会坐视不管。独联体地区一体化进程将不断深入，但欧亚经济联盟在短时间内难以取得突破。乌克兰东部危机近期难以平息，乌克兰将成为俄罗斯和西方对峙的前沿阵地，其他国家的政局有望保持稳定。独联体的经济可望止跌回升，但要摆脱对石油的依赖将取决于各国的经济结构调整，这将是一个痛苦而又漫长的过程。

二、重大事件词条

18国军演在乌克兰举行

7月20日，乌克兰国防部宣布，代号为“快速三叉戟”的多国军事演习当天在乌西部开始举行。参加演习的有来自乌克兰、美国、加拿大、英国、德国、波兰等18个国家的1800多名军人，其中乌克兰军人约800名，美国军人约500名。演习期间将动用包括武装直升机和装甲车在内的900余件兵器以及130辆军车，还将进行实弹射击训练，本次演习共持续两周时间。在演习开始的当天，俄罗斯外交部发布了一份措辞强硬的声明称：“北约并没有意识到举行如此规模演习的错误，以及此举有可能导致的恶劣后果。此次演习完全暴露了北约的挑衅性政策。”

安倍晋三访问乌克兰

6月6日，日本首相安倍晋三开始对乌克兰进行访问，成为日本首相“访乌第一人”。安倍首先到乌克兰国民战士墓前敬献花圈，并向20世纪30年代乌克兰大饥荒雕像献花。随后，安倍晋三与乌克兰总统波罗申科举行会谈，议题涉及双边关系、政治、人道、科学领域的合作以及乌东地区局势等。期间，日乌双方还签订了两国贷款协议，日本将向乌克兰提供总额为15亿美元的贷款担保，以帮助乌克兰实现金融稳定。安倍还声称，日本将进一步支持乌克兰，并主张以和平方式解决乌东地区的冲突，同时将继续致力于发展双边关系。波罗申科表示，乌克兰感谢日本支持乌克兰独立和领土完整并向乌克兰提供贷款担保。

第比利斯北约军事训练中心启用

8月27日，北约设在格鲁吉亚首都第比利斯郊区科尔察尼西的军事训练中心正式启用。北约秘书长斯托尔滕贝格出席了开幕式并表示，训练中心将有助格鲁吉亚训练出更加现代化、更能应对21世纪挑战的军队。他还提到北约和格鲁吉亚军队的训练不限于在科尔察尼西训练基地进行，还将在格鲁吉亚全国范围其他军事设施展开。格鲁吉亚军队总参谋长卡帕纳泽介绍说，训练中心将从2016年开始正式展开演练，在此之前还将完善演练配套设施。北约和格鲁吉亚表示，设立该训练中心的目的是为格鲁吉亚军队提供军事支持，巩固该国及该地区安全，格军队和北约军队都将在此训练，并强调并非针对俄罗斯。俄罗斯外交部发言人扎哈罗娃27日表示，北约在格鲁吉亚开设训练中心目的在于扩大地缘政治影响力，这是北约挑衅政策的延续。在格鲁吉亚部署北约军事设施将严重破坏地区稳定，俄将继续履行保障其盟友阿布哈兹和南奥塞梯安全的义务。

独联体国家首脑峰会

10月16日，独联体国家首脑会议在哈萨克斯坦北部阿克莫拉州的布拉拜景区举行。本次峰会由担任独联体现任主席国的哈总统纳扎尔巴耶夫主持。与会各国首脑就进一步加强独联体国家间合作、保障各国安全、打击恐怖主义，以及其他国际和地区问题交换了意见。在谈到独联体的作用和未来发展时，纳扎尔巴耶夫表示，独联体为各成员国提供了一个独一无二的交流平台。当天会议共对 17 个问题进行了审议并最终通过了一系列重要成果文件，其中最为重要的议题和成果是各国在反恐方面达成了共识。除了反恐议题之外，各国首脑还就加强经贸、军事、边防和人文等领域合作达成了共识。另外，会议还确定了将由吉尔吉斯斯坦担任独联体新的轮值主席国，并将在 2016 年的 9 月 16 日在该国举行下次峰会。

独联体国家政府首脑会议

5 月 29 日，独联体国家政府首脑会议在哈萨克斯坦布拉拜伊村召开，会议期间讨论并签署了一系列文件。会议通过了独联体国家金融经济领域热点问题联合行动计划，批准了独联体国家境内国际运输交通安全战略。各方签署了《2020 年前独联体国家成员国创新合作政府间纲要 2015—2016 年实施综合措施》《2020 年前独联体国家成员国地区和边境合作方案》和《2020 年前独联体国家成员国地区和边境合作方案实施计划》等合作计划，批准了《2020 年前独联体成员国国防部辐射、化学和生物环境联合监测系统主要方向》《2020 年前独联体成员国武装部队军体运动发展方案》《2016—2020 年独联体国家合作措施》等文件。

俄阿合作协议

阿根廷总统克里斯蒂娜于 4 月访俄期间，与俄罗斯签署了 20 多项合作协议。双方会谈后，克里斯蒂娜与俄罗斯总统普京签署了两国总统关于建立全面战略伙伴关系共同声明、两国政府关于军事技术合作领域相互保护机密信息协议、环境保护领域的合作协议、两国外交部谅解备忘录及档案领域合作协议。此外，俄罗斯联邦航天局和阿国家空间活动委员会签署了在和平探索和使用外层空间联合合作声明，两国还签署了2015—2016年旅游开发共同实施规划。

俄白共同反危机计划

3月3日，白俄罗斯总理科比亚科夫和俄罗斯总理梅德韦杰夫在莫斯科召开的俄白联盟国家最高国务委员会会议上签署了两国政府间共同反危机计划，为发展两国经贸合作创造条件。俄白两国专家已拟定了发展两国经贸合作的措施计划，具体的计划应在2015年上半年完成。科比亚科夫认为，该计划的完成能够使两国的贸易额恢复到两年前的最高水平，同时也会对两国间整体经济合作起到良好作用。白俄罗斯是俄罗斯在独联体国家中的主要投资目的国，2014年俄罗斯向白俄罗斯投资63亿美元，白俄罗斯向俄罗斯的投资也不少，2014年为23亿美元。

俄对乌贸易制裁

12月22日，俄罗斯总理梅德韦杰夫签署命令，从2016年1月1日起对从乌克兰进口商品征收统一关税，以往的优惠政策全部取消。俄方认为，乌克兰和欧盟的联系国协定经济部分，即建立深入全面的自由贸易区，即将于2016年1月1日生效，乌克兰加入欧盟的自由贸易机制有可能把乌克兰变成欧盟向俄罗斯出口廉价商品的后门，因此俄罗斯必须取消对乌克兰出口商的关税优惠待遇。

俄对乌总理发逮捕令

9月8日，俄罗斯调查委员会主席巴斯特雷金在接受《俄罗斯报》采访时爆料，2014年上任的乌克兰总理亚采纽克是怙恶不悛的虐待狂和杀人犯，俄决定对其发出国际通缉令和逮捕令。巴斯特雷金说："据调查，亚采纽克至少在格罗兹尼市参加过两次战斗。此外，1995年1月在格罗兹尼十月区他还涉嫌折磨和枪杀被俘俄军人。根据情报，亚采纽克因消灭俄军人而被车臣领导人焦哈尔·杜达耶夫授予'民族荣誉'最高奖章。"调查表明，亚采纽克曾在乌克兰激进民族主义运动已故领导人亚历山大·穆济奇科的带领下作战。20世纪90年代初，穆济奇科在车臣建立了两个讨伐队，专门虐待和迫害俄罗斯被俘士兵。巴斯特雷指出，“大部分参与了2014年2月乌克兰政变的右翼民族激进运动领导人都曾在非法团伙参与车臣战争。”巴斯特雷强调，“这些人被控于1994—1995年在车臣境内的反恐行动中对俄武装力量和内政部官兵犯下罪行。俄决定对这些人发出国际通缉令和逮捕令。”

俄发布入境黑名单

5月31日，俄罗斯政府发布了一份禁止入境的“黑名单”，多名欧盟国家官员“上榜”，共涉及来自德国、荷兰、比利时、瑞典和芬兰等欧盟国家的89名官员。欧盟对此表示愤怒，俄罗斯是在发出多次外交渠道请求之后才对外公布上述禁止入境名单的，是“完全由人为决定和没有道理”的。欧盟同时指出，俄方迄今还没有给出制定禁入名单的正式理由。

俄轰炸机独立日抵近美国领空

7月4日，正当美国举国欢庆独立日之时，4架俄罗斯远程轰炸机抵近美国领空，最后被美国战斗机拦截。北美防空联合司令部在声明中指出，先是两架俄轰炸机飞于4日上午到阿拉斯加附近，30分钟后，又有两架俄轰炸机飞到加利福尼亚西海岸附近。北美防空联合司令部分别出动F-22战机和F-15战机拦截。

俄货运火箭失联

4月28日，俄罗斯发射的“进步-M27M”（简称“进步”号）货运飞船升空后失联。飞船控制任务发言人表示，“进步”号货运飞船已经到达指定轨道，但没有收到完整的遥测信号。俄空局表示将继续与“进步”号飞船联络。这艘“进步”号货运飞船携带了“1940磅的推进剂、110磅的氧气、926磅的水和3128磅的备用件、日常用品和科学实验仪器硬件”。俄航天领域消息人士表示，“进步”号货运飞船将在“失控旋转”状态下飞行约一周时间，然后进入大气稠密层并烧毁。

俄军机连续坠毁

6—7 月，俄罗斯连续发生 6 次军机坠毁事件。在 6 月，俄军飞机发生了 4 次坠毁事故，共计有 2 架米格 – 29，1 架苏 – 34 和 1 架图 – 95 坠毁。而进入 7 月后，又 1 架苏 – 24 战机和图 – 95 战略轰炸机坠毁。过度使用老旧的飞机和缺乏合格的飞行员两大原因正困扰着当下的俄罗斯空军，也导致了坠机频频。

俄空袭“伊斯兰国”

9 月 30 日，俄罗斯联邦委员会授权总统普京向海外派兵，以帮助叙利亚政府打击极端组织“伊斯兰国”。克里姆林宫表示，俄方此举不是为了满足野心，而是为了保护国家利益。根据授权，俄方将只部署空中力量，不打算派遣地面部队。当天空袭行动开始，俄空天部队出动飞机 60 多架次，摧毁“伊斯兰国”各类目标 50 余个。在空袭行动中，俄方优先打击指挥所、武器和弹药库、通讯设施、训练营和武器生产基地等，所有打击目标都是根据俄方与叙方的空中侦察而确定。10 月 7 日，俄罗斯又动用了里海的 4 艘战舰，向“伊斯兰国”组织 11 个目标发动了 26 枚新型巡航导弹。10 月 26 日开始，俄罗斯战机连续 3 天对叙利亚境内的极端组织“伊斯兰国”和“胜利阵线”的 285 处设施进行了空袭。10 月 29 日，俄军战机执行 59 次飞行，在叙利亚哈马省、伊德利布省、拉塔基亚省、大马士革省和阿勒颇省、代尔祖尔省境内摧毁恐怖组织 94 处设施。对于俄罗斯的空袭行动，美国国务卿克里于 9 月 30 日称，如果俄罗斯空袭叙利亚是为打击“伊斯兰国”组织，美国将表示欢迎，而白宫则表示，现在判断俄罗斯空袭打击目标是否为“伊斯兰国”组织为时尚早。

俄拦截美侦察机

4 月 7 日，美国一架 RC – 135U 侦察机在波罗的海上空被俄罗斯苏－27战斗机拦截。五角大楼说，这一事件发生在波兰以北的国际空域。美国机组人员认为，俄飞行员在贴近美国飞机高速飞行时所做的挑衅性动作是不安全和不专业的。五角大楼和国务院随后向俄罗斯提出相应的诉求。俄国防部发言人伊戈尔·科纳申科夫表示，这架美军飞机在关闭应答器的情况下朝向俄边境飞行，俄战机围绕该机飞行多圈以确认其编号。俄国防部强调，在俄方拦截美军机飞行过程中未记录到任何异常状况。

俄罗斯—南奥塞梯联盟协议

3月18日，俄罗斯总统普京与南奥赛梯总统列昂尼德·季比洛夫签署了一项联盟协议，承诺将对南奥赛梯共和国提供军事保护。根据协议，俄罗斯将要为南奥赛梯提供安全和防务保护，包括对其边境地区的持续保护。作为回报，南奥赛梯须允许其一部分军事力量加入俄罗斯军队。自2008年南奥塞梯和格鲁吉亚进行战争以后，俄罗斯就在南奥赛梯驻军几千名士兵。普京表示，"两国之间将建立联合防务和安全区域，海关机构将得到整合，两国公民之间的边境往来将被开放。"季比洛夫将两国联盟协议的签署视作是应对外部世界威胁的方法，并表示支持俄罗斯的外交政策。

俄太平洋舰队远征船队出访

2月4日，俄罗斯太平洋舰队新闻发言人拉曼·马尔托夫称，俄太平洋舰队远征船队已从符拉迪沃斯托克出访，将到访9个国家，第一个国家将是越南。马尔托夫指出："第一个到达的港口将是越南的金兰湾，预计到达日期为2月14日，其回到俄罗斯海岸的时间约为2015年5月。"他说："从符拉迪沃斯托克出发的太平洋舰队远征船队中包括'班特列耶夫海军上将'反潜艇船只、'佩琴科'油轮以及'SB－522'型拖曳船。目前船队已经准备渡过朝鲜海峡进入中国东海。"他称，这些船只代表着俄罗斯的海军实力，同时在太平洋和印度洋展示俄罗斯的海军舰队风貌。

俄首次成功试射新型反导拦截弹

11 月，俄罗斯首次成功进行了一次代号为“Nudol 系统”的反卫星导弹试射。Nudol OKR 是俄罗斯阿尔玛兹·安泰公司研制的A－235“萨马莱特－M”反导系统中导弹部分的代号，该系统是俄罗斯莫斯科周围现役反导拦截系统 A－135“萨马莱特”（西方称为“橡皮套鞋”）的后继型。该导弹相当于美国 GBI 反导拦截弹，可用于拦截洲际导弹，也可攻击卫星。这种导弹的基本设计目标是对飞向莫斯科的洲际导弹实施中段拦截。

俄向北极派遣无人机

4 月 24 日，俄罗斯国防部宣布，从 5 月 1 日起向北极地区部署“海鹰”－10 战术无人机，但没有公布具体数量。据国防部介绍，这种螺旋桨战术无人机将被用于监视俄罗斯境内的海上航线，并协助进行搜救行动。“海鹰”－10 战术无人机重约 16 千克，搭载高分辨率照相机、电视摄像机和红外成像仪，巡航时速为 90—150 千米，实用升限约为 5000 米，续航力为 16 小时。这种飞机通过弹射器发射，并使用降落伞回收。由于工作温度低至零下 30 摄氏度，“海鹰”－10 是俄罗斯近年来设计的能在恶劣的北极环境中展开工作的数种战术无人机之一。这项决定表明俄罗斯宣示北极主权的决心。

俄卫国战争胜利 70 周年阅兵

5 月 9 日，俄罗斯在克里姆林宫举行卫国战争胜利 70 周年庆典活动，并在红场阅兵。此次俄罗斯现代史上规模最大的阅兵参加人数超过 1.6 万人，194 件装甲装备亮相，143 架固定翼机和直升机掠过红场上空。阅兵总指挥由俄陆军总司令奥列格·萨留科夫出任。受阅部队分为徒步方队、装备方队（机械方队）和空中方队三大版块。普京在阅兵式上强调，信任和团结是反法西斯战争胜利留给世人的遗产，是维护世界稳定的关键。普京还强调，建立单极世界的企图和军事结盟思想破坏世界发展与安定。包括中国国家主席习近平在内的26国领导人出席了庆典活动及阅兵仪式。胜利日阅兵是俄罗斯的传统，是展示俄精神面貌和武装力量建设成就的重要平台。在乌克兰东部局势动荡，俄罗斯与北约激烈对垒的背景下，胜利日阅兵释放出俄方保持强硬态度的政治信号。

俄约核电大单

3月24日，约旦和俄罗斯就合作建设约旦首座核电站签署政府间协议。根据协议，俄罗斯国有核子能公司将在约旦北部的阿姆拉承建约旦首座核电站，包括两个装机容量均为1000兆瓦的核反应堆，总价值约100亿美元，预计两个反应堆将分别于2022年和2024年投入运行。约旦政府每年提供30个奖学金名额赴俄罗斯核能有关的领域学习。约旦原子能委员会主席哈德·图坎表示，约方将与俄罗斯签署15年的电力购买协议。同时，协议不要求约方承担财政担保责任，项目所需资金将向境外投资者筹得。

俄战机黑海驱离美驱逐舰

5月30日，俄罗斯黑海舰队一架苏－24型战机紧急升空，抵近在黑海海域作出"挑衅性"举动的美军"罗斯"号驱逐舰，将其驱离。美国国防部发言人艾琳·莱内斯否认美方舰船有任何不寻常行为，称"罗斯"号驱逐舰当时一直在公海海域航行，执行例行任务。

俄驻也门领馆遭轰炸

3月30日，沙特阿拉伯和其他海湾国家联合埃及、约旦和苏丹对俄联邦驻亚丁总领馆建筑实施导弹和炸弹袭击，造成领馆建筑受损。4月1日，一伙身份不明的胡塞武装组织分子持武器潜入领事馆内，将那里的财物洗劫一空。4月2日，俄罗斯侦查委员会发言人弗拉基米尔·马尔金称，这些针对俄罗斯的非法行为违反了《维也纳领事关系公约》第31条和《俄罗斯与也门共和国领事公约》第33条第1款中关于领事机构不可侵犯和享有外交保护的规定。俄罗斯外交部2日发布公告称，俄罗斯已从也门亚丁疏散本国公民，驻该城市的领事馆也暂停工作。

俄组建太空监视部队

4月1日，俄罗斯国防部组建了太空监视部队（AMF），其任务是保证航天器与国际太空站的安全，并执行国际太空活动准则。同时，这支部队将与其他国家，包括美国、德国等国相类似的军队合作，执行联合任务。俄太空监视部队将利用庞大的卫星网络和地面站来追踪那些违反国际法律，特别是太空交通规则的行为，并将对国际太空站执行3个月的太空任务，每日进行轨道巡逻。俄罗斯太空监视部队将使用翻新的“联盟”号宇宙飞船来观测飞行，追捕违反国际太空法的人，甚至还要收集太空垃圾。俄罗斯国防部也计划执行深空任务，用以保障边远地区的安全，因为该区域经常被用来进行非法活动，包括贩卖外国武器、毒品和洗钱活动。

俄助美公民撤离也门

4月23日，俄罗斯用两架飞机从也门撤出300名俄罗斯公民和包括美国人在内的他国公民。至此，俄罗斯方面已完成9次从也门撤离人员任务。23日，俄罗斯利用两架伊尔－62飞机从也门分别撤出140人和160人，其中包括俄罗斯、古巴、亚美尼亚、乌兹别克斯坦、塔吉克斯坦、哈萨克斯坦、乌克兰、白俄罗斯、美国和也门的公民。两架飞机当日抵达莫斯科州契卡洛夫斯基机场，机上所有人员都完成健康检查、身份检查和海关检查，他们将被送往俄罗斯外交部的疏散人员收容站。美方对俄罗斯帮助其撤侨表示感谢。

法国比利时冻结俄罗斯资产

6月17日，法国和比利时冻结了俄罗斯在本国部分外交机构和公司的资产，该行动是执行向俄罗斯索赔500亿美元的判决行动之一。在比利时被冻结的银行账户包括俄罗斯大使馆、俄罗斯驻欧盟和北约外交机构以及许多俄罗斯公司的银行账户。18日，俄罗斯外交部传召比利时大使提出抗议，说冻结俄罗斯的账户属于“公然违反了得到普遍承认的国际法准则”，并警告说，如果俄罗斯在比利时的公司和外交机构的账户不被解冻，莫斯科会考虑对俄罗斯的比利时资产采取类似行动。俄罗斯经济发展部长乌利尤卡耶夫重申俄罗斯无意支付500亿美元。2015年7月，海牙的常设仲裁法院判决，因为剥夺曾经最大的俄石油公司尤科斯的资产，俄罗斯应在2015年1月15日前向尤科斯的前股东GML公司支付500亿美元赔偿。GML公司负责人表示，即便莫斯科不承认常设仲裁法院的裁决结果，相关裁决内容依然可以根据有关外国仲裁裁决公约，通过没收和拍卖俄政府在其他国家的资产来执行。

哈萨克斯坦加入世贸组织

7月27日，经过近20年的谈判，世界贸易组织总理事会正式批准哈萨克斯坦加入世贸组织。在哈萨克斯坦入世协议签字仪式上，世贸组织总干事阿泽维多将象征成员席位的标牌交给哈萨克斯坦总统纳扎尔巴耶夫。哈萨克斯坦于1996年1月提出入世申请。俄罗斯、哈萨克斯坦和白俄罗斯领导人曾在2009年6月达成协议，三国以关税同盟集体入世。此后三国同世贸组织成员之间的双边入世谈判陷入停顿。同年10月，三国宣布将分别加入世贸组织，但在入世谈判中将协调各自立场。俄罗斯已于2012年加入世贸组织，白俄罗斯正在同世贸组织进行入世谈判。

哈萨克斯坦拒绝统一货币提议

4月22日，哈萨克斯坦否决了普京关于在俄主导的欧亚经济联盟中使用统一货币的提议。哈经济部副部长铁木尔·扎克瑟雷科夫对记者称，在欧亚经济联盟框架内发行统一和超国家货币的问题上，哈萨克斯坦奉行一贯而坚定的立场，哈方排除发行统一货币的可能性。欧亚经济联盟成员国目前没有讨论这一议题，这一议题也不会提上日程。《欧亚经济联盟条约》中并没有关于建立货币联盟或发行统一的超国家货币的条款，而且今后也不会出现这种可能。

哈萨克斯坦总统大选

4 月 27 日，哈萨克斯坦中央选举委员会宣布，现任总统纳扎尔巴耶夫胜选，连任总统已成定局。中央选举委员会主席图尔甘库洛夫在新闻发布会上宣布，根据初步统计结果，纳扎尔巴耶夫得票率为 97.7%，另两名候选人瑟兹德科夫和库萨伊诺夫得票率分别为 1.6% 和 0.7%。他还表示，本次总统选举的全国投票率为 95.22%，是哈萨克斯坦自 1991 年独立以来投票率最高的一次总统选举。

哈印签署铀供应合同

7 月 7 日，印度总理莫迪访问哈萨克斯坦，两国签署了铀供应合同，哈萨克斯坦在未来 5 年内将为印度供应 5000 吨铀。哈萨克斯坦总统纳扎尔巴耶夫表示，从 2015 年到 2019 年向印度供应 5000 吨铀合同的签署是两国在能源领域合作的系统发展的见证。哈萨克斯坦是世界上最大的铀生产国，在 2010 年至 2014 年间为印度提供了 2100 吨铀。

吉尔吉斯斯坦废除与美合作协议

7 月 20 日，吉尔吉斯斯坦政府发表声明称，废除 1993 年与美国签订的合作协议，因美国国务院决定授予吉尔吉斯维权人士阿齐姆忠·阿斯卡罗夫（Azimjon Askarov）“人权卫士”奖。在吉尔吉斯斯坦，阿斯卡罗夫因严重罪行被判终身监禁，其罪行包括煽动民族仇恨、组织群体骚乱，以及在 2010 年 6 月吉尔吉斯斯坦南部骚乱中参与杀害执法机关工作人员。5 年前，吉尔吉斯斯坦人与乌兹别克斯坦人爆发民族冲突的几天内，442 人死亡，约 1000 人受伤。美国对吉尔吉斯斯坦准备单方面声明废除合作协议感到失望，并指出：“我们正在对决定引起的技术性后果进行研究，这一决定可能会对援助吉尔吉斯斯坦的计划构成威胁。”美使馆提到的援助计划包含的内容包括反对极端主义、帮助吉尔吉斯斯坦促进经济增长和创造就业机会、完善教育和支持民主发展。

吉尔吉斯斯坦加入欧亚经济联盟

8 月 12 日，吉尔吉斯斯坦和哈萨克斯坦两国总统在吉度假胜地伊赛克湖通过电视共同宣布开放吉哈海关关境，这标志着吉尔吉斯斯坦正式成为欧亚经济联盟全权成员国。吉尔吉斯斯坦总理萨里耶夫、哈萨克斯坦第一副总理萨金塔耶夫及欧亚经济联盟其他成员国政府代表在吉尔吉斯斯坦“阿克卓尔”和哈萨克斯坦“库尔代”边境口岸交界处见证了开放海关关境的仪式。两国总统则在吉度假胜地伊赛克湖的宗教文化中心通过电视屏幕观看了两国取消关境的全过程。

吉尔吉斯斯坦议会选举

10 月 15 日，吉尔吉斯斯坦中央选举委员会主席阿布德拉伊莫夫宣布了 10 月 4 日举行议会选举的正式结果。最终进入议会的 6 个党派为社会民主党、共和国—故乡党、吉尔吉斯斯坦党、进步党、共同党和祖国党。根据正式结果，社会民主党获得 27. 56% 的选票，在总共 120 个议员席位中占 38 席；共和国—故乡党获得 20. 26% 选票，占 28 个议席；吉尔吉斯斯坦党获得 13. 07% 选票，占 18 个议席；进步党获得 9. 39% 选票，占 13 个议席；共同党获得 8. 59% 选票，占 12 个议席；祖国党获得 7. 8% 选票，占 11 个议席。此外，吉国内参加本次议会选举投票的总人数约为 163 万人，占进行生物识别注册的公民总数 59%。11 月 2 日，以吉尔吉斯斯坦社会民主党为核心组建了新一届执政联盟，在议会中共拥有 80 个席位，而拥有 40 个议席的共和国—故乡党以及共同党则成为了议会中的反对派。

吉尔吉斯斯坦总理辞职

4 月 23 日，吉尔吉斯斯坦政府总理卓奥玛尔特·奥托尔巴耶夫宣布辞职。他是在议会听取政府 2014 年工作报告的会上公布这一决定的。奥托尔巴耶夫称，他决定给议会执政联盟选择合适总理的机会。经过一年的工作，国家需要一个新的政府。议会执政联盟主席库洛夫表示，执政联盟不会因为总理奥托尔巴耶夫的辞职而解散。执政联盟将在最近一周召集开会并选出新的内阁首脑。新总理候选人应该在15个工作日内确定。奥托尔巴耶夫于2014年4月正式取代前总理萨特巴尔季耶夫，成为吉尔吉斯斯坦独立后的第21任政府总理。

立陶宛破获俄间谍网

1月2日，立陶宛捣毁了一个深入北约立陶宛军事基地的俄罗斯“北约基地间谍网”，多名涉案人员在位于希奥利艾的北约空军基地被捕。一名立陶宛军官向俄塔社证实，国家情报部门告知他，他的一名下属被抓走。立陶宛国家安全部门拒绝对此次行动置评。希奥利艾空军基地是波罗的海巡航军机的协调中心，也是重要的情报共享中心。

梅德韦杰夫再登北方四岛

8月22日，俄罗斯总理梅德韦杰夫再度来到俄日争议岛屿南千岛群岛（日称“北方四岛”）展开工作访问，这是梅德韦杰夫以国家领导人身份第三次登上南千岛群岛。他在南千岛群岛要考察2025年前俄联邦发展目标框架内当地经济的发展，参加在其中一个岛屿择捉岛举行的俄“全国青年教育论坛”，视察择捉岛机场建设和投入运行项目，参观鱼类加工厂及文化和体育设施等。日本此前对俄总理的登岛计划表示不满，称这是日本不能接受的，并通过俄驻日使馆向俄外交部提出正式抗议。梅德韦杰夫曾于2010年和2012年分别以总统和总理身份两次登上南千岛群岛。

美乌海军联合军演

1月11日，美国和乌克兰舰队在黑海举行海上军演。参加演习的有美国“唐纳德·库克”号驱逐舰（DDG－75）和乌克兰海军旗舰“格特曼—萨盖达奇内”号。演习中采取了不同的海上行动场景，侧重于完善包括人员登船、战术机动等海军技能。“格特曼—萨盖达奇内”号的舰载直升机参与模拟了不对称防御。此前乌克兰国防部代表维克多·库什涅尔表示，2015年，乌克兰军队将参加11个国际联合军演，其中规模最大的是每年一度的乌美“海风”海上军演。

摩尔多瓦反政府游行

9月6日，摩尔多瓦首都基希讷乌爆发大规模反政府游行，示威者要求总统下台，解散议会、提前举行议会选举，更换执法机关领导人等。此次大规模反政府游行是由摩公民组织“尊严与真相”牵头实施，组织者称有来自全国各地超过10万名民众参与游行，警方则称参与人数约3万，但双方均承认这是摩尔多瓦独立以来规模最大的一次抗议活动。为维持秩序，摩尔多瓦当局6日晚调集了数百名警察和内务部队，他们未对示威人群采取强力措施，只是将他们在总检察院旁边搭建的帐篷拆掉，并抓捕了试图冲击总检察院大楼的人员。此次大规模反政府示威是国内矛盾累积的结果。

摩尔多瓦与美国等举行联合军演

7月19日，来自美国、摩尔多瓦、罗马尼亚、波兰和格鲁吉亚的约800名军人在摩尔多瓦举行了代号为“共同努力2015”联合军事演习。军演从19日开始，持续至7月25日，演习地点是摩尔多瓦第二大城市伯尔齐的一处军事基地。演习协调人员韦亚切斯拉夫·鲁苏说，这次演习旨在测试摩尔多瓦军队的协同作战能力。他在演习前说，美军部队还帮助培训摩尔多瓦士兵使用现代化通讯设备和加强摩尔多瓦的军事控制系统。摩尔多瓦是北约的“和平伙伴关系计划”成员，自乌克兰危机爆发以来，这一国家主办了更多的军事演习。

摩尔多瓦政府遭议会弹劾下台

10月29日，摩尔多瓦议会通过对政府的不信任案，由总理斯特雷勒茨领导的执政联盟因此被弹劾下台。议会对反对党社会主义党和共产党提出的不信任案进行了4个多小时的辩论。101名议员中的

65 人对该议案投了赞成票，其中包括执政联盟中的民主党议员。该不信任案指责斯特雷勒茨通过支持前自由民主党主席、前总理菲拉特而参与腐败行为。但斯特雷勒茨辩论时坚决否认这一指控，强调对政府的不信任案缺乏依据。由自由民主党、自由党和民主党组成的本届政府于 2015 年 7 月 30 日宣誓就职。

欧盟对俄天然气公司提反垄断指控

4 月 22 日，欧盟对俄罗斯天然气工业股份公司正式提起反垄断指控，称其滥用在中东欧天然气市场的主导地位，操纵天然气价格，抑制市场竞争，违反了欧盟的反垄断法。欧盟反垄断部门新任主席玛格丽特·维斯塔格表示，俄罗斯天然气公司（简称“俄气”）可能建立了人为壁垒以防止天然气从一些特定的中欧国家外流，降低了其客户对天然气的跨国转售能力，阻碍了跨国竞争，进而为其在部分欧盟国家收取不合理费用提供了潜在可能性。欧委会指出，根据初步观察，俄气的行为阻碍了 8 个中东欧国家的天然气市场竞争，包括保加利亚、捷克、爱沙尼亚、匈牙利、拉脱维亚、立陶宛、波兰和斯洛伐克。在这些国家，俄气在对分销商供应协议中强行加入“边境限制”条款，包括禁止出口和仅限于在当地或特定地区使用等。另外，供应协议中还含有依赖俄气投资的天然气管道或赋予俄气对成员国天然气管道的控制权等不公平条款。俄气对欧盟的指控提出驳斥，称这一异议“没有根据”，它在其业务覆盖的国家中都严格遵循国际法律法规的所有准则。

欧盟对俄制裁令

2 月 16 日，欧盟 2 月 9 日通过的对俄罗斯实施新制裁措施的决定正式生效，制裁主要针对俄罗斯 19 个自然人和 9 家法人机构，措施包括禁止签证和冻结财产等。该制裁名单包括俄罗斯国防部副部长阿纳托利·安东诺夫、歌手果波佐恩、俄共国家杜马议员拉什金及另外两名俄罗斯人。至此，欧盟已对俄罗斯 132 个自然人和 28 家法人机构采取制裁措施。俄罗斯外交部发表官网评论，对此举感到困惑不解，称布鲁塞尔这一举动是不合逻辑的、不一致的，因为该项制裁决定出台正是在2月12日明斯克协议基础上乌克兰内部危机有望解决之时。俄外交部表示该制裁决定不利于乌克兰国内冲突解决，违背常规，俄将作出适当反应。

欧盟批准对乌财政援助计划

3月31日，欧盟理事会通过决定，批准对乌克兰实施18亿欧元宏观财政援助方案，旨在支持乌克兰国家经济稳定并实施重要改革，帮助其实现收支平衡。此援助实施期限为两年半，分三个阶段进行，贷款期限15年。欧盟委员会与乌克兰商定了贷款协议，明确了宏观财政援助的具体条件。决定将于欧盟官方公报公布的第三天生效。由于经济状况不断恶化，乌克兰请求欧盟追加援助。该笔贷款是对2010年和2014年决定提供的累计16.1亿欧元宏观财援的补充。

欧盟延长对俄制裁

6月22日，欧盟在卢森堡召开会议，同意将制裁期限延长6个月，直至2016年1月31日，以应对俄罗斯破坏乌克兰东部稳定的行为。克里姆林宫发言人佩斯科夫曾表示，俄罗斯对欧盟决议的回应将建立在“互惠原则”的基础上，这意味着俄方将延长包括禁止进口西方食品在内的反制裁措施。12月21日，欧盟正式决定对俄罗斯的制裁再度延长6个月，直到2016年7月底。欧盟表示，根据当时“明斯克协议”设立的条件是在乌东部实现全面和平后才能取消制裁，现在尚未满足这一条件，欧盟继续关注乌东部在和平方面的进展。经济制裁包括银行、国防和石油行业。此外，与入侵乌克兰东部有关的俄罗斯和乌克兰重要人物都在制裁的“黑名单”之上。俄罗斯外交部称，欧盟延长对俄制裁与乌克兰东南部冲突缓解相联系的做法毫无根据，该决定毫无逻辑可言。

欧乌自贸协议实施决议

4月27日，欧洲理事会主席图斯克、欧盟委员会主席容克及乌克兰总统波罗申科在基辅会晤，欧乌双方确认自贸协议将于2016年1月1日起正式实施，不再拖延。容克当天在新闻发布会上表示："拖延不是一个明智的选择。自贸协议已经延迟了一次。我们将在2016年1月正式实施该协议。"乌克兰总理亚采纽克也作出肯定的回复。他说："经过多次磋商之后，没有人怀疑乌克兰与欧盟之间的自贸协议会如期实施。该协议将从2016年1月1日起正式实施。"迫于俄罗斯方面的压力，乌克兰与欧盟之间的自贸协议一度延迟。容克还指出，欧盟将向乌克兰提供18亿欧元的财政支持，并将提供7000万欧元用于确保切尔诺贝利核电站周边的环境安全。

欧亚经济联盟启动

1月1日，欧亚经济联盟正式启动。从当天起，俄罗斯、白俄罗斯和哈萨克斯坦三国公民在欧亚经济联盟任何一国就业不再需要获得专门的工作许可。2014年5月29日，俄罗斯、白俄罗斯和哈萨克斯坦三国总统签署了《欧亚经济联盟条约》，其前身是俄、白、哈三国建立的关税同盟。根据条约，联盟的目标是在2025年前实现联盟内部商品、服务、资本和劳动力的自由流动，以及推行协调一致的经济政策。根据计划，联盟将于2016年建立统一的药品市场，2019年之前建立共同的电力市场，2025年之前建立统一的石油、天然气和石油产品市场。2025年还将在哈萨克斯坦的阿拉木图市建立负责调节联盟金融市场的超国家机构。

欧亚经济联盟统一天然气市场构想草案

12月23日，欧亚经济委员会通过关于建立欧亚经济联盟统一天然气市场的构想草案。欧亚经济委员会能源和基础设施委员曼苏洛夫表示，根据欧亚经济联盟条约规定，应于2016年1月1日前编制并确认建立联盟统一天然气市场的相关构想，并于2018年1月1日前出台计划方案，计划方案措施需在2024年1月1日前落实。构想草案确定了建立联盟天然气统一市场的主要目标、任务、原则、阶段、功能结构，以及市场主体和联盟成员国授权国家机构的经营方向。据专家估计，建立欧亚经济联盟统一天然气市场后产生的直接经济效益至少为10亿美元/年，若考虑到乘数效应则不少于30亿—40亿美元/年。2016年一季度召开的欧亚经济委员会理事会会议将对构想草案进行研究，并于2016年通过招标方式根据相关科研成果编制建立联盟天然气统一市场的计划方案。

欧洲对俄“报复性措施”

6月2日晚，欧洲议会公布“报复性措施”，限制俄驻欧盟代表自由进入欧洲议会，未来限制禁令将扩大到所有俄杜马议员。俄罗斯5月制裁89名欧盟政要的“黑名单”被曝光，上榜人物多为欧洲议会议员和政界人士。欧洲议会主席舒尔茨强调，如果俄罗斯取消自己的“黑名单”，欧洲议会对俄议员的限制措施也将废除。俄罗斯尖锐批评禁止俄外交官进入欧洲议会的做法。俄外交部对欧盟的这一措施表示强烈不满，称让已恶化的俄欧关系雪上加霜。

普京访问埃及

2月9日，俄罗斯总统普京抵达开罗，对埃及进行为期两天的国事访问。这是时隔10年后，俄国家元首第一次访问埃及，也是2015年普京首次走出国门。加强两国经贸联系与合作将是双方合作的重点，两国2014年的贸易额增长近50%，达到45亿美元。除经济合作外，政治和军事合作、地区热点等共同关心的问题也是埃俄元首会谈的重点。普京将同塞西就西亚北非局势交换看法，特别是在叙利亚、伊拉克、利比亚和巴以和谈问题上，两国需要协调立场。俄罗斯希望恢复在中东的影响和作用，这离不开埃及的帮助。而正在进行大规模经济建设和重拳反恐的埃及，同样需要与埃及有着传统关系的俄罗斯的支持。

普京访问意大利

6月10日，俄罗斯总统普京高调访问意大利，并获意大利热情接待。普京在欢迎仪式致辞中说，“俄意关系非常紧密，意大利一直是俄罗斯的重要伙伴。”意大利总理伦齐则说，他欢迎普京到来，要重塑意俄两国传统友好关系面对今天的挑战，共同面对观点上的分歧和一致。欢迎仪式之后，普京参观了米兰世博会，并与伦齐讨论了一系列对俄制裁对两国经济的影响。普京称，由于反俄制裁意大利国防企业损失 10 亿欧元。普京此访还与意大利总统以及罗马教皇方济各举行会见。

普京与阿巴斯会晤

4 月 13 日，俄罗斯总统普京在克林姆林宫会见了到访的巴勒斯坦总统阿巴斯，双方讨论了两国在各领域的合作、巴以谈判进程、叙利亚和伊拉克局势等，重点是中东问题。普京表示，2015 年是阿巴斯担任巴勒斯坦总统职务的第 10 年，巴勒斯坦政治和经济局势日趋稳定，而且两国的关系不断加强。阿巴斯也表示，他非常感谢俄罗斯这些年在解决巴以问题上作出的努力，两国在解决巴勒斯坦问题上观点是非常一致的，都同意通过谈判、通过政治途径解决。2014 年 12 月，巴勒斯坦提出了一项决议草案，该草案基于巴以两国以 1967 年分界线并存的原则，确定了会谈和占领结束期限的时间框架。目前法国正在研究这份文件，阿拉伯国家外长组成的委员会也将对该决议草案达成一致，而阿巴斯希望通过此次会晤得到俄罗斯的支持。

日本外相访俄

9 月 20 日，日本外相岸田文雄前往俄罗斯访问，谋求重启北方四岛（俄称南千岛群岛）领土谈判。21 日，俄罗斯外交部长拉夫罗夫与田文雄举行会谈，俄罗斯对于日俄争议领土南千岛群岛问题无意对日作出让步。会谈后，在与岸田共同出席记者会时，拉夫罗夫发言称，“二战后日方对历史的看法是缔结日俄和平条约的最大阻碍。”日本《读卖新闻》指出，这是对日本要求俄归还南千岛群岛行为的批评。此前，日本提出归还南千岛群岛是同俄罗斯缔结和平条约的条件。而俄罗斯主张，二战结束后南千岛群岛已并入苏联版图，俄对其拥有无可置疑的主权。

萨卡什维利就任敖德萨州州长

5月30日，乌克兰总统波罗申科宣布，任命格鲁吉亚前总统萨卡什维利为乌克兰敖德萨州州长。萨卡什维利是在5月29日刚刚加入乌克兰国籍，次日就被任命为敖德萨州州长，该州目前是亲俄与反俄情绪严重对立的地区。对此，格鲁吉亚总统马尔格韦拉什维利于5月31日说，前总统萨卡什维利为了在乌克兰的仕途而放弃格鲁吉亚国籍，是“不应该”的，这样的做法非常“丢脸”。萨卡什维利在2004年到2013年两次出任格鲁吉亚总统，其间奉行亲西方政策。在他任内，格鲁吉亚2008年因南奥塞梯问题与俄罗斯爆发短暂战争。萨卡什维利现受控贪腐和滥用职权，乌克兰上月刚拒绝了格鲁吉亚的引渡要求。

沙特向俄罗斯投资100亿美元

7月7日，俄罗斯直接投资基金（RDIF）称，沙特将向俄罗斯最多投资100亿美元。俄罗斯与沙特签署的最新协议凸显出在西方融资受到对俄制裁冲击之际，俄罗斯政府正努力寻找替代资金。RDIF首席执行长德米特里夫告诉《华尔街日报》，这100亿美元资金来自沙特的主权财富基金公共投资基金，将主要投资于俄罗斯的农业项目，以及医药、物流、零售及房地产行业。RDIF还称，已经和另外一个沙特主权财富基金沙特投资总局签署协议，双方将在沙特和其他中东国家寻找共同的投资机会。

塔吉克斯坦副防长叛乱

9月4日，塔吉克斯坦内务部称，国防部副部长纳扎尔佐达策划发动恐怖袭击事件，造成17人死亡。当天凌晨4时30分，武装分子袭击了国防部中央机关和首都杜尚别以东20公里的小城瓦赫达特市内务部，其中国防部中央机关存有大量军事装备。武装分子后被击退，在对峙过程中，4 名内务部特警部队成员和 4 名瓦赫达特市内务部警察牺牲，9 名武装分子被击毙。塔内务部将其定性为“恐怖事件”，并指纳扎尔佐达与其 135 名追随者策划和实施了此次袭击。5 日下午，政府发布公告称，在当天采取的联合行动中，33 名纳扎尔佐达团伙成员被抓获，13 人被击毙，缴获 500 多件武器，纳扎尔佐达的哥哥在行动中投降。塔内务部称，纳扎尔佐达在袭击发生前一天出差，现隐藏在瓦赫达特地区的拉密特谷地之中，目前塔政府已派大量军力进入山谷，并要求其立刻投降。

乌东部激烈交火

6 月 3 日，在经历了不足 4 个月的短暂平静之后，乌克兰政府军和亲俄武装在顿涅茨克发生近几个月内最激烈的冲突。双方在东部重镇马林卡和克拉斯诺霍里夫卡发生激烈交火，在冲突中均使用了包括坦克、装甲车、迫击炮和火箭炮在内的重型武器。乌克兰政府军与乌东民兵武装指责对方首先发起进攻。冲突持续了将近一天，这是自 2015 年 2 月新明斯克停火协议签署以来，最大规模的一次交火事件。4 日，乌克兰总统波罗申科在最高拉达发表年度《国情咨文》时称，乌克兰军队必须做好应对俄军“全面入侵”的准备。俄罗斯外长拉夫罗夫指责基辅当局破坏新明斯克停火协议，不断制造事端，且拒绝与分离势力接触或直接对话。

《乌东特殊地位法修正案》

3 月 18 日，乌克兰总统波罗申科表示，已经签署了关于乌东部个别地区地方自治特殊办法的法律修正案。乌克兰顿涅茨克地区代表普希林对此表示，此举公然违反了明斯克协议，并将谈判进程引入了死胡同。同时，顿涅茨克地区领导人扎哈尔琴科和卢甘斯克领导人普洛特尼茨基在联合声明中强调，“基辅拒绝赋予顿巴斯特殊地位，践踏了明斯克和约，令形势陷入僵局。”声明称，在波罗申科和最高拉达撤销决定之前，不可能与基辅达成任何妥协。乌克兰议会17日表决通过由总统波罗申科提交的特殊地位法修正案，规定东部某些地区只能在举行地方选举后才可享受特殊地位，由于修正案内容与早前达成的明斯克一揽子协议条款有出入，引发了乌民间武装和俄罗斯方面的强烈不满。

乌东部武装签署后撤重武器协议

9月30日，乌克兰东部民间武装自行成立的"顿涅茨克人民共和国"领导人扎哈尔琴科和"卢甘斯克人民共和国"领导人普洛特尼茨基分别在关于后撤重武器的协议上签字。至此，与解决乌克兰东部冲突问题有关的各方全部在29日明斯克达成的后撤重武器协议上签字。29日，乌克兰问题三方联络小组（乌克兰、欧洲安全与合作组织、俄罗斯）在白俄罗斯首都明斯克举行会议，并达成了关于后撤重武器协议。欧安组织特别代表萨伊迪克、乌克兰前总统库奇马、俄罗斯代表库利穆哈梅托夫已于当天签署了该文件。本次协议规定，后撤重武器将在冲突地区完全实现停火的两天后开始，分两个阶段落实：第一阶段在卢甘斯克州境内进行，时间为15天；第二阶段是在其余冲突地区进行，时间为24天。计划撤出的有坦克、迫击炮和火箭炮等，后撤范围为从交火线开始各向后15公里。欧安组织将承担对双方后撤重武器工作的监督任务。

乌法"金砖"峰会与上合峰会

7月8日至10日，备受关注的"金砖"和上海合作组织双峰会相继在俄罗斯乌法举行。除金砖新开发银行正式启动和上合组织接纳新成员程序启动两大标志性事件外，此次双峰会还展现了其他诸多亮点，取得了一加一大于二的效应。此次"金砖"峰会发表了《乌法宣言》和《乌法行动计划》，签署了《金砖国家文化领域合作的政府间协议》，其中《乌法宣言》共77条，已超越经济合作领域，在共同维护世界和平、共同维护第二次世界大战胜利成果、推动国际关系民主化、2015 后发展议程、气候变化谈判、反恐、网络安全、国际货币基金组织改革等全球治理重点和热点问题上共同发声，体现了“金砖”国家提高自身在改革国际经济金融秩序和全球治理层面的影响力的努力。在此次乌法峰会上，上合组织将通过 14 个决定，其中最抢眼的有 3 个：签署并发表《乌法宣言》、批准《上合组织至 2025 年发展战略》、通过关于启动接收印度、巴基斯坦加入上合组织程序决议。上合组织启动扩员进程，将进一步扩大合作范围和领域，提升自身影响力。除印、巴外，伊朗也表达了成为正式成员的愿望，而白俄罗斯将从对话伙伴国升级为观察员国，阿塞拜疆、亚美尼亚、柬埔寨、尼泊尔提出加入上合大家庭，成为对话伙伴国的申请。上合组织秘书长梅津采夫认为，这表明上合组织已成为有活力、快速发展、具有自身权威性的地区性组织。

乌克兰对俄民航机发出“禁飞令”

9 月 28 日，俄罗斯最大的航空公司俄罗斯航空公司及其所有子公司、俄罗斯洲际航空公司和俄罗斯西伯利亚航空公司收到乌克兰方面的“禁飞令”，这些航空公司的班机被禁止飞入和飞越乌克兰领空，禁令将从 10 月 25 日起生效。“禁飞令”是由乌克兰总理亚采纽克宣布的。他此前表示，乌克兰当局对俄罗斯 25 家航空公司采取了制裁，将禁飞俄罗斯至乌克兰航线，以此作为制裁俄支持乌东部民间武装相关措施的一部分。对此，俄总理新闻秘书季马科娃表示，俄罗斯方面已获悉相关消息，“俄总理梅德韦杰夫责成交通部研究对乌克兰的航空公司采取回应性限制措施的问题”。俄罗斯交通部长索科洛夫回应说，如果乌克兰对俄罗斯的航空公司关闭领空，俄政府将不得不采取对等措施。

乌克兰废除俄乌间多项合作协议

5 月 21 日，乌克兰议会声明废除关于俄乌相互保护秘密信息的协议以及俄乌间军事合作协议。声明指出，乌克兰应保证自身国家的利益安全、独立、主权以及领土完整。俄乌相互保护秘密信息的协议于2000年12月2日在莫斯科签署生效，乌克兰议会于2001年11月15日投票通过了该协议。此外，俄乌间军事合作协议于2002年1月10日被乌克兰议会通过。但自2014年6月起，乌克兰总统波罗申科下令禁止一切与俄罗斯有关的军事技术合作。俄方未对乌克兰以上行为发表任何评论。

乌克兰扩大东部两州自治权

7月16日，乌克兰议会通过了法律草案，给予两个闹独立的地区更多自治权，这是朝着满足这两个亲俄地区的停火要求迈出的第一步。给予这两个地区一些自治权是2015年2月在白俄罗斯首都明斯克达成的停火协议的部分内容。这份修正案规定，顿巴斯的特殊地位将由单独的法律来确定。但乌克兰东部武装力量对此并不接受。“卢甘斯克共和国”全权代表弗拉基斯拉夫·杰伊涅戈在联络小组会谈期间接受俄新社采访时表示，波罗申科向议会提交的宪法修正案与明斯克和平进程没有任何关系，也不会消除基辅当局与顿巴斯方面在宪法改革问题上存在的分歧。他表示，用于实施明斯克协议的一系列措施明确规定，必须与“卢甘斯克共和国”和“顿涅茨克共和国”代表进行商讨，但乌方却没有这样做。

乌克兰停止与俄罗斯的军工合作

5月20日，乌克兰总理亚采纽克在政府工作会议上称，因俄罗斯已对乌克兰安全和领土完整造成威胁，政府决定停止执行与俄罗斯于1993年5月26日签订的军工合作协议。2015年11月，乌克兰安全署称，乌克兰所有军工企业和军民两用产品生产企业都已停止与俄罗斯合作。专家认为，停止与俄罗斯的军工合作不会对乌克兰造成任何损失，相关企业可调整市场方向并致力于本国设备更新。

乌克兰新版军事学说

9月25日，乌总统波罗申科签署了新军事学说。乌克兰新军事学说将“直接与乌克兰接壤的俄罗斯增长的军事实力，以及包括在克里米亚领土上部署战术核武器的可能”称为“乌克兰的威胁”。文件确认，未经法律规定而在乌克兰境内从事破坏内部社会政治局势稳定活动的武装部队同样是乌克兰所面临的威胁。该军事学说的目标之一是“乌克兰军队按西方水平发展，与北约成员国军事力量达到协调兼容”。

乌克兰与美国签订“开放领空”协议

7 月 14 日，在华盛顿举行的乌美投资论坛上，乌克兰基础设施部部长彼沃瓦尔斯基与美国负责经济增长、能源与环境事务的副国务卿凯瑟琳·诺维利共同签署双方相互“开放领空”协议。该协议将加强双方经济往来、促进两国民用航空的发展。

乌克兰允许外国军队入驻

6 月 25 日，乌克兰总统波罗申科签署法令以保障在乌克兰实施国际维和维安行动。法令规定了他国武装力量部队进入乌克兰境内的秩序和条件，从法律上制定了允许他国武装力量部队进入乌克兰，并在乌克兰境内展开国际维和维安行动。

乌克兰总理访德

4 月 1 日，乌克兰总理亚采纽克访德，表示无论是在经济上还是对俄问题上，乌克兰都需要西方的帮助。在柏林阿登纳基金会的论坛上，亚采纽克说，在与莫斯科冲突问题上，乌克兰希望得到西方支持，这其中也包括军事威慑，但这并不意味着他希望通过军事来解决冲突问题。亚采纽克驳回了有关乌克兰政府军破坏乌东部停火的指责。亚采纽克希望从欧洲方面得到更多帮助，以便抵御冲突对乌克兰经济造成的影响。他强调，该国恢复经济主要取决于明斯克和平计划的兑现。他希望俄罗斯能贯彻 2 月份达成的协议。

乌兹别克斯坦总统大选

3 月 29 日，乌兹别克斯坦进行总统大选，共开设 9000 多个投票站，其中境外设立44个，共有来自43个国家和独联体、上海合作组织等5个国际组织的约300名观察员监督本次选举。乌中央选举委员会称，91.08%的注册选民参加了本次选举，投票人数达到1894.2万。统计结果显示，现任总统卡里莫夫获得了17122577张选票，得票率达到90.39%。在这次大选中，卡里莫夫提出的对外政策纲领仍像从前一样，保持国家不结盟地位，不允许在其境内建立外国军事基地和外国军人驻扎地。同时他表示，不会加入俄罗斯倡导的欧亚经济联盟和关税同盟。77岁的卡里莫夫于1991年12月当选乌兹别克斯坦独立后的首任总统。在2007年总统大选中，他获得近90%选票。当时的宪法规定总统任期7年，根据新修改的宪法规定，下届总统任期为5年。

习近平主席访问白俄罗斯

5月10日，应白俄罗斯总统卢卡申科邀请，中国国家主席习近平对白俄罗斯进行国事访问。此次访问是中国国家主席时隔14年首次访白。当日，习近平在同卢卡申科举行会谈时强调，希望双方推动两国高水平的政治关系转化为更多实实在在的务实合作成果，共同开创中白全面战略伙伴关系新时代。11日，习近平主席在卢卡申科的陪同下，参观了位于明斯克的卫国战争历史博物馆，并会见了15名白俄罗斯第二次世界大战老战士代表。随后，习近平出席了11日开幕的中国—白俄罗斯地方经贸合作论坛。

希腊总理访问俄罗斯

4月8日，希腊总理齐普拉斯对俄罗斯进行访问，并与普京会晤。欧盟对此格外“敏感”，欧洲议会议长马丁·舒尔茨当天表示，建议希腊总理不要破坏欧盟内部的团结。而齐普拉斯表示，希腊政府没有向俄罗斯方面提出资金援助的请求，他的一举一动都在欧盟所允许的政策框架范围之内。普京指出，俄罗斯此前一直是希腊主要的贸易伙伴，2014年两国贸易下降了40%，两国需要讨论采取措施以恢复增速。由于欧盟对俄罗斯实施制裁，2014 年俄罗斯对希腊的石油、石油产品和天然气的出口额下降近一半，这是构成两国贸易额下降的主要原因。奥地利财长谢林指出，如果希腊希望“规避”欧盟对俄罗斯的制裁，这将给各方制造大麻烦。

叙利亚总统访问俄罗斯

10 月 20 日，叙利亚总统巴沙尔对俄罗斯进行了工作访问，并与俄总统普京就俄在叙军事行动等问题进行了长时间会谈。普京在会谈时说，在与叙利亚政府军作战的武装分子中，有约 4000 人来自原苏联各共和国，俄不会允许这些人在获得战斗经验、被洗脑后出现在俄罗斯。巴沙尔感谢俄向叙利亚提供的巨大帮助。他说，俄从叙利亚危机一开始所采取的政治措施使叙得以避免发生更大的悲剧，俄的行动阻止了恐怖主义在中东地区扩张。这是自 2011 年叙利亚危机爆发以来巴沙尔第一次出国访问。

亚美尼亚纪念“大屠杀”100 周年

4 月 24 日，亚美尼亚隆重举行国家仪式，纪念 100 年前发生在土耳其奥斯曼帝国时期针对亚美尼亚族群的“大屠杀”。俄罗斯总统普京、法国总统奥朗德、塞尔维亚总统尼科利奇、塞浦路斯总统阿纳斯塔夏季斯等政要出席了纪念仪式并在纪念碑前向遇难者敬献鲜花。亚美尼亚总统萨尔基相在发言中说，亚美尼亚人民将与国际社会共同努力，彻底根除世界各民族之间因分歧而可能产生的任何形式的彼此排斥，乃至种族仇恨。亚美尼亚“大屠杀”100 周年纪念活动从 21 日开始举行，包括在首都埃里温开设了“大屠杀”纪念展馆，举行“记忆与警示”大型专题国际论坛，在共和国广场举行大型演唱会等一系列活动。“亚美尼亚大屠杀”事件是指 1915 年至 1917 年土耳其奥斯曼帝国统治时期大批亚美尼亚人死亡的事件。亚美尼亚认为这是“大屠杀”事件，遇害人数多达 150 万人，并将每年的 4 月 24 日定为“大屠杀”纪念日。但土耳其历届政府均予以否认，称死亡数字被夸大。

亚美尼亚加入欧亚经济联盟

1月2日，亚美尼亚加入欧亚经济联盟，俄罗斯外长拉夫罗夫与亚美尼亚外长纳尔班江通电话，祝贺亚美尼亚正式加入联盟成为该组织第4个成员国。双方还讨论了一体化合作和双边关系的一些迫切问题。欧亚经济联盟成员国目前还包括俄罗斯、白俄罗斯和哈萨克斯坦三国。吉尔吉斯斯坦将于5月1日正式成为联盟成员国。俄罗斯总统普京表示，欧亚经济联盟对所有邻国开放，不仅包括独联体国家，还包括俄罗斯在东西方的合作伙伴。联盟成员国扩大不仅可以扩大联盟市场的规模，还将催生新的投资项目，巩固成员国之间的经贸联系。目前，欧亚经济联盟共同市场的国内生产总值总和超过4.5万亿美元。

“伊斯坎德尔－M”导弹在北极圈内测试成功

11月19日，俄罗斯中央军区导弹部队在位于北极圈内的俄罗斯奥伦堡近郊首次成功执行了夜间发射“伊斯坎德尔－M”战术导弹（北约的代号为“SS－X－26”）的任务。俄罗斯陆军导弹和炮兵部队副指挥亚历山大·德拉戈瓦洛夫斯基少将表示，“伊斯坎德尔－M”战役战术导弹在北极圈内试验成功，导弹发射精确度很高，并且从无人机上进行了远程数据传输。“伊斯坎德尔”导弹是俄罗斯军队装备的最先进的战役战术导弹，其目的是摧毁500公里射程内的各种目标。从2005年起，俄军开始采购并在陆军中装备“伊斯坎德尔”导弹。到2015年，俄军将装备5个“伊斯坎德尔”导弹旅。

中俄高铁勘测设计合同

6月18日，中俄投资合作委员会第二次会议在俄罗斯圣彼得堡举行。会议期间，中国中铁二院工程集团有限责任公司与俄罗斯铁路公司就俄首条高速铁路“莫斯科—喀山段”高铁的规划设计正式签署合同，合同金额达207.9亿卢布（约合24亿人民币）。这既意味着该项目将全面进入实施阶段，同时也代表着中俄两国在高铁建设领域的合作向前迈出了实质性一步，其合作经验将对未来落实构建欧亚高速运输走廊的愿景奠定基础。根据规划，从莫斯科到喀山段高铁全长 770 公里，跨越俄罗斯 7 个联邦主体，覆盖 2500 万人以上，全程计划设立 15 个车站，运行时间将从现在的 11 个小时以上缩短到 3 个半小时。

中哈贸易大单

3 月 27 日，在中国总理李克强和哈萨克斯坦总理马西莫夫的共同见证下，中哈两国签署了加强产能与投资合作备忘录以及开展钢铁、有色金属、平板玻璃、炼油、水电、汽车等领域产能合作的 33 份文件，项目总金额高达 236 亿美元。这标志着中国与哈萨克斯坦之间高水平的政治关系正愈益转化为实实在在的经济合作成果。

中乌货币互换协议

5 月 15 日，乌克兰国家银行在其“脸书”（Facebook）主页上发布消息，该行行长甘达列娃与中国人民银行行长周小川签署两国货币互换协议，互换额为 540 亿格里夫纳和 150 亿人民币（约 24 亿美元）。新协议执行期 3 年，于 2015 年 6 月 23 日生效，2012 年签署的协议现即将到期。甘达列娃评价称，该协议对拥有战略伙伴关系的两国非常重要，将推动双边经济发展。协议资金可在贸易领域使用，也可用于两国间直接投资。货币互换协议可降低进口商的汇率压力，有利于稳定本国货币信贷市场。中乌两国 2012 年 6 月签订总额合 24 亿美元的 3 年期货币互换协议。2015 年 4 月底，乌克兰国家银行与中国人民银行达成共识，将两国货币互换协议延长 3 年。

（本章综述撰稿：胡伟；词条编撰：龚大明、胡伟）

欧洲地区

一、形势综述

2015年，对欧洲而言是极不平静的一年，突出表现为部分国家政局不稳，希腊债务危机一度恶化，暴恐袭击事件频发并造成重大伤亡，遭遇自二战以来最严重难民潮。在严峻的形势面前，欧盟及其成员国加强磋商协调，积极出台应对措施，力求将负面影响降至最低。

(一) 欧盟经济缓慢恢复，通货紧缩隐现

2015年，欧元区和欧盟经济依然呈现微弱增长的态势，但整体经济形势好于2014年。2015年11月，欧盟委员会发布的最新一版《欧洲经济预测》指出，预计欧元区全年GDP增长率为1.6%，成员国仅希腊为负增长；失业率为11%，但是希腊和西班牙的失业率仍然高于20%。由此可见，希腊和西班牙仍然是欧元区经济形势最差的成员国。预计欧盟全年GDP增长率为1.9%，失业率为9.5%，这两项指标显示2015年欧盟比欧元区的经济形势更好。[①]

2015年，欧洲央行继续加码量化宽松政策，以防止通货紧缩。1月22日，欧洲央行决定扩大债券购买范围，在已有的资产支持证券和担保债券购买外，从3月到2016年9月每月购买600亿欧元的政府与私人债券。[②] 12月3日，欧洲央行将债券购买计划延长6个月至2017年3月，并将债券购买对象扩展至地方政府债券。尽管欧洲央

① European Commission, *European Economic Forecast*, Autumn 2015, p. 1.

② 人民网：《欧洲央行推全面量化宽松每月购买600亿欧元债券》，http://finance.people.com.cn/n/2015/0123/c1004-26434560.html。

行认为量化宽松政策是卓有成效的，但预计2015年，欧元区和欧盟的通货膨胀率分别仅为0.1%和0%，[①] 政策对通货膨胀率的拉动作用非常有限。欧洲央行为此给出的解释是，2015年国际油价处于历史低位水平，这极大影响了通货膨胀率的回升。

（二）成员国财政紧缩政策压力巨大，希腊债务危机一度恶化

经过前几年实施财政紧缩政策，再加上经济复苏缓慢，2015年，欧元区成员国政府实施财政紧缩政策的压力越来越大。最典型的例子是葡萄牙。10月30日，宣誓就职的科埃略政府坚持实施财政紧缩政策，结果政府施政方案在议会被否决，导致宣誓就职仅11天就不得不自动辞职。接任的科斯塔政府宣布将恢复工人和退休人员收入至原有水平，反对实施财政紧缩计划。财政赤字率是成员国财政紧缩政策的缩影。最新一版《欧洲经济预测》指出：2015年欧元区财政赤字率2%，11个成员国的财政赤字率高于欧元区规定的标准（2%），其中希腊（4.6%）和西班牙（4.7%）的财政赤字率最高，法国也高达3.8%。[②]

2015年，希腊齐普拉斯政府也因为反对继续实施财政紧缩计划而导致债务危机一度恶化。1月25日，左翼激进联盟党在议会选举中大获全胜，得以组建新一届政府。甫一上台，左翼激进联盟党领导人、希腊总理阿莱克斯·齐普拉斯就推出《塞萨洛尼基纲领》，提出：增加政府投资，逐渐恢复工资和养老金，勾销大部分公共债务，停止公共资产私有化。《塞萨洛尼基纲领》得到了希腊民众的热烈支持，但显然违背了欧盟、欧洲央行和国际货币基金组织等国际债权人的要求。6月25日，国际债权人同意将希腊的现有救助协议再延

① European Commission, *European Economic Forecast*, Autumn 2015, p. 1.

② European Commission, *European Economic Forecast*, Autumn 2015, p. 1.

长5个月至11月底，其间，希腊可获得4笔共155亿欧元贷款，但条件是希腊在国际债权人的监管之下继续实施一系列紧缩和改革措施。6月27日，齐普拉斯突然宣布对是否接受6月25日达成的救助条款举行全民公投。6月30日，希腊没有向国际货币基金组织偿还到期的15亿欧元贷款，意味着希腊已然债务违约。7月5日，希腊如期举行全民公投，政府宣布公投结果是"否决"。但是公投结果显然无法改变希腊面临的债务困境。此前希腊已经获得两批次共计2400亿欧元的救助，如果无法获得第三批援助资金，希腊金融系统将面临崩溃，希腊甚至将不得不退出欧元区。7月13日，齐普拉斯政府重启与国际债权人的谈判。经过17个小时马拉松式的彻夜谈判，欧元区领导人就希腊债务问题以及第三轮救助达成协议。新协议的主要内容包括，希腊通过一系列改革措施并在规定时间内完成相关立法后，债权人将在未来3年向希腊提供约860亿欧元的救助资金。首批贷款为260亿欧元，分别用于希腊银行资本重组以及清偿债务，其中包括偿还即将于8月20日到期的欧洲央行32亿欧元贷款。同时，希腊还必须履行私有化的义务——组建一个规模为500亿欧元的信托基金，用于救助希腊银行、减债以及刺激希腊经济。希腊政府必须严格按时间表推进改革措施，以换取援助资金的按期发放。[①] 8月14日，希腊议会批准了第三轮救助协议，希腊债务危机得以暂时缓解。

（三）多国政府换届，政要轮番出访亚洲

2015年，欧洲7个国家政府换届，仅英国和葡萄牙执政党获得连任，其中希腊和葡萄牙出现了政府一年两换的不正常情况。在克罗地亚，由于5年一度的总统大选在第一轮投票中无候选人胜出，1

---

① 中新网：《欧盟批准对希腊第三轮救助计划借钱让希腊应急》，http://www.chinanews.com/gj/2015/08-16/7469970.shtml。

月 11 日，该国举行第二轮总统大选投票，在野保守派候选人科琳达·格拉巴尔·基塔罗维奇最终当选该国首位女总统。1 月 25 日，希腊举行议会选举，最大反对党左翼激进联盟党赢得选举，与右翼独立希腊人党实现联合组阁。左翼激进联盟党主席齐普拉斯成为希腊 150 年来最年轻的总理。但由于左翼激进联盟党超过 1/4 的议员在议会投票时反对 7 月份达成的第三轮救助协议，导致齐普拉斯实际上失去了议会多数支持，政府面临随时垮台的危局。为此，齐普拉斯于 8 月 20 日晚宣布政府辞职，并要求提前举行大选。9 月，该国举行第二次议会选举，激进左翼联盟党再次赢得选举，齐普拉斯也再次成为总理。4 月 19 日，芬兰举行四年一度的议会选举，得票数排名第一的中间党因议席未过半数，与排名第二的芬兰人党组建联合政府。中间党主席尤哈·西皮莱出任政府总理。5 月 7 日，英国举行五年一度的下议院议员选举。保守党赢得 650 个议席中的 331 个，以绝对多数大获全胜，保守党领袖戴维·卡梅伦成功连任首相。[①] 5 月 10 日，波兰举行总统大选，12 位候选人得票率未超过 50%，排名第一和第二的候选人进入第二轮投票。5 月 25 日，第二轮投票结束，议会最大的反对党、右翼党派法律与公正党总统候选人安杰伊·杜达，击败现任总统布罗尼斯瓦夫·科莫罗夫斯基，当选新一任波兰总统。6 月 18 日，丹麦举行议会选举。在野的中右翼政党集团“蓝营”击败中左翼政党集团“红营”，赢得 179 个议席中的 90 个，获得组阁权。自由党主席拉尔斯·勒克·拉斯穆森出任首相。10 月 4 日，葡萄牙举行四年一度的议会选举。由葡萄牙社会民主党和人民党组成的执政联盟击败主要反对党社会党，获得 230 个议席中的 104 席，赢得第二个四年任期，社会民主党主席佩德罗·科埃略连任总理。科埃略内阁仓促下台以后，社会党主席安东

① 财经网：《2015 年英国大选：保守党大获全胜》，http://comments.caijing.com.cn/20150512/3880770.shtml。

尼奥·科斯塔被总统任命为新总理，负责组建新一任政府内阁。

2015 年，东亚国家成为欧盟和欧洲国家领导人的主要出访对象，强化经贸合作关系成为核心议题。1 月 29 日至 2 月 1 日，法国总理曼努埃尔·瓦尔斯出访中国，双方签署了能源、航空、金融等多项合作协议。2 月 26 日至 27 日，法国总统弗朗索瓦·奥朗德访问菲律宾，这是法国总统第一次访问菲律宾。奥朗德与菲律宾总统阿基诺三世举行双边会议，签署了数份经济合作协议。3 月 9 日至 10 日，德国总理安格拉·默克尔访问日本，力求进一步促进德日经贸关系发展。7 月 27 日至 30 日，英国首相卡梅伦访问了印尼、新加坡、越南和马来西亚。扩展出口市场是卡梅伦访问的重要任务。10 月 11 日至 14 日，德国总统约阿希姆·高克出访韩国，双方商定加强韩德产业和科学技术领域的合作，推进两国贸易和投资的均衡发展。韩德两国签署了汽车和信息通信融合技术交流合作谅解备忘录，并商定扩大汽车零部件、太阳能和信息通信技术等领域的合作。10 月 13 日至 18 日，克罗地亚总统基塔罗维奇、塞浦路斯总统尼科斯·阿纳斯塔夏季斯对中国进行国事访问。10 月 25 日至 29 日，荷兰国王威廉·亚历山大和王后马克西玛·索雷吉耶塔对中国进行国事访问，双方在贸易，金融，航空和技术领域签订了 15 项协议。10 月 29 日至 30 日，德国总理默克尔出访中国。此次访华，默克尔意在进一步深化中德经济关系，分析、探讨《中德合作行动纲要》的落实情况和未来行动。11 月 2 日至 3 日，法国总统奥朗德对中国进行任期以来的第二次国事访问，两国领导人共同见证了两国政府和企业间多项合作文件的签署，涉及经贸、金融、能源、环保、人文等多个领域。

（四）法国成为恐怖主义重灾区，多国发生暴恐袭击事件

2015 年，法国爆发两起重大暴恐袭击事件，造成普通民众大量

伤亡和恶劣的社会影响。1 月 7 日，讽刺漫画杂志《查理周刊》位于巴黎的编辑部总部遭到两名武装分子袭击，造成 12 人死亡（包括 2 名警察和《查理周刊》的 10 名记者），11 人受伤。经调查，两名武装分子受也门“基地”组织训练和支持。近年来，《查理周刊》多次刊发讽刺伊斯兰教先知的漫画，引起穆斯林极端分子愤怒，编辑部办公室在 2011 年就曾遭到燃烧弹袭击。而本次暴恐袭击事件的主要原因也是如此。当晚，法国总统奥朗德发表电视直播讲话，宣布 1 月 8 日为法国全国哀悼日。1 月 9 日，两名袭击者在追捕行动中被击毙。1 月 11 日，60 余位外国元首、政府首脑和国际组织领导人赶到巴黎，与奥朗德并肩参加了巴黎举行的反恐大游行。全法当天共有多达 370 万人走上街头纪念系列恐怖袭击的死难者，创下法国史无前例的记录。其中仅巴黎的游行人数就在 120 万至 160 万之间。[①] 1 月 21 日，政府总理瓦尔斯宣布，未来三年法国政府将采取积极措施提升反恐能力，包括增加 2680 个执法和情报部门岗位（其中 1100 人在情报部门工作）以打击恐怖主义；在反恐方面增加 7 亿欧元的支出，包括购买设备、支持反恐机构的建设和运转等；警察部门也将购买和更新武器装备。[②] 时隔 10 个月，法国再次爆发更为严重的连环暴恐袭击事件。11 月 13 日晚，在巴黎第 11 区的一家柬埔寨餐馆，一名袭击者使用自动步枪向餐厅内的顾客实施扫射。在巴黎第 11 区的巴塔克兰音乐厅，多名袭击者在演出开始后冲入剧场，向观众开火和投掷爆炸物。一个靠近巴黎法兰西体育场的酒吧发生爆炸，当时体育场正在举行法国队与德国队的一场友谊赛。嫌

---

① 中新网：《法国 370 万人大游行多国领导人到场声援》，http://www.chinanews.com/tp/hd2011/2015/01-12/466292.shtml。

② 新华网：《法国政府宣布反恐新举措》，http://news.xinhuanet.com/world/2015-01/22/c_1114082893.htm。

犯共有 9 名，造成至少 129 人死亡，352 人受伤，其中 99 人重伤。[①] 随后，奥朗德总统宣布法国全境进入紧急状态，并关闭了法国所有边境口岸。法国警方对连环暴恐案的嫌犯展开了抓捕行动。14 日，极端组织“伊斯兰国”在社交网络上发表一份正式声明，宣称对连环恐袭事件负责。声明还威胁称，这是法国对“伊斯兰国”采取军事行动的后果，法国及其追随者将继续成为“伊斯兰国”的主要袭击目标。

2015 年，除法国以外，丹麦、意大利和英国也先后爆发恐怖主义事件。2 月 14 日晚，法国驻丹麦大使齐默雷及瑞典艺术家维尔克斯等人正在参加哥本哈根市区一个文化中心举办的一场讨论活动。一名袭击者在文化中心门外使用步枪通过玻璃门向里面射击，打死 1 人，打伤 3 名警察。15 日凌晨，该名袭击者出现在一座犹太人教堂外，使用手枪打死一名犹太人保安，打伤两名警察。随后，该名男子被警方击毙。警方认定，两起枪击案共造成 2 人死亡，5 人受伤。7 月 11 日，位于埃及首都开罗社区的意大利领事馆遭到炸弹袭击，造成 1 人死亡，10 人受伤。受爆炸影响，领事馆外墙大面积受损，周边建筑也有不同程度的损坏。极端组织“伊斯兰国”公开声明对这起事件负责，宣称其在停放于领事馆外的汽车上安装了重达 450 公斤的炸药。12 月 5 日晚，英国伦敦东部莱顿斯通地铁站发生一起持刀伤人事件。犯罪嫌疑人持刀胡乱袭击人群，高喊“为了叙利亚”，造成 3 人受伤。伦敦警方表示将按照“恐怖主义事件”来处理这起案件。

（五）欧盟延长制裁俄罗斯，部分国家出兵打击“伊斯兰国”

虽然欧盟内部反对继续制裁俄罗斯的呼声越来越高，但是 2015

---

① 央广网：《巴黎恐怖袭击已致至少 129 人死亡，352 人受伤》，http://news.cnr.cn/native/gd/20151115/t20151115_520505980.shtml。

年欧盟仍然维持了对俄罗斯的制裁力度。2 月 16 日，欧盟宣布扩大对俄罗斯以及乌克兰东部的制裁名单，有 19 名个人和 9 家公司此次被增列入黑名单。3 月 20 日，欧盟春季峰会讨论决定，将是否延长对俄罗斯制裁与新明斯克协议的全面落实情况挂钩。6 月 22 日，欧盟成员国外长会议决定，由于俄罗斯在乌克兰东部局势中起到不稳定的作用，将制裁再延长半年至 2016 年 1 月 31 日。12 月 18 日，欧盟冬季峰会决定，将制裁再次延长半年。

2014 年，美国呼吁盟国提供支持，以打击伊拉克境内的极端组织“伊斯兰国”，欧洲仅有法国政府积极响应。2015 年，这一情况大为改观，法国加大了行动力度，匈牙利、德国、英国开始出兵参与打击伊拉克、叙利亚境内“伊斯兰国”的行动。法国曾对伊拉克境内的极端组织进行过空袭，但始终未涉足叙利亚。随着“伊斯兰国”势力在叙利亚境内不断壮大，法国终于决定在叙利亚展开空袭行动。9 月 27 日，法国对叙利亚境内的“伊斯兰国”进行了首次空袭。法国巴黎连环暴恐袭击案发生以后，法美决议采取具体步骤强化打击“伊斯兰国”的合作。11 月 15 日，法国空军开始对叙利亚境内的“伊斯兰国”据点实施精确打击。18 日，法国“戴高乐”号航母出发前往波斯湾参与打击行动。除法国外，4 月，匈牙利国会以 137 票对 57 票通过国防部提出的议案，决议向伊拉克派兵以打击“伊斯兰国”。根据议案，由 6 名军官领导的 110 名军人和由 4 人组成的技术侦察小组将在伊拉克北部库尔德自治区首府埃尔比勒的基地履行军事任务，另外有 27 人将在匈牙利国内待命，以确保轮换，时间截止至 2017 年 12 月 31 日，预算不超过 200 亿福林（约合 7200 万美元）。[①] 1 月 29 日，德国联邦议院通过议案，将派遣最多 100 名士兵前往伊拉克北部，协助训练库尔德武装以对抗“伊斯兰国”。12

① 新华网：《匈牙利国会授权向伊拉克派兵打击“伊斯兰国”》，http://news.xinhuanet.com/world/2015-04/14/c_1114969445.htm。

月1日，德国内阁正式授权联邦国防军参与打击“伊斯兰国”。4日，德国联邦议会以445票对146票的绝对多数通过了内阁关于参与打击极端组织“伊斯兰国”的议案。德方将派出6架“旋风”式侦察机和1架空中加油机。此外，德国还计划派遣一艘护卫舰为法国的“戴高乐”号航母护航。联邦国防军此次派兵总规模为1200人，为目前德国最大规模的海外派兵行动。① 12月2日，英国议会经过逾10个小时的激烈辩论，以397票对223票通过了英军对叙利亚境内的“伊斯兰国”目标实施空袭的议案。面对空袭“伊斯兰国”会加大英国遭受暴恐袭击风险的担忧，英国首相卡梅伦表示，“在‘伊斯兰国’目标清单中，英国本来就已排在前面。如果未来数周或数月英国遭到了袭击，就会有人说，是由于我们实施空袭，才会发生这样的事。但我认为并非如此。过去这一年中，‘伊斯兰国’一直试图袭击我们。”②

（六）欧洲深陷难民危机，欧盟出台系列应对措施

据联合国难民署统计，2015年1月至10月有超过64.4万名难民及移民从海路抵达欧洲，其中1/3为妇孺，近3000人淹死或失踪。③ 这些难民主要来自叙利亚、阿富汗、伊拉克、厄立特里亚，以及其他中东与北非国家。他们大多计划从意大利或希腊登陆，然后中转克罗地亚、斯洛文尼亚、塞尔维亚、马其顿、匈牙利等中东欧国家，最后进入德国、法国、瑞典等西欧、北欧国家。这是欧洲自

---

① 中国网：《德国联邦议院批准参与打击“伊斯兰国”》，http://news.china.com.cn/world/2015-12/05/content_37240537.htm。

② FX168财经网：《英国议会通过表决展开对叙利亚境内“伊斯兰国”的空袭》，http://news.fx168.com/politics/other/1512/1735791.shtml。

③ 联合国难民署：《联合国难民署关注：难民妇孺遭性暴报告》，http://www.unhcr.org.hk/unhcr/sc/news_and_updates/news_list/news_details.html? id=1390。

第二次世界大战以来遭受的最严重的一波难民潮，以至于德国总理默克尔表示移民问题比希腊危机和欧元汇率更令人担忧。

面对汹涌而至的难民潮，欧盟多次召开高级别会议进行协调，目前欧盟及其成员国采取的主要应对措施包括：一是实施难民分摊配额计划。9 月 22 日，欧盟内政部长会议以多数票通过了欧盟委员会主席让—克洛德·容克提出的在两年安置 12 万名难民的计划。根据该计划，成员国安置的难民"配额"将依照其经济规模、人口数量、以往接收难民的人数、失业率等多项指标进行计算。成员国每接收 1 名转移安置的难民，可获得 6000 欧元的补助。德国将接收 3. 1 万名难民，紧随其后的是接收 2. 4 万人的法国和接收 1. 5 万人的西班牙。成员国如拒绝执行难民"配额"，将以该国 GDP 0. 002% 的比例征收经济罚款。[①] 二是建立难民接待中心。10 月 25 日，欧盟委员会举行部分欧洲国家领导人特别会议，决定自希腊至德国沿线新增 10 万个难民接待中心，其中在希腊设立 5 万个，另外 5 万个在马其顿和塞尔维亚等巴尔干地区国家设立。三是援助中东、北非的难民过境国和来源国。欧盟承诺在 2015 年和 2016 年两年内出资 56 亿欧元用于援助难民来源地区和国际组织。10 月 28 日，欧盟 28 个成员国一致通过向土耳其提供总额达 220 万欧元的资金援助，用于该国接待和控制流入欧盟境内的难民。四是打击人口走私与贩卖。5 月 18 日，欧盟外交部长和国防部长会议批准成立一支海军部队，以集中打击地中海的人口走私活动。这支部队的基地设在意大利首都罗马，任务包括出动战舰和侦察机以搜集情报并突击检查可疑船艇，英国、法国、德国、意大利和西班牙承诺为此海军部队提供战舰。8 月 20 日，英国和法国政府宣布成立联合指挥中心。该中心由两国警方联合管理，旨在打击从法国走私人口到英国的偷运网络，起诉相

① 中国网：《欧盟在两年内安置 12 万名难民分配计划分两个阶段》，http://news. china. com. cn/world/2015 -09/24/content_36673226. htm。

关犯罪分子。从 10 月 7 日起，欧盟对偷渡地中海的人贩实施代号为“索菲亚”的缉捕行动。意大利、法国、德国、英国和西班牙出动了 6 艘战舰，对地中海西北海岸全程监视，范围包括从利比亚开始，延伸至突尼斯边界的漫长海岸线。欧盟士兵可以强制要求来路不明、不明国籍的船只停船，进行上船搜索、扣押船只、捣毁人贩贩卖移民的船只。

但是，欧盟的措施远不足以应对此次难民危机，且在具体实施层面也存在很多问题。例如，容克计划的 12 万名难民配额远低于当前和未来一段时期的欧洲难民规模，而且英国、丹麦一直拒绝加入该计划。波兰表示，因缺乏认证难民身份的必要程序，无迁居至欧盟国家的强制规定，且有迹象表明难民不愿定居波兰，因此欧盟难民安置计划在波兰难以落实。在收容中心设置上，欧盟边境管理局和欧盟庇护支援办公室是负责各个难民安置点和难民收容中心管理和运转的主要机构，他们长期存在人手短缺、设备不足的困难。随着难民收容中心的一再扩容，亟需成员国派遣专业人员予以支持。欧盟原本承诺由成员国向欧盟庇护支援办公室提供 374 名专家，向欧盟边境管理局派遣 743 名专业人员用于边防守卫、安检、盘查和翻译，但除奥地利、德国和法国宣布派遣几十名人员外，其余成员国提供的人员数量多为个位数。[①]

（七）欧盟加强能源合作，着力提升能源安全水平

2015 年，欧盟及其成员国积极加强能源安全合作，以践行 2014 年 5 月欧盟委员会发布的《欧盟能源安全战略》。业已实施的主要政策措施包括：

一是建立全欧盟范围的能源联盟机制，为成员国能源合作构建

---

① 新华网：《国际观察：应对难民危机欧盟进展缓慢》，http://news.xinhuanet.com/2015 - 11/05/c_1117053296.htm。

机制化平台。2 月 6 日，在欧盟能源部长会议上，欧盟委员会主管能源的副主席马罗什·谢夫乔维奇宣布，欧盟能源联盟正式启动。谢夫乔维奇指出，欧盟能源联盟的战略目标非常明确，就是降低欧盟对进口石油和天然气的依赖。欧盟能源联盟遵循五大原则：保障能源供应安全；建立完全一体化、具有竞争力的内部能源市场；降低能源需求，提高能源利用效率；加强利用再生资源；加强研究、创新以发展绿色技术。

二是部分成员国率先启动电力、天然气等领域的次区域合作项目。3 月 4 日，西班牙首相马里亚诺·拉霍伊、法国总统奥朗德和葡萄牙总理科埃略在西班牙首都马德里签署了《马德里声明》。《马德里声明》涉及电力和天然气供应两方面。其中，在电力供应方面，拟建造一条连接西、法两国的跨西班牙北部比斯开湾的约 400 公里的海底隧道，两条连接法国和西班牙的陆上线路，以及一条连接西班牙和葡萄牙的陆上线路，从而大幅提高欧盟的电力联网能力。天然气供应方面，将讨论重新启动于 2007 年提出、但进展缓慢的“西法天然气管道连接工程”。该管道途经西班牙东北部加泰罗尼亚自治区，如果按时接通，欧盟从俄罗斯进口、途经乌克兰的天然气总量可下降 50%。4 月 8 日，匈牙利、塞尔维亚、希腊、马其顿和土耳其等 5 国在匈牙利首都布达佩斯签署《加强能源合作联合宣言》。该宣言指出，匈、希、马、塞商议建立一条商业上可行的天然气输送管线，为土耳其提供天然气供应多样化的选项，并支持土耳其的能源市场发展，为区域经济发展创造新机遇。6 月 8 日，波兰、奥地利、比利时、捷克、丹麦、法国、德国、意大利、卢森堡、荷兰、瑞典、瑞士及挪威等 13 国联合签署电力合作声明，该项声明旨在改善国家间能源政策合作，确保能源供应安全、充分利用现有电力网络及整合加强国内市场的可再生能源使用。同时，各签署国还希望评估电力跨境供应的安全效果，促进单一市场发展和跨境电力交易，同时加强国家电网的互联互通。7 月 10 日，东南欧和中东欧的 13 个国在克罗地亚的多布罗夫尼可签署天然气统一大市场谅解备忘录。一体化措施包括新建天然气输送管道、优化利用现有输送设施、克服技术和监管障碍等。

展望 2016 年，低迷的通货膨胀率可能刺激欧洲央行进一步加大量化宽松政策力度；希腊政府与国际债权人的博弈不会停止，希腊债务危机仍然存在突然恶化的可能性；乌克兰问题的解决进程将继续主导欧盟与俄罗斯的双边关系，欧盟对俄制裁期限可能再次延期；欧盟势必进一步强化联合反恐力量建设，将有更多的成员国出兵打击“伊斯兰国”，但恐怖主义的阴霾难以消散；难民安置进入具体落实阶段，成员国之间的分歧矛盾可能激化；英国与欧盟将启动欧盟改革问题最终谈判，其谈判结果将决定英国在欧盟的去留。

二、重大事件词条

爱沙尼亚“刺猬—2015”军演

5 月 4 日至 15 日，北约组织在其成员国爱沙尼亚的塔帕训练场举行代号为“刺猬—2015”军事演习。来自爱沙尼亚、美国、英国、德国、拉脱维亚、立陶宛、比利时、波兰和荷兰等国的 1.3 万名军人参加了演习，这是爱沙尼亚史上最大规模的军事演习。此前，爱沙尼亚国防军第一步兵旅的近 2000 名士兵与美军空降部队共同开展了为期 5 天的“龙卷风”军事演习，为“刺猬”军演做准备。

爱沙尼亚修筑隔离墙

8 月 25 日，爱沙尼亚警察和边防局宣布，为保障边境安全，将沿该国与俄罗斯的边界线建造一道长 108 公里、高 2.5 米的隔离墙。整个工程将于 2018 年动工，耗资约 7100 万欧元。爱沙尼亚建设边界隔离墙的计划，被认为是效仿乌克兰政府在与俄罗斯边境地带建造隔离墙的做法。此前，另一个波罗的海国家拉脱维亚也宣布将投入 1700 万欧元在拉俄边界线附近建隔离墙和 214 个防御设施，工程将于4年后动工，目的同样是“保护边境地区安全”。

波兰航空公司被黑

6月21日，波兰航空公司的地面操作系统遭遇黑客袭击，致使系统瘫痪长达5小时，造成至少10个班次的航班被取消，1400多名乘客滞留华沙弗雷德里克·肖邦机场。经反复确认，这次黑客攻击活动只侵入了地面操作系统中的航班出港系统，并未触及进港系统，因此，所有飞抵肖邦机场的航班并没有受到太大影响。这是全球首次发生航空公司操作系统被黑的事件。

波兰议会选举

10月25日，波兰举行议会选举投票。反对党法律与公正党获得众议院460个席位中的235席，超过半数。该党获得了独立执政资格。前执政党公民纲领党仅获得138个议会席位，位列第二，沦为反对党。本届议会选举共有5个党派进入议会：法律与公正党、公民纲领党、库齐兹15党、现代党和波兰人民党。其中，库齐兹15党和现代党都是第一次进入波兰议会，而且都是刚刚组建不久的新兴政党。

波兰总统选举

5月10日，波兰举行总统大选，12位候选人得票率未超过50%，排名第一和第二的候选人进入第二轮投票。5月25日，第二轮投票结束，波兰议会最大的反对党、法律与公正党总统候选人安杰伊·杜达，击败现任总统布罗尼斯瓦夫·科莫罗夫斯基，当选新一任总统。法律与公正党是一个右翼党派，主张反俄、少受欧盟约束。

北欧五国联合声明

4月9日，挪威、丹麦、瑞典、芬兰等四国的国防部长以及冰岛的外交部长共同签署联合声明，旨在扩大五国间军事合作，应对因俄罗斯“入侵”乌克兰所带来的威胁。声明强调，俄罗斯“入侵”

乌克兰对于欧洲国家，特别是北欧国家提出了“最大的挑战”。未来这五个国家有可能扩大联合军事演习规模，深化国防领域合作，同时拓宽情报信息的交流。

德法领导人访俄

2月6日，在乌克兰东部冲突加剧、乌问题三方联络小组明斯克会晤以失败告终的背景下，德国总理安格拉·默克尔和法国总统弗朗索瓦·奥朗德对俄罗斯进行闪电式访问，与俄罗斯总统弗拉基米尔·普京就化解乌克兰危机进行了约5个小时的闭门会谈。会谈后，俄总统新闻秘书表示，与会各方进行了建设性、内容丰富的实质性会谈。

德国出兵打击“伊斯兰国”

12月1日，德国内阁正式授权联邦国防军参与打击“伊斯兰国”。4日，德国联邦议会以445票对146票的绝对多数通过了内阁关于参与打击极端组织“伊斯兰国”的议案。按照议案，德国此次参与打击“伊斯兰国”的行动主要集中在军事侦察和后勤方面，不直接参与空袭等作战任务。德方将派出6架“旋风”式侦察机和1架空中加油机。此外，德国还计划派遣一艘护卫舰为法国的“戴高乐”号航母护航。联邦国防军此次派兵总规模为1200人，为目前德国最大规模的海外派兵行动。

德国出兵伊拉克

1月29日，德国联邦议院通过议案，未来将派遣最多100名士兵前往伊拉克北部，协助训练库尔德武装以对抗“伊斯兰国”武装分子。德国各大党派对此项议案多表示支持，仅左翼党认为此举“有违德国基本法”。

德国大众“排放门”事件

9月18日，美国环境保护署与加州空气资源委员会发布公告，称德国大众集团旗下部分汽车产品在美国的排放测试中利用软件造假（该软件可以识别汽车是否处于被检测状态，继而在车检时秘密启动，调控所排放的尾气），罚款金额最高可达180亿美元。9月21日和9月22日，大众汽车的股价暴跌接近20%。9月22日，德国大众汽车公司发表声明，承认涉嫌违规排放事件所涉及的柴油汽车数量可能达到1100万辆，公司绝不容忍违法行为。9月23日，德国大众集团董事会主席兼首席执行官马丁·温特科恩宣布辞职。10月12日，标准普尔公司下调了大众汽车信用评级，由原来的A级下调为A-级。德国总理默克尔要求这家被视为德国卓越工艺典范的汽车制造商以“百分之百的透明度”查清这桩丑闻事件。

德国首届“中德经济对话”

10月9日，由德国基民盟经济委员会和德国中国商会共同举办的首届“中德经济对话”在中国驻德国使馆举行。德国联邦经济与能源部国务秘书马赫尼希、联邦议会外事委员会主席吕特根、基民盟经济委员会国际事务委员会主席盖辛格、中国驻德国大使史明德、德国中国商会主席严建勋，以及华为、三一重工、德意志证券交易所等200余名中德企业代表参加了该活动。

德国实现财政收支平衡

1月13日，德国联邦财政部宣布，德国联邦政府在2014年实现了财政收支平衡。德国政府提早一年达到财政收支平衡目标，也是该国政府自1969年以来首次实现财政平衡。联邦财政部初步数据显示，德国政府2014年税务收入2708亿欧元（约合3184.6亿美元），行政收费等其他收入247亿欧元，总支出2955亿欧元。德国政府原计划2015年实现收支平衡，此前曾多次重申这一目标。分析人士指出，德国希望借此为其他欧元区成员国树立榜样，为其一直主张的严格财政纪律作出表率。

德国向白俄罗斯道歉

5月5日，德国政府全权代表格尔诺特·埃尔莱尔就纳粹分子犯下的罪行向白俄罗斯道歉。埃尔莱尔表示："我代表德国政府就这些事件请求原谅"，"这个罪行不会被遗忘，现在不会，将来也不会"。此前，没有任何一名德国高官向白俄罗斯人民公开道歉。

德国总理访日

3月9日，德国总理默克尔开始对日本进行为期两天的访问。这是默克尔时隔7年再次访日，也是其担任总理以来第三次访日。默克尔与日本首相安倍晋三进行了会谈，在位于东京的滨离宫朝日音乐厅发表了演讲。默克尔在短短两天的访日行程中，三次提及历史问题，指出"正视历史是德国重返国际社会的前提，第二次世界大战结束70周年对德日意义重大"。

德国总理访问丹麦

4月28日，德国总理默克尔对丹麦进行国事访问。默克尔与丹麦女王玛格丽特二世、首相托宁·施密特分别举行会谈，双方就欧洲当前政治和经济形势、难民及地中海地区非法移民、乌克兰危机以及双边关系等问题进行了磋商。双边还就修建联通丹麦洛兰岛和德国费马恩岛的海底隧道项目达成一致意见。

德国总统访韩

10月11日至14日，德国总统阿希姆·高克出访韩国。韩国总统朴槿惠在韩国总统府会见了高克，双方商定加强韩德产业和科学技术领域的合作，推进两国贸易和投资的均衡发展。韩德签署了汽车和信息通信融合技术交流合作谅解备忘录，并商定扩大汽车零部件、太阳能和信息通信技术等领域的合作。

丹麦连环枪击案

2月14日晚和15日凌晨，丹麦首都哥本哈根先后发生两起枪击案，共造成2人死亡，5人受伤。2月14日，法国驻丹麦大使齐默雷及瑞典艺术家维尔克斯等人正在参加哥本哈根市区一个文化中心举办的一场讨论活动，一名男子没有进入文化中心，使用步枪从外面通过玻璃门向里面射击，打死1人，打伤3名警察。15日凌晨，该名男子出现在一座犹太人教堂外，他使用2支手枪，打死1名犹太人保安，打伤2名警察。随后，该名男子被警方击毙。警方认定，枪手名为奥马尔·阿卜杜勒·哈米德·埃尔—侯赛因，现年22岁，父母为巴勒斯坦的移民，他出生于丹麦，曾因暴力袭击等行为被判入狱，袭击发生两星期前刚出狱。

丹麦议会选举

6月18日，丹麦举行议会选举。丹麦议会是一院多党制，共有179个席位。得票率超过2%的政党可以进入议会，并根据得票率分配议席。丹麦宪法规定每4年至少举行一次议会选举。丹麦政坛由中左翼政党集团（红营）和中右翼政党集团（蓝营）组成。红营包括社会民主党、激进自由党、社会主义人民党、红绿联盟等党派，蓝营则包括自由党、保守人民党、丹麦人民党及自由联盟党等党派。选举结果显示，蓝营以52.3%的支持率，击败红营47.7%的支持率，赢得90个议席，获得组阁权。自由党主席拉尔斯·勒克·拉斯穆森出任首相。

第四届欧洲与中国经济合作论坛

4月21日，在第七届欧洲经济大会框架下，第四届欧洲与中国经济合作论坛在波兰南部城市卡托维茨举行。来自波、中双方的政界、商界和学界代表会聚论坛，围绕中方的“一带一路”倡议举行了三场不同主题的会议：中国和世界、中国和中东欧、中国和波兰。

第七届欧洲经济大会

4月20日至22日，第七届欧洲经济大会在波兰南部城市卡托维茨举行。本届大会的主要议题包括欧盟投资所创造的机会、发展工业和经济创新以及能源、气候和国际贸易等。波兰总统科莫罗夫斯基在论坛上发表演讲，4位欧盟委员会委员、7位波兰共和国部长、10位外国部长以及200多位跨国公司的董事长参加了本届大会。

第十七次乌克兰—欧盟峰会

4月27日，第十七次乌克兰—欧盟峰会在乌克兰首都基辅举行，乌欧双方领导人就共同关心的问题交换了看法，并在会晤后发表联合声明。乌克兰总统彼得·波罗申科与欧洲理事会主席图斯克、欧盟委员会主席容克重点讨论了落实乌欧联系国协定、在乌克兰进行政治和经济改革以及乌克兰东部冲突地区局势等问题。欧盟打算继续向乌克兰提供财政支持，以稳定乌国内局势。波罗申科表示，乌克兰准备用5年时间来达到递交加入欧盟申请所必须具备的条件。

第十七次中欧领导人会晤

6月29日，第十七次中欧领导人会晤在布鲁塞尔举行。中国国务院总理李克强同欧洲理事会主席图斯克、欧盟委员会主席容克共同主持。会晤后，李克强与图斯克、容克共同见证了中欧城镇化、基础设施建设、科技、知识产权、海关、质检等领域合作文件的签署。中欧双方还发表了《第十七次中国欧盟领导人会晤联合声明》《中欧气候变化问题联合声明》，并发布《中欧区域政策合作报告（2006—2015）》。

法国反恐大游行

1月11日，60余位外国元首、政府首脑或国际组织领导人赶到法国首都巴黎，与法国总统奥朗德并肩参加了巴黎举行的反恐大游行。德国总理、英国首相、意大利总理、西班牙首相、以色列总理以及欧盟委员会主席等参加了反恐大游行。全法当天共有多达370万人走上街头纪念系列恐怖袭击的死难者，创下法国史无前例的记录。仅巴黎的游行人数就在120万至160万之间。

法国举办“法国—非洲论坛”

2月7日，“法国—非洲论坛”在法国首都巴黎举行。本届论坛以“加强非洲与法国经济伙伴关系”为主题，非洲多国元首和部长、非洲国家与法国企业负责人、大城市市长、开发银行和投资基金负责人、青年企业家等1000多人参加会议。法国总统奥朗德宣布，法国将在2015年3月底前组建一家出口银行，为法国企业在非洲及其他地区获取大项目合同提供融资支持。

法国提升反恐能力

1月21日，法国政府总理曼努埃尔·瓦尔斯宣布，未来3年法国政府将采取积极措施提升反恐能力，包括增加2680个执法和情报部门岗位以打击恐怖主义（其中1100人在情报部门工作）；在反恐方面增加7亿欧元的支出，包括购买设备、支持反恐机构的建设和运转等；警察部门也将购买和更新武器装备。4月29日，法国总统奥朗德宣布，将在未来4年内为国防预算追加38亿欧元拨款，以适应新的安全形势和反恐斗争需要。奥朗德还表示，军队参与国内安保的做法将实现常态化。

法国总理访华

1月29日，应中国国务院总理李克强邀请，法国总理瓦尔斯出访中国。瓦尔斯先后访问了北京、天津和上海，于2月1日离开中国。瓦尔斯此行旨在为中法建交50周年纪念活动画上句号，进一步促进中法经贸关系发展，向中国投资者展现法国的吸引力。瓦尔斯访华期间，中法签署了能源、航空、金融等多项合作协议。

法国总统访菲

2月26日，法国总统奥朗德抵达菲律宾首都马尼拉，展开为期2天的正式访问。奥朗德与菲律宾总统贝尼尼奥·阿基诺三世举行双边会议，签署数道协议及发表双边关系联合声明。包括观光合作协议、菲法高等教育及研究领域合作意愿宣言、苏比克—克拉克—丹辘高速公路商业及营运协议，以及马尼拉轻轨捷运延长线得标函等。

法国总统访华

11月2日至3日，法国总统奥朗德对中国进行第二次国事访问，总统代表团成员包括法国总统保护地球特使尼古拉·于洛和法国气候变化谈判大使、COP21特别代表劳伦斯·图比亚娜随，以及众多企业家、创业者、文化界人士和公民社会人士。此次访问的主要内容是关于法国2015年12月11日主持召开的巴黎气候大会的筹备工作。

法国总统访问古巴

5月11日，法国总统奥朗德访问古巴。奥朗德专程拜会了古巴革命领导人菲德尔·卡斯特罗，与古巴国务委员会主席兼部长会议主席劳尔·卡斯特罗举行了会谈。两国还签署了多项贸易合作协议。这是一个多世纪以来，法国总统首次访问古巴。

法军空袭“伊斯兰国”

9月27日，法国空军对叙利亚境内的极端组织“伊斯兰国”进行了首次空袭。法国共出动5架“阵风”战斗机、1架“大西洋”ATL2型海上巡逻反潜机和1架C－135空中加油机，彻底摧毁了叙利亚东部代尔祖尔省的一处“伊斯兰国”训练营，击毙了30名极端分子。法国此前曾对伊拉克境内的“伊斯兰国”进行过空袭，但始终未涉足叙利亚。随着近来“伊斯兰国”势力在叙利亚境内不断壮大，法国终于决定在叙利亚展开空袭行动。法国总统奥朗德强调，这是出于正当防卫，因为“伊斯兰国”威胁到法国的安全。

芬兰议会选举

4月19日，芬兰举行4年一度的议会选举。最终计票结果显示，中间党得票21.1%，在拥有200席位的议会中获49席，芬兰人党获38席，民族联合党获37席，社会民主党获34席，其余较小党派共获42席。民族联合党连任失败，成为反对党。得票数排名第一的中间党因议席未过半数，与“芬兰人党”组建联合政府。中间党主席尤哈·西皮莱出任政府总理，现年54岁，拥有政治家、企业家双重身份。中间党成立于1906年，是芬兰四大政党之一。自芬兰1917

年独立以来，该党曾多次执政。

荷兰公布 MH17 航班空难调查报告

10月13日，荷兰安全委员会公布 MH17 航班空难调查报告说，2014年7月14日，MH17 航班飞行至乌克兰东部上空时，一枚携带有 9N314M 弹头的导弹在驾驶舱左上方爆炸。数百片高能量物体击穿飞机前舱，3名机组成员瞬间死亡，客机在空中解体，机上198人全部罹难，飞机残骸散落面积达50平方公里。该枚导弹系由“山毛榉”地对空导弹发射系统发射，发射地点在乌克兰东部320平方公里范围内。不过，确定导弹的具体发射地点，不在荷兰安全委员会调查范围内。

荷兰国王访华

10月25日至29日，荷兰国王威廉·亚历山大和王后马克西玛·索雷吉耶塔对中国进行国事访问。荷兰国王与中国国家主席习近平、国务院总理李克强、全国政协主席俞正声分别进行了会晤，还访问了北京、延安、上海和杭州。双方在贸易、金融、航空和技术领域签订了15项协议。

《加强能源合作联合宣言》

4月8日，匈牙利、塞尔维亚、希腊、马其顿和土耳其5国在匈牙利首都布达佩斯签署《加强能源合作联合宣言》。该宣言指出，确保能源供应安全合作，将有助于5国发展良好的睦邻友好关系及公民的福祉，共同肩负责任，为欧盟的能源安全作出贡献。匈、希、马、塞商议建立一条商业上可行的天然气输送管线，为土耳其提供天然气供应多样化的选项，并支持土耳其的能源市场发展，为区域经济发展创造新机遇。

克罗地亚选出首位女总统

1月11日，克罗地亚举行第二轮总统大选投票，科琳达·格拉巴尔·基塔罗维奇当选该国首位女总统。2月15日，基塔罗维奇宣誓就职，承诺将致力于振兴该国经济。2014年12月28日，克罗地亚举行第一轮总统大选投票，结果4名候选人没有一名获得过半数选票。基塔罗维奇代表在野保守派参选，她曾担任克罗地亚政府外交部长，在第一轮投票中排名第二，在第二轮投票中获得50.5%的支持票。

克罗地亚总统访华

10月13日至18日，时值克罗地亚与中国建立全面合作伙伴关系10周年之际，克罗地亚总统科琳达·格拉巴尔·基塔罗维奇对中国进行国事访问，并出席了2015年中国减贫与发展高层论坛。中国国家主席习近平在人民大会堂同克罗地亚总统基塔罗维奇举行会谈。两国元首一致同意，着力挖掘双方各领域合作潜力，提升中克全面合作伙伴关系。

罗马尼亚与中国公司签署核电项目

11月9日，罗马尼亚国家核电公司与中国广核集团有限公司签署了《切尔纳沃德核电3、4号机组项目开发、建设运营及退役谅解备忘录》，项目总投资超过70亿欧元。切尔纳沃德核电站位于罗东南部，是该国唯一的核电站，于20世纪80年代规划建设，其1、2号机组分别于1996年和2007年投产，发电量占全国总量的18%。3、4号机组建成以后，核电将达到罗马尼亚全国发电量的近4成，有力地提高了电力自给供应能力。

马德里声明

3月4日，西班牙首相拉霍伊、法国总统奥朗德和葡萄牙总理科埃略在西班牙首都马德里签署了一份关于能源合作计划的《马德里声明》。欧盟委员会主席容克、欧洲投资银行行长霍耶和欧盟气候与能源代表出席了当天的签字仪式。《马德里声明》涉及电力和天然气供应两方面。其中电力供应方面，拟建造一条连接西法两国的跨西班牙北部比斯开湾的约400公里的海底隧道，两条连接法国和西班牙的陆上线路，以及一条连接西班牙和葡萄牙的陆上线路，从而大幅提高欧盟的电力联网能力。天然气供应方面，将讨论重新启动于2007年提出、但进展缓慢的“西法天然气管道连接工程”。该管道途经西班牙东北部加泰罗尼亚自治区，如果按时接通，欧盟从俄罗斯进口、途经乌克兰的天然气可下降50%。《马德里声明》中包含的所有项目的资金将来自旨在重振欧盟经济的欧盟投资计划。

挪威“联合维京”军演

3月9日至18日，挪威在北极地区与俄罗斯接壤的芬马克郡举行代号为“联合维京”的军事演习，大约有5000名士兵参与，这是近50年来挪威在该地区举行的最大规模的军事演习。在演习中，挪威出动了装备“宙斯盾”系统的“南森”级护卫舰、“盾牌”级隐身导弹快艇、豹2A4主战坦克、BVS－206全地形车、P－3C反潜巡逻机、C－130J运输机和陆基型地狱火导弹等精锐装备。俄罗斯总统普京于3月16日下令对北方舰队、西部军区部队、空降部队进行突击战备检查并进入全面战备状态作为应对。挪威此次军演与俄方战备检查虽无直接联系，但挪威一直高度关注各国在北极地区的活动及各种新动向。

欧盟安全计划

4月28日，欧盟委员会公布了2015年至2020年欧盟安全计划。在未来5年，欧盟安全行动的主要目标是针对欧盟的恐怖袭击、有组织犯罪以及网络犯罪等三大主要威胁；主要任务和手段是打击极端主义、更新打击恐怖活动的法律框架、切断犯罪分子的资金来源、加强与科技公司的对话与合作打击网络不法信息传播、打击武器非法走私以及提高欧洲刑警组织的行动能力等。

欧盟春季峰会

3月19日至20日，欧盟春季峰会在布鲁塞尔举行。欧洲理事会主席唐纳德·图斯克在新闻发布会上表示，欧盟领导人支持创建欧洲能源联盟，以保证能源安全，并将着手加强成员国管道设施和电网设施互联互通建设。欧盟领导人在会议上达成共识，除非俄罗斯完全履行 2 月在明斯克达成的停火协议，否则将把对俄制裁延续下去。

欧盟成立反偷渡部队

5 月 18 日，欧盟外交部长和国防部长会议批准成立一支海军部队，以集中打击地中海人口走私活动。这支欧盟反偷渡部队的基地将设在意大利首都罗马，任务包括出动战舰和侦察机以搜集情报并突击检查可疑船艇，由意大利海军少将克雷登迪诺担任指挥官，英国、法国、德国、意大利和西班牙承诺为此海军部队提供战舰。

欧盟出席美洲峰会

4 月 10 日至 11 日，欧盟外交和安全政策高级代表费代丽卡 · 莫盖里尼出席了在巴拿马城举行的第七届美洲国家首脑会议。这是自 1994 年，美洲峰会机制创立以来欧盟首次应邀参会。莫盖里尼在美洲国家首脑会议期间与奥巴马、劳尔 · 卡斯特罗、潘基文等领导人交换了意见，并与哥伦比亚总统、秘鲁总统等美洲国家首脑进行了会晤。

欧盟东部伙伴关系峰会

5 月 21 日至 22 日，28 个欧盟成员国和乌克兰、摩尔多瓦、阿塞拜疆、格鲁吉亚、亚美尼亚、白俄罗斯 6 个东部伙伴关系国领导人在拉脱维亚首都里加举行了欧盟东部伙伴关系峰会。会议讨论了欧盟与东部伙伴关系国近年来的关系发展、乌克兰局势和欧盟改革等问题，确定了下一步欧盟与东部邻国发展关系的原则。与会国家会后签署了《里加宣言》。

欧盟建立能源联盟

2 月 6 日，在拉脱维亚首都里加召开的欧盟能源部长会议上，欧盟委员会主管能源的副主席马罗什 · 谢夫乔维奇宣布，欧盟能源联盟正式启动。谢夫乔维奇指出，欧盟能源联盟的战略目标非常明确，就是降低欧盟对进口石油和天然气的依赖。欧盟能源联盟遵循五大原则：保障能源供应安全；建立完全一体化、具有竞争力的内部能源市场；降低能源需求，提高能源利用效率；加强利用再生资源；加强研究、创新以发展绿色技术。

欧盟交通基础设施投资计划

6月29日，欧盟委员会发布了一项规模达131亿欧元的交通基础设施投资计划，以进一步推进就业和经济增长。该计划涉及276个交通项目，均从“连通欧洲设施”项目中遴选出来。该投资计划还将激活规模达288亿欧元的公私联合融资项目。到2030年，实施泛欧交通网项目可以创造高达1000万个工作岗位，使欧洲GDP增加1.8个百分点。

欧盟—拉美加勒比共同体峰会

6月10日至11日，欧盟—拉美加勒比共同体峰会在比利时布鲁塞尔的欧盟总部开幕。来自两地区的逾40名国家首脑出席了此次会议。此次峰会旨在进一步加强欧盟与拉美加勒比地区之间的政治对话和经贸合作，重点探讨了如何强化两地区之间的贸易联系、应对气候变化挑战、制定全球发展计划等议题。

欧盟实施缉捕人贩行动

从10月7日起，欧盟对偷渡地中海的人贩实施代号为“索菲亚”的缉捕行动。意大利、法国、德国、英国和西班牙出动了6艘战舰，对地中海西北海岸全程监视，范围包括从利比亚开始、延伸至突尼斯边界的漫长海岸线。欧盟士兵可以强制来路不明、不明国籍的船只停船，进行上船搜索、扣押船只并捣毁人贩贩卖移民的船只。

欧盟外交和安全政策高级代表访问伊朗

7月28日，欧盟外交和安全政策高级代表费代丽卡·莫盖里尼对伊朗进行了为期一天的访问，讨论如何具体实施伊朗政府与世界主要大国达成的核问题协议并取消对伊朗制裁的协议。

欧盟延长对伊朗制裁冻结期

7 月 14 日，在伊朗核问题六国（美国、英国、法国、俄罗斯、中国和德国）与伊朗在维也纳达成伊核问题全面协议后，欧盟表示将对伊朗制裁的冻结期限延长至 2016 年 1 月 14 日。欧洲理事会当天发表声明说，此举将有助于欧盟为有关方面落实新协议做准备。欧洲理事会主席图斯克表示，伊核问题新协议打破了长达 13 年的伊朗核问题僵局，如果下一步措施完全得以落实，将为欧盟与伊朗合作铺平道路。

欧盟整体单一能源市场计划

2 月 25 日，欧盟委员会提出整体单一能源市场计划，该计划内容包括完成单一市场、加强能源安全、节省能源、减少使用矿物燃料，并加强对新能源的研究等。欧盟执委会提出这一计划，恰逢俄罗斯再次宣称要减少对乌克兰输送天然气之际。

欧洲法院废除《安全港协议》

10 月 6 日，欧洲法院作出判决，认定欧美 2000 年签署的关于自动交换数据的《安全港协议》无效。欧盟与美国 15 年前签约的《安全港协议》允许网络运营商忽略欧盟各国法律差异，在美国与欧盟之间合法传输网络数据。欧洲法院在裁定中指出，欧盟的数据保护法规规定，欧盟公民的个人数据不能传输至非欧盟国家，除非该非欧盟国家能为这些数据提供有效保护。鉴于美国未能达到上述要求，欧美之间签订的《安全港协议》无效，美国公司应立即停止将收集到的欧洲用户数据传输至美国。

欧洲国家电力合作声明

6 月 8 日，波兰、奥地利、比利时、捷克、丹麦、法国、德国、意大利、卢森堡、荷兰、瑞典、瑞士及挪威等 13 国联合签署电力合作声明，该项声明旨在改善国家间能源政策合作，确保能源供应安全、充分利用现有电力网络及整合加强国内市场的可再生能源使用。同时，各签署国还希望评估电力跨境供应的安全效果，促进单一市场发展和跨境电力交易，同时加强国家电网的互联互通。

欧洲议会通过援助肯尼亚协议

4 月 30 日，欧洲议会全体会议通过决议，要求欧盟制定计划，帮助肯尼亚培训军队和警察，以对抗索马里极端组织“青年党”的嚣张行为，阻止其继续扩张。欧盟应与非盟合作，向肯尼亚提供资金援助，以解决肯尼亚的贫困问题，因为贫困是滋生恐怖的土壤，只有从源头解决，才能维护和平和稳定。

欧洲议会议长访华

3 月 15 日至 18 日，应中国全国人大常委会委员长张德江的邀请，欧洲议会议长马丁·舒尔茨率团访华。访问期间，中国国家主席习近平、全国人大常委会委员长张德江等国家领导人分别会见了舒尔茨。舒尔茨还访问了天津，并在中国社会科学院发表演讲。

欧洲央行新一轮量化宽松计划

3 月 5 日，欧洲央行总裁马里奥·德拉吉在塞浦路斯正式公布了欧洲央行新一轮量化宽松计划。自 2015 年 3 月 9 日开始，欧洲央行从次级市场购买政府及企业债券，但不会购买孳息率低于欧央行存款利率的债券，每月买债规模为 600 亿欧元，维持至 2016 年 9 月，或是通胀接近央行 2% 目标为止。12 月 3 日，欧洲央行将债券购买计划延长 6 个月，至 2017 年 3 月，并将债券购买对象扩展至地方政府债券。

葡萄牙议会选举

10 月 4 日，在葡萄牙的议会选举中，由葡萄牙社会民主党和人民党组成的执政联盟击败主要反对党社会党，获得 230 个议席中的 104 席，赢得第二个 4 年任期。社会民主党主席佩德罗·科埃略连任总理。10月30日，宣誓就职的科埃略政府坚持实施财政紧缩政策，结果政府施政方案在议会被否决，导致宣誓就职仅11天就不得不自动辞职。

瑞典取消与沙特武器贸易协议

3月10日，瑞典首相斯特凡·勒文证实，瑞典取消其与沙特阿拉伯的武器贸易协议，但勒文否认这一决定与之前沙特阻挠瑞典外长在阿拉伯联盟会议上的发表与人权问题相关的演讲有关，而是早就对这一问题有所考量。在瑞典取消与沙特武器的贸易后，沙特召回了驻瑞典的大使。随后，沙特还停止对瑞典公民签发商务签证。

塞浦路斯总统访俄

2月25日，塞浦路斯总统尼科斯·阿纳斯塔夏季斯访问俄罗斯。俄罗斯总统普京与其举行会谈。塞浦路斯同意允许俄罗斯海军船只停泊当地港口，并商讨允许俄罗斯空军使用基地。双方签署了俄罗斯央行和塞浦路斯证券交易委员会之间，以及俄罗斯投资方“投资俄罗斯”和塞浦路斯投资促进机构之间的谅解备忘录，关于合作打击恐怖主义的政府间协议，共同打击非法贩运毒品的合作协议。双方还签署了一系列涉及科技、教育和文化领域的合作文件。

塞浦路斯总统访华

10月13日至18日，塞浦路斯总统尼科斯·阿纳斯塔夏季斯访问中国。他与中国国家主席习近平进行了会晤，出席了在北京举行的亚洲政党丝绸之路专题会议和由塞浦路斯工商业协会组织的商务论坛，还在北京大学发表了演讲。

《数字化单一市场战略》

5月6日，欧盟委员会发布《数字化单一市场战略》，宣布将通过出台改革政策、版权法、消费者保护、云服务等一系列措施，推动欧盟建立数字化单一市场。该战略确立了三大支柱：使全欧洲境内的消费者和企业能够更好的使用在线产品和服务，为数字网络和服务的蓬勃发展创造好的条件，使欧洲数字经济的潜力实现最大化。该战略计划于2016年底完成，届时将每年为欧洲公民节约110亿欧元的开支。

推动欧盟海关体系现代化和一体化实施细则

7月28日，欧盟委员会通过了推动欧盟海关体系现代化和一体化的实施细则，以进一步支持跨境贸易、提高各成员国海关合作水平。该实施细则主要包括：一是简化进口货物通关程序；二是明确对欧盟经济实体同等待遇；三是确保海关决定和授权在欧盟全境内有效；四是为新的IT系统建立统一数据规范，确保各国数据无缝交换；五是加强风险管理，加强打击违法、违禁货物贸易、恐怖主义和其他犯罪行为。

天然气市场一体化谅解备忘录

7月10日，在欧盟的引导下，东南欧和中东欧的13个国家在克罗地亚的多布罗夫尼可签署天然气统一大市场谅解备忘录。一体化措施包括新建天然气输送管道、优化利用现有输送设施、克服技术和监管障碍等方式。优先建设项目包括跨亚得里亚海天然气管道、克罗地亚液化天然气中转站、保加利亚和罗马尼亚的天然气疏散系统、保加利亚与希腊和塞尔维亚间的管道连接等。该谅解备忘录由欧盟委员会副主席马洛斯·塞弗考维奇和欧盟专员米盖尔·阿里阿斯·卡奈特以及奥地利、保加利亚、克罗地亚、希腊、匈牙利、意大利、罗马尼亚、斯洛伐克、斯洛文尼亚、阿尔巴尼亚、马其顿、塞尔维亚、乌克兰联合签署。波黑和摩尔多瓦待后签署。

《完善欧洲经济与货币联盟》

6月22日，欧盟委员会发表报告《完善欧洲经济与货币联盟》，提出欧元区要想逐步实现真正的经济与货币联盟，需要从目前国家制定经济决策的规则系统过渡为进一步共享主权的共同机构系统，由此可分三个阶段实施：第一阶段（从2015年7月至2017年6月）

是“小步实现”阶段，即通过使用现有工具和根据现有条约，逐步走向财政趋同；第二阶段（2017 年 7 月至 2025 年）是“更具约束力”的完成阶段，即制定一系列具有法律约束力、旨在实现财政趋同且共同商定的规则；第三阶段（2025 年以后）是最后阶段，即最终实现真正的经济与货币联盟。

希腊第三轮救助协议

7 月 13 日，希腊齐普拉斯政府重启与国际债权人的谈判。经过 17 个小时马拉松式的彻夜谈判，欧元区领导人就希腊债务问题以及第三轮救助达成协议。8 月 14 日，欧元区 19 国财政部长在布鲁塞尔就希腊债务问题举行特别会议，批准了希腊第三轮救助协议。根据新救助协议，新贷款为期 3 年，分批发放，首期资金 260 亿欧元，用于希腊银行重组、偿还欧洲央行贷款；允许希腊 2015 年财政赤字占国内生产总值的比重达 0.25%，财政盈余占 GDP 的比例 2016 年为 0.5%，2017 年和 2018 年分别为 1.75% 和 3.5%；希腊需通过私有化成立一个总额为 500 亿欧元的独立基金，用于希腊银行重组、降低债务水平和振兴经济，由相关欧盟机构实施监管；此外，希腊还需进一步深化养老金、劳动力和产品市场、公共部门等方面改革。各方面改革按时间表通过评估后，希腊才能顺利获得下批次救助款项。

希腊就业和经济增长的新开端计划

7 月 15 日，欧盟委员会推出了一项名为“希腊就业和经济增长的新开端”的计划。根据这项计划，欧盟将从 2015 年到 2020 年之间，动员总额为 350 亿欧元以上的资金用于支持希腊提高就业率、促进经济增长，完成建设更高效的税收体系、反腐败等重要改革。欧盟委员会期望这笔资金能够为希腊经济转好提供强有力的基础，帮助人口中的弱势群体，创造更多就业机会，提高希腊人民的生活水平。

希腊议会选举

1月25日，希腊举行议会选举。最大反对党左翼激进联盟党赢得选举，与右翼独立希腊人党实现联合组阁。左翼激进联盟党主席阿莱克斯·齐普拉斯于当天下午宣誓就任总理，成为希腊150年来最年轻的总理。齐普拉斯现年40岁，2008年当选为左翼激进联盟党主席，一直公开反对希腊政府实施财政紧缩措施。由于左翼激进联盟党超过1/4的议员在议会投票时反对7月份达成第三轮救助协议，导致齐普拉斯实际上失去了议会多数支持，政府面临随时垮台的危局。齐普拉斯于8月20日晚宣布政府辞职，并要求提前举行大选。9月20日，希腊举行议会选举。左翼激进联盟获得约35.5%的选票，夺得议会145个席位；新民主党得票率约为28%，获得75个议席；极右翼政党金色黎明党获得约7%的选票，获得18个议席。21日，齐普拉斯宣誓连任总理。

希腊债权人救助计划公投

7月5日，希腊政府就是否接受国际债权人救助计划进行公投。由希腊内政部公布的计票结果显示，61.3%的选民反对债权人救助计划，仅有38.7%的选民支持。这意味着，希腊否决了该协议草案。这份协议草案是国际债权人在6月25日提出的，计划将6月30日到期的希腊救助协议再延长5个月，至11月底。其间，希腊可获得四笔共155亿欧元贷款。但前提条件是，希腊继续在债权人的“监管”之下实施一系列紧缩和改革措施。

匈牙利出兵伊拉克

4月14日，匈牙利国会以137票对57票通过一项匈牙利国防部提出的议案，决定向伊拉克派兵以打击极端组织“伊斯兰国”。根据决议，由6名军官领导的110名军人和由4人组成的技术侦察小组将在伊拉克北部库尔德自治区首府埃尔比勒的基地履行其任务，另外有27人将在匈牙利国内待命，以确保轮换，时间直至2017年12

月31日，预算不超过200亿福林（约合7200万美元）。

匈牙利大游行

4月12日，上万名匈牙利人在首都布达佩斯举行第十三次“生命之旅”大规模游行活动，以纪念二战中不幸死于大屠杀的55万匈牙利犹太人。此次游行活动的另一重要主题是反对匈国内极右势力的抬头。在出发前举行的集会上，犹太人世界大会主席、祖父母为匈牙利人的罗纳德·S. 劳德尔发表讲话。游行队伍从布达佩斯多哈尼街的犹太教堂出发，经过卡洛伊环路、包依奇·日林斯基大街、安德拉什大街和多热·捷尔吉大街前往五六年广场。组织者向游行者发放了匈牙利、以色列和欧盟旗帜。

意大利米兰世博会

5月1日至10月31日，第42届世界博览会在意大利米兰市举行。本届世界博览会由米兰市政府、伦巴第大区政府、米兰博览会基金会以及米兰工商会等单位协办。“给养地球：生命的能源”是米兰市申办2015年世博会的主题，这是世博会史上首次以食物为主题，将展出来自不同国家的美食。主办单位还推出《米兰宪章》，捍卫取得充足、安全、营养的食物的权利。

意大利总统更替

1月14日，现年89岁的意大利总统乔治·纳波利塔诺因年事已高签署辞职信，提前结束第二个任期。1月31日，在总统选举第四轮投票中，民主党推举的候选人、现年73岁的前副总理、现任宪法法院法官塞尔焦·马塔雷拉当选新总统。

英国出兵打击“伊斯兰国”

12月2日，英国议会经过逾10个小时的激烈辩论，以397票对223票通过了英军对叙利亚境内的“伊斯兰国”目标实施空袭的议案。面对空袭“伊斯兰国”会加大英国遭受暴恐袭击风险的担忧，英国首相卡梅伦表示，“在‘伊斯兰国’目标清单中，英国本来就已排在前面。如果未来数周或数月英国遭到了袭击，就会有人说，是由于我们实施空袭，才会发生这样的事。但我认为并非如此。过去这一年中，‘伊斯兰国’一直试图袭击我们。”

英国加入北约武器共享协议

2 月 15 日，英国政府宣布加入北约武器共享协议，将与 28 个北约成员国共享重武器、战机或舰艇，由美国防卫安全合作局负责武器装备的调度。依据英国国防部的说法，各国共享武器可以节省不少经费。英国国内的反对意见则认为，今后英国将丧失国防自主权。

英国上调最低工资

3 月 18 日，英国政府宣布上调最低工资 3%，至每小时 6.7 英镑，新规定从 10 月起生效。这是 2008 年以来英国实质薪金的最大增幅。英国首相卡梅伦称：“提高最低工资，可以为家庭提供更多经济保障，也为我们的国家创造更美好的未来。”副首相尼克·克莱格称：“新最低工资再次证明我们在推动经济发展的同时，也建立了一个更公平的社会。”

英国首相访问越南

7 月 29 日至 30 日，英国首相卡梅伦对越南进行正式访问。越南总理阮晋勇在河内与到访的卡梅伦举行会谈，双方表示将继续加强合作和战略伙伴关系。双方就推动两国在投资、科技、金融银行、教育培训和国防等领域的合作进行讨论，并就有关措施达成共识。卡梅伦随后还与越南国家主席张晋创和越共中央总书记阮富仲举行了会谈。这是越英两国于 1973 年建交以来英国首相首次对越南进行正式访问。

英国下议院选举

5 月 7 日，英国举行下议院议员选举。英国的选举制度被称作简单多数选举制，即如果一党拥有绝对多数的议会议席，则此党将组成下届政府，该党领袖成为首相。5 月 8 日，投票结果公布，保守党赢得331个议席，以绝对多数大获全胜，领袖戴维·卡梅伦也成功连任首相。工党赢得232个议席，数目远远低于预期，领袖米利班德引咎辞职。自由民主党所得议席从上届的57个减少到本届的8个，领袖尼克·克莱格宣布辞职。苏格兰的59个议席，其中56个都被苏格兰民族党获得，成为仅次于保守党和工党的英国下议院第三大势力。

英国王储访美

3月18日至20日，英国王储查尔斯王子和康沃尔公爵夫人出访美国。出访日程安排中包括查尔斯王子夫妇与美国总统奥巴马在白宫会晤，参观美国开国总统华盛顿的故乡，访问拳王阿里的家乡肯塔基州的路易斯维尔。查尔斯王子参观了美国国家档案馆，在一个由环保组织和国家政府为首的、有大企业参加的大会上发表讲话。康沃尔公爵夫人参观了华盛顿的莎士比亚剧团。此外，国际自然保护基金会向查尔斯王子颁发了一项自然保护领导人特别奖。

中欧高级别战略对话

5月5日，欧盟外交和安全政策高级代表兼欧盟委员会副主席费代丽卡·莫盖里尼、中国国务委员杨洁篪在北京共同主持第五轮中欧高级别战略对话。双方强调将规划好未来关系发展，扩大合作领域，共同努力为中欧关系发展注入新动力。双方还同意加强在伊朗核问题，打击恐怖主义、应对气候变化等重大国际和地区问题上加强沟通与协调。中欧高级别战略对话始于2010年，隔年在中国与欧盟轮流举行。对话内容包括中欧政治关系、经济合作，以及共同关心的国际和地区热点问题。

（本章综述撰稿：彭霄；词条编撰：彭霄）

美洲地区

一、形势综述

综观2015年的美洲地区形势，其总体特征表现为斗争大于合作，动荡大于稳定。主要体现在美国府会之间、两党内部的斗争加剧，而拉美一些国家出现选举变局，多国政要陷于贪腐漩涡，委内瑞拉与多国关系出现矛盾。然而，美古恢复外交关系成为2015年地区形势的最大亮点。

（一）美国进入“选举周期”，国内政治斗争加剧

随着史上“最分歧”的国会①正式开议，加之各方势力围绕美国大选的竞争拉开序幕，斗争再次成为2015年美国国内政治的“新常态”。

美国大选开启前奏，各路人马纷纷亮相。在民主党方面，拜登明确宣布不参选后，希拉里除遭遇自由派人士伯尼·桑德斯的挑战外，在党内几乎没有任何对手，同时，她还有光鲜的“前总统丈夫”和耀眼的“前国务卿”经历做支撑，因此出线前景看好。然而，在年内她也深受“邮件门”“捐款门”和“班加西门”的困扰。而共和党内则呈现出混战状态，先后有地产大亨特朗普、佛罗里达前州长杰布·布什、德克萨斯参议员克鲁兹等17位重量级人物表态参选。

府会围绕经济政策展开“拉锯战”，但财政预算案轻松过关。在今年的国情咨文中，奥巴马利用美国出现的经济复苏势头大打“经

---

① 由于民主党在联邦参众两院位居少数，共和党全面掌握国会山庄，且两党内部意见各异，所以第114届国会被称为是史上“最分歧”的国会。

济牌”，为民主党选举铺路。但是，奥巴马提出的加税方案遭到共和党激烈反对，认为这会损害经济，形同“买票”。奥巴马政府提出的总额接近4万亿美元的财政预算也遭到质疑。一些共和党议员认为，修改税制只是给予政府更多金钱挥霍，对推动经济增长和创造职位没有帮助，还会将政府赤字推至4740亿美元，因而难以接受。[①] 然而，出人意料的是，12月22日，财政预算非常罕见地在“两党相互赞扬”中轻松过关。

移民新政遭遇重大挑战，国土安全部成为“替罪羊”。奥巴马于2014年11月20日以行政命令方式宣布的移民改革方案遭到共和党强烈反对。由于国土安全部是执行移民新政的最终部门，因此众议院将给国土安全部继续拨款的法案作为斗争工具，导致其不得不多次面临关门的窘境。一直到3月3日，众议院才表决通过国土安全部新一财年的预算案，标志着争斗暂时告一段落。除国会共和党人阻挠外，移民改革方案还遭遇强大的司法阻力。2月16日，得克萨斯州联邦地区法院作出裁决，要求延后执行奥巴马的移民改革行政令，并于11月9日得到美国第五巡回上诉法院支持。11月20日，美国司法部正式将此案上诉至联邦最高法院，以期获得推动移民新政顺利进行的司法助力。

国会法案成府会斗争新“战场”，奥巴马两次动用否决权。2月24日，奥巴马5年来首次动用否决权，以国会绕过正常评估程序为由，正式否决由国会提交、共和党力推的美加输油管道项目法案。10月22日，奥巴马以共和党拒绝废除对国防开支的限制以及阻碍关闭关塔那摩监狱等为由，正式否决了国会提交的2016财政年度国防授权法案。自2010年上台至2014年末，奥巴马仅行使了2次立法

① 环球网：《奥巴马推新预算案 鼓励海外资金回流系一大特色》，http://world.huanqiu.com/exclusive/2015-02/5584250.html。

否决权，因此被称为19世纪以来“最配合”国会的总统。[①] 然而，仅2015年内，奥巴马就两度动用否决权，这从一个侧面说明了府会斗争的激烈程度。

府会斗争“外溢”，蔓延至外交战线。3月初，众议院议长约翰·博纳未与白宫协商，邀请以色列总理内坦尼亚胡访问美国。后者还在国会就伊核问题发表演讲，把美以两国的分歧公诸于世。月底，更有多名共和党籍议员联名致函伊朗，明言奥巴马将卸任，正进行中的伊核谈判除非经国会通过，否则都无效。对此，白宫则以9月22日邀请教皇方济各访美相回应，“欲借教皇对美国7000万天主教徒的影响力，抗衡国会共和党对手”。[②] 这些举动将国内的政治竞争搬上外交台面，以致英国媒体称，“美国在世界舞台上的表现变得越来越不可预测，美国的政治僵局正在损害其全球领导力。”[③]

众议院议长易人，凸显共和党激烈内斗。博纳担任众议院议长近5年来，饱受来自党内保守派力量的巨大压力。9月25日，博纳突然宣布，由于长期以来领导层的动荡将对众院造成不可修复的损害，故此决定辞职，在美国政坛和媒体上引起巨大震动。10月28日，共和党推举保罗·瑞安为新议长。作为美国近150年来最年轻的众议长，瑞安承诺修复党争日益激烈的众议院，让华盛顿从“破碎”回归到“正常秩序”。但是“瑞安时代”的众议院仍然面临着共和党的“激烈内部矛盾”，因此推动众议院共和党实现“重启”

---

① 刁海洋：《奥巴马否决国会输油管道法案 两党争斗趋于“白热化”》，http://www.chinanews.com/gj/2015/02－25/7075993.shtml。

② 曾晋、郝迪：《白宫否认借教皇来访平衡共和党 将不与其讨论政治》，http://world.people.com.cn/n/2015/0924/c157278－27626630.html。

③ 中新网：《外媒：美国政治出现僵局 正损害其全球领导力》，http://www.chinanews.com/gj/2015/03－26/7160873.shtml。

绝非易事。[①]

（二）美国军事安全领域改革稳步推进，但网络安全事件和监听项目不断曝光，国安局被迫终止大规模监听项目

年内，美国军事安全部门稳步推进改革步伐，包括继续推进“亚太再平衡”、推出多份安全战略文件、加大对北极地区的关注，以及将美军作战部队岗位向女性开放等。然而，频繁发生的网络安全事件及失泄密事件也敲响了警钟。

推进欧洲军事整合计划，“亚太再平衡”战略向深入发展。1 月 8 日，美国国防部宣布启动欧洲军力部署调整进程，将在未来数年内陆续关闭欧洲地区的 15 个军事基地，并精简陆军、空军和非军事人员。美国甘愿冒着引发欧洲盟友不满的风险，也要坚定推进其欧洲军事整合计划，“一方面是出于削减军事开支的考虑，另一方面也是为了配合‘亚太再平衡’战略的实施”。[②] 美国国务院两名助理国务卿年内相继强调，美国在将更多资源投入应对中东恐怖威胁的同时，仍将坚定不移推进“亚太再平衡”战略，落实“跨太平洋伙伴关系协定”不但是美国当前的首要任务，高层频繁出访亚太也将成为“新常态”。[③]

出台多份重要安全战略文件，强调应对多方面威胁。奥巴马 2 月 6 日发布的《国家安全战略》报告指出，美国将把注意力由伊拉克和阿富汗战争转向应对恐怖极端主义、网络攻击、乌克兰问题、

---

① 环球网：《瑞安当选美众议长承诺修复破碎秩序》，http://world.huanqiu.com/hot/2015-10/7877668.html。

② 新华网：《综述：美国调整欧洲军力意欲何为》，http://news.xinhuanet.com/world/2015-01/13/c_1113980163.htm。

③ 黄慧敏：《美国两高官强调　将推进亚太再平衡战略》，http://www.zaobao.com/special/report/politic/asiapacifics/story20150206-443693。

传染病疫情、气候变化等挑战。4 月 23 日，美国国防部公布了新版《网络安全战略概要》，首次公开表示将把“网络战”用作针对敌人的作战方法，并明确表示美国防部决定大力投资网络能力建设，组建一支包括 133 个小组的网军。[①] 7 月 1 日，美国参谋长联席会议公布新版《国家军事战略》，认为美国被卷入与其他国家间战争的危险性“正在增大”。[②] 8 月 21 日，美国防部发布《亚太海上安全战略》报告称，美国将从“增派军力、强化盟友关系、力图减少误判以及建构地区安全框架”等四方面，促成“安全与自由航行、避免冲突和压制、促成各方遵循国际法和国际准则”三大目标。[③]

加大对北极地区的关注，力争打赢“北极争夺战”。8 月，美国以石油委员会发表报告、国务院负责北极事务的特别代表撰文、在任总统首启阿拉斯加州之旅等方式，为“北极争夺战”大造舆论。9 月 1 日，白宫宣布将加大对北极地区的安全投入，建造更多破冰船，启动绘制北极部分区域全新海图，提升港口能力。此外，美国还在加紧构建北极地区的情报网络。除传统的卫星和北冰洋海底传感器，情报部门还修复了加拿大境内的监听站，并在弗吉尼亚南部美国海军造船厂着手升级挪威间谍船“马尔加塔”号。美国国家地理空间情报局花费两年时间绘制北极地区新的航道和陆地、海域地图，2016 年将完成阿拉斯加全境 3D 地图，2017 年完成北极全境 3D 地图

---

① 支林飞：《美国防部将推网络安全新战略 组建含 133 个小组的网军》，http://military.people.com.cn/n/2015/0415/c172467-26850101.html。

② 王欢：《外媒：美军优势被中国侵蚀 卷入战争可能性增大》，http://mil.huanqiu.com/observation/2015-07/6832107.html?referer=huanqiu。

③ 刁海洋：《美发布〈亚太海上安全战略〉增派军力同时寻求与中国合作》，http://view.inews.qq.com/a/MIL2015082201769301?clickfrom=weixinhot&refer=mqq_hotnews。

的制作。①

网络安全事件频发，密集出台应对举措。年内，美国先后发生了一系列重大网络安全事件，包括中央司令部的Twitter和YouTube账号被劫持，国务院非机密电邮系统遭入侵，国家税务总局纳税人的信息被盗，人事管理局遭到黑客攻击，中央情报局局长私人电邮文件被公开，联邦调查局执法网站遭入侵等。频繁发生的网络安全事件迫使美国政府不得不采取更加密集的行动来予以应对。2月25日，美国成立“网络威胁情报整合中心”来协调整合现有机构搜集的网络情报，加强应对网络威胁的能力。3月6日，中央情报局宣布将进行大规模重组，着力加强网络情报搜集的能力。4月1日，奥巴马发布行政命令，授权有关机构对针对美国进行恶意网络攻击的海内外个人和实体“采取经济制裁”。4月22日和10月27日，美国会众、参两院分别通过网络安全信息分享法，允许公司和政府分享黑客攻击信息，加强网络保护。

“斯诺登效应”持续发酵，更多秘密项目曝光。美国年内被曝光的秘密项目主要有：情报机构正致力于准备进行网络战争、远程控制、植入性病毒、黑客攻击与反攻击等；国家安全局将间谍软件深藏在主要大公司制造的硬盘中，借此窃听全球大多数电脑；美英情报机构入侵全球最大的手机SIM卡生产商金雅拓的网络，以便监听全球移动电话通信；美国电话电报公司与国安局进行长达几十年的合作，监控大批经过美国国内网络的通信数据，包括窃听进出联合国总部的所有互联网通信。同时，一系列关于美国无人机暗杀计划项目的信息也遭公开。这些信息的泄露不仅将美国置于道德审判席上，还意味着出现了一名与斯诺登类似的泄密者，从而引起美国情

---

① 环球网：《美在北极建间谍网盯中俄 绘制北极全境3D图》，http://world.huanqiu.com/exclusive/2015-09/7434652.html。

报机构的高度注意，并开始全力搜捕这名“斯诺登第二”。[①]

大规模监听项目惹众怒，被迫终结。美国国家安全局的监听计划继续成为各方攻击的目标。5 月 7 日，一家联邦上诉法庭裁定美国国家安全局的电话收集信息计划非法。6 月 2 日，奥巴马签署国会通过的《美国自由法案》。该法案对《爱国者法》中的国内监控项目做出修改，要求美国政府自 11 月 29 日起不得全面监控美国国内电话记录；政府只有在获得法院批准的情况下，才能向通信公司索取特定嫌疑对象的有关电话记录。此举被称为“斯诺登事件”后美国“最显著的变化”。[②]

（三）地区内多国出台新政策，继续推进社会经济改革

年内，美国在经济和社会领域均推出影响较大的新政策。而拉美主要国家也积极出台政策，试图使国家经济重回平稳发展的轨道。

美国推出多项重大经济改革措施，TPP 谈判出现突破。在奥巴马向国会提交的 2016 财年政府预算报告中，打击企业海外避税成为最受瞩目的内容。预算案提议将美国企业现存于海外的利润一次性征税 14%，并对其未来的海外收入征税 19%，以鼓励企业将资金调回美国本土，推动经济增长和就业，并把企业海外利润税收用来推动国家基础设施建设。[③] 12 月 4 日，奥巴马签署为期 5 年的交通基础设施建设法案，将为美国 2016 年至 2020 财年的交通基础设施建设提供 3050 亿美元融资，其中约 2050 亿美元将用于高速公路建设，

---

① 张婷：《美国频频出现机密外泄事件 泄密者主动联系网站》，http://finance.chinanews.com/gj/2015/10-25/7587642.shtml。

② 刘皓然：《美众院对大规模监听说“不”：NSA 将无权直接监听》，http://world.huanqiu.com/exclusive/2015-05/6440121.html。

③ 中新网：《奥巴马拟向美公司海外收入征税 或遭共和党阻碍》，http://www.chinanews.com/gj/2015/02-02/7024216.shtml。

约480亿美元投资于轨道交通项目。[①] 同时，鉴于经济形势不断好转，美国联邦储备委员会于12月16日宣布启动近10年来的首次加息，将基准联邦基金利率上调0.25个百分点至0.25%—0.5%。由此，金融危机以来，已经持续7年的近零利率时代宣告结束。12月19日，鉴于油气开采技术不断进步，美国原油产量已大幅增加，美国正式宣布解除1975年开始施行的原油出口禁令。同时，美国力推的TPP谈判也出现重大进展，为构建贸易新规则提供了新契机。5月22日和6月18日，美国参、众两院分别表决通过贸易谈判“快速道”（TPA）授权议案，这意味着总统奥巴马致力推进的贸易谈判取得阶段性胜利。10月5日，12个谈判国达成基本协议，同意进行自由贸易，并在投资及知识产权等领域统一规范。

推出重大应对气候变化政策，留下执政“遗产”。鉴于只剩一年半任期，因此奥巴马政府推出应对全球气候变化的政策倡议的急迫感加强，速率加快。3月19日，奥巴马签署行政命令，宣布系列减排措施以支持落实2014年11月北京“习奥会”达成的气候变化共识。3月31日，美国正式向联合国递交温室气体减排计划。8月3日，奥巴马宣布“终极版”减排计划，并称之为迄今美国应对气候变化迈出的“最重要”一步。据计划，到2030年美国发电厂碳排放目标将在2005年基础上减少32%，美国还将加大对清洁能源的投资，到2030年，清洁能源的比例目标将提高到28%。[②]

巴西再推平稳财政新举措，正式启动国家出口计划。2月27日，巴西政府宣布了旨在减少财政赤字的新举措，规定从2015年6月1日起大幅削减原来给予企业的养老保险减税优惠，凡企业缴纳的保

① 张家明：《奥巴马签署交通基建法案》，http://news.stcn.com/2015/1206/12501300.shtml。

② 张蔚然：《奥巴马宣布史上最重要减排计划 削减发电厂碳排放》，http://www.chinanews.com/gj/2015/08-04/7445242.shtml。

险占到职工总收入1%的，将提高至2.5%；凡缴纳保险比例占到2%的，未来则提高至4%。[①] 6月24日，巴西正式启动国家出口计划，旨在鼓励小微企业及中型企业出口更加多样化，生产技术含量更高的产品；提高农业综合企业和制成品企业的出口量等。[②]

加拿大推行移民新法，强推反恐法。1月1日，加拿大更加灵活、也赋予移民部更大权力的移民申请办法“快速通道”计划生效。新法之下，移民部将改变过去“先到先得”的移民申请挑选和审理办法，转采根据申请者语言的熟练程度、教育水平以及工作经验等类别进行打分和甄别。[③] 5月6日，加拿大国会通过一项备受争议的反恐法，授予情报机构更大的权力，包括首次允许情报人员在海外执行反恐任务。新法在加国内遭到强烈抨击，指新法缺乏监督机制、权限过大，以及侵犯公民权利及个人隐私，特别是在网络上的隐私权。[④]

阿根廷大力推动农业和工业改革，但效果不明显。3月16日，阿根廷总统克里斯蒂娜宣布“政府与农牧业达成的历史性协议”，将对绝大部分中小农户实行全额返还粮食出口税和补贴中小奶农等措施。4月16日，阿根廷参议院表决通过铁路国有化法律草案，废除与私人企业签订的铁路专营合同，将全部铁路收归国有。然而，这些改革措施收效甚微，民众对执政当局的不满与日俱增。年内，阿全国爆发了两次全国总罢工。在11月举行的总统选举第二轮投票

---

① 刘彤、杨江玲：《巴西政府宣布平衡财政新举措》，http://news.xinhuanet.com/world/2015-02/28/c_1114468676.htm。

② 王海林：《巴西推出国家出口计划》，http://world.people.com.cn/n/2015/0626/c1002-27213399.html。

③ 人民网：《加移民新法生效 移民部手握重权》，http://world.people.com.cn/n/2015/0103/c157278-26314008.html。

④ 中新网：《加拿大国会通过新反恐法 授予情报机构更大权力》，http://www.chinanews.com/gj/2015/05-08/7261538.shtml。

中，本来属于执政党社会政策受益者的中产阶级，也随着从低保受益者到纳税者的身份转变，以及出于对物价飞涨与公共服务落后不满，选择抛弃了执政党。

古巴“重拳”整治国有企业，力争克服国企亏损顽疾。国有企业亏损一直是困扰古巴经济发展的严重问题。截至2014年底，利润出现负增长的企业有123家，其中亏损两年以上的企业有56家，73%属于农业领域。[①] 而在古巴领导人劳尔·卡斯特罗看来，这是缺乏组织和纪律造成的。因此，古巴政府痛下决心，决定割掉这颗“毒瘤”。7月，古巴政府宣布决定关闭24家已经连续3年没有盈利的国有企业，并辞退了大量员工。

委内瑞拉推进经济特区建设，继续通过“加勒比石油计划”深化与邻国的合作。1月20号，委内瑞拉官员披露，政府将在全国设立3个经济特区，为到特区投资生产的国内外企业提供便利和优惠的条件。“加勒比石油计划”于2005年由时任委内瑞拉总统查韦斯发起成立，是拉美和加勒比地区能源合作机制。根据该计划，缔约国在进口委内瑞拉石油和石油制品交易中，只需支付部分货款，余款则转为委内瑞拉向购买方提供长期低息贷款，用于支持对方国民经济建设。9月5日至6日，马杜罗在访问牙买加并出席“加勒比石油计划”实施10周年庆祝活动时发表讲话称，地区各国存在资源差异，深化彼此合作有利于发掘经济互补性，实现共同发展目标。因此，委内瑞拉将继续推进“加勒比石油计划”，维护地区能源安全。[②]

---

① 刘莉莉：《古巴“重拳”整治国有企业 辞退大量员工》，http://www.chinanews.com/gj/2015/07-17/7411649.shtml。

② 朱庆翔：《马杜罗呼吁加强地区团结应对“新殖民主义”威胁》，http://news.xinhuanet.com/world/2015-09/08/c_1116496932.htm。

（四）拉美多国政府承受经济和政治双重压力，多种因素影响社会稳定

国际金融危机爆发以来，拉美诸多国家出现了经济下滑、通货膨胀、货币贬值、利率飙升等各种问题。然而，政府出台的多项旨在推动经济发展的政策成效不明显，加之贪腐丑闻频频发生，导致该地区多个国家出现罢工、游行示威，左翼执政严重受挫，国内政局呈现出“向右转”趋势。

多国举行选举，一些重要国家反对派获胜引发关注。10 月 19 日，加拿大联邦自由党在第 42 届联邦议会选举中获胜，党魁贾斯廷·特鲁多成为加拿大新一任总理，终止保守党长达 9 年的执政。10 月 25 日，阿根廷举行总统选举，由于无人赢得法定票数，选举被迫进入第二轮。在 11 月 22 日公布的第二轮投票结果显示，“变革”竞选联盟候选人毛里西奥·马克里击败左翼执政联盟“胜利阵线”候选人丹尼尔·肖利，终结了阿根廷左翼政府 12 年的执政。12 月 7 日，委内瑞拉反对派政党联盟在最高立法机构——全国代表大会选举中战胜执政党，实现自 1999 年委内瑞拉修宪以来反对派首次赢得议会选举。上述诸国执政权“变天”必将对其内外政策带来较大影响。特鲁多已经表示，加拿大“又回到世界舞台”，将在国际问题上奉行多边主义。[①] 阿根廷这次大选则被认为“是拉美发展主义和新自由主义两种传统意识形态的一次激烈交锋”。[②] 作为变革派代表的马克里走上执政之路，预示着阿根廷开启“改革时代”。而委内瑞拉反对派在国会占据超过半数的简单多数席位，将加大马杜罗政府提出的议案或法案被通过的难度。反对派还可以凭借这一优势，发起动

① 中新网：《加新总理将面竞选诺言压力 称加拿大回到世界舞台》，http://www.chinanews.com/gj/2015/10－21/7581059.shtml。

② 裘征宇：《阿根廷大选：拉美两种传统意识形态的对垒》，http://www.chinanews.com/gj/2015/10－26/7589516.shtml。

议，修改各种现行法律，弹劾政府首脑或内阁官员。

巴西政府遭遇前所未有的政治和经济双重冲击，施政压力加大。一方面，自去年以来巴西经济不景气，深陷“负增长、高通胀”的窘境。巴西政府预测，巴西今年经济将衰退2.44%，通胀率将高达9.29%。[①] 另一方面，在愈演愈烈的“巴油”公司贪腐案件中，罗塞夫政府态度暧昧与行动拖沓，激发民众不满。在这种情况下，反对党不断指责政府执政不力，巴西各地出现了3次较大规模的反政府示威游行，罗塞夫的民意支持率也下跌至8%。[②]

“巴油”腐败案持续发酵，多国政要涉贪腐丑闻。随着巴西警方对“巴油”案调查的深入，越来越多的高官涉案。4月15日，警方逮捕执政党前财务主管，将调查正式指向了执政党。8月20日，检察官对国会众议院议长爱德华多·库尼亚提出腐败起诉。据不完全统计，年内拉美地区已有多名高级官员遭遇刑事调查、被迫辞职、拘押、逮捕、弹劾等下场，其中包括巴拿马前总统马蒂内利、秘鲁部长会议主席安娜·哈拉·贝拉斯克斯、危地马拉总统奥托·佩雷斯及副总统罗萨娜·巴尔德蒂、巴西总统罗塞夫[③]等重量级人物。这些贪腐丑闻的发生，不仅影响到拉美相关国家的国际形象，更对执政党的信誉造成严重冲击。

---

① 莫成雄：《预测：巴西2015年经济将衰退2.44%通胀率达9.29%》，http://www.chinanews.com/gj/2015/09－09/7512649.shtml。

② 中新网：《罗塞夫获巴西数千女性游行力挺 支持率已跌至8%》，http://www.chinanews.com/gj/2015/08－14/7467621.shtml。

③ 12月2日，巴西国会众院议长库尼亚宣布，接受对总统罗塞夫进行弹劾的议案，批准启动弹劾她的程序。这是1992年以来，巴西众议长首次批准弹劾总统，反应出巴西国内政坛的激烈斗争。

（五）古巴对外关系出现重大改善，委内瑞拉则与多国持续交恶

年内，地区内国家间关系呈现出改善与紧张两种态势并存的局面，具体表现为：美国与古巴恢复了外交关系，阿根廷与美国就两国重启对外贸易信息交流达成共识，巴西与美国关系走出监控事件留下的阴影；然而，美国与委内瑞拉斗争依然激烈，并且委内瑞拉与多个邻国爆发争端。

美古两国恢复外交关系，全面正常化尚需时日。新年伊始，古美两国分别通过释放“政治犯”和修改部分制裁措施的方式，为开展建交谈判创造良好氛围。其后，双方多管齐下，积极推动恢复外交关系。首先，加强民间及地方政府层级的交往。1 月，美国国会代表团和纽约州州长率领的贸易代表团先后访问古巴。7 月，美古开通纽约和哈瓦那之间的包机直航。其次，外交官之间密集磋商。双方分别在 1 月、2 月、3 月和 5 月举行了四轮谈判，围绕移民、复交、重开大使馆等具体议题交换意见。最后，加强两国高层之间的直接沟通。4 月 9 日，美国国务卿克里与古巴外长罗德里格斯借参加美洲峰会之机，实现了自 1958 年以来两国首席外交官之间的首次正式会谈。4 月和 9 月，奥巴马与劳尔·卡斯特罗分别借美洲峰会和联合国大会的时机，实现了两次会晤，成为美古外交关系解冻的新里程碑。经过系列精心准备工作，两国在 7 月初宣布已就恢复外交关系达成协议，并分别于当月和次月举行了使馆开馆和升旗仪式，均由己方外交部门最高首长亲自主持。12 月 11 日，美古双方共同宣布将恢复两国之间中断半个多世纪的直接邮递服务。然而，古美关系要实现全面正常化还面临着一系列障碍。首先，古巴方面的要求能否得到全面满足。目前，古巴方面已经提出了实现邦交正常化的条件：取消对古巴的经济、贸易封锁；归还关塔那摩海军基地；赔偿

因封锁造成的损失；停止在佛罗里达半岛电视和电台进行反古宣传。[①] 其次，如果共和党人在明年大选中获胜，现行政策能否得到继承。已宣布参加2016年总统大选的共和党参议员克鲁兹斥责奥巴马背叛了“前9任总统的做法”。

古巴与欧日实现多次历史性访问，互动良好。3月23日，欧盟外交政策负责人莫盖里尼抵达古巴，成为近几年来访问古巴最高层级的欧盟官员。4月21日，古巴外长罗德里格斯抵达法国开启欧洲多国“破冰之旅”。4月30日，日本外相岸田文雄抵达哈瓦那，开启日本外相首次古巴之旅。5月11日，法国总统奥朗德开始对古巴进行访问，成为一个多世纪以来首次访问古巴的法国总统，也是美古启动关系正常化进程以来，首位访问古巴的西方大国元首。9月9日至10日，欧盟与古巴在哈瓦那举行第五轮双边关系框架协议谈判，双方在合作、经贸和政治领域的谈判都取得了新的进展。欧日之所以纷纷加快与古巴改善关系的步伐，除受美古关系改善的影响之外，更带有为经济获利而提前布局的考量。目前欧古之间经贸投资关系已经比较密切，而随着古巴推行市场经济改革进程的进一步加速，投资和合作机会还会进一步增加。一旦美国取消对古的贸易禁运，各国在古巴的经济竞争还将进一步加剧。

美委关系剑拔弩张，继续维持“斗而不破”。继委方2月28日宣布要求美驻委使馆大幅削减人员等一系列“新措施”之后，奥巴马于3月9日签署行政命令，决定对7名委政府官员实行制裁。此后，委方则以召回驻美高级外交官员、举行全国范围军事演习等强硬措施相回应。但是，两国彻底中断联系的可能性不大。首先，两国关系历史传统深厚，经贸联系紧密。其次，美国的做法遭到拉美国家的普遍反对。古巴、阿根廷、南美洲国家联盟、美洲玻利瓦尔

---

① 任梅子：《古巴领导人呼吁美取消对古禁运 归还关塔那摩基地并赔偿损失》，http://world.huanqiu.com/exclusive/2015-09/7665641.html。

联盟等国家和组织纷纷发表声明谴责美国，要求美国停止对委敌对行动。在此背景下，美国国务院顾问托马斯·香农于4月8日突访委内瑞拉，与委内瑞拉外长举行了会谈，使两国关系暂时得到改善。

委圭领土争端再起，委哥两国互撤大使。为报复埃克森美孚石油公司与圭亚那政府合作在委圭有争议的埃基奎博地区附近海域开采石油。5月27日，委内瑞拉总统马杜罗颁布法令，宣布建立一体化国防计划，将该地区及其附近海域涵盖在内，立即引起圭亚那政府的抗议。7月，委内瑞拉宣布召回驻圭亚那大使，减少驻圭亚那使馆人员，并下令外交部就委圭两国关系进行全面审议。马杜罗还宣布，动用国会授予的特别立法权，成立总统府直接领导下的专门委员会，处理委内瑞拉与邻国的领土争端事务。8月19日，正在缉私的委内瑞拉国民卫队遭到哥伦比亚准军事组织人员袭击后，委方采取了关闭边境通道和驱逐无合法身份的哥伦比亚公民等措施予以报复。截至9月8日，已有超过2万名哥伦比亚人逃离或者被驱逐出委内瑞拉。此举引发哥方强烈抗议，并引发联合国的关注。长期以来，委内瑞拉和哥伦比亚边境地区走私犯罪问题猖獗，并导致两国唇枪舌战。委方指责这是哥在攻击“委内瑞拉的经济”，而哥方则指责这是“委内瑞拉自毁式的革命造成的后果”，进一步激发委方的怒火。[①] 随后，两国分别召回了自己的大使。

（六）天灾人祸频发，非传统安全形势严峻，严重挑战各国的国家治理能力

长期困扰美洲地区各国的毒品和暴力问题愈演愈烈，气候变暖引发的严重自然灾害频繁发生，传染病疫情肆虐，由于管理不善而引发的人为灾难也层出不穷，造成了严重人员财产损失，对国家治

① 索泓依：《委内瑞拉与哥伦比亚边境冲突升级》，http://world.huanqiu.com/hot/2015-09/7467488.html。

理提出严峻挑战。

墨西哥打击毒品犯罪活动取得重大成就，但贩毒集团仍然猖獗。3 月初，墨西哥先后抓捕了头号通缉犯、大毒枭戈麦斯和墨西哥最大贩毒团伙“塞塔”的头目奥马尔·特雷维尼奥。同月，美国南加州和墨西哥交界的边境检查站查获当地最大的一宗毒品走私案，查获将近 16 吨大麻。然而，墨西哥政府的打击并未慑止住毒品犯罪集团的嚣张气焰。4 月，墨西哥警方遭遇 5 年来伤亡最惨重的袭击事件，15 名警察身亡，5 人重伤。7 月，墨西哥主要贩毒集团“锡那罗亚”最高头目华金·古斯曼越狱逃跑，这是他第二次从墨西哥安全级别最高的监狱中逃脱。

暴力事件频发，人员伤亡惨重。在经历 10 余年谋杀犯罪率下降后，全美各大主要城市 2015 年上半年陷入谋杀犯罪案激增的困境。其中，枪支暴力案件尤为突出。截至 8 月，华盛顿市凶杀案比 2014 年同期高出 30% 左右，纽约市杀人案比 2014 年增长 10%，巴尔的摩市枪击案比 2014 年高出 88%，芝加哥市杀人案比 2014 年上升 21%。[①] 美洲地区其他国家年内也发生了多起影响恶劣的暴力事件。例如，5 月 22 日，墨西哥发生近 10 年来帮派暴力事件中最血腥的枪战，43 人死亡。8 月 13 日，巴西圣保罗发生连环枪击案，至少 18 人被射杀，另有 6 人受伤。

各种自然灾害频繁发生，多国深受其害。受气候变暖的影响，高温、干旱、野火、洪水和强力风暴等自然灾害频繁发生。在北美洲地区，新年刚过，美国便遭遇第一轮冬季风暴，在一个星期之内有 34 人因为恶劣天气死亡。4 月，美国加利福尼亚州由于前所未见的旱情而被迫实施强制性限水措施。5 月，美国得克萨斯州和俄克拉何马州遭到暴风雨袭击，致 24 人死亡、11 人失踪。9 月，美国加

---

① 陆佳飞、穆东：《美国主要城市近期谋杀犯罪案激增》，http://news.xinhuanet.com/world/2015 -07/14/c_1115918541.htm。

利福尼亚州北部野火肆虐，夺走3条人命，烧毁28000多公顷的土地和585栋房屋，导致约13000人撤离家园。[①] 10月，南卡罗来纳州遭受历史记载上最猛烈的洪水。10月，西半球有史以来有记录的最强风暴——5级飓风“帕特里夏”在墨西哥太平洋沿岸登陆。在中南美洲地区，干旱成为巴西气候的“新常态”。巴西气候变化研究所预测，到2020年，巴西农业生产将因干旱损失70亿雷亚尔（约合27亿美元）；到2050年，巴西全国10%的农作物种植区将因气候影响而消失。[②] 3月底，智利北部发生严重洪灾，导致23人死亡，57人失踪。4月22日，智利卡尔布科火山近半个世纪以来首次喷发，促使当局宣布进入紧急状态。10月4日，危地马拉发生特大山体滑坡，50余人死亡，数百人下落不明。

部分国家传染病疫情严重，影响面大。本已缓解的海地霍乱疫情出现反弹，2015年头4个月共发现疑似病例1.14万例，死亡病例105例。[③] 4月，高致病及致命性H5N2型禽流感在美国中西部十几个州蔓延，导致数百万只产蛋鸡和火鸡被扑杀，高达57亿美元的禽类和禽蛋出口市场受到重创。[④] 截至6月，巴西约77%的城市发现了登革热病例，总病例数达88.68万例，已有1563个城市达到疫情大爆发的水平。[⑤]

---

① 中新网：《加州野火继续肆虐 烧毁土地面积相当于三个巴黎》，http://www.chinanews.com/gj/2015/09-18/7531291.shtml。

② 新华网：《巴西大旱考验水资源管理》，http://news.xinhuanet.com/world/2015-02/12/c_127486599.htm。

③ 环球网：《海地霍乱疫情又出现反弹 已致105例死亡病例》，http://world.huanqiu.com/hot/2015-04/6270185.html。

④ 中新网：《美多州爆发高致病性禽流感 数百万养殖禽类被宰杀》，http://www.chinanews.com/gj/2015/04-22/7224313.shtml。

⑤ 刘彤、杨江玲：《巴西近八成城市发现登革热病例》，http://news.xinhuanet.com/world/2015-06/02/c_1115485125.htm。

人祸频繁发生，凸显治理水平有待进一步提高。4月1日，墨西哥国家石油公司钻井平台突发大火，至少造成4人死亡。5月14日，美国费城发生列车脱轨事件，造成8人遇难。5月20日，美国加利福尼亚州附近一条输油管道破裂，导致超过2万加仑原油泄漏流入大海，该州进入紧急状态。8月4日，哥伦比亚一架警用黑鹰直升机坠毁，机上15名警察遇难。11月5日，巴西马里亚纳铁矿区发生一起严重的铁矿废水大坝溃决事故，造成至少8人死亡、30多人受伤、20多人失踪和631人无家可归。[①]

展望2016年，斗争与冲突仍将是美洲地区形势发展的主线。首先，美国正式进入大选之年，两大主要政党将着眼于选举需要，加大彼此钳制的力度。其次，拉美各国的经济复苏进程将十分缓慢，甚至再次出现倒退，从而导致更多的民众不满发生。再次，委内瑞拉全国代表大会变局之后，马杜罗政权的稳定执政将受到前所未有的挑战。最后，非传统安全威胁根深蒂固，难以消除。

二、重大事件词条

阿根廷没收外国公司财产

6月26日，阿根廷联邦法院作出一项裁决，下令没收正在马尔维纳斯群岛（英称“福克兰群岛”）开采石油的五家公司财产。阿根廷火地岛的联邦地方法官莉莉恩·埃拉雷兹下令有关当局没收总值达1.56亿美元的船只及其他财产。据悉，在马尔维纳斯群岛所属海域开采石油的行动开始于2010年，当时阿根廷政府表示反对。阿根廷声称对马尔维纳斯群岛拥有其主权。这是自2010年外国石油企业进驻马岛海域进行石油开采以来，阿根廷政府首次采取实质性制

① 莫成雄：《巴西总统视察溃坝灾区 涉事矿主被罚6500余万美元》，http://www.chinanews.com/gj/2015/11-13/7621158.shtml。

裁措施。5 家被点名的石油公司中，有 3 家在英国，1 家在美国德州，还有 1 家属于法资公司，位于意大利。由于 5 家公司地址并非位于阿根廷境内，相关法令如何执行目前尚未清楚。

阿根廷全国大罢工

6 月 9 日，阿根廷全国运输业劳动者总工会和全国劳动者总工会等 20 余个主要的反对派劳工组织宣布，决定举行 24 小时全国总罢工，要求政府减税提薪。这是自 2011 年阿根廷现任总统克里斯蒂娜任职以来发生的第五次全国总罢工，也是 2015 年阿根廷爆发的第二次全国总罢工。当日午夜零时，阿根廷全国所有的公共汽车和卡车司机、铁路工作人员、城市清洁工、加油站和公路收费站工作人员、码头工人、航空空乘服务人员、律师、报刊发行和邮政从业人员开始罢工。布宜诺斯艾利斯市部分地铁线路也中断运营。此外，工会组织还在其他主要城市举行示威游行，在各地大型欧美外资企业和工厂前举行集会，并指挥示威者在各地主要干道上设置路障进行“断路”行动。受罢工影响，阿根廷全国大部分中小学校宣布停课一天；政府部门和服务机构、零售超市、餐饮等行业也将被迫部分歇业；医院只接治急诊病人；许多航班被迫取消或延误。阿根廷内政和交通部部长兰达索表示，2015 年 10 月，阿根廷将举行总统选举，因此此次罢工与以往不同，其主要出于政治目的，“是有人进行的蓄意扰乱国内安定的行为”。阿根廷劳工部部长托马达则表示，政府全力为改善劳工待遇做着努力，但仍有人与政府为敌，故意制造事端。

阿根廷铁路国有化法律草案

4 月 16 日，阿根廷参议院以 53 票赞成 2 票反对的表决结果，通过了政府提出的铁路国有化法律草案。阿根廷内政和交通部部长兰达佐表示，参议院的表决巩固了政府两年半前启动的铁路国有化进程，铁路系统收归国有与阿根廷经济增长和发展密切相关。阿政府 2015 年 3 月 2 日颁布决议，宣布废除与私人企业签订的铁路专营合同，将全部铁路收归国有。兰达佐强调，在票价微幅调整、增加列车班次和服务质量等方面，铁路国有化管理比私人企业更具效力。

阿根廷新农业政策

3月16日，阿根廷总统克里斯蒂娜宣布，将对绝大部分中小农户实行全额返还粮食出口税和补贴中小奶农等措施，她称这是政府与农牧业达成的历史性协议。克里斯蒂娜指出，政府与阿根廷土地联合会达成协议，将设立一个25亿比索的特别基金，对中小农牧业生产者予以融资和经济援助。对产量低于700吨的粮食生产者提供全额出口退税，这部分农户约占全国中小农业生产者的70%，约4.6万户，其粮食产量在全国的占比约为12%。阿经济部称，从4月15日开始，符合上述规定的农户在出口粮食后，可以在一个月内提交销售单据，并通过银行补贴机制获得全额退税。此外，克里斯蒂娜还宣布，政府将对年产量低于2900公升的奶农，给予每公升0.3比索的直接补助。

阿根廷总统被正式起诉

2月13日，因涉嫌妨碍关于20年前布宜诺斯艾利斯犹太社区爆炸案的司法调查，阿根廷总统克里斯蒂娜·基什内尔遭到正式起诉。负责这起案件的检察官热拉尔多·波里西斯发表声明称，总统克里斯蒂娜、前外交部长赫克托·蒂梅尔曼以及其他几名政府官员涉嫌违反工作职责、掩盖爆炸案真相，“将启动调查直至证实指控，继而将罪犯绳之以法”。1994年7月18日，布宜诺斯艾利斯一个犹太社区发生汽车炸弹袭击，造成85人死亡、数百人受伤。这是第二次世界大战后全球最严重的一起反犹太事件。阿根廷检方认为伊朗可能涉案，同时有传言称克里斯蒂娜与伊朗达成秘密协议同意掩盖真相，以换取伊朗的石油。克里斯蒂娜则坚决否认上述传言。

阿英外交风波

4月8日，英国外交部门召见阿根廷驻英国大使阿莉西亚·卡斯特罗表达抗议。英方称，英国对“群岛及其周边海域的主权以及群岛居民决定自己未来的权力”没有疑问。英方坚决抗议阿根廷驻英大使和阿根廷总统近期围绕群岛问题所发表的言论，并要求阿方作出解释。9日，阿根廷外交部召见英国驻阿大使，要求英方就美国前情报人员斯诺登披露的英国长期监听阿方政府和军方高层，对阿展开大量间谍活动问题作出解释。同日，阿根廷马岛事务国务秘书和能源国务秘书召开新闻发布会，宣布阿政府将向国家总检察院提交对英资企业非法勘探马岛周边海域石油行为的刑事起诉。有分析指出，尽管阿英两国围绕马岛的外交争端不断升级，但发生另一场马岛战争的可能性几乎为零。

奥巴马发表2015年国情咨文

1月20日，美国总统奥巴马在美国国会发表任内第六份国情咨文。奥巴马表示，在新世纪的15年以来，美国度过了“艰难的时期”，但现在，美国历史将“翻开新篇章”。奥巴马呼吁向富人“开刀”，主张改革税制、打击避税，未来10年增收富人及金融机构合计3200亿美元税款，同时减收中低收入家庭的税款。在外交策略方面，奥巴马聚焦反恐、乌克兰问题、古巴关系、伊朗，以及埃博拉问题。奥巴马还在演讲中呼吁美国国会继续授权武力对抗“伊斯兰国”。

奥巴马放缓自阿撤军计划

3月24日，美国总统奥巴马在白宫与来访的阿富汗总统加尼会晤，他宣布美方决定放缓自阿富汗撤军计划，驻阿美军将在2015年年底之前保留9800人，而不是之前计划的5500人。奥巴马说，目前阿富汗依然是一个“非常危险”的地方，由于加尼总统请求美方在撤军方面展现“灵活性”，驻阿美军将在2015年年底之前保留9800人，2016年的撤军安排将在2015年晚些时候作出。他强调，放缓撤军计划的“灵活性安排”为美阿关系注入了新的活力，目的是确保阿富汗的安全，防止阿富汗被恐怖分子用来策划恐怖袭击，美阿要继续保持“密切安全合作”。奥巴马还宣布加大对阿经济支持，将提供8亿美元经济援助，帮助阿富汗取得具体的经济发展成就进一步推进改革。根据奥巴马此前提出的计划，美国在阿驻军将于2015年底降至约5500人，2016年底降至约1000人。

奥巴马否决输油管道法案

2月24日，美国总统奥巴马正式否决由国会提交的美加输油管道项目法案。这是奥巴马5年来首次动用否决权，也标志着民主、共和两党在新一届国会的争斗正趋于“白热化”。美加输油管道建设项目一直是共和党力推的立法事项。不过，奥巴马并不打算屈从于共和党的压力，执意动用否决权，把法案退回参议院。他在当天发表的一份声明中表示，美国政府正通过正常程序评估该项目是否符合国家安全利益，但国会却希望绕开这一程序，力推法案通过。他说：“我对行使否决权非常谨慎，但我同样看重美国总统对美国人民的责任。”负责对该项目进行评估的美国国务院至今尚未公布最终评估报告，对其“是否符合国家安全利益”迟迟不愿表态。至于报告何时才能公布，白宫发言人称，尚无明确时间。

奥巴马签署贸易促进授权法案

6月29日，美国总统奥巴马在白宫签署国会两院一致通过的贸易促进授权法案（TPA），以加快“跨太平洋战略经济伙伴协定”（TPP）谈判进程。国会参众两院已分别于6月24日和18日表决通过该项法案，允许TPP谈判完成后在国会进行直接表决，而不对内容做任何修改。这是自2007年TPA权限失效以来美国总统首次重掌贸易谈判权限。奥巴马同时签署了一份关于贸易调整援助的法案，为受国际贸易冲击而失业的美国工人提供保护。美国媒体报道称，美方期待能在2015年9月结束TPP谈判，届时其谈判团队的工作重心有望转入中美投资协定谈判。

奥巴马移民改革受挫

2月16日，美国得州地区联邦法官安德鲁·哈宁裁决暂停实施奥巴马的移民改革行政令，支持包括得州在内的26个州对奥巴马移民改革行政令的起诉。起诉的26个州表示，奥巴马的做法已经超出了宪法赋予的权限，给各州带来过度的财政负担。哈宁表示，奥巴马的移民改革禁令不但给各州增加负担，同时也放纵了非法移民，令各州预算紧张。由于美国得克萨斯州联邦法院法官叫停奥巴马移民改革，奥巴马政府随后表示，将计划寻求联邦法官允许奥继续实施其移民改革行政令。

奥巴马与越共总书记会晤

7月7日，奥巴马在白宫与到访的越共中央总书记阮富仲会晤，双方高度肯定越美建交20年来所取得的成就，就促进全面伙伴关系的措施与方向交换意见并达成共识，同意进一步加强国防安全合作。双方同意将加强科技、教育、医疗等领域合作，加强民间交流、人道合作，以及在各多边论坛深化务实合作。两国高度肯定在TPP谈判进程所取得的积极进展及TPP在地区与全球发挥的作用。当天，越美国防部在华盛顿签署联合国维持和平行动谅解备忘录，促进双边在参加联合国维和行动的防务关系。

奥巴马政府减排计划

8月3日，美国总统奥巴马在华盛顿宣布“终极版”减排计划，对美国温室气体排放施加更严格限制，称这是迄今美国应对气候变化迈出的“最重要”一步。根据计划，到2030年美国发电厂碳排放目标将在2005年基础上减少32%，到2030年清洁能源的比例目标将提高到28%，这意味着大量燃煤电厂将关闭，太阳能和风能发电获得全新发展动力。白宫认为，新的清洁能源计划还将为12月在巴黎举行的气候大会提供新动力，美方希望与各国合作达成一份协议。美国各界对奥巴马“终极版”减排计划反应不一。美国太阳能产业协会盛赞这是一份“历史性”的好计划。但美国矿业协会、洁净煤电联盟、全美农村电力合作协会等组织认为，新方案将扼杀就业，一些州将不得不建造更多太阳能或风电厂，这将推高成本，导致最低收入群体电费账单至少上涨10%。

巴西国家出口计划

6月24日，巴西发展、工业和外贸部长阿曼多·蒙泰罗宣布巴西正式启动国家出口计划。巴西总统迪尔玛·罗塞夫、副总统米歇尔·特梅尔等政府官员以及部分企业代表共同出席了启动仪式。该计划将围绕市场准入、商业促销、贸易便利化、融资和担保出口、改进机制和税收制度对出口的支持等五个方面展开，预计将持续到2018年。该计划旨在鼓励小微企业及中型企业出口更加多样化，生产技术含量更高的产品；提高农业综合企业和制成品企业的出口量等。罗塞夫表示，希望出口计划能够推动巴西对外贸易的发展，刺激并创造就业机会，进一步成为加速巴西经济发展的关键因素。希望“巴西有更大的影响力”“将巴西推向世界”。

巴西连环枪杀案

8月13日，巴西最大城市圣保罗西部郊区夜里发生连环枪击案，至少18人被射杀，另有6人受伤。目击者说，多名袭击者头戴面具，从乘坐的汽车中走出后径直走进奥萨斯库的一家酒吧，随即向受害者射击，导致至少10人死亡。开枪前，这些袭击者曾问受害者姓名或是否有犯罪前科。另外几起枪击案地点彼此相距不远，一名男子在一家冰激凌店门口被枪杀，另有一人被两名摩托车手开枪打死。系列枪击案发生在两个半小时内。巴西媒体认为，这起案件符合报复性袭击的所有特征，可能是当地在职警察或军警对某毒贩或犯罪团伙进行报复。

巴西民众大游行

4月12日，巴西24个州和首都巴西利亚联邦区的民众举行反腐大游行，抗议国家最大的腐败丑闻以及国家紧缩政策，并要求罗塞夫政府下台。据巴西各州警方的统计数据显示，全国参加游行的人数约70万，这是巴西一个月内爆发的第二次大规模反政府示威。2015年3月15日，在巴西全国举行百万人大游行后，罗塞夫政府承诺重拳打击腐败，愿意与相关代表进行对话。受腐败因素的影响，罗塞夫总统的支持率跌至历史低位，跌破20%。

巴西内阁大改组

10月2日，巴西总统罗塞夫在首都巴西利亚宣布对内阁进行大改组，将原有的39个政府部委裁减10个，并增加两个新部委，实际削减8个部委，将巴西内阁部委总数减至31个。此次政府改革还包括成立国家改革常设委员会，减少3000个政府部门岗位，取消30个与部委有关的秘书处，将部长工资减少10%，同时削减10%的政府开销，对各部委通讯、交通等费用设置上限。罗塞夫表示，此次对内阁进行改组，目的是保持国家政治稳定、加强执政党劳工党与议会其他政党的关系，以获得更多支持。同时，机构的精简将减少公共支出。

巴西平衡财政新举措

2月27日，为减少财政赤字，巴西政府宣布平衡财政的新举措。措施规定，从2015年6月1日起，将大幅削减原来给予企业的养老保险减税优惠。凡企业缴纳的保险占到职工总收入1%的，将提高至2.5%；凡缴纳保险比例占到2%的，未来则提高至4%。自罗塞夫总统2015年1月1日开始第二任期后，以财长莱维为首的巴西新经济领导班子表示，当务之急是减少财政赤字和抑制通货膨胀。他认为，恢复健康的宏观经济环境，对于重建市场信心至关重要。此外，巴西政府宣布将2015年的财政预算削减227亿雷亚尔（约合81亿美元），随后又宣布了四项加税措施，分别是针对短期消费贷款、进口商品、燃油和化妆品。为刺激不景气的经济，巴西政府2014年的初级财政赤字达到325亿雷亚尔（约合116亿美元）。

巴西银行业大罢工

10月6日，巴西银行业员工举行全国范围无限期大罢工，要求加薪16%，以弥补因高通胀所致的购买力损失。此次银行机构从业人员大罢工涉及全国所有的26个州和首都巴西利亚联邦区，范围广泛，对广大民众的工作和生活造成了较大影响。

白宫气候峰会

10月19日，美国白宫邀请商界、科学界领袖参加气候圆桌会议，为年底巴黎气候大会达成协议铺路。气候变化已成为全球各国普遍关心的议题。圆桌会议进行期间，白宫宣布，在当天的峰会上，81个“顶级企业”签署了关于气候保证的文件，以此表达对巴黎气候大会取得过硬成果的支持。白宫高级顾问表示，今后要继续在应对气候变化方面取得进展。首先，需要远大的框架，需要每个国家持续努力、作出贡献。其次，需要透明性。第三，各方要遵守承诺，对于成果、措施等进行有效的衡量和追踪。第四，非政府组织要传达信号，让各方明白积极应对气候变化符合各国经济、社会发展的长远利益。国务院气候变化特使指出，各国之间和公私领域之间相互协调，对巴黎气候大会达成有效成果具有关键作用。

北极问题国际会议

8月31日，美国主办的北极问题国际会议在阿拉斯加闭幕。参加会议的有20个国家和欧盟，其中包括美国、俄罗斯等8个北极理事会成员国和中国、日本、印度等12个非北极国家。分析指出，近年来北极地区出现了新的经济机遇，但也面临更严峻的环境挑战。奥巴马政府在这次会议上有三大战略考量。一是打“气候牌”谋政治遗产。奥巴马不遗余力地推动应对气候变化议题，希望使之成为他任期内留下的执政“遗产”之一。二是欲在北极舞台上唱主角。从2015年起至2017年，美国担任北极理事会轮值主席国，这为美国提供了影响该理事会议程的重要机会。前美国海军作战部长也表示，美国可以利用北极理事会主席国的地位在航运、资源、渔业等领域的标准制定和实际操作中扮演主导角色。三是加快油气资源争夺步伐。美国石油委员会近期发表报告，呼吁美国政府立即采取措施促进北冰洋海域的资源开发。

玻利维亚总统莫拉莱斯宣誓就职

1月22日，玻利维亚总统莫拉莱斯在该国最大城市拉巴斯宣誓就职，这是他第三次任该国总统。中国国家主席习近平特使、国土资源部部长姜大明出席就职仪式。莫拉莱斯当天在国会宣誓就职，并发表就职演说。莫拉莱斯称，过去的执政期内，玻利维亚坚持奉行独立自主的对外政策，拒绝大国对美洲国家事务的干涉。同时，玻利维亚加强了有益国家的国际化合作，收回了国家所拥有的大部分珍稀矿产和石油等自然资源。莫拉莱斯称，新的任期内将加快本国工业发展步伐，致力于消除贫困，力争在本任期内将贫困率降至个位数。

第七届美洲国家首脑会议

4月10日至11日，第七届美洲国家首脑会议在巴拿马首都巴拿马城举行，会议的主题为“繁荣与平等：美洲国家合作的挑战”。来自35个美洲国家的国家元首、政府首脑和代表参加此次会议，其中包括首次参会的古巴领导人劳尔·卡斯特罗。各国代表就卫生、教育、环境、能源、安全和公民参与等多个议题进行了讨论。本届峰会的一大焦点是美国和委内瑞拉关系。阿根廷、巴西等拉美国家领导人在会上谴责美国对委内瑞拉实施制裁，赞扬古巴首次参加美洲峰会的历史意义。与会各方未就议题取得完全共识，大会未能发表共同宣言。峰会期间，古巴领导人劳尔·卡斯特罗和奥巴马举行了50多年来两国领导人首次正式会谈。历史性会面约1小时20分钟，就美古关系正常化交换了意见。

多米尼加逮捕上万海地非法移民

1月11日，多米尼加军方发布公告说，多米尼加军警在全国各地进行的大规模搜捕行动中，共逮捕了1.33万名海地非法移民。公告说，这些被捕的海地非法移民已经被移交给多米尼加移民局，由移民局择期将他们遣返回国。多米尼加和海地同处加勒比海北部伊斯帕尼奥拉岛，两国之间的边界长期缺乏有效控制。由于海地社会治安混乱，人民生活贫困，每年都有大量海地人偷渡到多米尼加谋生。目前，包括非法移民在内，约有80万海地人生活在多米尼加。

韩国、巴西总统会晤

4月24日，正在对巴西进行国事访问的韩国总统朴槿惠与巴西总统迪尔玛·罗塞夫举行会谈，双方就扩大两国经贸合作，加强在地区和国际事务上的协作交换了意见。韩国方面介绍称，韩巴两位元首对加强两国经贸合作进行了重点磋商。两位元首就扩大两国经贸额和投资的方案交换了意见，并商定实现两国合作领域多元化，加强伙伴关系创造高附加值，在创造经济领域携手前行。双方还讨论了加强下一代之间的交流与联络的方案，为未来合作打下基础。双方决定尽早签署两国正在推进的有关签发“打工度假签证”的协定。

加拿大通过新反恐法

5月6日，加拿大国会通过一项备受争议的反恐法。新法案把宣传恐怖主义列为刑事罪，授权警方可在不提控的情况下逮捕及拘留嫌疑人，同时还扩大加拿大安全情报局（CSIS）的权限，从原本的情报搜集工作延伸到挫败恐怖阴谋，以及到海外执行反恐任务。加拿大政府称，新法案将能有效制止加拿大的青年男女到国外参加极端恐怖组织“伊斯兰国”。根据新法，加拿大安全情报局将可阻止可疑的金融交易、禁止可疑分子登机、没收武器，或是侵入可疑分子的网络户头。不过，新法案遭外界强烈抨击，指其缺乏监督机制、权限过大，以及侵犯公民权利及个人隐私，特别是在网络上的隐私权。

加拿大与乌克兰自贸协定

7月14日，加拿大总理哈珀加拿大与乌克兰达成自由贸易协定。哈珀办公室称，与乌克兰达成双边自由贸易协定，将深化两国商业联系，为加拿大人创造就业机会。该协议生效后，加拿大与乌克兰将削减目前各自征收的99.9%和86%的进口关税。加拿大方面，猪肉、机械设备、交通设施，以及其他工业品如机动车辆及部件、化工产品等，都将从中受益。乌克兰方面，根据该协议加拿大将免除乌克兰所有工业产品、林业和木制品、渔业和海产品的关税，包括乌克兰大部分农产品关税也将免除。

加拿大总理解散国会

8月2日，加拿大总理哈珀宣布，下令解散国会，于10月19日举行联邦议会选举。本次竞选期将持续11周，创下加拿大大选的记录。代表联邦保守党的哈珀将这次大选比喻为“加拿大人对国家前途的一次重大决定”。此前，哈珀一直努力要把自己打造成强有力的财政管理者，协助加拿大取得财政预算平衡。但是，加拿大中央银行有关人士表示，加拿大经济已经陷入衰退中。在哈珀宣布启动联邦大选后，加拿大另外两大政党新民主党和自由党也宣布启动选战。

杰布·布什宣布竞选美国总统

6月15日，美国前总统老布什之子、前总统小布什的弟弟杰布·布什（Jeb Bush），在佛罗里达州正式宣布参加2016年总统大选。他被认为是美国民主党竞选人、前国务卿希拉里·克林顿的最强劲对手。杰布表示，自己是一位“革新”型州长，不接受华盛顿现行运作标准，美国不需要一位在养尊处优的精英群体中坐头把交椅的政客出任下任总统，需要的是愿意“挑战和颠覆”华盛顿文化的总统。杰布高调宣布当选后施政目标：推动美国经济增长4%，帮助新增1900万个就业岗位，动用否决权来阻止纳税人的钱被用于“无必要的开支”。他还猛烈地抨击了“奥巴马—克林顿—克里”外交政策，认为当前政策无法遏制危机，无法抵制暴力，无法保护朋友，反而拆散盟友，更让美国面临“军事劣势”风险。如果当选，他将重新构建美国在全球的关键友谊，与以色列开展坚定合作，还将访问古巴。

罗塞夫宣誓就职巴西总统

1月1日下午，巴西总统迪尔玛·罗塞夫第二任期就职典礼在首都巴西利亚举行，她成为巴西历史上第一位蝉联总统宝座的女总统。罗塞夫在国会大厦众议院大厅宣誓之后发表了就职演说，强调将优先发展教育，称其第二任期的主题为“巴西，教育家的家园”。她还提出节省政府开支，大力增加财政收入，继续控制通货膨胀，保持经济增长，大力改善民生，致力于反腐败和推动政治改革。

美古恢复外交关系

7月20日，美国国务院开始正式悬挂古巴国旗，这意味着美古外交关系恢复，两国长达半个多世纪的敌视状态宣告结束。当天凌晨4点左右，国务院在其正门大厅开始正式悬挂古巴国旗，象征着美国官方对美古关系的正式承认。当天上午，由古巴外长罗德里格斯领衔的约30人的代表团在古巴驻美使馆举行隆重升旗仪式，美国负责西半球事务的助理国务卿罗伯塔·雅各布森将率美方小规模代表团现场见证了这一“历史性”时刻。当天下午，罗德里格斯到访美国国务院，与国务卿克里实现“历史性会晤”，他是半个多世纪以来首位访问美国国务院的古巴外长。美古双方就执法、禁毒、电信、互联网、环境、人权、使馆重开等问题进行了深入交流。

美国24个州起诉奥巴马

10月23日，美国24个州联合就总统奥巴马清洁能源政策发起诉讼，指责奥巴马要求削减传统化石能源使用、大力发展风电和太阳能的做法超出政府法定权力。8 月，奥巴马政府发布清洁能源计划，严格限制温室气体排放。美国 24 个州当天向华盛顿巡回上诉法院联合起诉美国环保署，要求法院判决政府停止实施该计划。此次诉讼的检察长表示，清洁能源计划是近年来奥巴马政府出台的“最违法”政策之一，超出政府法定权力，涉嫌违宪。美国采矿业协会近日也起诉环保署，要求在法律纠纷解决前，政府不得实施清洁能源计划。

美国白人警察枪杀黑人案件

8 月 9 日，正值美国“弗格森案”1 周年，却再度发生白人警察枪杀黑人事件。得州东北部阿灵顿市 1 名 49 岁白人警察此前调查案件时，涉嫌射杀 1 名手无寸铁的 19 岁黑人学生，引起民众广泛关注。同时，抗议人士聚集在美国密苏里州弗格森市，通过集会和游行活动纪念 18 岁黑人青年迈克尔·布朗遭白人警察枪杀 1 周年。

美国打击“伊斯兰国”最新战略

10 月 27 日，美国防部公布美军打击极端组织“伊斯兰国”的最新军事战略。美军计划采取的最新军事战略由三部分组成，包括加大对“伊斯兰国”在叙利亚的大本营、北部城市拉卡的打击力度，与伊拉克当地安全部队合作重新夺回具有战略意义的伊拉克西部安巴尔省首府拉马迪，以及增加美军单方面或辅助性参与的突袭。美国国防部长卡特表示，美军会继续帮助当地“有能力的合作伙伴”对“伊斯兰国”目标进行突袭，同时也会加大美军单方面进行突袭的力度。美军进行的突袭不仅包括空袭，也可以包括直接的地面行动。美国白宫方面指出，“没有计划进行长期、大规模的地面作战行动”，像当年在阿富汗和伊拉克一样。

美国国务卿访问古巴

8 月 14 日，美国国务卿克里出访古巴，主持美国驻古巴大使馆重开升旗仪式。美国驻古使馆的重开是美古两国关系解冻的又一标志性步伐。美国国旗54年来将首次在美国驻古巴大使馆升起。近4周前，美国和古巴正式恢复外交关系，并将驻对方外交机构升级为大使馆。7月20日，古巴在华盛顿驻美大使馆举行了升旗仪式，美国驻古巴大使馆直到克里出访古巴时才举行升旗仪式。克里除参加美国驻古巴使馆的升旗仪式外，还出席了在美国驻古巴利益代表处主任官邸举行的招待会，会见古巴外长罗德里格斯等古方官员和古巴民间团体、民权活动人士以及私营部门代表。

美国共和党总统候选人首场辩论

8月6日，共和党在俄亥俄州举行总统竞选人首场公开辩论。辩论由美国福克斯新闻网举办，17个竞选人分两个梯队辩论。17位竞选人辩论了美国经济状况、国家安全、伊核问题协议、打击“伊斯兰国”、堕胎、种族关系等各方面问题，虽然彼此有政策分歧，但他们首先“抱团”批判希拉里“不值得信赖”。特朗普当晚力压布什，成为“最抢镜”辩手。他再次强调不排除以独立竞选人身份参选总统。在被问及为何对墨西哥裔移民和美国女性多次发表侮辱性言论时，特朗普毫无“道歉”之意，表示美国的问题在于总强调“政治正确”，他作为竞选人没有时间搞“政治正确”。杰布当天在主持人逼问下再次与哥哥小布什划清界限。他表示美国入侵伊拉克是一个错误，但马上将矛头转向奥巴马，指责他就任总统后抛弃伊拉克，导致当地出现权力真空，为“伊斯兰国”的崛起创造了机会。在外交事务辩论中，伊核问题和“伊斯兰国”占据多数篇幅，中国议题没有作为单独议题出现。

美国海军基地遇袭事件

7月16日，美国田纳西州查塔努加市两个海军军事设施遭到独行枪手袭击，4名军人中枪丧生，1名中东裔枪手被击毙。美国总统奥巴马表示，事件“令人感到痛心”，并承诺对这起连环袭击进行彻查。涉嫌枪手随后被确定为24岁的穆罕默德·尤瑟夫·阿齐兹，是出生在科威特的美国归化公民。联邦检察官将此次枪击事件作为“国内恐怖主义”进行调查。

美国减排新举措

3 月 19 日，美国总统奥巴马在白宫签署行政命令，宣布将于未来 10 年实现联邦政府温室气体排放在 2008 年的基础上削减 40%，旨在支持落实 2014 年 11 月北京“习奥会”达成的气候变化共识。根据这份行政命令，如果减排 40% 的目标实现，这将节省 180 亿美元的降能成本，同时，美国联邦政府将实现所耗电力的 30% 来自可再生能源。此外，通用电器、惠普、IBM 等联邦政府主要供应商也宣布削减各自温室气体排放，他们承诺于 2020 年实现在 2008 年基础上合计削减 500 万吨温室气体排放。行政命令还要求各联邦机构于 2025 年实现 25% 的能源利用来自清洁能源，联邦建筑能源使用下降 2.5 个百分点。

美国民众抗议警察暴力执法

4 月 14—15 日，纽约数百人集会，抗议警察暴力执法。游行组织者声称，类似的抗议活动在 28 个地区举行。一段时间内，美国频繁发生黑人死于警察之手的事件，引起美国社会的抗议浪潮。4 月 25—26 日，美国马里兰州巴尔的摩市举行示威活动，抗议非裔男青年弗雷迪·格雷在被捕后“非正常”死亡。25 日下午的示威活动吸引了约 1200 人参加，是参与人数最多的一次。和平示威在 26 日凌晨演变成暴力活动，36 人被警方逮捕，6 名警员在执勤过程中受伤。27 日下午，马里兰州州长拉里·霍根宣布，巴尔的摩进入紧急状态，州警方负责人以及国民警卫队负责人都相继表示将向巴尔的摩部署大量警力以维持治安。巴尔的摩市长随后也发布公告称，当天晚上在全市实行宵禁。29 日，美国纽约、波士顿、华盛顿、巴尔的摩等多个城市晚间再爆示威游行，抗议非裔美国人遭受不公正待遇。

美国民主党总统参选人首场辩论

10 月 13 日，美国民主党大选参选人首场辩论在拉斯维加斯举行。希拉里·克林顿在辩论中表现亮眼。在辩论中，希拉里尽力撇开对她的政治信仰质疑问题，称自己"一直保持一致"，"总是为同样的价值观和原则奋斗"，同时"吸收新的信息"。希拉里还批评主要竞争对手桑德斯在控枪问题上的立场。桑德斯则批评希拉里，指她支持在叙利亚设立禁飞区会导致"严重问题"。希拉里在美国全国稳固领先，桑德斯在最初投票几个州占有优势。此次辩论共有5位参选人参加，不过其余3人的风头都被希拉里和桑德斯盖过。

美国南卡罗来纳州教堂枪击案

6月17日，美国南卡罗来纳州查尔斯顿市一座历史悠久的非裔卫理圣公会教堂发生血案，21岁的白人男子戴伦·鲁夫枪杀了6名黑人女性和3名黑人男性，他随后被抓捕归案。这一事件再次把美国日趋尖锐的种族矛盾推向风口浪尖，触发有关种族歧视的激烈争论。查尔斯顿市警察局长穆伦称，枪击案发生后，教堂内有8人当场死亡，另外还有2人被送往医院，其中1人已经死亡。警方称，认为此次案件是仇恨犯罪。21日，美国南卡查尔斯顿当地教堂进行了特殊的礼拜活动，人们涌向教堂表达对教堂枪击案遇难者的哀悼。全美多地也同时举行悼念活动。

美国全球安全威胁报告

2月27日，美国国家情报总监办公室发布年度全球安全威胁报告称，网络安全是比恐怖主义更大的问题。该机构的评估报告将网络安全置于美国面临的最大威胁。报告称，破坏分子、间谍和小偷都在扩大他们对薄弱的美国互联网基础设施的攻击，长期不断削弱着美国的财富和安全。但该机构的报告认为，他们对美国网络设施成功发动灾难性攻击的可能性不大。评估报告说，美国官员越来越担心网络攻击者试图改变或破坏关键性信息，使其可以破坏金融市场与商业信心。报告认为，世界也变得越来越不稳定，恐怖分子的安全避难所比历史上任何时候都要多。

美国设立新网络安全机构

2月25日，美国总统奥巴马下令成立一个新的网络安全机构，旨在协调整合美国现有机构搜集的网络情报，加强美国应对网络威胁的能力。这个新机构名为“网络威胁情报整合中心”（CTIIC）。白宫在一份声明中说，该中心将侧重于把针对美国的外国网络威胁和影响美国国家利益的网络事件等有关情况“串联”起来，为决策者提供基于各个来源的分析报告，并为全国通信与网络安全控制联合协调中心、全国网络调查联合工作组及网络司令部等机构提供支持。声明说，这个新设机构将在国家情报总监的领导下工作，但它不是一个“行动中心”，自身不会搜集情报，不会负责事故应对，不会指挥事故调查，也不会取代现有的政府部门、机构和网络中心。“网络威胁情报整合中心”将从相关部门和机构抽调约50人组成。

美国石油业工人大罢工

2月1日，美国钢铁工人联合会在9个炼油厂组织了一次大罢工，导致美国10%的炼油企业处于停工状态。而此次罢工是自1980年以来，美国石油行业规模最大的一次全国性罢工。罢工的主要原因是钢铁工人联合会未能与各大石油公司就改善工人工作环境的提议达成共识。钢铁工人联合会要求各大石油公司提高工人的收入水平，增加工人医疗保险的保额，减少未与联合会签订合同的工人数量。但石油公司方面表示，近期受国际石油价格波动的影响，很难满足联合会的要求。

美国网络安全信息分享法

10月27日，经过长达4年有关保护隐私的辩论之后，美国国会参议院终于以74比21的投票结果通过网络安全信息分享法，允许公司和政府分享黑客攻击信息，加强网络保护。但有分析指出，在国会无休止的辩论期间，电脑黑客已发展得更为复杂，新法案的核心内容几乎变成古董。

美国无人机暗杀计划

10 月 15 日，英国媒体报道，近日，一份名为“无人机论文”（The Drone Papers）的幻灯片文件在网上发布，文件中提及总统奥巴马如何下令实施无人机刺杀行动等内容。发布文件的网站名为“拦截”（Intercept），该网站宣称掌握了大量机密幻灯片，向外界提供了一扇了解美军刺杀/捕猎行动内部运作的窗口。文件发布人表示，华盛顿现已持续 14 年的高价值定点猎杀行动正面临诸多问题，比如过度依赖通信情报、造成不可估量的平民死伤，无法从恐怖嫌犯口中获取有价值的情报等等。

美国向叙北部反对派武装提供援助

10 月 11 日，美军向叙利亚北部的反对派武装空投了一批重达 50 吨的武器装备，用以对抗“伊斯兰国”。这批装备原计划是要分发给经美军培训的叙反对派武装成员。不过，美军的训练项目耗时长、收效慢。在过去一年时间中，仅 100 多人完成了美军的训练，且大部分受训人员尚未投入到作战之中。有鉴于此，美国白宫和国防部本月 9 日对外宣布，暂停训练叙反对派武装的项目，转而直接向其提供武器装备。11 日的空投是美国在战略调整后首次向叙境内反对派武装提供武器。

美国政府互联网服务监管新提案

2 月 4 日，美国联邦通信委员会提出互联网服务监管新提案，提出要像监管电话服务一样监管互联网服务，禁止网络服务提供商从商业利益出发向互联网公司提供收费的优先服务，也不得故意封锁合法的互联网内容或降低其访问速度。新提案提出，应把互联网当作“公共事业”，建议根据 1934 年制定的《通信法》第二章，把包括无线宽带服务在内的互联网服务归到“电信服务”类进行监管。这项提案由美国联邦通信委员会主席汤姆·惠勒提出，被认为是“网络中立”支持者的胜利。

美国中情局重组

3月6日，美国中央情报局（CIA）局长约翰·布伦南宣布，将对该部门进行大规模重组，并将着力加强网络情报搜集的能力。根据重组方案，中情局将现有人员和资源分配到10个新成立的行动中心。这10个中心可按地域和职能划分为两类，其中包括反恐中心、防止武器扩散中心、中东中心以及东亚中心等。每个中心由一名助理局长直接领导。此外，中情局还对两个指挥部进行了更名，并增设一个专门负责网络情报搜集的指挥部。重组后，中情局的5个指挥部（情报分析、行动、技术、后勤以及数字创新指挥部）将负责10个行动中心的人事管理和技术标准设定。布伦南表示，重组有利于打破部门间的藩篱，理顺权责关系。对于增设的数字创新指挥部，布伦南解释称，信息技术革命发展迅速，中情局有必要加强自身网络情报搜集的能力，应对来自网络空间的威胁。

美国众议院通过新财年预算案

10月28日，美国国会众议院表决通过未来两个财年的政府预算案，并将财政部发行国债的权限延长至2017年3月，参议院预计也将批准这一议案，这意味着美债违约风险得以排除。当天通过的这份议案放松了2011年《美国预算控制法案》对政府预算的限制，在未来两个财年提供额外拨款800亿美元，支持国内项目和国防支出。众议长博纳表示这是一份“负责任”的预算案。众议院少数党领袖佩洛西认为预算案为美国经济带来更多确定性，体现了两党合作。

美国众议院议长易人

10月29日，45岁的美国威斯康辛州联邦众议员保罗·瑞安当选新一任众议长，接替离任议长博纳。作为美国近150年来最年轻的众议长，瑞安承诺修复党争日益激烈的众议院，让华盛顿从“破碎”回归到“正常秩序”，为美国指出更好的前进方向。此前，9月25日，美国众议院议长约翰·博纳宣布辞职。博纳表示，他对同僚们充满感激之情，对共和党取得的成就深感骄傲。但他同时指出，长期以来领导层的动荡将对众院造成不可修复的损害，故此决定辞职。博纳担任议长近5年来，共和党中间派议员与茶党保守派议员争斗日益激烈，在医保、政府预算等多项议题上长期不合，导致众议院共和党在推动重要议案过关时往往需要依赖民主党议员的选票支持。分析认为，迈入“瑞安时代”的众议院仍需克服共和党面临的“激烈内部矛盾”。瑞安能否推动众议院共和党实现“重启”，仍是未知之数。

《美国自由法案》

6月2日，美国总统奥巴马签署《美国自由法案》，对此前失效的2001年国家安全法条款进行重新授权。新法案明确禁止国安局搜集一般民众的电讯信息，包含电话号码、打电话的时间与次数，也不准搜罗电子邮件与网址等网络信息。法案旨在终结国安局大规模搜集公民通话数据的做法，今后在进行涉嫌恐怖主义活动的相关调查时，国安局必须先获得外国情报监控法庭许可或在紧急状态下，才可向通信运营商索取通话记录。法案还批准美国政府继续开展用于追踪“独狼”恐怖分子的监控项目，以及允许联邦机构对特定嫌疑人进行不间断监视的监控项目。

美军关闭欧洲15个军事基地

1月8日，美国国防部宣布，作为欧洲军力部署调整的一部分，将陆续关闭欧洲地区的15个军事基地。根据这一方案，美军将结束在伦敦东北米尔登霍尔空军基地的运作，同时将从两个规模较小的英国空军基地撤离。此外，该计划还包括精减陆军、空军和非军事人员等内容。这项计划每年将节约5亿美元军费，将在数年内完成。按计划，美军将在英国减少约2000人，将从葡萄牙拉日什军事基地撤出500名官兵。从英国和葡萄牙撤出的部分兵力将被部署到德国和意大利。调整方案完成后，美国在欧洲兵力减少大约1200人。美国国防部证实，美军已选择在英国拉肯希思建立新的空军基地，作为F－35战机在欧洲的首个永久驻扎地。

美墨原油出口互换协议

8月16日，美国政府首次允许出口少量原油至墨西哥，这是美国在放松石油出口上的又一个里程碑式事件。根据协议，墨西哥将提供给美国重质的墨西哥原油，供美国提炼厂加工，而美国则将向墨西哥炼油商提供高质量的轻质页岩油。此次互换协议于8月底签署，有效期一年。

美土反恐合作协议

7月23日，美国政府官员表示，经过几个月谈判，美国和土耳其终于达成协议，土耳其允许美军使用其空军基地，向“伊斯兰国”组织发动空袭。土耳其也首次出动战机和坦克，直接参与打击“伊斯兰国”组织的行动。土耳其虽是北约成员国以及美国在中东地区武装力量最强大的盟友，但其注意力主要集中在应对国内的反政府库尔德族人以及推翻叙利亚总统阿萨德，对于打击“伊斯兰国”的倡议，土耳其并未积极响应。不过，随着“伊斯兰国”极端主义日益威胁到土耳其，再加上150万难民从叙利亚涌入土耳其境内，土耳其政府不得不重新评估其立场。

美委外交争端

3月9日，美国总统奥巴马于下令对委内瑞拉7名高层官员施加制裁。美方公布这一消息后，委内瑞拉召回该国驻美高级外交官员，以商讨情况。美国与委内瑞拉关系近期呈现持续紧张态势。此前，委内瑞拉要求美驻委使馆大幅削减人员，美方此举行动是对先前事件的回应和反制。2014年12月18日，奥巴马曾签署“保护委内瑞拉人权与公民社会法案”，并决定以侵犯人权为由对50多名委政府官员进行制裁。此次新增的7名委政府官员将以附录的形式加入该法案。美制裁引发拉美国家和地区联盟集体不满。3月16日，南美洲国家联盟特别外长会议发表声明，呼吁美国政府废除对委内瑞拉进行制裁的法令。玻利维亚总统莫拉莱斯称，拉美国家人民有权自主选择他们的政府，美国针对委内瑞拉的行动对拉美民主体制、社会和平构成了威胁。厄瓜多尔外长帕蒂尼奥认为，拉美国家已经开启为主权而斗争的历史新一页，拉美国家的立场是坚定的。安提瓜和巴布达总统布朗指出，任何国家都无权以政令方式破坏他国主权，并单方面采取制裁措施。巴西、厄瓜多尔、秘鲁等国还提出向委内瑞拉提供经济援助。古巴领导人劳尔·卡斯特罗说："美国需要一次性明白其无法引诱古巴，也无法威胁委内瑞拉，古巴和委内瑞拉的团结是不可破坏的。"

美英反恐合作小组

1月18日，美国总统奥巴马与到访美国的英国首相卡梅伦举行会谈后，在白宫联合记者会上宣布了成立联合小组的决定。美国与英国将成立联合小组，开展新的防御合作计划，全力打击极端主义。奥巴马说："暴力极端主义的影响力和渗透力正持续蔓延扩张，甚至通过网络招揽越来越多年轻人加入，他们的影响力和渗透力已经威胁全球。"美英两国称将加强情报合作，共同打击暴力极端主义，阻止更多年轻人极端化与参与恐怖活动。

墨西哥高铁违约赔偿

墨西哥交通部官员表示，墨西哥政府已经完成了对中国铁建竞标成本的分析，由于取消高铁项目，将向中国铁建股份有限公司提供近2000万披索（131万美元，约合811万元人民币）赔偿。墨西哥2014年对价值37.5亿美元的高铁项目进行招标，中国铁建牵头的单位曾是该项目的唯一竞标者。但中标不久之后，墨西哥方面突然取消该合约。据了解，2015年初，墨西哥政府第二次启动招标然后又因削减预算再次取消该项目后，中国铁建的牵头单位向墨西哥提交了竞标高铁项目期间的成本清单，并提出索赔。

纽约万人示威

7 月 23 日，美国纽约爆发反伊朗核协议的示威活动，指该协议危害以色列及全球安全。在纽约时报广场发起这次“阻止伊朗”示威集会的团体邀请了多名嘉宾，共和党部分代表轮流上台发表讲话，敦促国会不要接受这项协议。据估计，大约有 1 万多人到场声援。此外，美国国务卿克里等部长与国会参众两院的议员举行闭门会议，争取议员支持伊朗核协议。克里等人也会在参议院外交委员会的听证会上捍卫这项协议。在历经多年谈判后，伊朗和伊核问题六国（美、英、法、俄、中、德）在 7 月 14 日达成伊核全面协议，伊朗将以收缩核活动换解除制裁。20 日，联合国安理会以一致通过决议，核准了伊朗核问题全面协议。

欧盟—古巴双边谈判

9 月 10 日，欧盟与古巴第五轮双边关系框架协议谈判在哈瓦那结束。双方在合作、经贸和政治领域的谈判都取得了新的进展，双方关系正常化进程或将加速。分析人士认为，欧盟目前是古巴的第二大贸易伙伴，也是古巴最重要的投资来源地之一。因此，以更加务实的态度推动双边经贸、投资合作完全符合双方的利益。此外，欧盟与古巴双边关系正常化进程加速一定程度上受到了美国与古巴关系回暖的“刺激”。

韩国总统朴槿惠访美

10 月 13 日，韩国总统朴槿惠正式开启了自己任期内的第二次访美行程，并于 16 日与美国总统奥巴马举行会谈，朝鲜半岛问题成为优先讨论的议题。两国元首借此访之机进一步巩固同盟关系。美韩双方提出将进一步扩展经贸往来，加强两国在全球公共卫生、网络安全、气候变化、能源以及空间合作等领域的合作。美国助理国务卿表示，在美国“亚太再平衡”的战略中，韩国具有非常重要的地位，美韩同盟关系对于维护朝鲜半岛局势稳定起到了重要作用。

特鲁多当选加拿大新总理

10 月 19 日，第 42 届加拿大联邦议会选举举行选举开票。特鲁多领导的自由党赢得多数席次，击败现任总理哈珀旗下的保守党。贾斯廷·特鲁多成为加拿大新一任总理。本次选举中，自由党打出了“真正的变革”的口号，其竞选标语“真改革”（Real Change）呼应奥巴马成功的竞选标语“希望和改变”，并誓言帮助中产阶级实现变革，被认为顺应了选民变革的心愿。特鲁多承诺，加拿大将撤出轰炸极端组织“伊斯兰国”，但将继续提供人道主义援助和训练，履行在竞选中对选民提出的结束空袭的承诺，但他尚未给出撤出的时间表。此外，他称将领导一个“建设性”的政府风格，发挥更大建设性的作用。

危地马拉总统大选

10 月 26 日，危地马拉总统大选第二轮投票结果揭晓，前喜剧演员、反对党国家融合阵线候选人吉米·莫拉莱斯获得 69% 选票，击败前第一夫人、全国希望联盟候选人桑德拉·托雷斯。由于首轮总统选举投票中没有候选人得票率超过 50%，按照选举法规定，得票前两位的总统候选人进入第二轮角逐。莫拉莱斯表示，作为总统，他将接受危地马拉人民的委托，打击贪腐之风。选民也表示，这是历史性投票，是对人们变革希望的回应。

委内瑞拉和圭亚那争端

7 月 6 日，委内瑞拉总统马杜罗在全国代表大会特别会议上发表讲话，称国际上有人企图利用委内瑞拉与邻国的领土争议。马杜罗总统宣布召回委内瑞拉驻圭亚那大使，并下令外交部就委圭两国关系进行全面审议。委内瑞拉与圭亚那一直对两国交界之处的埃塞奎博地区存在着领土争议。此前，圭亚那附近海域发现储量丰富的海底石油，埃克森美孚与圭亚那政府合作，在这一海域进行石油开采。委内瑞拉发表声明，认为埃克林美孚石油勘探海域属于埃基奎博地区的领海，要求该企业停止在那里的石油开采。5 月，委内瑞拉总统马杜罗颁布法令，宣布建立一体化国防计划。新的国防计划涵盖有争议的埃塞奎博地区及其附近海域，这一计划立即引起圭亚那政府的抗议，称这一做法违反国际法，威胁地区和平与安全。

委内瑞拉与哥伦比亚边境危机

9月8日，联合国表示，委内瑞拉和哥伦比亚之间的边界冲突正在不断恶化，目前已有超过2万名哥伦比亚人逃离或者被驱逐出委内瑞拉。委内瑞拉和哥伦比亚之间的边界危机最初是由1个未经确认的团伙袭击委内瑞拉的缉私巡逻队引发的。袭击造成3名委内瑞拉士兵和1位平民受伤。委内瑞拉总统马杜罗谴责哥伦比亚右翼准军事部队发起了此次袭击，并于8月19日下令关闭了部分边境。委方开始驱逐无合法身份的哥伦比亚公民，此举引发哥方强烈抗议，谴责这一做法带来的“人道主义危机”。两国目前冲突的焦点在于重启边境通道和保护被驱逐公民人权问题。

希拉里宣布参选美国总统

4月12日，美国前国务卿、民主党人希拉里·克林顿正式宣布参选2016年美国总统大选。她的两名高级顾问表示，希拉里的选战将聚焦加强中产阶级安全保障，扩大劳工家庭机会，增加美国家庭收入的方法，扩大儿童早期教育的重要性，以及让人民更能负担得起高等教育费用。

以色列总理访美

3月1日，以色列总理内塔尼亚胡启程访问美国。尽管他受到共和党邀请在国会演讲，但美国总统奥巴马、副总统拜登和50多名民主党议员缺席演讲，也凸显出内塔尼亚胡和奥巴马之间的紧张关系白热化。内塔尼亚胡强力呼吁美国国会帮助他阻拦“美国同伊朗达成核协定”。内塔尼亚胡警告说，目前正在讨论的伊朗核协议并没有起到阻挡的作用，而是有可能“为伊朗走向核弹铺路”。内塔尼亚胡在华盛顿表示，他深深感激华盛顿对以色列的支持，也不想将以色列问题注入美国的“两党之争”。他认为，与美国的分歧是出于不同观点，华盛顿担心的是“安全”，而以色列必须担心“生存问题”。他重申伊朗是“国家恐怖主义的首要资助者”并“对世界构成威胁”，如果伊朗获得核武器将谋求摧毁以色列。针对内塔尼亚胡的表态，美国总统国家安全事务助理苏珊·赖斯强调，“一个糟糕的协议比没有协议好”，表示“高声大嗓不能阻止伊朗获得核武器，强大的外交压力才行；如果外交努力失败，也要让全世界都知道责任在伊朗方面”。美国国务卿克里也一再强调，美国能够接受的任何伊朗核协议“将使得国际社会尤其是使以色列更安全”。

印度总理首访加拿大

4月15日，印度总理莫迪飞抵加拿大，进行为期3天的访问。莫迪在加拿大《环球邮报》上撰文说，印加两国紧密的战略伙伴关系是天然的，希望此访能将两国战略伙伴关系提升到新水平。莫迪此次访问加拿大：一是希望吸引加拿大的投资，帮助印度加强基础设施建设；二是希望拿到加拿大的铀原料，满足印度国内能源需求，促进印度经济发展。对于加拿大哈珀政府来说，一方面，要实现加拿大出口的多元化，不能忽视亚洲新兴经济体的巨大市场；另一方面，正值加拿大大选之年，拉近同印度的关系有助于争取加拿大120万印裔选民的支持。莫迪访问期间，两国共签署6份合作协议，涉及民用航空、教育、社会安保等方面的投资与合作。其中最受关注的是“加印核合作协议”。根据协议，加拿大最大铀生产商卡梅科公司将在未来5年内向印度民用核设施提供700万磅浓缩铀，这将为印度提供大量核原料，也将为加拿大未来参与印度的核电建设提供机遇。这是自1973年时任印度总理英迪拉·甘地访加后，42年来首位印度总理到访，印加两国对此都极为重视。

（本章综述撰写：李洪波；词条编撰：郭瑞然、潘远强）

大洋洲地区

一、形势综述

2015 年大洋洲地区各国政治局势平稳，经济发展增速放缓，大力推行全方位外交，与周边国家防务合作不断拓展。

（一）特恩布尔击败阿博特，成为澳大利亚新总理

2015 年，阿博特总理的民意支持率持续下跌，前通讯部长马尔科姆·特恩布尔成为取代阿博特的主要人选。2015 年 8 月的一项民意调查显示，澳大利亚选民最希望他当总理，其后依次为阿博特和外长毕晓普。[①] 9 月 14 日，澳大利亚执政党自由党举行党内投票，特恩布尔以 10 票的优势击败党首托尼·阿博特，并于 15 日正式宣布出任新一届总理。这也是澳大利亚联邦政府近两年来出任的第 4 位总理，国家领导人频频换人的现象引发各界关注。

特恩布尔上台后，颁布一系列新政，以期振兴低迷的国家经济，加强澳大利亚综合实力。12 月，澳政府开始实施“国家科技与创新计划”，其中包括对创业和商业经营的税收减免扶持，以及对教育公共设施的支持。特恩布尔曾支持工党的减排政策并因此在 2009 年党内投票中丢掉党首职位，他在气候变化问题上的立场备受关注。他上台后表示，自由党的气候变化政策设计得当，他将继续推行这一政策。澳政府不久前宣布，到 2030 年，澳大利亚将在 2005 年基础

① 中新网：《澳大利亚新总理宣誓就职》，http://www.chinanews.com/gj/2015/09-15/7524661.shtml。

上减排26%至28%。[1]

在对华外交上，特恩布尔表现严谨。特恩布尔于9月15日下午在议会答询时初步阐述了他的一些政策主张。他说，当今世界变化迅速，既提供了机会，也带来挑战。他敦促澳大利亚人抓住机遇，并特别敦促议会通过中澳自由贸易协定，因为这一自贸协定“是关乎澳大利亚未来繁荣的重要基石之一”。中澳自贸协定将进一步打开中国这个大市场的大门。特恩布尔今年曾在悉尼发表演讲，盛赞中国在第二次世界大战中的关键作用，并提醒澳大利亚人不要忘记中国是澳大利亚在二战期间坚持最久的盟友。特恩布尔说：“没有中国面对日本侵略者的坚韧和勇气，我们的战争历史将以完全不同的形式结束。”他强调：“最重要的是，在我们最黑暗的时刻，在敌人已经抵达我们家门口、我们的城市遭受直接的军事袭击之时，在那个历史转折点，中国是我们坚定而不倦的盟友。”

（二）澳新经济增速放缓，大力加强对华经济合作

2015年，受到多重因素影响，澳大利亚与新西兰经济增速放缓，两国通过实施宽松货币政策、扩大外贸、增加内需等多种手段提振经济，与中国在经济领域的合作不断加强。

1. 澳大利亚经济面临考验，新西兰经济仍然保持较高增速

2015年，澳大利亚经济形势增速放缓，但好于预期。澳大利亚经济主要面临大宗商品价格暴跌、矿业投资显著下滑与财政政策重新收紧三重考验。摩根斯坦在年初预测，2015年澳大利亚GDP增速将降至1.5%，将是2009年以来最糟糕的一年，通胀水平将由目前的2.3%下降至1.8%，澳元兑美元汇率将由目前的1澳元兑81美分

---

① 新华网：《特恩布尔宣誓就任澳大利亚总理》，http://news.xinhuanet.com/mrdx/2015-09/16/c_134629192.htm。

下滑至1澳元兑76美分，而失业率也会从当前的6.3%上升至6.8%。[①] 但澳大利亚经济实际表现明显好于预期。澳大利亚统计局于2015年12月2日宣布，在继第二季度经济增长了0.3%之后，澳大利亚在2015年第三季度的经济增长加快至0.9%，这主要是得益于出口的激增，以及强劲的私人消费支出。在这一年时间里，澳大利亚的国内生产总值（GDP）同比增长了2.5%。[②] 出口方面，受采矿业带动，贡献了1.5个百分点的增长，这是该行业自2009年以来贡献最大的一次。但商业投资增长下降了0.6个百分点，已经连续5个季度负增长，这主要是由于在经历了连续10年的增长之后，开采矿业开始走下坡路。澳洲储备银行（RBA）行长格伦·史蒂文斯在这一系列数据公布之际在珀斯表示："这些都不是糟糕的结果"，"这比我们的预期的还要高一点"。[③]

2015年，新西兰经济依然保持增长，增速高于邻国澳大利亚以及其他大多数发达国家。保持相对偏紧的货币政策以及稳步扩张固定投资是新西兰经济的重要拉动因素。2015年年初，联合国《2015年世界经济形势与展望》估计，新西兰2015年GDP增速将高达3.5%，高于2014年的3.0%。[④] 由于受到中国与澳大利亚经济增速放缓影响，新西兰经济实际表现低于预期。8月，新西兰财政部公布的月度经济指标指出，新西兰第二季度国内生产总值（GDP）预计增长0.6%，低于财政部预算更新计划的预估。而由于国内需求疲

---

① 海外置业网：《2015年澳洲经济形势不被看好》，http://www.dtrealtyhub.com/investment/xinwen/730.html。

② 科技世界网：《澳大利亚2015年第三季度经济增长加速》，http://www.twwtn.com/Finance/316_297826.html。

③ 科技世界网：《澳大利亚2015年第三季度经济增长加速》，http://www.twwtn.com/Finance/316_297826.html。

④ 和讯网：《联合国预计2015年新西兰经济增长高于其他发达国家》，http://news.hexun.com/2015-01-14/172367870.html。

软，2015年全年经济增长恐怕仅增长2.0%。[1] 下半年新西兰经济有所反弹，统计局12月17日公布的最新数据显示，受服务业和制造业拉动，2015年第三季度，新西兰国内生产总值（GDP）增幅为0.9%。新西兰财政部长比尔·英格利希当天在一份声明中表示，第三季度GDP增幅高于财政部先前预计的0.6%。[2] 统计显示，新西兰服务业产值第三季度增长0.9%，其中商务服务、零售、酒店住宿和交通领域增幅较大。统计局分析，服务业增长主要由于国际旅客数量增加及国内需求增长。另外，第三季度，新西兰制造业产值增长2.8%，其中食品、饮料和烟草生产延续2012年3月以来的增长势头。制造业增长在一定程度上抵消了建筑业下滑的影响。财政部预计，新西兰经济将保持扩张势头。[3]

2. 澳新对华合作不断加强，多种手段提振经济

为保持经济持续增长，澳新等国加大对华经济合作力度，拓展国内消费需求，多种手段助推经济。澳大利亚认识到亚太地区存在着基础设施投资的迫切需求，作为亚太地区的重要经济体，加入亚投行将使本国经济获得新增长。3月24日，澳大利亚联邦内阁批准了签署加入亚洲基础设施投资银行的谅解备忘录，为进一步密切与亚洲的经贸关系奠定基础。中国是澳大利亚的重要经济伙伴，2015年，澳大利亚加大了与中国在贸易、投资等方面的合作力度。6月，中澳两国正式签署《中华人民共和国政府和澳大利亚政府自由贸易协定》。12月20日，中澳自贸协定正式生效，生效当天实施第一步

---

① 新浪网：《新西兰财政部：2015年经济增长或仅为2.0%》，http://finance.sina.com.cn/money/forex/hbfx/20150831/172523128848.shtml。

② 新华网：《新西兰今年第三季度经济增长0.9%》，http://news.xinhuanet.com/ttgg/2015-12/17/c_1117498854.htm。

③ 新华网：《新西兰今年第三季度经济增长0.9%》，http://news.xinhuanet.com/ttgg/2015-12/17/c_1117498854.htm。

降税。中澳自贸协定项下，5662 个税号项下中国原产货物、2402 个税号项下澳大利亚原产货物将在对方立即享受零关税。在投资基础设施方面，10 月，中国岚桥集团（Landbridge Group）出资 5.06 亿澳元（合 3.70 亿美元）获得澳大利亚北部达尔文港的长期租赁权。2014 年 4 月，招商局集团与澳大利亚基金管理公司 Hastings Funds Management 共同出资 17.5 亿澳元，购买新南威尔士州纽卡斯尔港的租赁权，该港拥有世界最大的煤炭出口码头。2015 年，根据协议条款，北领地政府将把达尔文港租赁给岚桥集团，租期为 99 年。拓展内需也是澳大利亚推动经济复苏的重要举措。6 月，澳大利亚政府颁布北部大开发白皮书，提出未来 20 年北部发展愿景和蓝图。澳大利亚北部地区包括北领地全部和昆士兰、西澳部分地区。北部开发计划包括打通影响发展的六大瓶颈：改善繁杂的用地法规制度，加大水资源开发利用，扩大商业、贸易和投资，增加基础设施降低经营和生活成本，取消用人障碍，以及提高执政水平。该白皮书新提出了金额达 12 亿澳元的投资计划，作为对之前 50 亿澳元基础设施投资（占全国基设投资预算的 1/10）的补充，最大项目是 30 亿澳元的布鲁斯高速公路，其他项目包括西北部沿海公路（1.72 亿澳元）和北领地公路建设（900 万澳元）。

2015 年，新西兰也积极参与亚投行筹建。6 月 15 日，新西兰政府宣布正式加入中国牵头的亚洲基础设施投资银行（简称亚投行）以促进与该区域的关系与贸易。新西兰外交部长玛丽·马库里称，“亚洲地区一直在推动全球经济的成长，该地区的发展缓解了瓶颈并改善了生活水平，使得新西兰将从中受惠，而亚投行将让现有机构如虎添翼，必将为亚洲地区的基础设施发展作出重大贡献。”新西兰将在未来 5 年认缴资本 1.25 亿新西兰元（约合人民币 5.4 亿元）。

（三）澳大利亚继续拓展全方位外交，平衡与欧亚关系

2015 年，特恩布尔政府延续了阿博特政府的全方位外交政策，

在继续发展与欧美传统关系的基础上，大力拓展与亚洲国家关系。

1. 澳大利亚与欧美关系持续加强

4 月 21 日，澳大利亚外长朱莉·毕晓普访问法国。双方表示两国关系因战略合作变得更为巩固。法国与澳大利亚在伊拉克、伊朗以及恐怖主义等众多国际问题上观点一致。两国表态称希望在诸如防卫事务等相关议题上加强合作。

澳美同盟一直是澳大利亚外交与防务政策的基石，2015 年，澳大利亚通过扩大例行军演规模、参与空袭“伊斯兰国”目标、支持美国的南海行动、领导人会晤等方式，继续强化与美国的同盟关系。7 月 5 日，美国、澳大利亚、日本和新西兰在澳北领地和昆士兰州开启为期两周的大规模联合军演，参演总兵力超过 3 万人，其中日本陆上自卫队和新西兰军队为首次参加。美军第七舰队指挥官罗伯特·托马斯在参演的美国海军“蓝岭”号两栖指挥舰上表示，2015 年的演习是历届“护身军刀”演习中规模最大的一次。2015 年，为配合美国在中东的行动，澳空军将把在伊拉克的行动扩展至叙利亚。9 月，澳大利亚战斗机首次对叙利亚境内的“伊斯兰国”目标进行了空袭，摧毁了一辆“伊斯兰国”装甲运兵车。在南海问题上，澳大利亚保持了与美国一致的立场。澳大利亚新总理马尔科姆·特恩布尔把中国在南海的“填海”行动说成是“适得其反”，在东亚峰会期间警告中国，认为中国在南海的行动有可能直接导致战争。此外，防长玛丽斯·佩恩誓言坚定支持美国的行动，以确保在这些水域“畅通无阻的贸易、航行 和飞越自由”。为证明自己的立场，澳大利亚甚至表示有可能在南海实施自己的“航行自由”行动。11 月 17 日，在参加马尼拉 APEC 会议期间，澳大利亚总理特恩布尔总理与美国总统奥巴马实现了第一次正式会晤，他们探讨了双边贸易、伊斯兰国恐怖主义以及国防合作问题。奥巴马邀请特恩布尔 2016 年访问华盛顿，凸显出澳美关系持续加强。

2. 澳大利亚与周边国家外交和防务关系不断拓展

2015 年，澳大利亚政府延续全方位的对外政策，重视发展与亚洲国家关系，与中国、印度、日本、韩国、新加坡、越南的双边关系不断深化，在各个领域都取得了丰硕成果。

在继 2014 年中澳战略伙伴关系提升为全面战略伙伴关系之后，2015 年，澳大利亚致力于全面推动中澳关系发展，力图在美国与中国之间保持平衡。10 月底，在南海局势紧张之际，澳大利亚按照原定计划，派遣海军“阿兰塔”号、“斯图尔特”号护卫舰于 10 月 31 日抵达湛江港，对南海舰队展开了为期 3 天的友好访问。从 11 月 2 日开始，澳舰艇与中国海军在南海开展包括实弹演练在内的一系列课目。澳外长毕晓普在接受媒体采访时表示，“我们与美国海军有联合演习，现在与中国海军也有联合演习。我们将在南海继续如此下去。”[①] 11 月中旬，国家主席习近平在土耳其安塔利亚与澳大利亚总理特恩布尔会面。特恩布尔表示，当前澳中全面战略伙伴关系发展良好。澳各党派均致力于发展强有力的澳中关系。澳方愿同中方密切高层交往，深化同中方政治、经济等各领域合作。澳议会已批准澳中自贸协定，相信这一协定必将提高两国经贸合作水平。11 月底，中澳两国举行了第 18 次防务战略磋商并取得重要成果。

澳大利亚继续重视发展与印度、日本与韩国的外交关系，努力拓展在防务领域的合作。4 月，澳大利亚外长毕晓普访问印度，巩固澳印两国之间近来签署的一系列经济和国防合作协议，期间还就澳大利亚向印度出售铀矿石以做民用用途一事达成相关细节。毕晓普在访问印度期间，与印度外长斯瓦拉杰举行会谈，促进达成核能合作协议。9 月 11 日，印度和澳大利亚海军举行首次联合海上军事

---

① 网易：《微妙时刻，中澳如约南海军演》，http://news.163.com/15/1109/17/B80DTS8F00014AEF.html。

演习。这场演习在孟加拉湾的维沙卡帕特南港举行，澳大利亚派出P-3反潜巡逻机、一艘“柯林斯”级潜艇、一艘油轮以及护卫舰参演，印方则派遣了P-8反潜巡逻机以及国产军舰参加军演。此次军演包括海面和岸上演练，还包括沙盘推演、场景规划，以及海上、地面和反潜作战。在对日关系方面，澳大利亚显著加强了与日本的双边防御合作。7月，澳大利亚首次邀请日本“护身军刀”参加美澳联合军事演习，日本陆上自卫队派出离岛防卫专门部队“西部方面普通科连队”等约40人参演。11月，澳大利亚与日本外长、防长磋商在悉尼召开，双方在加快促进日澳双方《访问部队地位协定》签订一事上达成一致。该地位协定将使得部队在外国从事军事活动时无须进行双方协商这一协定签署后，日澳两国军队在日本国内举行军事演习等，不需要事先进行政府审批手续便可实行。与此同时，日澳两国还在制定支援太平洋岛国社会基础设施建设等的共同战略上达成了一致。9月11日，韩国外长尹炳世和防长韩民求访问澳大利亚，共同出席在悉尼举行的韩国和澳大利亚外交与国防“2+2”会议。会议结束后，两国共同发表《韩国—澳大利亚安全及防务合作蓝图》。两国防长在会谈上签署《关于韩国和澳大利亚军事教育交流的协议》，协议主要内容包括免除军事教育费用，提供医疗援助，简化行政程序等。

2015年，澳大利亚与新加坡建立全面战略伙伴关系，并不断扩大与越南的防务合作。6月29日，澳大利亚与新加坡正式签署全面战略伙伴关系协定，标志着两国关系进入一个新阶段。两国将在接下来一年内专注于重新检讨新澳自由贸易协定，并且探讨扩大新加坡武装部队使用澳大利亚训练设施规模的可行性。3月18日，越南总理阮晋勇访问澳大利亚，时任澳大利亚总理阿博特当天在举行联合记者会时宣布，越南派出120名军方人员到澳大利亚接受培训，并与澳方在澳大利亚举行联合军事演习。

（三）澳大利亚持续推进军备建设，改革反恐预警制度

在武器装备方面，澳大利亚第二艘两栖攻击舰“阿德莱德”号12月4日正式加入澳大利亚皇家海军，“阿德莱德”号入役标志着澳大利亚防卫能力的转型。她将同姊妹舰“堪培拉”号共同为澳大利亚皇家海军服务。澳大利亚两栖攻击舰能够在海上扮演各种角色，并按不同任务需求进行系统配置，完成人道主义救援、灾难援助、维护印度洋—太平洋地区安全与稳定、防卫本土等一系列海上任务。借助“阿德莱德”号，超过1000名的士兵可通过崭新的登陆艇、直升机被运送上岸执行任务。

在国内安全方面，为了提高反恐行动的效率，澳大利亚开始采用新的预警制度。7月23日，澳大利亚时任总理阿博特和澳6个州、2个领地的地方政府首脑决定，澳大利亚将在2015年下半年起采用新的恐怖主义预警制度，实行五级预警制度来取代现有的四级预警制度。由原来的“低、中、高、极高”，修改为现在的“预计无恐袭、有可能、很有可能、预计将发生、确定会发生”。政府将在每次调整恐袭预警等级时提供更多信息，其中包括潜在威胁来源、可能袭击目标和袭击手段等。

（四）瓦努阿图与澳大利亚遭受严重自然灾害

与前几年相比，大洋洲地区2015年遭受自然灾害的次数较少，但是瓦努阿图遭受超强台风袭击，造成巨大损失，澳大利亚受厄尔尼诺影响较为严重。

2015年3月13日，瓦努阿图首都维拉港遭受超强台风“帕姆”袭击，造成8人丧生，同时约90%房屋遭到损坏。“帕姆”为热带气旋最高等级“超强台风”，中心附近持续风力最大可达每小时270千米。它偏离原本行进路线，3月12日在瓦努阿图北部省份佩纳马

登陆，当地时间 13 日晚袭击多个人口稠密地区，横扫维拉港并继续以大约 30 公里的时速南下。瓦努阿图人口 26.7 万，分布在 65 个岛屿，其中维拉港人口大约 4.7 万。国际慈善组织救助儿童会和乐施会澳大利亚分部声明，维拉港 90% 的房屋被风暴破坏或摧毁，[①] 这可能是太平洋上发生的最严重的灾难之一，瓦努阿图将需要大规模人道主义援助以便重建家园和生活。在参加联合国世界减灾大会时，瓦努阿图总统朗斯代尔向国际社会发出求援："今天，我怀着非常沉重的心情向你们讲话……我代表（瓦努阿图）政府和人民请求，希望国际社会给予帮助，以应对这次灾难。"

根据澳大利亚气象局 2016 年 1 月 6 日公布的数据，受厄尔尼诺现象影响，刚刚过去的 2015 年是澳大利亚历史上第五炎热的年份。[②] 气象局的高级气候学家特利文表示："从气温上来说，去年被分成了两半——比较凉爽的上半年和一个非常温暖的下半年。"澳大利亚 2014 年 9 月至 11 月的春季气候十分温暖，是有记录以来第三炎热的春天。这种情况导致整个澳大利亚南部地区经历了一个火灾高发季节。在主要州府城市中，悉尼经历了有记录以来第三温暖的年份，仅次于 2013 年和 2014 年创下的高温记录。而整个新南威尔士州的气温高出平均水平 1 度，是有记录以来第七炎热的年份。墨尔本全市的最高气温高出平均水平 0.5 度至 1 度。而维多利亚州也比往常温度高出 1 度，经历了有记录以来第七炎热的年份。布里斯班 2014 年的气温接近平均值，而全州气温则是有记录以来第三温暖的年份。

① 新华网：《风暴袭击瓦努阿图，首都九成房屋受损》，http://news.xinhuanet.com/world/2015－03/16/c_127582933.htm。

② 中新网：《厄尔尼诺令 2015 年成为澳大利亚史上第五炎热年份》，http://finance.chinanews.com/gj/2016/01－06/7704267.shtml。

二、重大事件词条

澳大利亚第二艘两栖攻击舰正式服役

12 月 4 日，澳大利亚第二艘两栖攻击舰“阿德莱德”号正式加入澳大利亚皇家海军。“阿德莱德”号入役，标志着澳大利亚防卫能力的转型。她将同姊妹舰“堪培拉”号共同为澳大利亚皇家海军服务。澳大利亚两栖攻击舰能够在海上扮演各种角色，并按不同任务需求进行系统配置，完成人道主义救援、灾难援助、维护印度洋—太平洋地区安全与稳定、防卫本土等一系列海上任务。借助“阿德莱德”号，超过 1000 名士兵可通过崭新的登陆艇、直升机被运送上岸执行任务。“阿德莱德”号同时还拥有医疗设施，设有两间手术室和拥有 8 张病床的危症监护病房以及一系列其他病房，可提供军民两用医疗服务。

澳大利亚发布《能源白皮书》

4 月 8 日，澳大利亚政府发布《能源白皮书》，呼吁州政府将所有电力设施私有化以降低居民电价。白皮书指出，地方政府公有的电力公司扼杀了供电领域的竞争，导致居民电价飙升。澳大利亚居民电价自 2005 年开始上涨，2013—2014 年度涨幅高达 50%，涨价的主要原因是电力公司投入资金扩建电网。白皮书说，有证据表明，私人电网生产效率更高，政府应减少在能源市场的行政干预，实行私有化，鼓励更多竞争和创新，以更低价格供应能源。白皮书表示，政府将对所有能源形式采取中立态度，不会给予某一种能源以优先地位。在可再生能源变得更具有竞争力之前，化石能源、特别是煤炭仍将“在为全世界提供低价能源方面发挥至关重要的作用”。

澳大利亚发布《农业竞争力白皮书》

7 月 4 日，澳大利亚政府发布《农业竞争力白皮书》，内容涉及促进农业的税费改革和公平竞争、基础设施建设、自然灾害管理、智能化农业和海外市场开拓等，旨在全面提升澳大利亚农业在全球农业市场的竞争力。澳大利亚总理托尼·阿博特在白皮书发布会上说："白皮书的发布是我们建立一个强大、安全、经济繁荣的澳大利亚的重要计划之一。"他还表示，白皮书会让澳大利亚的农业更有竞争力，农产品出口将稳步增长。白皮书涉及的第一个农业优先领域是税费改革和建立公平的市场规则。澳大利亚政府将投入约1140万澳元促使澳大利亚竞争和消费者委员会与农业部联合成立新的委员会，监督农业供应链的公平贸易和竞争。报告中的第二个优先领域是水利、港口和通讯设施的建设。政府投入5亿澳元建立国家水利基础设施基金会，确保在未来提供农业用水安全。白皮书中还提到政府已经投入大量资金建设港口和通讯基础设施。白皮书中涉及的第三个农业领域是干旱和其他自然灾害的预防管理。澳政府将持续11年每年投入2.5亿澳元优惠贷款应对干旱问题。政府增加330万澳元投资用于自然灾害预报，让农民准确做好预防工作。政府还投入大量资金建设预防灾害设施。政府准备4年出资2580万澳元用于旱灾地区的虫害等管理。白皮书指出，澳大利亚农业需要更先进的技术，建立智能化农业。

澳大利亚举行澳新军团100周年纪念活动

4月25日，澳大利亚举行澳新军团100周年纪念，全国多达27.5万民众参与了此次活动。澳新军团日是澳大利亚最重要的节日之一，起源于第一次世界大战中的加里波利战役。为战胜土耳其防军，澳大利亚与新西兰联合军团浴血8个月，多达8709人阵亡。此次战役展示了战士们的勇气和无私，形成了鼓舞澳大利亚人民的"澳新军团精神"。

澳大利亚前总理马尔科姆·弗雷泽逝世

3月20日，澳大利亚前总理马尔科姆·弗雷泽办公室发表声明宣布，弗雷泽于当日早晨去世，享年84岁。时任澳大利亚总理阿博特宣布澳大利亚于20日暨弗雷泽葬礼当天下半旗志哀。弗雷泽1930年5月21日生于一个富裕牧场主家庭，25岁当选澳大利亚联邦众议员。1975年，澳大利亚爆发政治危机，工党总理惠特拉姆被总督解职，反对党领袖弗雷泽成为看守内阁总理，即澳大利亚第22位总理。同年12月，弗雷泽率自由党赢得大选，担任总理直至1983年。执政期间，弗雷泽致力重建政治秩序。他被认为是一位充满争议的总理，政治手段强硬，经济立场保守；在社会问题上持自由派观点，拥抱多元文化，主张将土地权归还土著居民，极力反对南非种族隔离制度，推动澳大利亚在释放纳尔逊·曼德拉问题上向南非政府施压。卸任总理职务后，弗雷泽成为难民人权、土著人权利、环境保护方面的强力推动者，对本党总理霍华德颇多批评，更是在2010年以理念不同而退出自由党。

澳大利亚实施新恐袭预警制度

11月26日，澳大利亚总检察长乔治·布兰迪斯和司法部部长迈克尔·基南共同宣布，从即日起澳大利亚开始实施新的恐怖主义袭击预警制度。布兰迪斯和基南在联合声明中说，实施新的恐怖主义袭击预警制度，旨在为公众提供关于当前澳大利亚所面临威胁的尽可能多的信息。根据新预警制度，恐袭威胁将分为预计无恐袭（绿色）、有可能（蓝色）、很有可能（黄色）、预计将发生（橙色）、确定会发生（红色）5个等级。根据新预警制度，当前威胁等级为：很有可能。这一评级是基于澳大利亚安全情报局的评估所作出的，意味着有个人或团体已经发展出在澳大利亚实施恐怖主义袭击的意愿和能力。声明说，政府并非因得知具体袭击信息而调整恐袭预警制度。2015年1月，澳大利亚政府对反恐机制进行评估后决定调整预警制度，联邦政府首脑及6个州、2个地区的地方政府首脑于7月就此达成共识。新制度将原有全国恐袭预警制度和公众预警制度合二为一，便于理解和操作。此后，澳大利亚政府发布恐袭预警时都会同时作出解释，包括威胁来自何处、可能的目标以及恐怖分子渗透的手段等。此外，澳政府还设立了全国安全热线，呼吁公众保持警惕，举报可疑事件。

澳大利亚外长访问法国

4月21日，澳大利亚外长朱莉·毕晓普访问法国，法国外长法比尤斯接见了她，并赞赏两国之间的卓越关系。双方表示，三年来两国关系因战略合作变得更为巩固。在众多国际问题上，法国与澳大利亚观点一致，如伊拉克问题、伊朗问题以及恐怖主义问题。两国表态称希望在诸如防卫事务等相关议题上加强合作。法比尤斯称，法国十分荣幸成为为澳大利亚潜艇舰队更新提供报价的3个国家之一。他表示，自己坚信法国的报价将满足澳大利亚军工的需求。毕晓普则表达了自己对民主价值的赞赏，并对此前《查理周刊》遭遇的恐怖袭击事件发起谴责。她指出，没有任何理由可以为如此粗野的行为开脱，澳大利亚在反对极端暴力行径及恐怖主义方面永远站在法国一边。

澳大利亚外长访问印度

4月14日至16日，澳大利亚外长毕晓普对印度进行为期3天的访问，以巩固澳印两国之间近来签署的一系列经济和国防合作协议，期间还就澳大利亚向印度出售铀矿石以做民用用途一事达成相关细节。毕晓普在访问印度期间，与印度外长斯瓦拉杰举行会谈，以促进达成核能合作协议。为了能进行核能合作以加强两国之间的关系，澳大利亚早前还撤除了一个重要的条款障碍。访问期间，毕晓普还与印度国防部长帕里卡尔举行会晤，讨论如何实施澳大利亚和印度之间在莫迪2014年11月访澳期间所签署的国家安全合作协议。

澳大利亚向尼泊尔提供500万美元援助

4月26日，澳大利亚外长毕晓普称澳方将向尼泊尔提供500万美元用于对尼泊尔地震的援助。毕晓普在一份声明中表示，共计有

549 名澳大利亚人注册在尼泊尔旅行，工作人员正在困难的条件下努力寻找仍在尼泊尔的澳大利亚公民。目前，已经确认了超过 200 人的安全。声明还称，澳大利亚政府将向尼泊尔提供即时的人道主义援助，澳大利亚的危机应对小组将前往尼泊尔，尽快确认仍然失踪的澳大利亚人的情况。在加德满都的澳大利亚大使馆，2 名人道主义专家正在与尼泊尔当局和其他捐助者合作，评估灾难的严重程度。在澳方提供的 500 万美元援助中，包括 250 万美元以协助澳大利亚的非政府组织、200 万美元支持联合国伙伴，以及 50 万美元以支持澳大利亚红十字会。

澳大利亚议会批准中澳自贸协定

11 月 9 日，澳大利亚联邦议会参议院通过与中澳自贸协定相关的议案，结束了该国国内对此事旷日持久的争论。这意味着中澳自贸协定已获澳立法机构批准，只待中方立法机构批准即可生效。中澳自贸谈判始于 2005 年，那时执政的是霍华德领导的联盟党政府。2007 年，工党在陆克文率领下，赢得大选，也接过了中澳自贸的谈判。自此到 2013 年，工党执政 6 年，但中澳自贸谈判一直难有进展，其主要障碍是工党政府无法突破两个难题：一是如何对待中国的国有企业，二是劳工问题，后者尤其是重点。2013 年，联盟党赢得大选、实现政党轮替，中澳自贸谈判的进度大大加快。2015 年 6 月，中澳两国政府正式签署自贸协定。围绕该协定，澳大利亚国内最大的争议是劳工方面的条款。澳大利亚工会担心自贸协定会带来华工的大量涌入，冲击澳洲本土的就业机会与薪资水平。工党担心自贸协定导致中国工人拥入，从而威胁本国人就业机会。10 月 21 日，执政党自由党与工党就保护澳大利亚本地劳工就业机会达成一致，之后众议院于 10 月 22 日通过相关议案。

澳大利亚与韩国举行“2 +2”会谈

9 月 11 日，韩国外长尹炳世和防长韩民求访问澳大利亚，共同出席在悉尼举行的韩国和澳大利亚外交与国防“2+2”会议。韩国和澳大利亚2013年7月举行了首届外交与国防“2+2”会议，之后该会议每两年举行一次。尹炳世和韩民求同澳大利亚外长毕晓普和国防部长安德鲁斯就半岛安全局势、两国国家安全合作方案进行讨论。会议结束后，两国共同发表《韩国—澳大利亚安全及防务合作蓝图》。两国防长在会谈上签署《关于韩国和澳大利亚军事教育交流的协议》，协议主要内容包括免除军事教育费用、提供医疗援助、简化行政程序等。

澳大利亚与日本举行“2+2”会谈

11月22日，澳大利亚与日本外长、防长磋商（简称“2+2”会谈）在澳大利亚的悉尼召开，双方在加快促进日澳《访问部队地位协定》签订一事上达成一致。日媒称，双方计划在12月澳大利亚总理特恩布尔访日时达成大体一致，而这也将成为日本首次签订的双向地位协定。日媒表示，同为美国盟国的日本及澳大利亚两国寻求借此在部队运用及装备等方面建立“准同盟”关系，以便形成亚太地区的美、日、澳铁三角关系。据悉，该地位协定将使得部队在外国从事军事活动时无须进行双方协商，而可以根据这一协定事先实施行动，包括军用车辆在对方国家的公路上行驶，训练时使用的电波数可以共用，在遭遇事故和事件时可以联合行动。这一协定签署后，日澳两国军队在日本国内举行军事演习等，不需要事先进行政府审批手续便可实行。与此同时，日澳两国还在制定支援太平洋岛国社会基础设施建设等的共同战略上达成了一致。出席此次会议的日方出席人员有外相岸田文雄、防卫相中谷元，澳大利亚方则有外长毕晓普、国防部长佩恩出席。

澳大利亚与新加坡正式签署全面战略伙伴关系协定

6月29日，澳大利亚与新加坡正式签署全面战略伙伴关系协定。此协定将为两国关系接下来10年内的发展定下更具体的指路标。两国部长将在接下来一年内专注于重新检讨新澳自由贸易协定，并且探讨扩大新加坡武装部队使用澳大利亚训练设施规模的可行性。李显龙总理与目前在新加坡访问的澳大利亚总理阿博特在总统府进行首脑会议后，在联合记者会上对新澳两国达成的这项“双赢”协定作出积极的阐述。李显龙与阿博特已分别指示新加坡外交部长尚穆根和澳大利亚贸易和投资部长罗布领导接下来12个月的磋商进程，在短时间内为两国人民带来更实际的利益。澳大利亚是新加坡的首个全面战略伙伴国。新加坡目前有3个战略伙伴国，即法国、越南和土耳其。

澳大利亚政府批准加入亚投行

3月24日，澳大利亚联邦内阁批准了签署加入中国牵头的亚投行的谅解备忘录。这意味着，又有一个美国在亚太的盟友“倒戈”，澳大利亚加入亚投行已经势在必行。由于亚投行由中国主导创立，美国担心其与自己把控的世界银行、IMF等形成竞争，影响美国对亚洲甚至世界经济金融的控制权、主导权，因此，美国从亚投行创立之初就一直劝阻盟友国家加入，澳大利亚等国在是否加入亚投行这一问题上态度摇摆。随着英国宣布计划成为亚投行的意向创始成员国，成为首个申请加入亚投行的主要西方国家，澳大利亚对亚投行的态度发生扭转。澳大利亚认识到在亚太地区存在着基础设施投资的迫切需求，作为亚太地区的重要经济体，澳大利亚加入亚投行意义重大。澳大利亚政府表示，将在五年时间内向亚投行出资9.3亿澳元（7.19亿美元），从而成为亚投行的第六大股东。

澳印首次举行海军演习

9月11日，澳大利亚和印度在孟加拉湾的维沙卡帕特南港举行首次联合海上军事演习。澳大利亚派出P-3反潜巡逻机、一艘“柯林斯”级潜艇、一艘油轮以及护卫舰参演。印方则派遣了P-8反潜巡逻机以及国产军舰参加军演。此次军演包括海面和岸上演练，还包括沙盘推演、场景规划，以及海上、地面和反潜作战。此次军演是澳大利亚和印度防务关系不断增强的证明，尽管堪培拉和新德里此前曾参加多边演习，但此次是两国举行的首次双边海上军演。印度和澳大利亚此次军演表明，两国之间战略关系不断增强，借以对抗中国在印度洋的行动。

澳越举行联合军演

3月18日，越南派出120名军方人员到澳大利亚接受培训，并与澳方在澳大利亚举行联合军事演习。时任澳大利亚总理阿博特当天在与到访的越南总理阮晋勇举行联合记者会时宣布这一消息。阿博特表示，很高兴看到两国正在建立高水平的互信与合作，尤其是考虑到历史问题。澳大利亚与越南曾是战场上的敌人，越南战争期间，澳大利亚派兵入越南作战，500多名澳大利亚士兵死在那里，另有数千人受伤。阮晋勇在记者会上说，双方还同意加强维和合作以及双方特种部队之间的合作，同时“就地区防御和安全合作机制相互积极支持和磋商”。

澳战机首次空袭叙境内IS目标

9月17日，澳大利亚国防部长安德鲁斯证实，澳大利亚战斗机首次对叙利亚境内的“伊斯兰国”（IS）目标进行了空袭，摧毁了一辆“伊斯兰国”装甲运兵车。安德鲁斯表示，两天前澳大利亚一架“大黄蜂”战斗机发射制导导弹，摧毁了一辆“伊斯兰国”装甲运兵车。他说，两架“超级大黄蜂”战斗机发现了这辆隐藏在建筑物里的装甲运兵车。在收到攻击授权后，其中一架“超级大黄蜂”战斗机发射导弹，摧毁了目标。美国、加拿大、土耳其和波斯湾国家战机已参与针对叙利亚境内“伊斯兰国”目标的空袭行动，法国战机也在叙利亚上空进行侦察飞行，为空袭进行准备。澳前总理阿博特此前证实，在美国的请求下，澳空军将把在伊拉克的行动扩展至叙利亚。

博鳌金融服务论坛在悉尼举办

7月29日至31日，由博鳌亚洲论坛与澳大利亚新南威尔士州政府共同主办的“博鳌亚洲论坛悉尼会议”在悉尼举行，会议主题为“亚洲经济合作新愿景”。来自亚太28个国家和地区的250余名代表齐聚悉尼四季酒店。7月30日至31日，由广东华兴银行承办的博鳌亚洲论坛悉尼会议隆重举行，期间邀请来自全球特别是亚太地区的政府官员、行业领袖和专家学者出席，共同商讨亚洲经济合作的新愿景。会议围绕“亚太经济合作新愿景”这一主题，设置“区域治理架构”、“互联互通与基础设施”两个全会议题，内容涉及审慎监管、粮食安全、风险管理、亚洲基础设施投资银行、促进增长、技术与创新、专业服务的新趋势等等。时任澳大利亚总理阿博特在开幕致辞中再度表达对中澳自贸协议的坚定支持，强调贸易自由化在促进澳洲经济增长上的核心意义，呼吁工党着眼澳洲整体长远利益，放弃政治成见，停止作出诋毁中澳FTA的行为。阿博特表示，国家经济发展的核心动力在于贸易，澳大利亚的繁荣源于贸易。博鳌亚洲论坛在澳洲举办亚洲经济合作新愿景会议，为亚洲地区经济合作搭建了各方沟通交流的平台，有利于促进亚洲经济体间的经济合作。

第七届日本与太平洋岛国论坛首脑会议

5月22日至23日，第七届日本与太平洋岛国论坛首脑会议在日本福岛县磐城市举行。本次峰会的主题为“共同构建繁荣未来”，由日本首相安倍晋三和太平洋14个岛国的领导人及澳大利亚、新西兰两国部长级官员参加。会议过程中，与会国家重点商讨了自然灾害防范、气候及环境变化、人文交流、可持续发展和海洋事务五个方面问题；日本首相安倍晋三宣布，未来三年将向这些太平洋岛国提供至少550亿日元（约合4.53亿美元）援助；会议还通过了《福岛磐城宣言》。有评论认为，安倍晋三将2015年、2016年两年视为“入常”关键之年，希望能借助经济援助等方式，谋求包括太平洋岛国在内的更多国家的支持。日本与太平洋岛国论坛于 1997 年举行首届首脑会议，之后每三年在日本举行一次。

第二届印度—太平洋岛国论坛

当地时间 8 月 21 日，第二届印度—太平洋岛国论坛在印度北部城市斋普尔（Jaipur）举行。来自斐济、马绍尔群岛、瑙鲁、纽埃、帕劳、巴布亚新几内亚、萨摩亚、图瓦卢、瓦努阿图、库克群岛、基里巴斯、密克罗尼西亚、所罗门群岛、汤加 14 个国家的领导人或代表参与了此次会议。第二届印度—太平洋岛国论坛的主要内容是，推进印度总理莫迪 2014 年 11 月访问斐济期间与太平洋岛国敲定的潜在合作项目，其中包括农业、食品加工业、渔业、太阳能、空间合作以及气候变化等领域。印度政策研究所 2014 年的一份统计报告显示，在 2005 年至 2012 年期间，印度为太平洋岛国提供的发展援助信贷额度为 5000 多万美元，资金援助为 1100 多万美元。由于太平洋岛国深受气候变化导致的海平面上升冲击，一些国家地势低洼的沿海地区已经出现海水倒灌的现象，不宜居住。在第二届印度—太平洋岛国论坛期间，太平洋岛国与印度就应对气候变化问题上的立场展开协商。目前，在 14 个太平洋岛国之中，有 12 个国家具有在联合国大会上进行投票的权利，由于联大投票实行"一国一票"，印度也希望在成为联合国常任理事国方面得到太平洋岛国的投票支持。

马尔科姆·特恩布尔当选澳大利亚新总理

9 月 14 日，自由党前党首马尔科姆·特恩布尔辞去通信部长职务，宣布挑战现任总理阿博特的自由党党首职务。自由党副党首、澳大利亚外长毕晓普在投票前表达了对特恩布尔的支持。在投票中，特恩布尔以 10 票之差取胜。新上任的总理特恩布尔被看作是"澳大利亚政治人物中对中国有深入认识的政治家之一"。他也是 5 年内澳大利亚的第五任总理。同时也令阿博特成为继哈罗德·霍尔特之后任期最短的总理。与此同时，目前担任外长的毕晓普也以 70:40 的票数击败忠于阿博特的安德鲁斯，继续担任副党魁。

美澳日举行大规模军事演习

7 月 5 日至21 日，美军与澳军联合军事演习“护身军刀”在澳大利亚北部城市达尔文和东部昆士兰州的演习场等地进行。两年一度的“护身军刀”是澳大利亚规模最大的美澳军演，日本陆上自卫队为首次参加，来自三国陆海空方面的约 3 万人参加。演习中动用美国航空母舰、战斗机和坦克，实施覆盖战斗训练至人道主义救援的各类演习。日方是以与美海军陆战队一同行动的方式加入此次演习，派出离岛防卫专门部队“西部方面普通科连队”约 40 人参演。据介绍，美日为了提高互相协调性，将开展侦察艇登陆作战及战斗射击演习。专家分析认为，这场军演也折射出安倍政府试图增加对地区安全事务的参与力度。在每一个层面——从硬件到技术以及战略专门知识与合作，美国的主要盟国和美国正密切合作，很大程度上是剑指中国。

瓦努阿图首都受超强台风袭击

2015 年 3 月 13 日，瓦努阿图首都维拉港遭受超强台风“帕姆”袭击，造成 8 人丧生，同时约 90% 房屋遭到损坏。“帕姆”为热带气旋最高等级“超强台风”，其中心附近持续风力最大可达每小时 270 千米。它偏离原本行进路线，于 3 月 12 日在瓦努阿图北部省份佩纳马登陆，当地时间 13 日晚袭击多个人口稠密地区，横扫维拉港，并继续以大约 30 公里的时速南下。瓦努阿图人口 26.7 万，分布在 65 个岛屿，其中维拉港人口大约 4.7 万。国际慈善组织救助儿童会和乐施会澳大利亚分部声明称，维拉港 90% 的房屋被风暴破坏或摧毁，这可能是太平洋上发生的最严重的灾难之一，瓦努阿图将需要大规模人道主义援助以便重建家园和生活。灾难发生后，国际社会立即展开救援。联合国派遣应急工作组前往瓦努阿图提供帮助，中国、澳大利亚向瓦努阿图提供援助并派遣医疗和搜救人员，英国提供价值 290 万美元的援助物资，新西兰向瓦努阿图提供了大约 73. 8 万美元援助，欧洲联盟承诺提供 105 万美元援助，法国、美国也承诺提供救灾援助。

习近平主席会见澳大利亚总理特恩布尔

11 月 16 日，国家主席习近平在土耳其安塔利亚会见澳大利亚总理特恩布尔。习近平指出，中澳两国同处亚太地区，双方拥有重要共同利益和广阔合作空间。我们愿同澳方在深化各领域友好交流和务实合作，推动中澳两国全面战略伙伴关系健康稳定向前发展。双方要密切高层交往，加强沟通、增进互信。双方要发挥互补优势，提高务实合作水平，推动中澳自贸协定尽快生效，推进“一带一路”倡议同澳方“北部大开发”计划对接。我们鼓励中国企业参与澳大利亚北部地区铁路、公路、水利等项目建设，希望澳方为中国企业提供公平投资环境。中澳要开展好防务合作，共同打击腐败犯罪，增进教育、地方、旅游合作。中方愿同澳方加强在联合国、二十国集团、亚太经合组织等多边机制的沟通和协调。特恩布尔表示，当前澳中全面战略伙伴关系发展良好。澳各党派均致力于发展强有力的澳中关系。澳方愿同中方密切高层交往，深化同中方政治、经济等各领域合作。澳议会已批准澳中自贸协定，相信这一协定必将提高两国经贸合作水平。澳方关注中国“十三五”规划，期待在创新发展、城镇化等方面为澳中合作带来更多契机。澳方将配合中国办好 2016 年的二十国集团峰会。

新西兰加入亚投行

新西兰政府 6 月 15 日表示，新西兰将加入中国牵头的亚洲基础设施投资银行（AIIB，简称亚投行），以促进与该区域的关系与贸易。新西兰外交部长玛丽·马库里称，“亚洲地区一直在推动全球经济的成长，该地区的发展缓解了瓶颈并改善了生活水平，使得新西兰将从中受惠，而亚投行将让现有机构如虎添翼，必将为亚洲地区的基础设施发展作出重大贡献。”亚投行将设定初始资本金近1000亿美元（约合人民币6208亿元）用于投资基础设施项目，预计年底前开始投入运行。而新西兰将在未来5年认缴资本1.25亿新西兰元（约合人民币5.4亿元）。预计，加入亚投行将使新西兰经济获得新增长，促进新西兰同亚洲地区的经贸往来。

新西兰总督迈特帕里访华

7月21日，国家主席习近平在人民大会堂同到访的新西兰总督迈特帕里举行会谈。两国元首高度评价中新关系发展，同意继续共同努力，推动中新全面战略伙伴关系不断取得新进展。习近平指出，当前，中新关系正在迈入全面合作新时期。双方应当继续坚持相互尊重和平等互利原则，拓展各领域互利合作，更好地造福两国人民。中新双方要发挥好高层交往对两国关系的引领作用，要加强两国政府、政党、地方，以及各界人士交流合作，增进两国政治互信和民意基础。迈特帕里表示，新中全面战略伙伴关系十分重要。新西兰政府高度重视中国的发展和新中关系。习近平主席2014年对新西兰的成功访问，将两国关系提升到新的水平。迈特帕里此次访华，旨在进一步推动同中方政治、经济领域的对话合作。新方希望抓住中国发展的机遇，扩大新中双边合作。

中澳举行第22次外交部政治磋商

4月14日，外交部部长助理郑泽光在北京同澳大利亚外交贸易部副秘书长莫里亚蒂共同主持第22次中澳外交部政治磋商。双方就各自外交政策、双边关系及共同关心的国际地区问题深入交换了意见。双方积极评价自上次磋商以来中澳关系取得的重要进展，同意认真落实两国领导人达成的共识，在互信、互利的原则基础上，不断加强对话、交流与合作，妥善处理敏感问题，推动两国全面战略伙伴关系持续向前发展。

中澳总理举行年度定期会晤

11月21日，国务院总理李克强在吉隆坡下榻饭店同澳大利亚总理特恩布尔举行中澳总理年度定期会晤。李克强指出，中澳两国合作前景广阔。中方愿同澳方一道努力，力争实现中澳自贸协定在2015年年底前尽快生效，并积极做好后续实施工作。希望双方提升双向投资水平。中方欢迎更多澳大利亚公司来华投资兴业，希望澳方为中国企业提供更多便利。两国还应结合各自优势，共同在能源资源、基础设施、装备制造、海洋等领域开展产能合作，探讨开拓第三方市场合作，培育新领域合作亮点，拓展人文交流，继续扩大“新科伦坡计划”在华实施规模，深化地方友好往来和务实合作，为两国人民往来提供更多便利措施。特恩布尔表示，澳中合作越来越深，关系越来越好。两国签署自贸协定是双边关系发展的重要一步，为两国带来实在的利益。澳方愿与中方共同努力，进一步增进相互理解，加强政治、经济、人文、防务、城镇化建设、司法执法等各领域合作，将澳中关系推向新的高度，切实地造福两国和两国人民。

中国岚桥集团赢得澳达尔文港99年租赁经营权

10月19日，中国岚桥集团以5.06亿澳元（3.6265亿美元）赢得达尔文港99年经营权。此后，澳中两国之间的这桩港口租用案备受内外争议。特恩布尔总理日前针对美方不满再次作出回应，并说，澳大利亚立法和法律规定，国防部或联邦政府如果出于国防目的，必要情况下可以介入并控制达尔文港这样的基础设施。达尔文港争议是澳大利亚平衡美中关系的又一挑战。达尔文港是澳大利亚北海岸线的战略要地，驻扎着近2500名美国海军陆战队士兵。中国是澳大利亚最大的贸易伙伴，而美国是澳大利亚最重要的防卫盟友，澳大利亚一直试图在这两国之间保持平衡。

中国商务部部长会见澳大利亚外长

6月17日，中国商务部部长高虎城在澳大利亚堪培拉国会大厦会见澳外交部长毕晓普。双方就加强中澳两国关系以及共同关心的问题交换了意见。高虎城表示，2014 年 11 月，习近平主席成功访问澳大利亚将中澳关系提升为全面战略伙伴关系。半年多来，双方积极落实去年领导人互访期间达成的诸多共识，并在多个领域取得了重要进展。尤其是在推进中澳自贸区谈判进程中，中澳双方谈判团队共同努力，最终达成了全球最大的发展中国家和成熟的发达国家之间的全面、高水平和利益平衡的自由贸易协定。希望中澳双方以签署自贸协定为契机，推动中澳全面战略伙伴关系深入发展，为地区发展、稳定和繁荣作出贡献。毕晓普表示：澳大利亚重视发展对华关系，积极推动澳中全面战略伙伴关系向前发展。今天是两国关系的“福日”，澳中正式签署自贸协定开启了两国关系的新篇章。这一目前可以看到的高质量的协定，不仅对两国经济是巨大利好，增加就业机会，而且将有力推动两国合作关系。澳方期待协定早日生效实施。中国驻澳大利亚大使马朝旭、商务部副部长王受文等参加了会见。

中国外交部长会见澳大利亚外长

8 月 5 日，外交部长王毅在马来西亚首都吉隆坡会见澳大利亚外长毕晓普。王毅表示，2014 年 11 月习近平主席对澳大利亚国事访问取得圆满成功，双方建立全面战略伙伴关系，为各领域合作注入新动力。不久前，中澳正式签署双边自贸协定，推动了两国务实合作的发展。双方应继续共同努力，相向而行，不断丰富中澳全面战略伙伴关系的内涵。毕晓普表示，习近平主席成功访澳，对推动澳中关系、增进两国人民友好感情发挥了重要作用。澳中签署双边自贸协定是两国战略关系的充分体现。两国关系发展势头良好，澳方愿与中方不断深化这一进程。王毅赞赏澳方为搜寻马航 MH370 作出的巨大努力。毕晓普说，澳方将继续切实担负 MH370 的搜寻责任，并与中方保持密切沟通。

中国外交部长会见瓦努阿图外长

4 月 27 日，王毅外长在北京会见来访的瓦努阿图外长基尔曼。

王毅表示，中瓦建交30多年来，两国关系取得长足发展。2014年，习近平主席在南京和楠迪两次同纳图曼总理成功会晤，就深化中瓦关系达成诸多共识，为两国关系发展注入了新动力。中方一贯主张，国家无论大小，都是国际社会平等成员。中方重视发展对瓦关系，愿继续本着相互信任、相互支持、互利合作的精神，同瓦方保持高层及各级别交往，深化经贸、基础设施建设、教育、文化、执法等广泛领域的交流合作，加强在国际和地区事务中的沟通协调，推动两国关系取得更大发展。基尔曼表示，坚定不移地推进对华关系是瓦努阿图政府的既定政策，也是瓦各个政党的广泛共识。瓦努阿图永远是中国在太平洋岛国地区可以信赖的朋友。瓦方衷心感谢中方长期以来为瓦努阿图经济社会发展提供无私援助，感谢中方不久前为瓦努阿图抗击超强飓风灾害提供宝贵支持。瓦方愿进一步学习借鉴中国发展经验，拓展两国各领域交流合作，推动瓦中关系不断向前发展。瓦方真诚欢迎中国在太平洋岛国地区事务中发挥更大作用。

中国外交部长会见新西兰外长

5月5日，外交部长王毅在北京与来华正式访问的新西兰外长麦卡利举行会谈。王毅表示，中新关系开创了中国同西方发达国家关系的多个“第一”，保持良好发展势头。习近平主席2014年对新西兰的国事访问取得圆满成功，为两国关系发展描绘了新蓝图。中方愿与新方一道，不断增进政治互信，持续深化经贸、执法、人文等领域交流合作，妥善处理分歧和敏感问题推动中新全面战略伙伴关系迈上新台阶。王毅还就最近媒体报道新方制定针对中国驻新外交机构的网络攻击计划表达严重关切，并阐明了中方立场。麦卡利表示，新方对近年来新中关系取得的丰硕成果感到骄傲，愿继续与中方共同努力，加强高层交往，深化经贸等领域务实合作与友好交流，推动新中关系不断取得新成就。麦卡利说，媒体有关新方对中国外交机构实施网络攻击的报道并无根据，新方真诚致力于发展对华合作，对两国关系前景充满信心。双方还就共同关心的国际和地区问题交换了意见。

中国与澳大利亚举行第18次防务战略磋商

12月1日，中国与澳大利亚举行第18次防务战略磋商，中国人民解放军总参谋长房峰辉会见澳大利亚国防军司令宾斯金和国防部秘书长理查森。双方就中国南海问题直接坦率地交换了意见。会谈中，中方劝告包括澳大利亚在内的亚太国家抵制美国领导的南海"航行自由"行动，并表示中国在该海域的填海造岛活动是出于民用和反海盗目的。此外，双方还同意增加国防和安全合作，在亚太地区展开联合反恐行动，推动维和培训、双边高级军事人员往来等领域的合作。国防部秘书长理查森表示，澳方愿与中方共同构建以规则为基础的国际秩序，促进地区和平稳定。此前，房峰辉还检阅了位于堪培拉的澳大利亚国防军三军仪仗队。

中国与澳大利亚签署自由贸易协定

6月17日，中国商务部部长高虎城与澳大利亚贸易与投资部部长安德鲁·罗布在澳大利亚堪培拉分别代表两国政府正式签署《中华人民共和国政府和澳大利亚政府自由贸易协定》。时任澳大利亚总理阿博特出席签字仪式。中澳自贸协定在内容上涵盖货物、服务、投资等十几个领域，实现了"全面、高质量和利益平衡"的目标，是中国与其他国家迄今已商签的贸易投资自由化整体水平最高的自贸协定之一。中澳自贸协定的签署是中澳两国经贸合作发展的重要里程碑。中澳两国一直互为重要的贸易投资伙伴，双边经贸关系发展迅速，贸易和投资规模持续扩大。中澳自贸协定生效后，将进一步促进两国资金、资源流动和人员往来，推动两国经济优势互补向持久和深入方向发展，使两国产业界和消费者广泛获益，造福于两国人民。

（本章综述撰稿：徐光辉；词条编撰：张晓楠、周伟）

图书在版编目（CIP）数据

2015年世界形势评估/唐笑虹主编. —北京：时事出版社，2016. 5
ISBN 978-7-80232-969-0

Ⅰ. ①2… Ⅱ. ①唐… Ⅲ. ①国际形势—研究—2015 Ⅳ. ①D5

中国版本图书馆CIP数据核字（2016）第067529号

出 版 发 行：时事出版社
地　　　址：北京市海淀区万寿寺甲2号
邮　　　编：100081
发 行 热 线：（010）88547590　88547591
读者服务部：（010）88547595
传　　　真：（010）88547592
电 子 邮 箱：shishichubanshe@sina.com
网　　　址：www.shishishe.com
印　　　刷：北京市昌平百善印刷厂

开本：787×1092　1/16　印张：24.25　字数：301千字
2016年5月第1版　2016年5月第1次印刷
定价：108.00元